독일정부론

양 현 모 지음

도서출판 대영문화사

머리말

독일의 행정학은 그 역사적 뿌리가 깊다. 독일의 행정학은 18세기 프러시아가 독일제국으로 발전하면서 탄생한 이른바 관방학(官房學)이라는 학문에서 출발하였다. 고급 관료 양성과 행정 실무를 위한 학문에서 출발하였던 관방학은 19세기 이후 더욱 분화되어 행정법, 경제학 등으로 발전하게 되었다.

이렇듯 독일의 행정학은 그 역사적 뿌리가 깊음에도 불구하고 독일의 행정과 행정학에 대한 우리 학계의 연구물은 그리 많지 않은 편이다. 그 동안 학계에서는 미국, 일본, 영국, 프랑스 등 여러 선진 국가들의 행정 제도와 개혁 사례에 대해 많은 연구가 있었으며, 이에 대한 결과물도 다수 출판되었으나, 독일 행정에 대한 연구물은 상대적으로 적었다. 이에는 일차적으로 독일에서 행정학을 전공한 학자의 수가 적은 탓도 있겠지만, 무엇보다도 한국의 행정학 접근 방법과 독일의 행정학 접근 방법에 차이에 있기 때문이다.

한국에서는 행정학 연구에서 주로 영·미식 행정학 접근 방법과 동일한 관리적(managerial) 접근 방법을 취하고 있는데 반하여, 관방학의 영향을 받은 독일의 행정학 연구는 주로 법적(legal) 또는 정치학적 접근 방법을 중심으로 이루어지고 있다. 슈파이어 행정대학원(Hochschule für Verwaltungswissenschaft in Speyer), 콘스탄츠(Konstanz)대학교 등 몇 개의 대학을 제외하고 독일 대부분의 대학에서 행정학이 독자적인 교과 과정으로 설치되지 않고 법학과 또는 정치학과 교과 과정의 일부분으로 다루어지고 있는 것이 하나의 예라 할 수 있다.

그러나 최근 상황이 조금씩 변하고 있다. 포츠담(Potsdam)대학교 등 일부 대학교에서는 행정학과를 개설하여 독일 전통적 방법 이외에 영·미식 방법을 도입하여 학생들을 교육·연구시키고, 다른 여러 대학에서도 영·미식 방법을 도입하여 행정학 교육과 연구에 박차를 가하고 있다.

이 책 대부분의 내용은 필자가 2005년 한 해 동안 독일 포츠담대학교 지방자치연구소(KWI) 객원연구원으로 있으면서 수집한 자료, 강의 내용 그리고 교수들과의 면접 및 토의 내용을 토대로 한 것이다. 이 책은 독일의 행정에 대한 개론서의 성격을 띠고 있지만, 최근 독일 행정의 이슈 및 행정개혁의 내용과 그 결과들도 포함되어 있다. 그러나 비교적 짧은 기간에 책을 완성하다보니 독일 행정에 대한 원론적 설명에 치중할 수밖에 없었으며, 최근의 행정 이슈와 행정개혁에 대하여 심도 있게 접근하지 못하였다. 아쉬움을 느끼며 향후 기회가 있으면 좀더 보충하여야겠다고 다짐해 본다. 아울러 이 책의 출판을 계기로 좀더 심도 있는 연구가 이어지기를 기대한다.

이 책은 총 6장으로 구성되어 있다. 제1장은 독일 행정의 기초가 되는 내용으로서 독일 행정의 환경, 정치 제도의 일반적 특징, 정치문화에 대하여 언급하고 있다. 제2장은 독일 행정의 구조와 조직에 대한 설명으로, 독일 연방과 주, 그리고 지방정부의 구조 및 조직적 특징을 설명하고 있다. 제3장은 독일 지방자치 제도의 현황과 최근 변화에 대한 분석이다. 특히 독일 지방 차원에서 확산되고 있는 직접민주주의 제도에 대한 분석은 최근 주민소환 제도를 도입한 우리에게 그 시행 과정에서 유의할 점이 무엇인가를 시사하고 있다. 제4장은 독일의 공무원 인사 제도에 관한 부분이다. 독일 공무원의 수, 공무원 제도의 특징, 공직자의 수에 대한 통계 자료 및 이에 대한 분석은 한국의 공무원 인사 제도와 비교할 수 있는 좋은 자료가 될 것이다. 제5장은 행정개혁에 대한 내용으로, 주로 1990년 이후의 행정개혁과 그 특징에 대한 분석이다. 제6장은 통일 이후 동서독 행정통합에 대한 분석으로, 통일이라는 특수한 사정 속에 동서독 행정 체제의 통합 과정과 그 문제점, 그리고 그 해결 방안에 대한 분석을 그 내용으로 하고 있다.

이 책을 집필하는 데 여러분의 도움이 있었다. 우선 이 책을 집중해서 집필할 수 있는 기회를 주신 한국행정연구원 김중양 원장님과 여러 동료들에게 감사의 말씀을 드린다. 또한 필자를 포츠담대학교에 초청해서 좋은 연구 시설을 제공하고 각종 지원을 아끼지 않은 포츠담대학교 행정학과 베르너 얀(Werner Jann) 교수에게 감사드린다. 그리고 집필 과정에서 각종 자료를 제공하고 질문에 응답해 준 포츠담대학교 지방자치연구소(KWI) 소장인 크리스티아네 뷰흐너(Christiane Büchner) 박사, 부르크하르트 폰 바츠도르프(Burkhard von Watzdorf) 씨에게도 감사드린다. 이 밖에 필자가 독일에 체류하는 동안 지원을 아끼지 않은 독일 프리드리히 에베르트재단(Friedrich-Ebert-Stiftung)에도 이 기회를 통하여 감사의 뜻을 전한다. 마지막으로 어려운 여건에도 불구하고 흔쾌히 출판을 맡아 준 대영문화사의 임춘환 사장님과 이 책을 출판하는 과정에서 편집과 교정에 애써 주신 관계자 여러분에게도 진심으로 감사드린다.

2006년 6월

양현모

차 례_ CONTENTS

제 1 장

독일 행정의 기초

제1절 독일의 행정환경

1. 지리·사회적 환경

국가의 공식 명칭이 독일연방공화국(Die Bundesrepublik Deutschland)인 독일은 지리적으로 유럽 중앙에 위치하고 있다. 독일은 동쪽으로는 폴란드와 체코, 서쪽으로는 네덜란드, 벨기에, 룩셈부르크, 프랑스 그리고 남쪽으로는 스위스와 오스트리아, 북쪽으로는 덴마크, 북해와 접하고 있다. 이러한 지리적 위치로 인하여 독일은 유럽의 정치·문화·경제의 중심지로 발전할 수 있었지만, 또 다른 한편으로는 유럽에서 발생하였던 수많은 전쟁에 거의 빠짐없이 개입하는 등 격동적인 역사적 경험도 함께 가지고 있다. 독일은 두 번에 걸쳐 세계대전을 일으켜 인류에게 수많은 인명의 손실과 재산 피해를 끼친 것은 물론 스스로 민족과 국토가 분단되는 아픔을 겪기도 하였다.

독일의 국토 면적은 약 357,000km^2(구동독 지역: 108,000km^2)으로 한반도의 약 1.6배 정도이며, 국토 최남단에서 최북단까지의 거리는 약 876km이다. 남부 지방의 알프스 산맥 지역을 제외하고는 높은 산이 거의 없기 때문에 국토의 대부분은 평야 지역이며, 주요 하천으로는 라인 강(약 865km), 엘베 강(약 700km), 도나우 강(약 647km) 등이 있다. 지하자원은 그리 풍부하지 못한 편이며, 주요 자원으로는 갈탄·철광석 등이 있다. 정치·행정적으로 볼 때 국토는 16개의 주(州, Bundesländer)로 나뉘어 있으며, 연방수도는 베를린(Berlin)이다.

독일은 러시아에 이어 유럽에서 두 번째로 인구가 많은 국가로서, 2005년 현재 인구 약 8,244만 명(통일 전 구동독 인구: 약 1,600만 명)으로, 인구가 약 5,800만 명인 이태리나 약 5,700만 명인 프랑스보다 많은 편이다. 독일의 인구에는 구소련, 동부 유럽 등 외국에서 살다가 본국으로 이주한 독일인 및 외국인이 다수 포함되어 있다. 독일 인구에는 약 730만 명의 외국인이 포함되어 있는데, 이 중 터키인이 약 200만 명 정도로 가장 많고 구유고슬라비아인, 이태리인, 그리스인, 폴란드인 등이 그 뒤를 잇고 있다. 이들은 대부분 1950년대 이후 독일의 경제가 급성장하자 독일 정부가 부족한 노동력을 충당하기 위하여 터키를 비롯한 이웃 국가에서 충당한 근로자들과 그들의 가족으로서 독일 경제 발전에 기여하였던 사람들이다. 우리 나라도 1960년대 이후 광산 근로자와 간호사들을 독일에 파견하였으며, 현재 독일 교민 중 다수는 그 때의 근로자들과 그들의 자녀들이다. 그러나 이들 외국인과 독일인과의 문화·사회적 갈등, 특히 통일 후에 나타났던 외국인에 대한 극우파의 테러 행위와 신나치주의의 부상은 독일이 현재 안고 있는 외국인 문제의 한 단면이기도 하다.

외국인 이외에 현재 독일에는 제2차 세계대전 이후 구소련 및 동부 유럽 지역에서 거주하다가 통일 이후 이주한 약 300만 명의 독일인이 귀국해서 살고 있다. 이들은 비록 독일인이지만 오랫동안 외국에 거주했었다는 이유로 해서 원주민과 문화와 언어 등에 있어 많은 차이를 보이고 있으며, 이로 인하여 원주민과 갈등도 빚기도 한다. 이들은 혈통적으로 독일인이지만 사회·문화적으로는 외국인으로 살아가고 있는 것이다. 이들에 대한 교육 및 동화(同化) 문제 또한 독일이 가지고 있는 대표적인 사회적 문제이기도 하다.

외국인 문제와 관련해서 언급할 필요가 있는 또 하나의 문제는 외국인 망명 문제이다. 독일은 역사적 배경, 특히 제2차 세계대전시 많은 독일인이 나치를 피하여 외국으로 망명하였던 배경으로 인하여 기본법에 정치적 망명권을 규정하는 등 외국인 망명에 대하여 비교적 관대한 국가 중 하나였다. 그러나 1990년대 소련 붕괴와 동구 사회주의 국가들의 체제 전환 이후 많은 외국인이 독일에 입국하여 망명을 신청하고, 이로 인하여 여러 사회적 문제가 발생하자 독일 정부는 망명권의 남용을 막기 위하여 기존의 망명법을 개정하는 등 다양한 조치를 취한 바 있다. 현재 개정된 독일 망명법에 따르면 망명을 신청할 수 있는 자는 오직 자국(自國)에서 정치적 박해를 받는 자로서 귀국할 경우 신변에 위협을 받는 외국인이다. 기타 이유, 특히 경제적 이유로 해서 독일에 망명을 신청할 수 없도록 한 것이다. 또한 제3국을 거쳐 독일에 입국한 자 역시 망명을 신청할 수 없다. 그럼에도 불구하고 매년 수많은 사람들이 독일에 입국하여 망명 신청을 하고 있으며, 이들에 대한 독일인의 부정적 시각 내지 불법 행위 또한 독일 사회의 주요 문제 중 하나이다.

2. 경제적 환경

1945년 제2차 세계대전 직후 독일은 수백만 명에 달하는 사망자와 함께 공업시설, 주택, 도로 등 국토의 대부분이 파괴된 이른바 '초토화된 사회(Zusammenbruchsgesellschaft)'였다. 그나마 남아 있던 공장 및 국가 주요 시설도 소련, 프랑스 등 제2차 세계대전 승전국들의 배상 요구에 따라 독일에서 철거되어 이들 국가들로 이전되기도 하였다. 그러나 현재 독일은 이른바 G-7의 하나로서, 세계 여러 국가들 중에서도 경제적으로 선두 그룹에 속해 있다. 2003년 독일의 국민 총생산액(GNP)은 약 2조 1,150억 유로(EURO)로 미국과 일본에 이어 세계 3위를 차지하였다. 또한 같은 해 1인당 국민소득도 25,800유로로 주요 선진 국가들 중 미국, 일본, 프랑스에 이어 4위를 차지하였다. 독일이 제2차 세계대전 후 폐허 속에서 이처럼 빠른 경제 성장을 이룩할 수 있었던 배경에는 무엇보다도 국민의 땀과 노력이 있었다. 독일은 다른 국가보다 빈약한 자원을 가지고 있는 나라이다. 그러나 독일은 이러한 어려움을 국민의 근면성, 창조성 등으로 극복하여 오늘날의 경제 대국으로 발전하였다.

독일(서독)이 정부 수립 이후 유지하고 있는 경제 체제의 근본은 '사회적 시장경제 체제(Soziales Marktwirtschaftssystem)'이다. 사회적 시장경제 체제란 시장경제를 원칙으로 하지만 사회적 형평성과 시장 질서의 유지를 위하여 국가가 경제시장에 개입할 수 있다는 경제 체제를 의미한다. 이 경제 체제의 주요 내용은 경제에 대한 국가의 개입은 옳지 않다고 주장하는 자유방임적 경제 체제로부터의 회귀로서, 국가가 사회복지와 사회 정의의 실현을 위해서 필요에 따라 경제에 개입할 수 있다는 것이다. 그러나 이 경제 체제의 기본 이념 역시 시장경제 체제로서 정부가 경제의 모든 영역에 걸쳐 간섭을 하는 것은 아니다. 즉, 정부가 하여야 할 일은 경제의 기본적인 질서 유지나 그 보완에 그칠 뿐, 생산과 수요, 가격 기구 등에 직접적인 개입을 의미하는 것은 아니다.

독일 경제의 긍정적인 면 뒤에는 어두운 면도 있는데, 바로 실업 문제가 그것이다. 2005년 독일 연방통계청의 보고에 따르면 평균 실업률은 약 10% 정도로, 성인 근로자 약 400만 명이 실업 상태에 있다(www.destatis.de). 특히 심각한 것은 신연방주(구동독) 지역으로서, 약 18% 정도의 높은 실업률을 보이고 있다. 근로 의욕이 있는 자의 1/5 가량이 실업자인 셈이다. 독일 경제의 검은 그림자인 높은 실업률은 정치적으로도 크게 이슈화되어, 2005년 슈뢰더(Gerhard Schröder) 수상을 중심으로 하는 사회민주당(SPD, 사민당)과 녹색당(Bündnis 90/Die Grünen) 연합정권이 중도에서 퇴진하고 대신 메르켈(Angela Merkel) 수상의 기독교민주당(CDU, 기민당)과 기독교사회당(CSU, 기사당), 그리고 사민당 연합정권이 탄생하는 결과를 낳기도 하였다.

3. 법적 기초

독일연방공화국(서독)의 역사는 1949년 5월 기본법의 제정·공포와 맥을 같이한다. 독일의 기본법 제정은 민주주의를 향한 독일 국민의 각오와 의지의 표현이었다. 즉, 독일의 기본법 제정은 히틀러(Adolf Hitler) 정권 붕괴 이후 다시는 독일에서 나치즘의 출현 같은 정치적 과오는 되풀이하지 않겠다는 독일 국민의 각오였으며, 동시에 자유민주주의 국가를 건설하겠다는 의지의 표현이었다.

독일 기본법 제정의 또 하나의 특징은 정부의 성격을 '잠정적'이라고 규정하였다는 점이다. 1948년 6월 미국, 영국, 프랑스 및 베네룩스 3국의 외상(外相)이 참가한 런던회담에서 서방의 6개국은 서독 단독정부의 수립을 결의하였고 이를 서독의 정치 지도자들에게 권고하였다. 이러한 서방의 '권고'에 대하여 서독의 정치지도자들은 처음에는 서독 단독정부의 수립이 곧 민족 분단의 고착화 결과를 가져온다는 점을 강조하면서 이를 거부하였다. 그러나 당시 서독은 세계대전 패전국으로서 서방의 제안을 끝까지 거부할 만한 입장이 아니었으므로 결국 이를 수락하게 되었다. 다만 정부의 성격을 잠정적으로 하여야 한다는 입장을 강조하면서 국가 체제를 확정하는 '헌법(Verfassung)'이라는 용어 대신에 '기본법(Grundgesetz)'이라는 표현으로 대신하였다.

특히 기본법 146조에 "이 기본법은 독일 민족이 자유로운 결정을 통하여 의결하는 헌법이 발효되는 날에 그 효력을 상실한다"라고 규정함으로써 기본법의 잠정적 성격을 명백히 하였다. 이 모두는 정부의 수립, 나아가 분단을 '임시적인 것(Provisorium)', 즉 과도기적인 현상으로 규정하려는 독일인의 의지에서 비롯된 것이다. 이 밖에 서독 제헌 의원들은 기본법 전문에 "독일 민족은 독일의 통일을 자주적으로 완수해야 하는 의무를 진다"라는 문구를 삽입함으로써 통일에 대한 그들의 의지를 더욱 명백하게 표현하였다. 독일은 1990년 10월 3일 통일되었으며, 통일과 함께 개정된 기본법에서는 이들 조항들이 모두 삭제되었다. 그러나 통일 후에도 독일의 기본법은 '헌법'이 아닌 여전히 '기본법'이라고 명명(命名)되고 있다.

기본법은 전체 11장 146조로 구성되어 있다. 기본법을 개정하기 위해서는 하원인 연방의회(Bundestag) 재적 의원 2/3 이상의 찬성이 있어야 하며, 또한 상원인 연방평의회(Bundesrat) 재적 의원 2/3의 찬성을 얻어야 한다. 2002년 현재까지 독일 기본법은 총 51번 개정되었으나, 국가의 기본 원칙 및 제도에 대해서는 한 번도 손을 대지 않았다.

기본법에서는 모든 국가 권력은 국민으로부터 출발한다는 국민주권 원칙을 천명하고 있으며, 국민의 자유와 권리를 보장하기 위한 정치 체제로서 의회민주주의를 채택하고 있다. 또한 사법부의 독립과 함께 다당제를 채택하여 야당의 권리와 의무를 명시하고 있다. 한편 기본법은 자본주의 시장경제 체제를 원칙으로 하고 있지만, 자본주의의 병폐를 최소한으로 줄이기 위하여 사회 보장이나 완전고용, 분배의 균형화 등을 강조하는 '사회적 시장경제 체제'를 강조하고 있다. 기본법은 자유민주주의 체제의 근간인 권력 분립 원칙을 강조함과 동시에 국민대표로 구성된 연방의회 및 연방평의회의 입법권 및 정부 통제권을 중시하였다. 여기에서는 기본법에서 밝히고 있는 5개의 국가 기본 원칙에 대해서만 간략히 소개한다.

1) 공화국의 원칙

독일연방공화국이라는 공식 국명에서도 나타나고 있듯이, 독일은 공화국 형태의 정치 체제를 택하고 있다. 공화정이란 군주정과 대비되는 정치 체제로서, 주권이 국민에게 있고 국민이 선출한 대표자가 국민의 이익을 위하여 국정을 담당하는 정치 체제를 의미한다. 공화국에서 국가원수는 명칭과 권한 여부에 관계 없이 국민의 직접 또는 간접선거를 통하여 선출되어 일정한 임기로써 교체된다. 독일 기본법은 군주제를 인정하지 않고 있으며, 기본법상 국가원수는 간접선거를 통하여 선출되는 연방대통령(Bundespräsident)이다. 그러나 독일은 정부 형태로 의원내각제를 채택하고 있기 때문에 실제 정치·행정상의 주요 권한은 연방대통령이 아닌 연방수상(Budeskanzler) 및 각 주(州)의 주지사(Ministerpräsident)에게 귀속되어 있다.

2) 민주주의의 원칙

민주주의에 대한 개념은 학자마다 또는 국가마다 다양하게 정의되고 있기 때문에 정확하게 정의내리기 어렵지만, 그 개념에서 가장 중요한 것은 곧 국민주권의 원칙이다. 즉, 모든 국가 권력이 국민으로부터 나온다는 원칙이다. 독일 기본법도 제20조 2항에서 "모든 국가 권력은 국민으로부터 나온다. 국가 권력은 국민의 선거와 투표를 통하여 행사되고, 입법, 행정 및 사법기관을 통하여 행사된다"라고 규정하고 있다. 국가 권력이 국민의 선거와 투표를 통하여 행사된다는 것은 곧 국가 권력이 국민에 의하여 동의되고 승인되어야 한다는 것이다. 그러나 많은 국가들의 정치 체제를 볼 때 국가 권력이 국민으로부터 나온다는 헌법 규정 하나만으로 그 국가가 민주주의 원칙을 실현하고 있다고 말할 수 없다. 일부 국가의 경우 헌법에서는 국민 주권의 원칙을 천명하고 있으면서도 실제 정치 과정에서 비민주적인 행위가 수없이 많이 나타나고 있기 때문이다.

독일의 경우 국민 주권의 원칙 이외에 기본법 제21조에서 정당의 설립 및 활동의 자유 그리고 복수정당제를 보장하고 있다. 이 밖에 기본법은 민주주의 원칙의 구현을 위하여 폭력과 자의적 지배를 배제하였으며, 자유·평등의 원칙, 생명의 존중과 인권의 존중 등을 강조하고 있다. 나아가 국민에게 시민운동을 통하여 정부의 정책 결정 및 집행 과정에서 자신들의 입장을 전달하거나 영향력을 행사할 수 있도록 하고 있다.

3) 사회국가의 원칙

사회국가란 국가가 모든 국민이 사회공동체 테두리 안에서 실질적인 인간의 존엄성과 가치를 구현할 수 있도록 정부 제도를 구축하고 정책을 시행하는 것을 의미한다. 그 구체적인 내용으로는 경제적으로 소수 기업의 경제적 독점과 담합을 반대하며, 대신 중소기업을 적극적으로 육성하며, 사회복지와 정의로운 분배에 정책의 역점을 두는 것 등이다. 그러나 사회국가는 무조건적이며 절대적인 복지와 평등을 지향하는 것이 아니라 국민 스스로에 의한 복지와 평등을 근간으로 한다는 점에서 사회주의 또는 공산주의 국가와는 그 개념이 다르다. 사회국가는 국민 개개인이 생활을 영위하는 데 개인의 능력과 책임을 근간으로 하고 있으며, 자유주의 틀 속에서 경쟁을 통한 경제 활동을 보장하고, 이를 통하여 소득의 공정한 분배와 사회복지를 실현하는 개념이다. 독일이 기본법에 명문화한 사회국가의 원칙을 실현시키기 위하여 채택한 경제 체제가 바로 '사회적 시장경제 체제'이다.

4) 연방국가의 원칙

독일은 그 국명에서 나타나고 있듯이 16개의 주(州)로 구성되어 있는 연방국가이다. 또한 기본법 제20조에서도 "독일연방공화국은 민주·사회복지적 연방국가이다"라고 천명하고 있다. 이 연방국가 원칙은 절대 불변의 원칙으로서, 그 어느 정권 또는 정당도 이 헌법 규정을 폐지할 수 없다.[1] 기본법 제79조에서 '연방국가의 원칙'은 기본법 개정의 대상이 아니라는 점을 특별히 명시하고 있기 때문이다. 현재 독일 16개 주의 지리적 위치와 주요 현황은 다음과 같다.

[그림 1-1] 독일 16개 주 지도

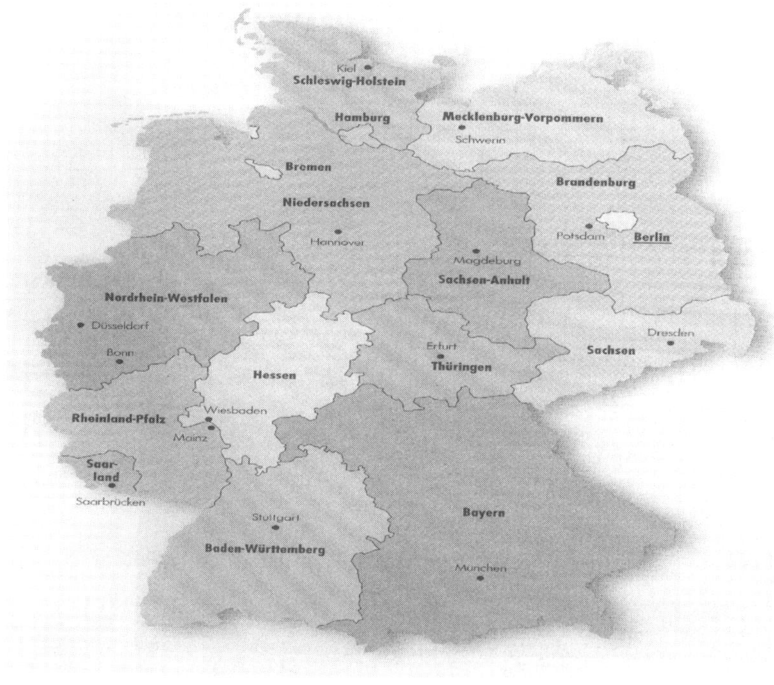

1) 물론 이 원칙은 현재 각 주의 경계가 고정·불변하다는 것을 의미하는 것은 아니다. 다시 말해서 현재에 있는 각 주간의 경계가 절대 불변하다는 것은 아니다. 주간의 경계는 주(州) 상호간의 협정을 통하여 다소 변경할 수 있다.

〈표 1-1〉 독일 16개 주의 주요 현황 (2004년)

연방주	면적(1,000km²)	인구(천 명)	주도(州都)
Baden-Württemberg	35.8	10,601	Stuttgart
Bayern	70.8	12,330	München
Berlin	0.9	3,388	Berlin
Brandenburg	29.5	2,593	Potsdam
Bremen	0.4	660	Bremen
Hamburg	0.8	1,726	Hamburg
Hessen	21.1	6,078	Wiesbaden
Mecklenburg-Vorpommern	23.2	1,760	Schwerin
Niedersachsen	47.6	7,956	Hannover
Nordrhein-Westfalen	34.1	18,052	Düsseldorf
Rheinland-Pfalz	19.8	4,049	Mainz
Saarland	2.6	1,066	Saarbrücken
Sachsen	18.4	4,384	Dresden
Sachsen-Anhalt	20.4	2,581	Magdeburg
Schleswig-Holstein	15.8	2,804	Kiel
Thüringen	16.2	2,411	Erfurt
합계	357.4	82,439	

자료: Pötzsch, 2004: 21.

독일에서 연방제의 시발점은 1867년 '북독일동맹(Norddeutsche Bund)'이 결성된 이후였으며, 이후 계속해서 확대·발전되었다. 그러나 1933년 히틀러가 집권한 이후 연방제는 일시적으로 폐지되었다가, 1945년 세계대전 패전 이후 다시 부활되었다. 그러나 이후 구서독에서는 연방제가 민주주의 틀 속에서 꾸준히 발전되었던 것에 반하여 구동독 정권은 1952년 연방제를 폐지하였다. 사회주의 국가구조의 원칙인 중앙집권주의를 강화하기 위하여 연방제를 폐지하였던 것이다. 통일 이전 서독에는 11개 주가 있었으나, 통일과 동시에 구동독이 5개 주의 형식으로 서독의 기본법 적용 지역에 편입되었다. 이렇게 볼 때 독일의 연방제는 비민주적 독재 정권하에서만 일순

간 폐지되었을 뿐, 국가구조의 기본 원칙으로 지속적으로 유지·발전되었다는 사실을 알 수 있다.

통일 전 서독의 11개 주(구연방주)는 바덴-뷔르템베르크(Baden-Württemberg), 바이에른(Bayern), 베를린(Berlin), 브레멘(Bremen), 함부르크(Hamburg), 헤센(Hessen), 니더작센(Niedersachsen), 노르트라인-베스트팔렌(Nordrhein-Westfalen), 라인란트-팔츠(Rheinland-Pfalz), 자를란트(Saarland), 슐레스비히-홀슈타인(Schleswig-Holstein) 주이며, 통일과 함께 편입된 5개의 이른바 '신연방주(新聯邦州)'는 브란덴부르크(Brandenburg), 메클렌부르크-포르포메른(Mecklenburg-Vorpommern), 작센(Sachsen), 작센-안할트(Sachsen-Anhalt), 튀링겐(Thüringen) 주이다.

연방과 주의 권한은 기본법에 규정되어 있다. 연방은 독일의 주권을 대내외적으로 대표하는 정치·행정의 주체로서 고유의 입법, 사법, 행정권을 가지고 있다. 독일의 16개 주 또한 단순한 행정 단위가 아닌 고유 국가 권력(Staatsgewalt)을 가진 일종의 국가라 할 수 있다. 16개 주 모두 고유의 헌법을 가지고 있으며 독자적인 의회 및 행정부를 구성하고 있다. 입법 영역을 보면 연방과 주가 각각 독자적으로 입법할 수 있는 분야가 있는가 하면, 연방과 주가 서로 경쟁하면서 입법할 수 있는 분야가 있다. 대표적인 분야를 예로 들어 보면 다음과 같다.

① 연방 입법 분야(연방입법권): 외교, 안보, 여권, 화폐, 관세 등에 관한 사항

② 주 독자적 입법 분야(주입법권): 교육에 관한 사항이 대표적이며 이 밖에 경찰, 치안, 환경, 신문, 방송에 관한 사항

③ 연방과 주의 경쟁 입법 분야(경쟁입법권): 원자력 발전소, 핵폐기장, 위생, 의약품, 토지, 주택, 사회복지 등에 관한 사항

행정권의 경우 연방은 외교, 국방(병무 포함), 재정, 국경 수비, 테러 방지, 통계 및 특허, 공정 거래 등 일부 분야에 대해서만 행사하며, 그 이외의 분야는 모두 주에 귀속되어 있다. 독일 기본법은 연방의 행정권이라고 특별히 규정한 분야 이외의 모든 분야는 주의 행정권에 속한다고 명시하고 있다. 입법권과 행정권 이외에 연방과 주는 각각 독자적으로 조세를 징수

하고 있는데, 연방은 유세(油稅), 담배세, 커피세, 차세(茶稅) 등을 징수하며, 주는 상속세, 자동차세, 맥주세 등을 징수하고 있다.

이상과 같이 연방과 주는 각각 고유의 권한과 의무를 가지고 있다. 그렇다고 해서 연방과 주의 관계가 단절되어 있다거나 또는 적대적인 관계에 있는 것은 아니다. 오히려 연방과 주는 물론 주 상호간에도 상호 경쟁하며, 한편으로는 협조하고 있다. 연방 수상은 정기적으로 16개 주 주지사들과 회동하며, 국가의 주요 현안에 대하여 논의하며, 주지사들 또한 그들끼리 정기적으로 회합을 가져 공동사(共同事)에 대하여 논의하고 있다. 특히 각 주들은 그들의 공동사에 대하여 정기적인 장관급 회담을 조직·운영하고 있는데, 그 대표적인 것이 바로 '주 문화부장관 회담'이다. 주 문화부장관 회담은 주의 주요 권한의 하나인 교육 및 문화사무에 대한 장관급 정기 회담으로 지금까지 교육 및 문화 체제를 정립하는 데 결정적인 역할을 수행하였다.

연방제와 더불어 독일 국가구조의 핵심은 지방자치 제도이다. 독일의 지방자치 제도는 중세의 도시자치에 기인한다. 즉, 중세 절대군주의 억압에서 벗어나려는 사람들이 먼저 도시에 모여 자치제를 추진한데서 기인한다.[2] 이러한 자치제의 전통은 1800년도 초 프러시아의 정치가 슈타인(Freiherr vom Stein)의 도시개혁에 의하여 그 결실을 보았다. 슈타인은 도시개혁을 통하여 중앙으로부터 독립한 자치단체를 만들었으며, 그 도시의 시민들이 자신이 선택한 생업에 종사하면서, 그들 도시의 문제를 스스로 해결하도록 하였다.

독일의 지방자치 제도는 한때 나치 정권에 의하여 폐지되어 그 암흑기를 맞이하기도 하였으나 전후 연합국에 의하여 부활되어 현재까지 독일의 정치·행정 제도의 근간(根幹)으로 존재한다. 지방자치단체 역시 고유의 입법권, 행정권, 재정권을 가지고 있다. 지방자치단체는 지방자치법에 근거해서 주민대표기관인 의회를 구성할 수 있으며, 지방 행정을 독자적인 책임

2) 독일에서는 18세기 중엽에 이미 시장과 도시구조에 대한 규정이 제정되었으며, 1794년에는 전(全)프러시아지방법(Das Preußische Allgemeine Landesrecht)이 제정·통과되었다.

하에 담당할 수 있는 권한을 가지고 있다. 또한 지방자치단체는 토지세(Grundsteuer)와 영업세(Gewerbesteuer), 그리고 견세(犬稅), 경마세(競馬稅), 유흥세 등 고유의 조세를 징수할 수도 있다. 그러나 지방자치단체의 권한은 연방 또는 주의 권한과 차이가 있다. 지방자치단체 의회(지방의회)는 연방의회 또는 주의회와는 달리 법률제정권이 없으며, 단지 조례제정권만을 가지고 있다. 또한 지방자치단체는 고유의 사무 이외에도 연방과 주로부터 일부 사무를 위임받아 집행할 뿐만 아니라, 특정 사무를 수행할 경우 연방과 주로부터 감독과 지시를 받는다. 이 밖에 대부분의 지방자치단체는 자체 수입원만으로는 재정을 충당할 수 없어 연방과 주로부터 재정적 지원을 받기도 한다. 독일의 지방자치단체에는 기초자치단체로서 '게마인데(Gemeinde)'가 있으며, 광역자치단체인 '크라이스(Landkreis)'와 '독립시(kreisfreie Stadt)'가 있다.

5) 법치국가의 원칙

법치국가의 원칙이란 국가가 조직을 구성하고 기능을 수행할 때 객관적·이성적인 법에 따르는 것을 의미한다. 이러한 점에서 법치국가의 원칙은 민주주의 원칙과는 불가분의 상관 관계를 갖게 된다. 국민의 기본권 보호와 신장을 위한 민주주의는 법치주의 질서 아래서만 가능하기 때문이다. 다만 민주주의 원칙은 정치적 제도와 과정, 즉 통치행위 전반을 통하여 달성되지만, 법치국가 원리는 법의 형식적 존재와 내용적 장치를 통하여 달성된다.

역사적으로 볼 때 법치국가 개념은 1832년 독일에서 몰(R. Mohl)에 의하여 주장되었으며, 20세기 들어와서 마이어(O. Mayer)가 이를 정리하였다. 마이어가 정리한 법치국가의 요지는 '법률의 보유(Vorbehalt des Gesetzes)', '법률의 우위(Vorrang des Gesetzes)', '행정의 합법성(Gesetzmässigkeit der Verwaltung)' 등으로 표현된다(정인흥, 1992: 669). 즉, 국민의 기본권 보장을 위한 국가의 모든 행위는 처음부터 법에 의하여 구속되는데, 첫째, 국가는 적법성과 합법성을 지닌 법을 보유하여야 하며, 둘째, 국가의 모든 행위는 국민의 대표로 구성된 의회의 법률에 의하지 않으면 안 된다는 것이며, 셋째, 권한의 법적 통제로서, 권력의 행사가 법의 통제하에 있어야 한다는 점이다.

4. 독일의 현대 정치사 개관: 분단과 통일사를 중심으로

1) 제2차 세계대전의 종전(終戰)과 분단

1939년 9월 1일 히틀러의 폴란드 침공으로 시작된 제2차 세계대전은 1945년 5월 8일 독일의 무조건 항복으로 끝났다. 전쟁의 피해는 너무도 컸으며, 전후 독일 사회의 모습 또한 그야말로 '황폐화된 사회' 그 자체였다. 이러한 상황에서 미국, 영국, 소련 3개국 정상들은 1945년 7월 베를린 근교 포츠담(Potsdam)에 모여 독일의 분할 점령과 함께 독일 점령의 공동 목표인 독일의 분권화(Dezentralisierung), 비무장화(Demilitarisierung), 반나치화(Denazifizierung), 민주화(Demokratisierung) 등 4개 원칙을 천명하였으며, 그들 국가의 점령지에서 정치적, 경제적, 사회적 및 법적 '신구조화(新構造化)'를 위한 '적절한 조치'를 취할 것을 약속하였다. 특히 이들 전승국 정상들은 독일의 분할 점령에도 불구하고 독일 전체를 하나의 경제 단위로 취급한다는 데 합의하였다. 연합국에 의한 독일의 분할 점령이 곧 독일의 분단을 의미하는 것이 아니라 오히려 이를 방지하기 위하여 통합해서 관리한다는 원칙에 합의한 것이다. 그러나 이러한 포츠담 회담의 결의에도 불구하고 전승국들은 점령 초기부터 상호간 갈등·대립하기 시작하였다.

'소련점령지역(Sowjetische Besatzungszone: SBZ)'에서는 소련의 지시에 따라서 1946년 4월 독일사회주의통일당(Sozialistische Einheitspartei Deutschlands: SED, 이후 사회주의통일당으로 표기)이 창당되었으며, 나치에 대한 대대적인 숙청과 토지개혁, 산업의 국유화 등이 이루어지는 등 일찍부터 사회주의로의 체제 전환이 빠르게 추진되었다. 즉, 소련은 일찍부터 그들의 점령지역에 사회주의 국가를 건설하려는 의도를 노골적으로 드러냈던 것이다.

한편 미국, 영국, 프랑스 등 서방 연합국들도 소련과 마찬가지로 그들 점령지역을 각기 그들 체제에 맞는 사회구조로 변화시키려고 노력하였다. 즉, 그들은 그들 점령지역에 자본주의 국가를 건설하려 하였다. 서방 연합국 중에서 특히 미국은 소련의 팽창주의로 인하여 독일 문제에 대한 소련과의 공동 보조가 불가능하다고 판단하고, 소련의 팽창주의에 대항하기 위해서는 그들 점령지역에 경제적으로 안정된 의회민주주의 국가를 건설하여야 한다고 생각하였던 것이다(Gimbel, 1965: 48).

독일에 대한 승전국 공동 관리의 실패와 그들 상호간의 갈등은 곧 독일의 분단을 의미하였다. 우선 1949년 5월 23일 미·영·불 서방 3개국이 점령한 지역에서 새로운 헌법, 즉 기본법이 제정·공포됨으로써 독일연방공화국(서독)이 건국되었다. 이후 1949년 8월 연방의회 선거가 실시되었으며, 선거 결과 기민당 소속의 아데나워(Konrad Adenauer)가 초대(初代) 연방수상으로 선출되어 서독 정부가 공식적으로 출범하였다. 수도는 라인 강 주변의 작은 대학도시 본(Bonn)으로 결정되었으며, 초대 연방대통령으로는 자유민주당(FDP, 이후 자민당으로 표기)의 호이스(Theodor Heuss)가 당선되었다.

서방 연합국 점령지역에서의 독일연방공화국 기본법 발효와 정부 수립에 대하여 소련은 독일 분단의 책임이 서방 연합국에 있다고 비난하였지만, 실제 그들의 점령지역에서도 이미 사회주의 국가 건립을 위한 준비가 완료되어 있었다. 1948년 10월 7일 소련 점령지역에 조직된 임시 인민회의(Volkskammer)는 독일민주공화국(Deutsche Demokratische Republik: 동독) 헌법의 선포와 동베를린을 수도로 하는 사회주의 국가 정부 수립을 발표하였다. 동독의 초대 대통령으로는 피크(Wilhelm Piek)가, 수상으로는 그로테볼(Otto Grotewohl)이 선출되었다. 그러나 동독의 정치적 실세는 모스크바에서 귀국하여 소련의 지시에 따라 사회주의통일당을 조직하는 데 앞장섰으며, 이로 인하여 당 서기장이 된 울브리히트(Walter Ulblicht)였다.

2) 동서독 체제 경쟁과 분단의 고착화

정부 수립 후 서독은 비록 외형적으로는 주권국가의 모습을 갖추었으나 실제적으로는 서방 연합국의 승인 없이는 외국과 어떠한 조약도 체결할 수 없는 반점령국 상태를 벗어나지 못했다고 하여도 과언은 아니다. 이러한 상태의 서독을 서유럽 국가 중에서도 모범적인 의회민주주의 국가로 발전시킴으로써 결과적으로 국가의 주권을 회복하는 데 결정적으로 기여한 서독의 정치 지도자는 초대 연방수상 아데나워였다.

아데나워는 완전한 주권 회복과 더불어 소련의 팽창주의에 대항하는 것이 정부 외교정책의 기본이자 국정의 일차적 목표라고 생각하였다. 그는 서독이 완전한 주권을 회복하여 국제사회의 일원으로 인정받기 위해서는 무엇보다 경제적으로 부강하고, 정치적으로 안정된 자유민주주의 국가로 발전해 가는 것이 중요하다고 판단하였다. 따라서 그는 서방 진영에 대하여 우호적인 관계를 유지하려 노력하였다. 구체적으로 아데나워는 프랑스를 비롯한 서방 주요 국가들과의 관계 개선을 위하여 노력했으며, 특히 경제공동체 및 북대서양조약기구(NATO)에 가입함으로써 서구 국가들과 협력적인 관계를 유지하려 하였다. 그러나 아데나워는 우호적이며 적극적인 대(對)서방정책과 달리 동독 및 동구권 국가들에 대해서는 적대적인 입장을 취하였다. 특히 아데나워는 서독만이 독일 민족을 대표하는 유일한 국가라는 입장을 견지한 것은 물론 이러한 입장을 관철하기 위하여 동독 정부를 인정하는 국가와는 외교적 관계를 단절하겠다는 소위 '할슈타인 원칙(Hallstein Doktrin)'을 외교 원칙으로 천명하였다.

아데나워 수상의 탁월한 정치력으로 인하여 서독은 서유럽의 대표적인 민주주의 국가로 발전하였을 뿐만 아니라 소위 '라인 강의 기적'이라고도 하는 눈부신 경제 성장을 이룩하였다. 특히 서독은 '사회적 시장경제 체제'라는 독특한 경제 체제를 도입하여 단순히 자본주의 논리에 의한 부(富)의 축적만을 중요시하는 것이 아니라, 부의 분배에 국가가 개입하여 빈부의 차이를 최대한 줄임으로써 국민의 생활권을 보장하려 하였다.

한편 소련의 위성국으로 출발한 동독은 소련의 보호와 지지 속에 그 기반을 튼튼히 다져 나갔지만, 일반 동독 인민들의 생활은 서독과 비교할 때 많은 차이를 보였다. 동독의 사회주의통일당 정권은 국유화, 집단농장 등 사회주의 정책을 가혹하리만큼 충실히 수행하였으며, 이로 인하여 인민의 자유는 박탈당하였고, 경제적 수탈은 계속되었다. 결국 1953년 3월 소련의 스탈린이 사망하자 동독 인민의 불만은 폭발되었다. 1953년 6월 동베를린을 시작으로 해서 동독 전 지역에서는 인민봉기가 일어났다. 인민들은 자유선거, 정치범의 석방, 임금 인상 등을 요구하면서 정권에 대하여 반기를 들었던 것이다. 비록 동독 정권과 소련은 무력으로 시위를 진압하였지만, 이 사건은 동독이 서독과 체제 경쟁에서 열등한 상황에 있었음을 보여 주었다. 특히 이 사건 이후 동독 인민은 소련과 동독 정권에 반대하여 탈(脫)동독을 시도하였는데, 동독 정부 수립 이후부터 1960년 초반까지 약 300만 명 가까운 인민들이 서독으로 이주하였다. 동독 인민의 대규모 이주는 동독 정부로서는 급격한 노동력 부족의 원인일 뿐만 아니라 체제 자체를 위협하는 사건이었다. 결국 동독 정부는 1961년 8월 '베를린 장벽(Berliner Mauer)'을 구축하여 동독 인민을 서독과는 물론 다른 서방 세계와 단절시켰다.

1960년대 들어와서 서독은 국내외적으로 많은 변화에 직면하게 되었다. 특히 베를린 장벽이 구축됨으로써 동서독 간의 왕래가 전면 중단되었으며, 이후 분단이 고착화되는 현상이 나타나게 되었다. 또한 미국과 소련은 1962년 소위 쿠바 위기 이후 동・서 간의 세력 구조를 인정하려는 '현상 유지 정책(Politik der Staus quo)'을 추진하였다. 이러한 배경 속에 서독인들은 점차 분단이 장기간 계속되리라는 것, 그리고 통일이 쉽지 않으리라고 생각하기 시작하였다. 이러한 상황에서 서독의 정권 교체 및 주요 정책의 변화는 불가피하였다. 우선 서독 정부의 외교・통일정책 변화는 아데나워를 계승한 에르하르트(Ludwig Erhard) 정부에서 시작하여 1966년 12월 기민당과 사민당과의 대연정(大聯政, Große Koalition)에서 본격화되었다. 연방 수상으로 선출된 키싱거(Kurt Georg Kiesinger)는 사실상 할슈타인 원칙을 파기하였으며, 나아가 1967년에는 루마니아와 그리고 1968년에는 유고슬라비아와 외교 관계를 수립하는 등 동구 국가들에 대하여 적극적인 외교정책을 추진하였다. 또한 동독에 대해서도 독일 민족의 문화・사회적 그리고 경제적 교류를 위한 접촉을 제의하는 등 적극적인 자세를 취하였다.

한편 1960년대에는 동독 내부에도 변화가 있었다. 동독은 1960년 9월 헌법을 개정하여 기존의 대통령제를 폐지하고 대신 국가평의회(Staatsrat)를 신설하였으며, 국가원수인 국가평의회 의장에 사회주의통일당 서기장인 울브리히트를 선출하였다. 울브리히트가 명실상부한 동독의 제1인자가 됨으로써 정치적 안정기에 접어든 것이다. 경제 또한 베를린 장벽 구축 이후 지속적으로 성장하여 동독은 1960년대 중반 이후 공산권 국가 중에서는 소련 다음가는 공업국이 되었다. 또한 외교적으로도 제3세계 국가들을 대상으로 적극적인 외교정책을 추진하였으며, 이로 인하여 제3세계의 많은 국가들로부터 정치적 지지를 받아내기도 하였다. 특히 동독은 이러한 대내외적 발전을 기반으로 하여 국가의 자주성을 더욱 강조하였으며, 마침내 '사회주의 국가'인 동독과 '제국주의 국가'인 서독과의 통일은 불가능하다는 소위 '2국가론(Zwei-Staaten-Theorie)'을 주장하였다. 통일을 강조하는 서독에 반하여 동독은 통일은 불가능하다는 입장을 내세운 것이다.

1960년 후반에 들어오면서 서독은 국내외적으로 60년대 초반보다 더 큰 변화에 직면하게 되었다. 국내적으로는 대학생을 주축으로 하는 반체제운동이 전국으로 확산되었으며, 한편 이에 대항하는 다른 세력으로 네오파시즘 세력이 급속히 대두되었다. 독일의 1960년대 학생운동은 당시 미국이나 영국, 프랑스 등에서 일어났던 학생운동의 성격과 크게 다를 바는 없었다. 젊은 학생들은 서구 민주주의 체제에 대해서는 물론 당시 사회의 가치관과 규범을 거부하면서 거리로 나왔다. 네오파시즘의 대두 배경으로는 과격한 학생운동에 대한 반동이자 다른 한편으로는 경제 상황의 악화, 정권의 불안정 등을 들 수 있다.

이러한 상황에서 대연정은 더 이상 지속될 수 없었다. 1969년 10월에 실시된 연방의원 선거에서 정부 수립 이후 20년 동안이나 집권해 온 기민당이 패하였으며 대신 사민당이 자민당과 연립정부를 구성하게 되었다. 브란트(Willy Brandt) 수상을 중심으로 하는 사민당/자민당으로의 정권 교체는 독일 정치 및 사회 발전에서 하나의 분수령이었다. 소위 '68세대'라고 불리는 개혁 세력의 강력한 후원과 기대를 업고 취임한 브란트 수상은 기존의 정치 및 사회 질서의 대변화, 즉 개혁(Reform)을 정권의 목표로 내세워 이를 추진하였다.

3) 개혁과 변화

브란트 수상의 개혁 내용 중 하나는 외교・통일정책의 대변화였다. 그는 야당인 기민당의 강력한 반대에도 불구하고 소련을 비롯한 동구 공산국가, 특히 동독과의 관계 개선을 시도한 '동방정책(Ostpolitik)'을 주도하였다. 브란트 수상은 통일 문제의 해결점을 유럽의 평화 질서 속에서 찾으려 하였기 때문에 우선 동구권 국가들과의 관계 개선을 강력히 주장하였다. 이 결과 서독은 1970년 8월 '독일・소련 조약'을 체결하였고, 1970년 11월에는 '독일・폴란드 조약'을, 그리고 마침내 1972년 12월에는 '동・서독 기본조약'을 체결하였다. 이 동・서독 기본조약에 따라 1973년 서독과 동독은 UN에 동시 가입하였으며 정치・사회・경제 등 여러 측면에서 상호 교류를 추진하였다. 서독은 인적・물적 교류와 같은 비정치적 분야에서부터 교류・협력을 증진시켜 나가면서 분단의 폐해를 최소화하고 나아가 통일의 가능성을 찾아보려고 하였던 것이다.

브란트의 이러한 대(對)동구 및 통일정책은 이후 슈미트(Helmut Schmidt) 및 콜(Helmut Kohl) 정권하에서도 계속 유지되었다. 특히 기민당의 콜 수상은 브란트 수상이 동방정책을 추진할 당시 이를 강력하게 비판하였음에도 불구하고, 정작 자신이 정권을 잡은 후에는 브란트의 대(對)동독 정책을 계승하여 동독과의 계속적인 관계 개선을 위하여 노력하였다.

4) 통일과 국민통합

1990년 10월 3일에 있었던 독일의 통일은 구소련 대통령 고르바초프(Mikhail S. Gorbachev)의 개혁정치 없이는 불가능했었다. '페레스트로이카(Perestroika)'와 '글라스노스트(Glasnost)'로 표현되는 고르바초프의 개혁정치는 비단 소련 내부만의 변화를 추구하였던 것은 아니었다. 고르바초프는 소련 공산당 서기장 취임 후 서방과의 관계 개선을 위하여 노력하였으며, 동구 국가들에게는 "사회주의 국가 전체 이익을 위해서는 특정 사회주의 국가의 주권을 제한할 수 있다"는 이른바 '브레즈네프 독트린'의 파기를 선언함으로써 동구 국가에 대한 소련의 불간섭 방침을 선언하였다. 나아가 고르바초프는 이들 동구 국가들에게도 생존을 위해서는 개혁이 불가피하다는 점을 강조·권고하였다. 브레즈네프 독트린의 폐기, 즉 소련의 동구 국가 내정(內政)에 대한 불간섭 원칙이 밝혀지자, 폴란드·헝가리·체코슬로바키아 등 동구의 여러 국가에서는 40년 이상 지속되어 왔던 공산당의 지배가 급격히 무너지기 시작하였다. 특히 헝가리와 폴란드의 민주화 혁명과 체제 변화는 동구의 그 어느 국가보다 뜨거웠으며 앞서 나갔다. 그러나 동독은 동구의 다른 나라와는 사뭇 달랐다. 동독의 사회주의통일당은 국민의 개혁 요구를 묵살·부정하면서 '동독식 사회주의'를 고집하였던 것이다.

이러한 국내외적 환경, 즉 고르바초프의 개혁정치, 동구 국가들의 민주화 혁명 및 체제 변화, 그러나 계속해서 '동독식 사회주의'를 고집하는 동독 정권의 태도 앞에서 동독 국민은 다음 두 가지 형태로 반응하기 시작하였다. 첫째, 교회를 중심으로 한 체제 저항운동의 확산이다. 국내의 다양한 저항세력이 결집하여 정권에 대하여 민주화와 경제의 활성화를 요구하였던 것이다. 둘째, 인민의 탈(脫)동독 현상이다. 탈동독 현상은 1989년 5월 헝가리 정부가 오스트리아와의 국경 지역에 설치하여 놓았던 철조망의 제거와 함께 시작되었다. 이후 수많은 동독 국민이 프라하, 바르샤바 등에 있는 서독 대사관, 동독에 있는 서독 대표부에 모여들어서 서방 이주를 요구하였다. 동독 내부에서 일어나고 있는 저항운동의 확산과 인민들의 탈동독 현상은 마침내 40여 년 동안 동독을 통치해 온 사회주의통일당을 항복시켰다. 1989년 10월 17일 당수인 호네커(Erich Honecker)가 모든 직위에서 물러났고, 11월 9일 동서독 분단의 상징인 베를린 장벽을 개방하였다.

그러나 베를린 장벽을 개방하고 여행의 자유를 허락하면 그칠 줄 알았던 동독 국민의 저항은 장벽의 붕괴 이후에도 계속되었다. 오히려 더욱 거세진 저항과 함께 동독인은 개혁에 대한 기존의 요구를 넘어 통일을 요구하기 시작하였다. 동독 국민의 통일에 대한 강렬한 의지가 표명된 후 이에 대한 서독 정부의 반응은 신속하였다. 1989년 11월 28일 서독의 콜 수상은 '동독의 민주 정권의 수립'을 전제로 한 동서독 연방의 구성을 포함하는 소위 '10개항 프로그램'을 제안하여 동독 국민의 통일 요구에 응답하였다.

통일 논의가 시작되는 동시에 동독의 정치 체제 또한 급격한 변화를 초래하였다. 1989년 12월 초 동독의 의회인 국민의회(Volkskammer)는 헌법 개정을 통하여 사회주의통일당의 '영도적 지위' 조항을 삭제하였으며, 사회주의통일당의 간부 당원이 전원 사퇴하여 사실상 사회주의통일당의 권력은 급격히 약화되었다. 1989년 12월 8일 사회주의통일당은 당명을 사회주의통일당/민주사회당(SED/PDS)으로 변경하면서 회생을 시도하였으나, 그 가능성은 점점 희박해졌다. 결국 사회주의통일당은 정부, 의회, 당, 대중 단체 등에 대한 지배권을 완전히 상실하였다.

통일이 기정 사실로 정해지자, 경제 문제가 중대한 이슈로 등장하게 되었다. 사실 동독 국민이 통일을 주장한 데는 경제 문제가 크게 작용하였다. 즉, 동독 국민은 경제의 파탄 속에서 하루빨리 통일되어 서독의 부(富)와 풍요로움을 누리고자 하였던 것이다. 동독 국민의 이러한 요구에 맞추어 체결된 것이 동서독 '화폐, 경제 및 사회통합에 관한 조약(Vertrag über die Währungs, Wirtschafts- und Sozialunion)'이었다. 이로써 동독에서는 그 동안 유지되어 오던 사회주의 경제 체제가 해체되고 대신 서독의 사회적 시장경제 체제가 도입되었다. 서독과 동독 간의 화폐·경제·사회 통합 이후 동서독은 정치, 법률, 행정 등 전반적인 문제에 대해 통합에 관한 합의를 이끌어 내었고 마침내 '통일조약(Einigungsvertrag)'을 체결하였다. 이로써 통일에 중요한 내부적 조건들은 해결되었다.

독일의 통일 문제는 동독 사회주의통일당의 몰락, 동서독 간의 통일조약 체결 등으로만 완전히 해결될 문제는 아니었다. 오히려 독일의 통일 문제는 전적으로 미국, 영국, 프랑스, 소련 등 제2차 세계대전 전승국의 권한과 책임하에 있었지, 독일 민족이 직접 거론할 사항은 아니었다. 그러나 동서독 분단의 상징인 베를린 장벽이 붕괴되고 이후 동독에서는 연일 수십만 명의 군중이 거리로 나와 '우리는 한 민족(Wir sind ein Volk!)'이라는 구호 아래 통일을 요구하게 됨에 따라 그 동안 동독의 사태를 주시해 왔던 미국, 소련, 영국, 프랑스 4개국 정부도 독일 문제에 대한 그들의 입장을 표명하지 않을 수 없었다. 독일의 통일에 대한 전승 4개국 정부의 입장은 이들 각 국가와 독일과의 역사적 관계, 전후에 있었던 정치·경제·문화적 교류 정도, 그리고 이들 국가들이 세계 정치무대에서 차지하는 비중 정도 등에 따라 차이가 있었다. 그러나 이렇듯 주변국의 상이한 태도에도 불구하고 통일에 대한 독일 민족의 열망, 그리고 통일을 위한 서독 정치가의 외교적 노력으로 인하여 이들 국가들은 모두 결국 독일 민족의 자결권을 인정, 통일을 수용하였다.

1990년 10월 3일 독일은 마침내 통일되었다. 그러나 이 역사적인 통일 이후에는 많은 문제들이 기다리고 있었다. 그것은 분단 40여 년 동안 존재하였던 서로 다른 정치·경제·문화의 이질감으로서, 한순간의 제도 통합으로 해결될 성질이 아니었다. 특히 그 중에서도 가장 어려웠던 것은 경제적인 문제였다. 통일만 되면 풍성한 서구의 삶을 영위하리라고 생각하였던 구동독 국민들은 물론 통일과 함께 여러 형태의 분담금을 지불하는 등 상당액을 구동독 지역에 쏟아부어야 하는 구서독인들 모두 실망하였다. 또한 구동·서독 주민의 사회적·문화적·경제적 차이로 인한 내면적 갈등은 통일이 된 지 15여년이 지난 지금도 사회의 커다란 문제로 남아 있다. 아직까지도 구동·서독 주민 간 '보이지 않는 벽'은 존재하고 있는 것이다.

제 2 절 정치 제도

1. 헌법기관(Die Verfassungsorgane)

독일의 연방 헌법기관으로는 연방대통령, 연방회의, 연방의회, 연방평의회, 연방정부, 연방헌법재판소 등이 있다.

1) 연방대통령(Bundespräsident)

(1) 연방대통령의 권한 및 역할

독일의 정부 형태는 내각책임제 형태로서, 연방의회에서 선출된 연방수상이 국정 운영의 실질적인 권한을 행사한다. 반면 국가원수인 연방대통령은 주로 명목적이며 형식적인 권한만을 행사한다. 그러나 독일은 내각책임제 정부 형태를 취하고 있으면서도 같은 내각책임제 국가인 영국 또는 일본과는 달리 국가원수에게 실질적인 권한을 부여하려고 하는 시도가 계속 되고 있는 국가이기도 한다. 2006년 1월 현재 독일 연방대통령은 기민당(CDU) 소속 쾰러(Horst Köhler)이다. 연방대통령의 주요 권한 및 역할은 다음과 같다.

① 국가원수

독일 연방대통령의 헌법상 권한을 알아보면 첫째, 국가원수로서의 권한을 갖는다. 연방대통령의 국가원수로서의 권한은 대외적인 측면뿐만 아니라 대내적인 측면에서도 그 근거를 찾을 수 있다. 대외적인 측면에서 우선 연방대통령은 국제법적으로 독일을 대표한다고 규정하고 있으며(기본법 제59조 1항), 또한 독일을 대표해서 외국과의 조약을 체결하며, 외교사절도 접수한다(제59조 2항).[3] 대내적 측면에서 연방대통령은 연방공무원과 연방법관, 독일연방군 장교와 하사관을 임면(任免)한다(제60조 1항).[4] 또한 연방 차원에서 사면권을 행사하며(제60조 2항), 국가에 공헌한 사람에게 훈장이나 포장(褒章)을 수여한다. 이 밖에 연방대통령은 국가원수의 자격으로 국가의 중요한 문제에 대하여 자신의 입장을 표명하기도 하며, 여러 사회 활동 및 대국민 활동을 통하여 국민 통합 및 사회 발전을 추구한다.

② 최고의 공증기관

연방의회 및 연방평의회에서 제정된 모든 법률은 연방대통령의 최종적인 서명을 통하여 비로소 법률로서 유효하게 된다(제82조). 의회를 통과한 법률에 대한 연방대통령의 서명, 즉 공증 행위는 법률에 대한 합법성의 보

---

3) 그러나 외교정책에 대한 기본 방침은 연방수상에 의하여 결정되기 때문에(제65조) 연방대통령에게는 독자적인 외교정책 결정권이 없으며, 외국과의 조약 체결 역시 의례적 절차에 불과하다.

4) 공무원과 법관, 군인에 대한 실제 임명권은 연방정부 또는 해당 헌법기관에 있기 때문에 연방대통령의 인사권은 극히 형식적이라는 것이 일반적인 학설이다. 그러나 극히 예외적으로 연방대통령이 연방정부 또는 기타 헌법기관에서 제청한 인사에 대하여 그 임명을 거부한 사례도 있다. 예를 들어 1960년 뤼프케(Heinrich Rübke) 대통령은 연방법관의 인사 제청에 대하여 그가 나치 정부에 참여하였던 인사라는 이유로 그 임명을 거부한 바 있다.

장을 담보하는 기능으로 단순한 의례적인 행위가 아닌 법률에 대한 실질적 심사행위라고 보는 견해가 일반적이다. 다시 말해서 연방대통령은 의회를 통과한 법률을 무조건 서명하는 것이 아니라 검토하여 서명을 거부할 수도 있다는 것이다.[5)]

③ 연방의회 소집 및 해산권

연방대통령은 연방의회의 소집을 요구할 수 있다(제39조 3절 3항). 기본법상으로 연방대통령의 이 권한의 행사에는 어떠한 조건도 명시되어 있지 않으며, 연방의회는 연방대통령의 의회 소집 요구를 수용할 의무를 지고 있다.

④ 연방수상 후보 추천권 및 임명권

기본법에 의하면 독일의 연방수상은 연방대통령의 추천에 의하여 연방의회에서 재적 인원 과반수의 표를 얻은 자가 선출되며, 여기서 선출된 자를 연방대통령이 공식적으로 임명한다(제63조 2항). 그러나 연방대통령은 연방수상 후보자를 추천할 때 자신의 의지와는 관계 없이 총선 결과를 존중하여 연방의회 다수당이 내세운 연방수상 후보자를 추천하는 것이 일반적이다. 따라서 연방대통령의 연방수상 추천권 및 임명권은 실질적 권한이라기보다는 형식적 권한이라고 할 수 있다. 이 밖에 연방대통령은 연방수상의 제청에 의하여 연방장관들에 대한 임면권을 행사한다. 그러나 이 권한 역시 연방대통령의 형식적 권한으로서 실질적으로는 연방수상이 그 권한을 행사한다.

(2) 연방대통령실(Bundespräsidialamt)

연방대통령은 그 직무를 수행할 때 연방대통령실의 지원을 받는다. 연방최고행정기관의[6)] 하나인 연방대통령실은 차관급인 연방대통령실장(Chef

---

5) 실제로 뤼프케 대통령은 1960년 11월 연방의회를 통과한 '상행위에 관한 법률(Gesetz gegen den Betriebs und Belegschaftshandel)'이 극소수의 상인에 이익을 주며, 결과적으로 기본법 제3조에 명시되어 있는 형평성의 원칙을 위반한다고 판단하여 서명을 거부하였다. 또한 1991년 바이츠체커(Richard von Weizsäcker) 대통령 역시 항공 교통의 민영화를 골자로 해서 개정된 '항공교통법'에 대하여 서명하기를 거부하였다.

des Bundespräsidialamt)의 책임하에 다음과 같은 기능을 수행한다.

- 대통령의 직무 수행에 대한 자문
- 국내외 정치, 경제, 사회문화 현안에 대한 보고
- 대통령의 의사 결정 준비 및 지원
- 관련 부처 및 기관과의 협조

2) 연방회의(Bundesversammlung)

독일의 연방대통령은 연방회의라고 불리는 일종의 대통령선거인단에서 선출된다. 연방회의는 오직 독일 연방대통령을 선출하기 위하여 구성되는 기구로서, 연방대통령이 선출된 이후 해체된다. 연방회의는 연방의회(Bundestag) 의원 전원과 그와 동수(同數)인 각 주의 대표자들로 구성된다. 각 주의 대표자란 각 주의회에서 선출된 인사들이다. 독일 연방의회는 2006년 1월 현재 재적 의원 총수를 598명으로 정해 놓고 있으나, 선거 제도의 특성으로 인하여 선거 결과에 따라 이보다 약간 늘어나는 경우도 있다. 연방의회 의원 정족수를 598명을 기준으로 할 때 연방회의 대의원 수는 연방의회 의원 수의 2배인 1,196명이다.

보통 내각책임제 국가에서 국가원수인 대통령이 의회에서 선출되는 것과는 달리 독일의 경우 연방의회 의원과 각 주에서 선출된 대의원이 공동으로 참여하는 대통령선거인단(연방회의)에서 선출되도록 한 것이다. 이는 연방대통령이 의회에 대해서만 책임을 지는 것이 아니라 국민 전체에게 책임을 진다는 것을 강조하기 위함이다. 연방대통령은 후보자들의 연설 또는 기타 특별한 행사 없이 개회 즉시 곧바로 실시되는 후보자에 대한 투표를 통하여 결정된다. 후보자는 40세 이상의 독일 국적 소지자로서 연방회의 대의원에 의하여 추천된다. 연방대통령에 당선되기 위해서는 대의원 재적 과반수의 표를 얻어야 한다. 독일의 역대 연방대통령들은 모두 정당의 당원으로서 소속 정당의 추천으로 대통령에 당선되었다.

---

6) 연방의 모든 행정기관은 업무의 성격 및 관할 범위에 따라 연방최고행정기관, 연방상급행정기관, 연방중급행정기관, 연방하급행정기관으로 구분된다. 이에 대한 자세한 설명은 제2장 '행정의 구조 및 조직'에서 다루고 있다.

그러나 일단 연방대통령에 당선된 후에는 소속 정당과의 이해 관계를 초월하여 정치적 중립성을 유지하면서 국가와 국민에 봉사하고 있다. 특히 국가의 중요한 문제, 예를 들어 독일의 과거사 또는 환경 문제 등에 대해서는 정치적 이해 관계를 떠나 국민에게 정신적 메시지를 전달하곤 하였다. 연방의회나 연방평의회는 기본법의 고의적 침해를 이유로 연방대통령의 탄핵을 결정할 수 있다. 그러나 이 때 최소한 재적 의원 과반수의 발의에 재적 의원 3분의 2의 찬성을 얻어야 하며, 최종 판결은 연방헌법재판소의 결정에 의한다. 연방대통령의 임기는 5년이며 1회에 한하여 재선이 가능하다.

3) 연방의회(Bundestag)

연방의회는 독일연방공화국의 대의기관으로서, 연방의원은 국민의 직접 선거를 통하여 선출되며 임기는 4년이다. 미국 또는 영국의 하원에 해당하는 곳으로, 국내 일부 학자들에 의하여 '연방하원'으로 번역되기도 한다. 연방의회의 해산은 극히 예외적인 경우, 즉 연방수상이 연방의회의 신임을 받지 못할 경우 연방수상의 요청에 의한 연방대통령의 결정으로만 가능하다. 연방의회의 구성, 임무는 다음과 같다.

(1) 연방의회의 구성

① 의원(Abgeordnete)

독일 연방의회의 의원은 민주주의 국가 선거 4대 원칙, 즉 직접·비밀·평등·보통선거에 의하여 선출되며, 임기는 4년이다. 선거는 지역구 선거와 정당명부제 선거를 병행해서 실시하는데, 지역구 선거란 각 지역구에서 유효 투표의 다수를 받은 자 1인이 선출되는 방식을 의미하며, 정당명부제 선거란 각 정당이 유권자로부터 받은 지지율에 비례하여 의석을 배분받는 '비례대표제' 방식을 말한다. 따라서 독일 연방의원 선거 유권자는 투표시 1개의 투표용지에 2번의 기표를 하게 된다. 한 번은 지지하는 지역구 후보자에 대한 기표이며, 한 번은 지지 정당에 대한 기표이다. 2006년 현재 독일 연방의회 총선 지역구는 299개로서, 299명의 의원이 지역구 선거를 통하여 선출되며, 동수(同數)의 의원이 정당명부제 선거를 통하여 선출된다. 따라서 독일 연방의회 의석 정족수는 598석이지만, 독일 특유의 선거 방식에 따라 초과 의석이 발생하여 간혹 정족수를 초과하는 경우도 있다.

독일 연방의회 의원은 다른 의회민주주의 국가의 의원과 마찬가지로 국민 전체를 대표하는 '자유위임자(Freies Mandat)'로서, 자신을 선출한 지역구 주민 또는 소속 정당만을 대표하지 않는다. 의원 개인 개인이 모두 국민의 대표자인 것이다. 그러나 의원 개인이 헌법기관은 아니다. 연방의원에게는 '불체포특권'과 '면책특권' 그리고 '정보 제공자 보호권'이 부여되지만, 면책특권의 경우 타인에 대한 명예훼손에 대해서는 예외적으로 그 특권을 인정하지 않고 있다. 의원이 비록 의회 내에서 행한 발언이라도 타인의 명예를 훼손했을 경우 이에 대해서는 면책특권을 인정하지 않는다는 것이다. '정보 제공자 보호권'이란 의원에게 정보를 제공한 자에 대해 그 신분을 노출시키지 않을 권한을 의미한다. 의원에게 정보를 제공한 자를 보호하기 위한 장치인 것이다.

② 원내 교섭단체(Fraktion)

원내 교섭단체란 같은 정당에 속하거나 정치관(政治觀)이 전반적으로 일치하여 이에 상응하는 투표행위를 하는 의원들의 연합이다. 대부분 같은 정당 소속 의원 또는 정치적 이념이 비슷한 정당의 의원들이 연합하여 원내 교섭단체를 구성한다. 현재 모든 의회민주주의 국가의 의정 활동이 원내 교섭단체를 중심으로 추진되고 있듯이 독일 연방의회 의원의 의정 활동도 원내 교섭단체를 통하여 이루어지고 있다. 독일 연방의회의 원내 교섭단체로 등록하기 위해서는 최소한 30명의 의원이 필요하다. 2006년 현재 독일 연방의회는 제16대 의회로서 원내 교섭단체로는 사민당(SPD), 기민-기사당(CDU/CSU), 녹색당(Bündnis 90/Die Grünen), 자민당(FDP), 좌파연합(Die Linke) 등 5개가 있다. 기민당과 기사당은 각각 독립된 정당이지만 연합하여 하나의 원내 교섭단체를 구성하고 있으며, 좌파연합 역시 구동독 사회주의통일당의 후신인 민사당(PDS)이 '노동과 사회 정의 실현을 위한 선거연합(Die Wahlalternative Arbeit und Soziale Gerechtigkeit: WASG)'[7]이라는 단체와 연합하여 구성한 원내 교섭단체이다. 따라서 단독으로 원내 교섭단체를 구성하고 있는 정당은 사민당, 자민당 그리고 녹색당뿐이다.

③ 위원회(Ausschüsse)

위원회는 의원들의 의정 활동을 능률적으로 수행하기 위하여 구성된 단체들로 크게 상임위원회와 특별한 목적을 위하여 구성된 여러 개의 특별위원회가 있다. 특별한 목적을 위하여 구성된 특별위원회 중 대표적인 것이 바로 조사위원회(Untersuchunsausschüsse)이다. 아래에서는 상임위원회와 조사위원회에 대해서만 간략하게 설명한다.

㉠ 상임위원회(Ständige Ausschüsse)

상임위원회는 각종 의안(議案)을 전문적이고 능률적으로 심사하기 위하여 의회 내에 설치, 운영하고 있는 조직으로서, 각종 의안을 심사하여 그 결과를 본회의에 보고하여 처리한다. 상임위원회는 보통 연방정부 각 부처의 기능과 비슷하게 구성되어 있으며, 그 수는 23개(현재 16대 의회 기준)이다. 각 위원회에는 보통 15명-45명의 의원들이 배정되어 의정 활동을 하고 있다.

㉡ 조사위원회(Untersuchunsausschüsse)

조사위원회는 정부와 공무원들의 비리가 발생하거나 또는 정부 활동에 특별한 문제가 발생하였을 경우 연방의회가 이 문제를 조사하고 그 대책을 세우기 위하여 구성되는 한시적 위원회이다. 조사위원회는 연방의회 의원 재적 인원 1/3 이상의 요구로 구성된다. 한편 조사위원회와는 조금 성격이 다른 기구로서 '앙케이트 위원회(Enquete-Kommission)'라는 것이 있다. 앙케이트 위원회는 국가의 주요 사안에 대하여 의회 차원에서 논의하고, 그 대책을 수립하기 위하여 구성된다는 점에서 조사위원회와 그 성격이 비슷하지만, 그 조직의 형태에서 약간의 차이를 보이고 있다. 조사위원회가 전적으로 의원들로만 구성되며, 증인과 전문가들은 단지 한시적으로 채택되는데 반하여, 앙케이트 위원회는 처음 구성될 때부터 의원과 관계 분야

---

7) 2006년 6월 현재 민사당(PDS)과 WASG와의 통합 문제가 논의되고 있어, 조만간 두 정당이 통합될 것으로 예상된다.

전문가들로 구성된다. 독일 환경 문제, 인구 문제에 대한 위원회 등이 대표적인 앙케이트 위원회이다.

④ 본회의(Plenum)

연방의회의 의사를 최종적으로 결정하는 본회의는 재적 의원 전원으로 구성되고, 일반적으로 재적 의원 과반수의 출석과 출석 의원 과반수의 찬성으로 의결된다. 그러나 기본법에 규정하고 있는 특별한 사항, 예를 들면 연방수상의 선거의 경우 재적 의원 과반수의 찬성으로 결정되며, 기본법 개정의 경우 재적 의원 2/3 이상의 동의를 필요로 한다. 본회의에서는 의안에 대한 심사와 함께, 연방수상의 연설, 원내 교섭단체 대표들의 연설 및 각종 질문이 행해지며 국가 주요 문제에 대하여 의원 간 토론이 벌어진다.

⑤ 의장단(Präsidium)

연방의회 의장단은 의장과 부의장들로 구성된다. 본회의에서 재적 의원 과반수의 찬성으로 선출되는 연방의회 의장은 입법부의 수장(首長)으로 연방대통령과 연방평의회 의장에 이어 국가 서열 3위의 직책이다. 보통 집권당에서 추천한 자가 의장으로 선출된다. 현재 제16대 연방의회 의장은 기민당(CDU) 소속 라메르트(Nobert Lammert) 박사이다.

연방의회 부의장은 통상 모든 원내 교섭단체에서 추천한 인물이 1인씩 본회의에서의 투표를 통하여 선출된다. 관례적으로 모든 원내 교섭 단체에서 추천한 인물은 대부분 무난히 부의장으로 당선된다. 그러나 간혹 특정 원내 교섭단체에서 추천한 인물이 선출되지 못하는 경우도 발생하곤 한다. 예를 들어 5개의 원내 교섭단체가 있는 현재의 제16대 의회에서는 각 원내 교섭단체에서 추천한 5명의 부의장이 선출되어야 한다. 그러나 제16대 의회에서는 좌파연합(Die Linke) 소속 부의장은 없는데, 이는 관례를 깨고 다른 정당 소속 의원 다수가 좌파연합에서 추천한 부의장 후보자에 대하여 반대표를 던져 후보자가 재적 의원 과반수의 표를 얻지 못하였기 때문이다. 좌파연합에서 추천한 부의장 후보자가 동료 의원으로부터 거부당한 셈이다.

⑥ 원로회(Ältesterat)

연방의회 원로회는 원내 교섭단체들이 본회의의 의사 진행에 관하여 협의하거나, 각종 위원회 사무에 관한 일정을 조정하고자 만든 기구이다. 다시 말하면, 원로회는 의원들의 의회 활동을 원활히 하기 위하여 만든 의회 내 원로 협의기구라 말할 수 있다. 원로회는 연방의회 의장단 전원과 23명의 여야 의원으로 구성되는데, 원로회라고 해서 연령이 많은 자들로 구성되는 것이 아니고, 경험이 많은 다선(多選) 의원들로 구성되는 것이 보통이다.

⑦ 사무국(Bundestagsverwaltung)

연방의회 사무국은 의회의 각종 회의가 원활히 진행될 수 있도록 준비하고 또 회의 진행에 따른 보조 업무도 담당한다. 또한 각종 위원회의 구성과 진행에 대한 준비, 각종 의전 행사 진행 및 준비, 방문객에 대한 안내 등의 사무를 담당한다. 이 밖에 의원들의 의전 활동을 지원하기 위한 각종 정보를 제공하고 있다. 연방의회 사무국은 '연방최고행정기관'의 하나이다.

(2) 연방의회 임무 및 기능

연방의회의 중요한 임무 및 기능은 연방수상을 비롯한 국가 주요 기관의 인사 선출 기능(선출 기능), 법안의 심의 및 통과 기능(입법 기능), 정부 활동의 비판 및 감독 기능 등이다.

① 선출 기능

연방의회의 기능 중 하나는 연방수상을 선출하는 것이다. 연방수상은 연방대통령의 추천을 받아 연방의회에서 선출된다. 연방수상 후보자에 대한 연방대통령의 추천은 형식적인 절차이며, 실제적으로 연방수상은 연방의회에서 재적 인원 과반수의 표를 얻어 선출된다. 그러나 연방대통령이 추천한 자가 재적 인원 과반수의 찬성을 얻지 못해 연방수상으로 선출되지 못할 경우도 발생할 수 있다.[8] 이럴 경우 연방의회는 두 번째 표결을 시도할 수도 있는데, 만약 이러한 표결이 계속되어 세 번째 표결에서도 수상 후보

8) 독일연방공화국 정치사에서 연방대통령이 연방수상 후보자를 추천하였는데, 이 인사가 연방의회에서 연방수상으로 선출되지 못한 사례는 없다.

자가 과반수를 얻지 못할 경우 연방대통령은 의회를 해산한 후 다시 총선을 실시하도록 하든지, 아니면 재적 인원 과반수가 아닌 단순 최다 득표자를 연방수상으로 임명하든지를 택하여야 한다. 두 번째 표결부터는 연방대통령의 추천을 받지 않은 자도 연방수상 후보자로 나갈 수 있다.

그러나 정부 수립 이후 현재까지 역대 모든 연방수상은 연방의회 1차 투표에서 의원 재적 인원 과반수의 표를 얻어 연방수상으로 당선되었다. 역대 연방의회에서 특정 정당이 과반수 의석을 차지한 적은 한 번도 없지만 연방정부를 구성할 정당들이 연방수상을 선출하기 위한 투표 전에 특정 인물을 지지하기로 미리 약속하기 때문이다. 한 예를 들면 2005년 9월 연방의회 선거 후 기민당(CDU)-기사당(CSU), 그리고 사민당(SPD)이 연립정부를 구성하기로 합의하였으며, 이들 정당들은 기민당 소속 메르켈(Angela Merkel) 여사를 연방수상으로 선출하기로 합의하였다.

연방의회는 재적 의원 과반수의 찬성으로 연방수상을 불신임할 수 있으나, 이럴 경우 후임자를 정해 놓아야 한다. 1949년 정부 수립 이후 현재까지 임기중인 연방수상에 대한 불신임 투표는 2번 이루어졌다. 1972년 사민당 소속 브란트 수상에 대한 불신임 투표와, 1982년 같은 사민당 소속 슈미트(Helmut Schmidt) 수상에 대한 불신임 투표가 바로 그것이다. 이 중 슈미트 수상에 대한 불신임 투표는 가결되어 슈미트 수상은 임기 중 퇴임하였으며 대신 기민당 소속 콜(Helmut Kohl)이 연방수상으로 취임하였다. 연방수상은 임기 중 자신과 연방정부에 대한 연방의회의 재신임을 요청할 수 있는데, 이 때 의회의 재적 의원 과반수의 신임을 획득하지 못하였을 경우 연방대통령은 연방수상의 요청에 의하여 의회를 해산할 수 있다. 연방의회가 해산되면 차기 연방의회 구성을 위한 총선이 실시된다. 1972년과 1982년, 그리고 2005년 독일 연방대통령은 연방수상의 요청에 의하여 연방의회를 해산하였다.[9]

9) 1972년과 1982년 각각 브란트와 콜 수상이 연방의회의 해산을 요구하였으며, 2005년에는 슈뢰더 수상이 연방의회의 해산을 요구하였다. 브란트와 콜 수상은 연방의회 해산 이후 총선에서 승리하여 정치적 입지를 강화하였지만, 슈뢰더 수상은 패배하여 수상직에서 사임하였다.

연방의회는 연방수상의 선출과 불신임에 대한 권한 이외에도 연방헌법재판소(Bundesverfassungsgericht) 법관 정원 1/2에 대한 선출권을 가지고 있으며, 연방평의회(Bundesrat)와 공동으로 연방감사원(Bundesrechnungshof) 원장을 선출한다. 이 밖에도 연방의회 의원 전원은 연방회의의 일원으로 연방대통령을 선출한다.

② 입법 기능

입법 기능은 연방의회의 가장 중요한 기능으로서 모든 연방의 법안은 반드시 연방의회를 통과해야만 한다. 연방의 입법권은 독점입법권, 경쟁입법권, 지침입법권으로 구분된다. 연방의회에서 심의되고 통과되는 법률안의 대부분은 주로 연방정부에서 준비되며, 연방의회에 상정된 법안은 보통 세 단계에 걸쳐 심의하게 된다. 첫 번째 단계는 법안에 대한 기초 심사로서 본회의에서 다루어진다. 두 번째 단계는 가장 중요한 과정으로 상임위원회에 배정되어 검토된다. 이 과정은 대개 비공개로 진행되는데 의원들 간의 토론과 타협이 요구되는 것은 물론 전문가, 법률 입안기관의 의견 등이 참조되기도 한다. 마지막 세 번째 단계는 다시 본 회의 과정으로 두 번의 심의를 거친 법안이 통과되는 과정이다. 연방의회에서 통과된 법률은 다시 상원인 연방평의회(Bundesrat)로 이송되어 검토 과정을 거친다.

③ 정부 활동의 비판 및 감독 기능

정부 활동에 대한 연방의회의 비판 및 감독은 다음과 같은 제도를 통하여 이루어진다.

㉠ 대질문(大質問, Große Anfrage)

대질문은 특정 원내 교섭단체 또는 30명 이상의 의원들이 공동 명의로 연방정부에 대하여 질문하는 것으로, 반드시 서면으로 하여야 한다. 이 질문에 대하여 연방정부는 우선 서면으로 응답하여야 하며, 이후 본회의에서 이 응답에 대하여 의원들의 추가 질문이 따르며, 여야 의원 간 토론된다.

㉡ 소질문(小質問, Kleine Anfrage)

30명 이상의 의원들이 공동 명의로 질문하며, 마찬가지로 반드시 서면으로 한다. 연방정부 또한 서면으로 응답한다. 그러나 본회의에서 이 문제가 재론(再論)되지는 않는다.

㉢ 대정부 질문(Fragestunde)

회기 중 연방정부 각료를 상대로 의원이 직접 질문하고 이에 응답하는 방식이다. 질문의 요지는 최소한 며칠 전에 연방정부에 전달되어야 하며, 긴급한 문제라 할지라도 최소한 하루 전에는 연방정부에 전달되어야 한다.

㉣ 긴급현안 질문(Aktuelle Stunde)

회기 중 현안이 되고 있는 사항에 대하여 연방정부에 대하여 질의하고 답변을 듣는 제도로서, 특정 원내 교섭단체 또는 의원 30명 이상의 공동 명의로 질문할 수 있다.

④ 군인(軍人) 인권 보호 기능: 군전권위원(軍全權委員, Wehrbeauftragter)

독일 연방의회의 특별한 기능 중 하나는 바로 연방군 내부 민주주의 질서 유지 여부 감시 및 군인 인권 보호 기능이다. 이를 위하여 연방의회는 의원 중 한 명을 '군전권위원'으로 선출한다. 이 제도는 1956년 이후부터 시행된 제도로서, 연방의회 군전권위원으로 선출된 자는 매년 군 내부의 민주주의 질서 및 군인 인권 현황을 조사하여 그 결과를 연방의회에 보고하며, 문제가 발견되었을 경우 연방정부에 이에 대한 시정을 요구할 수 있다. 특히 연방의회의 군전권위원 제도는 군인의 인권을 보호하기 위한 제도라 할 수 있다. 연방의회 군전권위원은 이에 대한 전반적인 책임과 권한을 가지고 있어, 항시라도 예고 없이 부대를 방문하여 군인에 대한 기본권 및 인권 침해 여부를 조사할 수 있다. 군전권위원은 군인과 단독으로 만나 대화할 수 있는 권한을 가지고 있으며, 지휘관에게 관련된 자료를 요구할 수도 있다. 물론 독일의 모든 군인은 언제라도 군전권위원에게 자신의 어려움을 직접 호소할 수도 있다.

4) 연방평의회(Bundesrat)

독일 연방평의회는 독일 연방제의 산물로서, 연방의 법률 제정과 행정 집행시에 주정부의 의견과 입장이 전달되는 곳이다. 우리 나라에서는 '연방상원' 또는 '연방참사원' 등으로 번역되기도 한다. 독일의 연방평의회가 연방의회와 더불어 독일의 의회정치에서 중요한 역할을 담당하기는 하지만, 연방제를 실시하는 국가인 미국 또는 스위스 상원과는 그 성격을 약간 달리 한다. 독일의 연방평의회는 미국 또는 스위스의 상원과는 달리 국민에 의하여 선출된 인사들로 구성되는 것이 아니고, 각 주정부에서 주지사를 포함한 고위 관료 또는 그들에 의하여 임명된 인사들로 구성되기 때문이다. 즉, 국민대표기관인 연방의회와는 달리 연방평의회는 '주의 대표기관(Vertretung der Bundesländer)'인 셈이다.

연방평의회 의원 수는 각 주(州)의 인구 수에 비례하여 배분되는데, 최소 3석이며, 바이에른, 노르트라인-베스트팔렌 주 등 인구가 700만 이상인 비교적 큰 주에는 6석이 배당된다.[10] 현재 연방평의회의 의원 수는 69명이다. 연방평의회에서의 투표 방식은 하나의 주를 대표하는 의원들은 특정 안건에 대하여 동일한 투표권을 행사하여야 한다. 즉, 예를 들어 특정 안건에 대하여 바이에른 주를 대표하는 6명의 의원은 6인 모두 찬성하든가 아니면 반대 또는 기권해야지, 2인은 반대하고 나머지 4인은 찬성할 수 없다는 것이다. 따라서 같은 주 소속 의원들은 특정 안건에 대한 연방평의회 투표 이전에 충분한 의견 교환을 통하여 안건에 대한 공동의 입장을 결정하여야 한다.

연방평의회는 입법기관으로서 연방의회와 거의 비슷한 권한을 가지고 있다. 즉, 법안을 상정하기도 하며 연방의회나 연방정부에서 상정한 법안에 대하여 심의·승인하기도 한다. 연방평의회가 상정한 법안은 이에 대한 연방정부의 의견서가 첨부된 후 연방의회에 이송된다. 이 법안은 연방의회 또는 연방정부에서 상정한 법안과 똑같은 심의 과정을 거쳐 처리된다. 즉, 연방의회에서 세 번의 심의를 거쳐 처리된다. 그러나 연방의회에서 통과된 법안은 반드시 연방평의회에 이송되어 검토를 받아야 하며, 외교 및 국방 등에 관한 연방정부의 고유 정책 영역에 속하는 법안을 제외하고 모두 연

10) 2006년 현재 연방평의회의 의원 수는 69명으로 각 주를 대표하는 인원 수는 다음과 같다. 바덴-뷔르템베르크(6명), 바이에른(6명), 베를린(4명), 브란덴부르크(4명), 브레멘(3명), 함부르크(3명), 헤센(5명), 메클렌부르크-포르포메른(3명), 니더작센(6명), 노르트라인-베스트팔렌(6명), 라인란트-팔츠(4명), 자를란트(3명), 작센(4명), 작센-안할트(4명), 슐레스비히-홀슈타인(4명), 튀링겐(4명).

방평의회의 승인을 받아야 한다. 특히 주정부의 정책 영역에 속하는 법안에 대해서는 연방평의회의 승인이 필수적이다.

만약 연방평의회가 연방의회를 통과한 법안에 대하여 반대할 경우 두 기관에서 각각 8명씩 총 16인의 대표자가 참가하는 '조정위원회(Vermittlungsausschuß)'가 구성되어, 이곳에서 법안이 검토된 후 다시 연방의회로 이송된다. 조정위원회는 연방의회와 연방평의회의 협조 체제를 구축하기 위하여 구성된 기구이다. 기본법상 연방대통령에 이어 국가 서열 제2위인 연방평의회 의장은 한 주의 주지사가 맡는다. 의장의 임기는 1년이며 주 인구 수에 따라 순번제로 맡는다. 2006년 1월 현재 연방평의회 의장은 슐레스비히-홀슈타인 주의 주지사인 카르스텐센(Peter Hasrry Carstensen)이다.

5) 연방정부(Bundesregierung)

연방정부는 연방의 최고 의사결정기구로서, 연방수상과 연방장관으로 구성된다. 연방수상과 연방장관에 대한 자세한 설명은 제3장 '행정의 구조 및 조직'에서 다루고 있다.

6) 연방헌법재판소(Bundesverfassungsgericht)

독일 칼스루헤(Kahlsruhe) 시에 소재하는 연방헌법재판소는 연방의 헌법기관이자 최고재판소이다. 연방헌법재판소 재판관은 16인으로 연방의회와 연방평의회에서 각각 8명씩 선출된다. 헌법재판관은 권한 남용시 연방대통령에 의하여 해임될 수 있으나, 의회의 탄핵 대상은 아니다. 헌법재판소장과 부소장은 연방의회와 연방평의회에서 번갈아 가면서 선출된다. 연방헌법재판소의 주요 권한 및 기능은 다음과 같다.

(1) 위원법률심판(Normenkontrolle)

위헌법률심판은 적용되는 법률이 위헌인지 아닌지를 결정하는 심판을 말한다. 위헌법률심판에는 법원에 재판중인 구체적 소송사건에서, 그 사건에서 적용될 법률이 위헌인지 아닌지를 결정하는 '구체적 위헌법률심판(Konkrete Normenkontrolle)'이 있으며, 또한 특정 연방법 또는 주법이 위헌인지 아닌지를 심판하는 '추상적 위헌법률심판(Abstrakte Normenkontrolle)'이 있다. 구체적 위헌법률심판은 소송을 담당하는 법원 또는 소송당사자가 심판을 신청하며, 추상적 위헌법률심판의 경우 연방 또는 주정부 그리고 연방의회 의원 재적 의원 1/3 이상이 심판을 신청할 수 있다.

(2) 정당해산심판

정당해산심판이란 정당의 목적이나 활동이 헌법, 즉 기본법에 위배될 때, 연방정부, 연방의회 또는 연방평의회의 제소에 따라 헌법재판소가 그 정당의 해산을 결정하는 제도이다. 정당 해산에 대한 심판은 재판관 2/3의 찬성을 필요로 한다. 독일 연방헌법재판소는 1949년 정부 수립 이후 현재까지 두 차례에 걸쳐 헌정 질서에 위반되는 정당에 대하여 정당 해산의 명령을 내린 적이 있다. 1952년 신나치 정당인 '독일사회주의제국정당(Sozialistische Reichspartei Deutschlands: SRP)'과 1956년 '공산당(Kommunistische Partei Deutschlands: KPD)'에 대한 정당 해산 명령이 그것이다. 그러나 이들 정당들은 정당 해산 명령이 내려진 이후 각각 '독일민족민주당(Nationaldemokratische Partei Deutschlands: NPD)'과 '독일공산당(Deutsche Kommunistische Partei: DKP)'이라는 새로운 당명(黨名)으로 활동을 재개하였다. 사실상 당명만 바꾸어서 다시 활동하였던 것이다. 이로 인하여 연방헌법재판소의 정당 해산명령에 대한 실효성 여부가 논란이 되기도 하였다.

(3) 권한쟁의심판

권한쟁의심판은 국가 기관 상호간, 연방정부와 주정부 상호간, 주 또는 지방자치단체 상호간에 권한의 범위에 관한 분쟁이 생긴 경우 연방헌법재판소가 헌법 해석을 통하여 유권적으로 그 분쟁을 해결함으로써 국가 기능의 원활한 수행을 도모하고 국가 권력 간의 균형을 유지하여 헌법 질서를 수호·유지하고자 하는 제도이다.

(4) 헌법소원심판

헌법소원심판이란 공권력의 행사 또는 불행사로 헌법상 보장된 국민의 기본권이 침해되는 경우에 국민이 자신의 기본권을 구제하여 줄 것을 청구하는 제도이다. 헌법소원이 이유 있는 경우 헌법재판소는 기본권을 침해하는 공권력 작용을 취소하거나 위헌 확인을 함으로써 국민의 기본권을 구제하여 준다. 1951년부터 2001년까지 약 13만 1천 건의 헌법소원이 연방헌법재판소에 제기되었으며, 이 중 약 2.5%인 3,268건의 헌법소원이 받아들여져 국민의 권리가 구제되었다. 지금까지 설명한 독일 연방 헌법기관 간의 관계를 도식화하면 다음과 같다.

[그림 1-2] 독일 헌법기관

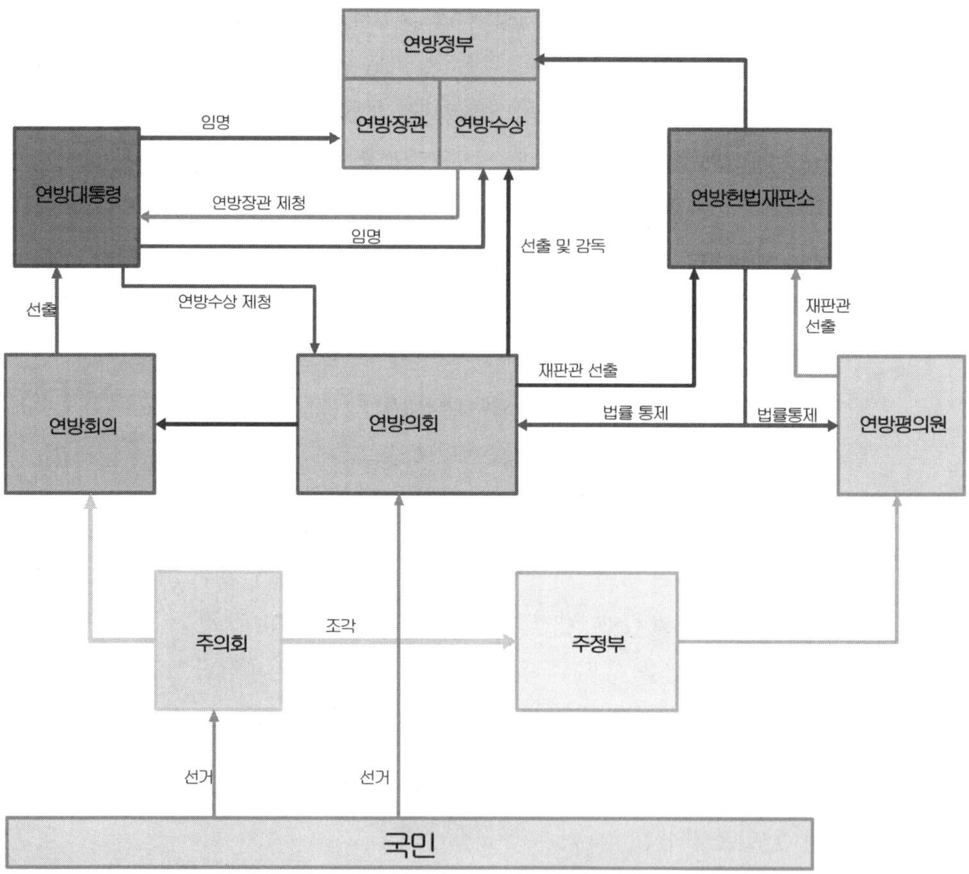

2. 정당 제도

1) 정당 제도의 특성

독일 정치의 특징을 '정당민주주의(Parteidemokratie)'라고 할 만큼 정당은 독일 정치에서 중요한 비중을 차지한다. 독일 정당은 정부 구성 기능, 여론 형성 기능, 정부에 대한 비판 기능, 정치 엘리트의 교육과 양성 기능 등 고전적 기능 이외에도 국민에 대한 민주시민 교육 기능, 독일 문화의 해외 전파 기능 등 다양한 기능을 수행하고 있다. 정당의 이러한 기능으로 인하여 기본법 제21조는 정치 의사 결정 과정에서의 정당의 역할을 중시하고 있으며, 정당 설립의 자유, 복수정당제를 천명하고 있다. 독일은 선거공영제를 도입하여 연방의원 선거에 참여하는 정당에 대해서는 선거 비용의 일부를 국고에서 지원하고 있으며,[11] 또한 각 정당은 공영방송을 통하여 배당된 시간에 따라 자신의 정당을 홍보할 수도 있다. 이 밖에 정당 후원금에 대한 세금 공제 제도를 실시하여 정당에 대한 재정적 후원을 적극 유도하고 있다.[12]

정당에 대한 후원과 지원 못지않게 정당의 의무 또한 강조되고 있다. 그 중 가장 중요한 것은 정당 내부 의사 결정 과정의 민주성 확보이다. 독일 기본법은 독일의 모든 정당에게 내부 민주주의 질서 유지를 요구하고 있는데, 특히 정당 내부에서 행하여지는 각종 투표 과정에서의 민주성 확보를 강조하고 있다. 즉, 정당 내부에서 행하여지는 각종 투표가 민주주의 투표의 일반적 원칙에 따라 행해져야 한다는 것이다. 이 밖에 정당 운영의 민주

11) 연방의원 선거에 참여하는 독일 정당은 선거 비용 명목으로 전기(前期) 연방의회 총선에서 획득한 표에 따라, 400만 표까지 1표당 85센트의 국고 지원을 받는다. 4백만 표를 초과할 경우 초과분에 대한 1표당 국고 지원액은 75센트로 줄어든다.

12) 정당 후원금에 대한 세금 공제는 개인 1인당 3,300유로(부부일 경우 6,600유로)에 한한다. 개인이 1년에 1만 유로 이상 특정 정당에 후원하였을 경우 정당은 이를 실명 공개하여야 하며, 5만 유로 이상 후원하였을 경우에는 이 사실을 즉각 연방의회 의장에게 고지하여야 한다.

성, 특히 인사 제도의 투명성과 민주성, 재정 운영의 투명성 등도 정당 내부 민주주의 질서 유지 유무를 판단하는 주요한 기준이다.

이 밖에 독일 정당 제도에서 특이한 점은 연방헌법재판에 의한 정당 해산 제도이다. 정당해산심판이란 정당의 목적이나 활동이 기본법에 위배될 때, 연방헌법재판소가 그 정당의 해산을 명하는 결정을 함으로써 위헌적인 정당을 해산하는 심판 제도이다. 독일 연방헌법재판소는 1949년 정부 수립 이후 현재까지 1952년과 1956년 두 차례에 걸쳐 헌정 질서에 위반되는 정당에 정당 해산의 명령을 내린 적이 있다.

2) 정당 현황

독일에서는 거대 정당인 기민당과 사민당이 연방수상을 교대로 배출하는 등 주도적으로 활동하고 있지만, 기사당, 자민당, 녹색당, 그리고 구동독 사회주의통일당의 후신(後身)인 민사당도 연방 차원의 정치 무대에서 비교적 활발히 참여하고 있다. 이 밖에도 공화주의자연맹 등 우익정당과 독일공산당 등 좌익정당, '노동과 사회 정의 실현을 위한 선거연합(Die Wahlalternative Arbeit und Soziale Gerechtigkeit: WASG)' 등 시민운동조직 형태를 가진 정당들이 활동하고 있다. 2006년 현재 16대 연방의회에 원내 교섭단체를 구성하고 있는 정당을 중심으로 독일 주요 정당의 이념과 활동 상황을 살펴보자.

(1) 기독교민주당(기민당, Die Christlich-Demokratische Union: CDU)

제2차 세계대전 이후 창단된 기독교민주당(기민당)은 구교와 신교 그리고 보수주의, 자유주의자들이 연대한 일종의 연합체(Union)적인 성격이 강하다. 전국적인 조직을 가지고 있으나 바이에른 주에서는 활동하지 않고 있으며, 대신 이 지역에서는 자매(姉妹) 정당인 기사당(CSU)이 활동하고 있다. 기민당은 1949년 이후 자민당(FDP)과의 성공적인 연립정부 구성과 수상 아데나워와 에르하르트의 지도력을 바탕으로 보수 지향적인 국민정당으로 발전하였으며, 역대 연방의원 선거에서 유권자의 35~40%에 달하는 지지를 확보하여 왔다. 특히 1980년대 말부터 콜 수상을 중심으로 한 조속한 통일정책의 추진과 구동독 기민당과의 성공적인 합당을 통하여 1990년 구동독과 구서독이 동시 실시한 연방정부 구성을 위한 총선에서 43.8%의 지지율을 획득하였으며, 1994년 연방의원 선거에서도 41.5%의 지지율로 승리하여 정권을 유지하였다. 기민당 소속 초대 아데나워 수상은 1949년부터 1963까지 약 14년 동안 집권하였으며, 콜 수상은 1982년부터 1998년까지 무려 16년 동안 집권하였다.

그러나 1966년부터 1969년까지 최대 정적(政敵)인 사민당과 소위 대연정(大聯政)을 구성하여 권력을 사민당과 공유하여야만 했으며, 1969년 처음으로 사민당과 자민당의 연립정부에게 정권을 내주어서 1982년까지 야당의 역할을 하였다. 또한 1998년 연방의원 선거에서 패배하여 사민당과 녹색당에게 정권을 내주었으며, 2002년 연방선거에서도 정권을 획득하는 데 실패하였다. 2005년 사민당 소속 슈뢰더 수상의 연방의회 재신임 획득 실패와 이에 따른 연방의회 해산은 기민당으로서는 정권을 획득하기에 좋은 기회였다. 투표 전 각종 여론조사에서 유권자의 과반수가 기민당을 지지한다고 응답하였기 때문이다. 그러나 투표 결과 기대했던 결과를 얻지 못하였으며 결국 사민당과 대연정 구성에 합의할 수밖에 없었다. 2005년 말에 시작한 16대 연방의회에는 물론 역대 연방의회에서 기사당(CDU)과 공동으로 원내 교섭단체를 구성하고 있다.[13]

(2) 기독교사회당(기사당, Die Christlich-Soziale Union: CSU)

기독교사회당(기사당)은 바이에른 주에서만 활동하는 정당이다. 기사당은 기민당과의 자매 정당으로서의 성격을 강하게 지니고 있고, 기민당보다는 보수적 성향이 더 강하다고 볼 수 있다. 기사당은 독립적인 정당의 자율성과 당강령을 유지하면서, 연방의회에서 기민당과 함께 원내 교섭단체를 구성하여 바이에른 주의 지역정당이라는 한계를 극복하고 있다. 기민당과 기사당은 상호 협력적인 정치 파트너로서의 관계를 유지하고 있으며, 연방의회에서도 공동으로 원내 교섭단체를 구성하여 정치적 생명을 같이하고

---

13) 16대 연방의원 선거 결과는 다음과 같다. 사민당 34.2%, 기민당 27.8%, 기사당 7.4%, 녹색당 8.1%, 자민당 9.8%, 좌파연합 8.7%, 기타 4%.

있다.

(3) 사회민주당(사민당, Die Sozialdemokratische Partei Deutschlands: SPD)

사회민주당(사민당)은 오랜 역사를 가지고 있고, 이념적 성격이 기민당보다는 상대적으로 강하며, 노동자 계층의 강력한 지지를 받고 있는 정당이라고 볼 수 있다. 사민당은 1863년에 창당한 '독일노동자총연맹'과 1869년 창당한 '사회민주주의노동당' 두 정당의 정치적 이념을 기반으로 출발하였으며, 한때 독일제국 의회의 사회주의 계열 정당에 대한 활동 금지 결정에 따라 정치 활동을 중단하기도 하였다.

제1차 세계대전 후 출범한 바이마르 공화국에서 사민당은 두 차례 집권정당이 되는 등 왕성한 정치 활동을 보였으나, 나치 시대에는 정치 활동은 물론 당이 완전 해산되는 시련을 겪기도 하였다. 그러나 제2차 세계대전 이후 사민당은 다시 당 재건 사업을 추진하였으며, 특히 1959년 고데스베르크(Bad Godesberg) 회의를 기점으로 하여 당 발전의 전기를 마련하였다. 고데스베르크 회의에서는 기존에 유지해 왔던 마르크스주의적인 계급정당과 이념정당의 원칙을 포기하였으며, 대신 사회민주적이며 중도좌파적인 성향으로 전환하여 국민정당으로서 새로운 출발을 천명하였다.

서독 정부 수립 후 1960년 중반까지 줄곧 야당 역할을 해온 사민당은 1966년 기민당과 함께 대연정을 구성하였으며, 1969년에는 자민당과의 연합을 통하여 연방의회에서 과반수 의석을 확보함으로써, 처음으로 연방수상을 배출하는 집권 정당이 되었다. 그러나 1982년 정권을 다시 기민/기사/자민당 연합에게 내주었으며, 1980년대 말 통일 분위기가 성숙되었을 당시 기민당의 조속한 통일정책과는 달리 사민당은 순차적이고 점진적인 통일을 주장하였으며 이로 인하여 1990년 총선에서도 패하였다. 당시 사민당이 총선에서 참패하게 된 또 다른 이유는 사회주의 국가였던 동독이 무너진 상황하에서 국민들에게는 사민당이 기민당보다는 사회주의 색채를 가진 정당이라는 강한 인식이 있었기 때문이었다.

사민당은 1994년 연방의원 선거에서도 1990년 총선 결과보다는 약간 향상된 36.4%의 지지율을 확보하는 데 그쳐 정권 획득에는 실패하였으나, 1998년 총선에서는 슈뢰더 총재의 강력한 리더십 아래 40.9%의 지지율로 승리하여 녹색당과 연합하여 연방정부를 구성하였다. 2002년 연방의회 총선에 승리하여 다시 녹색당과 연립정부를 구성하였던 슈뢰더 수상은 2005년 자신과 자신의 정당에 대한 국민의 지지가 낮아지는 상황에서 연방의회에 대하여 재신임을 요구하였으나 실패하였다. 그 결과 연방의회는 조기 해산되었으며, 이후 실시된 연방의원 선거에서 사민당은 기민/기사 연합정당에 근소한 차이로 패배하여 연방수상 자리는 기민당에게 넘어갔다. 그러나 사민당은 기민/기사당과 연합하여 대연정을 구성하여 정권의 일부를 유지하였다.

(4) 자유민주당(자민당, Die Freie Demokratische Partei: FDP)

자유민주당(자민당)은 기민당보다 보수적 성향이 강한 정당으로 경제적 자유주의를 당의 중심 이념으로 하고 있다. 자민당은 정부 수립 이후 기민당과 사민당의 양대 정당 구조 속에서 자신의 정치적인 발언권이나 영향력을 지속적으로 유지해 온 정당이다. 즉, 자민당은 지속적으로 6%~10% 정도의 지지율을 확보하면서, 양대 정당과 번갈아 연립정부를 구성하여 집권당의 역할을 수행하여 왔다. 따라서 그 지지율에 비하여 실제 자민당의 위상은 상대적으로 확대되었으며, 연방정부 내부에서도 강한 정치적 영향력을 행사할 수 있었다. 특히 기민당과 사민당이 정권을 획득하기 위해서는 자민당과의 연합이 필수적이었기 때문에 자민당은 국내·국제적 정치환경에 따라 연정 상대를 선택할 수도 있었다. 자민당은 예를 들어 1969년 기민당과의 기존 연정을 파기하고 야당이었던 사민당과 연정을 구성함으로써 20년간 지속되어 오던 기민당의 집권을 마감시키는 등 독일의 연방 정치무대에서 실질적인 캐스팅 보트(casting vote)를 행사한 정당이었다.

그러나 1980년 중반 녹색당이 연방의회에 진입한 이후 자민당의 위상은 상대적으로 낮아지기 시작하였다. 환경 문제, 여성, 평화 문제 등에 대한 녹색당의 주장은 유권자의 높은 관심을 받기 시작하였으며, 기민당과 사민당 양대 거대 정당, 특히 사민당은 연정 파트너로서 자민당보다 녹색당에게

더 많은 관심을 가지게 되었다. 결국 이러한 배경으로 인하여 1998년 사민당이 녹색당과 연정을 구성한 이후 자민당은 줄곧 야당의 역할을 수행할 수밖에 없었으며, 2005년 연방의원 선거에서도 10% 가까운 지지율을 획득하였음에도 불구하여 기민/기사당과 사민당이 연정에 합의하는 바람에 야당에 머물러 있어야 하였다.

(5) **녹색당**(Bündnis 90/Die Grünen)

1970년대 말부터 산업화에 따른 자원 고갈, 오존층 파괴, 지구 온난화 현상, 생태계 파괴 등 환경 파괴에 대한 국민들의 자각과 함께 환경 문제가 정치적으로 이슈화(political issue)되면서 환경 보호, 개발 억제, 핵개발 반대 등을 정치 이념으로 하는 녹색당은 처음에는 주(州) 정치 무대에서 두각을 나타내었다. 그리고 1983년에는 연방의원 선거에서 5.6%라는 지지율을 확보하여 연방의회에 처음으로 진출하게 되었다. 그러나 통일 이후 1990년 총선에서 구동독 좌파 정당과의 연합에 관한 문제로 인하여 당내의 분열이 일어나게 되었고, 서독에 의한 일방적 흡수 통일에 대한 반대 노선을 견지하여 지지율이 3.9%에 불과, 연방의회로의 진출이 좌절되기도 하였다.

그러나 1994년 총선에서는 구동독 시민운동 연합조직인 '동맹 90(Bündnis 90)'과 연합하여 지지율 7.3%를 확보함으로써 1990년 선거의 패배에서 벗어나 연방의회에 다시 진출하게 되었다.[14] 또한 1998년 연방의원 선거에서는 사민당과 연합하여 정부를 구성함으로써, 최초로 집권당이 되기도 하였다. 그러나 2005년 말부터는 기존의 연정 파트너였던 사민당이 기민·기사당과 연정을 구성하였기 때문에 다시 야당의 역할을 수행하게 되었다.

녹색당은 1980년대 연방의회 진출 이후 기민당, 사민당, 자민당 등 기존 정당에 대한 정치적 견제 세력으로서 입법 및 정책 과정에 활발히 참여함으로써 기존 정당에게는 상당한 위협적인 정당으로 평가되기도 하였다. 그러나 1990년 이후 녹색당이 제기하였던 환경 보호, 여성차별 철폐, 인권 보호, 핵 폐기 등에 관한 이슈가 상당 부분 정부에 의하여 수용되었고, 다른

14) 녹색당의 독일어 당명은 원래 'Die Grünen'이었으나, 1993년 '동맹 90'과 연합한 이후 당명을 'Bündnis 90/Die Grünen'로 개정하였다.

정당 역시 녹색당이 강조하는 주제에 대하여 적극적인 태도를 보이기 시작하자 다른 정당과의 차별성이 약화되면서 한때 정치적 위기를 맞기도 하였다. 특히 1990년대 이후 원내에 진출한 민사당과의 차별성 문제로 인하여 여전히 당 진로에 대한 진통을 겪고 있는 정당이기도 하다.

(6) 민주사회당(민사당, Partei des Demokratischen Sozialismus: PDS)

민주사회당(민사당)은 구동독 공산당인 사회주의통일당(SED)의 후신(後身) 정당이다. 1989년 구동독 붕괴 과정에서 사회주의통일당은 생존을 위하여 변신을 꾀하였는데, 그 일환으로 정당의 명칭을 기존의 사회주의통일당(SED)에서 사회주의통일당/민주사회당, 즉 SED/PDS로 개정하였다. 아울러 사회주의 국가 공산당의 일반 원칙인 공산당의 영도적 역할 원칙, 1당 독재 원칙 등을 강령에서 폐지하였다. 이것은 민주적 정당으로 탈바꿈하겠다는 선언이었다.

1990년 2월 사회주의통일당의 색채를 완전히 떨쳐버리기 위하여 당명에서 '사회주의통일당(SED)'이라는 용어조차 떼어버린 민사당은 동년 3월에 있었던 동독 인민회의 총선에서 유권자 16.4%의 지지를 받았다. 동독에서 창당된 우파연합, 사민당보다는 낮은 지지율이었지만, 예상 밖의 좋은 결과를 받은 것으로 평가되고 있다. 1당 독재, 당의 영도적 지위 등의 원칙을 포기한 민사당은 대신 인권의 보장, 자연 보호 등 진보적인 민주강령을 채택하였으며, 나아가 통일 후 구동독 인민들의 권익 보호 등을 역설하였는데, 이러한 주장들이 구동독 주민에게 설득력 있게 받아들여진 것이다. 특히 민사당은 통일을 앞두고 자신들의 신변에 두려움을 느낀 동독 주민에게 민사당이야말로 통일 이후 구동독 주민의 권익을 대변하는 유일한 정당임을 강조하였는데, 이러한 선거 전략이 적중하였다.

동독 내부에서 일단 입지를 굳힌 민사당은 통일 직후 행해진 연방의원 선거에서 전국 유권자의 2.4% 지지를 받았다. 그러나 2.4%의 지지는 대부분 구동독 유권자의 지지로서 구동독 지역에서는 약 10%의 지지를 받았지만, 구서독에서의 지지율은 극히 미비할 뿐이었다. 그럼에도 불구하고 민사당은 통일 독일의 연방의회에 당당히 진출하였다. '5% 봉쇄 조항(Sperrklausel)'

이 구서독과 구동독 지역으로 분리되어 적용되었기 때문이다. '5% 봉쇄 조항'이란 특정 정당이 비례대표 의석을 배분받기 위해서는 전체 유효 투표의 5% 이상을 얻거나, 아니면 최소한 3개 지역구에서 당선자를 내야 한다는 연방선거법 조항이다.

이후 민사당은 1994년 연방의회 총선에서 4.4%, 1998년 5.1%의 지지를 받아 원내에 진출하였으며, 2005년 총선에서는 8.7%의 비교적 높은 지지를 받았다. 또한 당원도 점차 증가하여 기존 정당을 위협하는 정치 세력으로 자리잡아 가고 있다. 특히 최근 구동독 지역의 어려운 경제 사정, 높은 실업률 등은 주로 구동독 주민의 이익을 대변하는 민사당에게 세력을 확장할 수 있는 좋은 기회가 되고 있다.

그러나 이러한 점은 반대로 민사당의 발전을 저해하는 장애 요인으로도 작용하는데, 민사당은 구동독 주민만을 대변하며 구동독 지역만을 기반으로 하는 소위 지역정당이라는 한계를 벗어나지 못하고 있다. 실제 1998년 5.1%의 지지와 함께 최초로 연방의회에서 원내 교섭단체를 구성하였으며, 2005년 연방의원 선거에서는 유권자 8.7%의 지지를 받았지만, 실제 지지율의 내막을 살펴보면 지역정당이라는 한계가 그대로 드러나고 있다. 즉, 구동독에서는 주에 따라 유권자 30% 가까운 높은 지지를 받고 있는 반면 구서독 지역에서는 1% 미만의 낮은 지지를 받고 있을 뿐이다.

이러한 이유 때문에 연방의회에서 원내 교섭단체를 구성하고 있는 등 정치적 위상의 향상에도 불구하고 아직 기존 정당 및 정치인들은 민사당을 정치적 파트너로서 인정하지 않고 있다. 이에 대한 대표적인 예가 2005년 총선 이후 사민당, 기민당 등 기존의 모든 정당들이 민사당과의 연정 구성을 거부한 점, 그리고 연방의회 부회장 선거시 각 원내 교섭단체에서 추천한 인사는 무조건 부회장으로 당선시키는 관례를 깨고 기존 정당 소속 의원들이 연방의회 부의장 후보 중 유독 민사당(좌파연합)이 추천한 후보만을 거부하여 탈락시킨 점 등이다. 민사당은 2005년 연방의회 총선 직전 '노동과 사회 정의 실현을 위한 선거연합(Die Wahlalternative Arbeit und Soziale Gerechtigkeit: WASG)'과 연합하였으며, 연방의회에서는 이 WASG와 함께 '좌파연합(Die Linke)'이라는 명칭으로 원내 교섭단체를 구성하고 있다. 다음은 독일 역대 연방정부를 구성하였던 집권당 및 야당의 현황이다.

〈표 1-2〉 독일 역대 연방정부 집권당 및 야당

기간	연방수상(소속 정당)	집권당 (연정 참여 정당)	야당
1949년~1963년	K. Adenauer(기민당)	기민/기사당, 자민당	사민당
1963년~1966년	L. Erhard(기민당)	기민/기사당, 자민당	사민당
1966년~1969년	K. G. Kiesinger (기민당)	기민/기사당, 사민당 대연정(大聯政)	자민당
1969년~1974년	W. Brandt(사민당)	사민당, 자민당	기민/기사당
1974년~1982년	H. Schmidt(사민당)	사민당, 자민당	기민/기사당
1982년~1998년	H. Kohl(기민당)	기민/기사당, 자민당	사민당, 녹색당, 민사당 (1990년 이후)
1998년~2005년	G. Schröder(사민당)	사민당, 녹색당	기민/기사당, 자민당, 민사당
2005년 이후	A. Merkel(기민당)	기민/기사당, 사민당 대연정(大聯政)	자민당, 녹색당, 민사당

3. 선거 제도

모든 민주국가에서와 마찬가지로 독일에서도 선거는 가장 적극적이고 효율적인 정치 참여 방법 중의 하나이다. 독일 국민은 연방의원 선거, 주의원 선거, 지방의원 선거, 지방자치단체장 선거 등 많은 선거에서 선거권 또는 피선거권을 행사하고 있다. 여기에서는 독일 연방의원 및 주의원 선거 제도에 대해서만 다루고 있으며, 지방의원 및 지방자치단체장 선거에 대해서는 '제3장 지방자치 제도'에서 자세히 언급하고 있다.

1) 연방의원 선거

독일 연방의회 의원 선거는 원칙적으로 매 4년마다 실시된다. 그러나 간혹 의회가 중간에 해산되는 경우 조기 총선이 실시되는 경우도 있다. 선거권과 피선거권은 18세 이상의 독일 국적 소지자에게 부여된다. 선거시 유권자는 1개의 투표용지에 2회에 걸쳐 기표권(記標權)을 행사한다. 제1차 기표는 지역구 후보자에 대한 기표이며, 제2차 기표는 지지 정당에 대한 기표이다. 이 중 제2차 기표권이 선거 결과에 매우 중요하다. 제2차 기표에 의한 정당 지지도 결과에 따라서 각 정당의 의석 수가 최종 결정되기 때문이다.

2006년 현재 독일 연방의회 의원 정족수는 598명이다. 이 중 정족수의 1/2인 299명은 지역구 선거를 통하여 각 지역구 선거에서 최다 득표한 자가 선출되며, 나머지 1/2인 299명은 정당 지지율에 따라 각 정당에 배분된 이른바 '전국구' 의원들이다. 그러나 독일 특유의 선거 제도로 인하여 간혹 정족수를 초과하는 경우가 발생하는데, 이는 '초과 의석(Überhangsmandat)'이 발생하기 때문이다. 초과 의석이 발생하는 주된 이유는 의석 배분 방식에서 제2차 기표에 따른 정당 지지율에 따라 최종 의석수가 확정되기 때문이며, 또한 연방의회 의석 배분 방식이 주(州) 단위로 행해지기 때문이다.

이미 언급한 바와 같이 연방의회 선거에 참여한 정당들의 최종 의석은 선거 결과 제2차 기표에서 획득한 정당 지지율에 따라 확정되며, 먼저 제1차 기표에서 최다 득표한 지역구 당선자를 우선 확정한 후 나머지 의석을 정당 비례대표제에 의거하여 충당한다. 그러나 간혹 선거구에서 직접 선출된 의석이 각 정당에게 배분된 최종 의석을 초과할 경우가 있다. 다시 말하면 특정 정당에서 지역구 선거를 통하여 선출된 의석이 정당 지지율에 따라 배당된 최종 의석을 초과하는 경우가 발생할 수도 있다. 이 초과분을 '초과 의석'이라고 한다.

예를 들어 자세히 알아보기로 한다. 연방의회 의석 598석 중에서 독일 중부에 위치하는 헤센(Hessen) 주에 배당된 의석 수는 총 42석이다. 언급한 바와 같이 연방선거법에 따르면 42석의 50%인 21석은 21개의 지역구 선거를 통하여 최다 득표로 당선된 21명에게 돌아가고, 나머지 50%인 21석은 정당명부제 선거를 통하여 각 정당에게 정당 지지율에 따라 배분된다. 그런데 A라는 정당이 정당명부제 선거 결과 유권자 유효투표의 35%의 지지를 받았을 경우 정당 A에게 배당될 최종 의석은 일단 15석(42×35%=

14.7)으로 확정된다. 정당 A가 헤센 주에서 차지할 최종 의석은 15석인 것이다.

그런데 정당 A 지역구 당선자가 15명 미만일 경우 지역구 당선자를 확정한 후 그 차이를 정당에서 미리 정한 명단 순서에 의거 당선시키게 된다. 즉, 만약 지역구에서 11명이 당선될 경우 나머지 4명(15명－11명)을 정당명부에 따라 순차적으로 당선시키면 된다. 만약 1명만이 지역구 선거에서 당선되었다면 14명이 정당명부 명단에 따라 당선되는 것이다.

그러나 정당 A가 지역구 선거에서 15석 이상을 차지할 경우도 발생할 수 있다. 만약 정당 A 후보자가 16개구 선거구에서 1위로 당선될 경우 1석의 초과 의석이 발생하며, 17개구의 선거구에서 1위로 당선될 경우 2석의 초과 의석이 발생하는 것이다. 심할 경우 정당 A가 21개 모든 선거구에서 1등으로 당선자를 낼 수도 있다. 이럴 경우 지역구 당선자를 모두 인정하지 않을 수 없는데, 이 경우 바로 6석의 초과 의석이 발생하는 것이다. 독일은 16개 주로 이루어졌기 때문에 1개 주에서 1석의 초과 의석이 발생할 경우 전국적으로 16석의 초과 의석이 발생하는 셈이다. 실제 1998년 연방의원 선거에는 전국적으로 무려 18석의 초과 의석이 발생하였으며, 2002년에는 5석이 발생하였다.

독일 연방의회 선거 제도 중 또 하나의 특징은 '5% 봉쇄 조항'이다. 연방선거법(제6조 4항)에 따르면, 정당명부제 선거 결과에 따라 특정 정당이 비례대표 의석을 배분받기 위해서는 전체 유효 투표의 5% 이상을 얻거나, 아니면 최소한 3개 지역구에서 당선자를 내야 한다. 이는 군소 정당의 연방의회 난립을 막아 정치적 불안 요소를 제거하기 위한 목적이다. 다만 1990년 통일 이후 이 제도를 독일 전국에 적용할 경우 구동독 지역을 정치적 기반으로 하는 정당들은 연방의회 진출 가능성이 거의 없기 때문에 연방의회는 선거법을 개정하여 이 조항을 구서독과 구동독 지역으로 분리하여 적용하도록 하였다. 따라서 구동독에서 창당된 민사당은 정당 전국 지지율이 2~3%에 불과하였지만 연방의회에 진출할 수 있었다. 구동독 지역에 한해서는 지지율이 5%를 초과하였기 때문이다.

2) 주의원 선거

주의원 선거 제도 역시 연방의원 선거 제도와 크게 다를 바 없다. 주의원 선거 유권자들도 1개의 투표용지에 2번의 기표를 한다. 즉, 지역구 후보자에 대해서 기표하며, 동시에 지지하는 정당에 대해서도 기표한다. 주의원 선거 제도에도 역시 '초과 의석' 제도가 있으며, '5% 봉쇄 조항'도 있다. 따라서 선거에서 지지도 5% 미만의 정당 또는 지역구 선거에서 3인 미만의 당선자를 내지 못하는 정당은 비례대표 의석을 배분받지 못한다. 다만 연방의원 선거 제도와의 차이점은 연방의원 선거 제도의 경우 주에 배당된 총의석의 50%는 지역구 선거를 통하여 선출되며, 나머지 50%는 정당명부제 선거를 통하여 선출되는데 반하여 주의원 선거 제도의 경우 각 주마다 지역구 선거를 통하여 선출되는 의원과 정당명부제를 통하여 선출되는 의원의 비율이 약간씩 다르다는 점이다. 예를 들어 바덴-뷔르템베르크 주의 경우 의원 정족수가 120명인데 이 중 70명은 지역구 선거를 통하여 선출되며, 나머지 50명은 정당명부제 선거를 통하여 선출된다. 또한 노르트라인-베스트팔렌 주의 경우 의회 의원 정족수가 201명인데 이 중 151명은 지역구 선거를 통하여 선출되며, 나머지 50명은 정당명부제 선거를 통하여 선출된다. 의원의 임기 역시 주마다 다른데 보통 4~5년이다.

제 3 절 정치문화

오늘날 '정치문화'라는 용어는 하나의 생활용어가 되어 버렸다. 그러나 또한 이 용어만큼 개념이 뚜렷하지 않고 다양하게 사용되는 말도 흔치 않을 것이다. 예를 들면, '선진화된 정치문화'라는 말이 사용되었을 때 혹자는 민주주의가 발달된 유럽의 정당 제도, 국회 운영 방식 등 소위 정치권의 행태를 생각할 것이고, 혹자는 활발한 시민운동, 국민의 적극적인 정치 참여 및 정치권에 대한 비판적 사고 방식 등 정치에 대한 국민의 반응 및 태도 등을 생각할 것이며, 혹자는 이 모든 것을 다 포함한 개념을 머리에 떠올릴 것이다. 이렇듯 정치문화의 개념이 다양하고 모호한 까닭은 무엇보다는 '문화'라는 개념 자체가 광범위하고 복잡한 탓도 있겠지만, 이를 연구하는 학자들 사이에도 아직 이에 대한 단일화된 개념 정의가 없다는 이유도 들 수 있을 것이다.

정치문화라는 개념을 정치학 용어로 처음 사용한 사람은 미국 학자 앨먼드(Gabriel A. Almond)이다. 그는 1966년 파월(Bingham Powell, Jr.)과의 공저 논문에서 정치문화란 "정치 체제에 대한 국민들의 태도(attitudes), 신념(beliefs), 가치판단(values) 등 심리적 또는 주관적 성향"이라고 정의하였다 (Almond & Powell, 1966: 25). 앨먼드의 이 정의는 정치문화에 대한 수많은 개념 정의 중에서 대표적인 것으로 오늘날까지 일반적으로 받아들여지고 있다.

'프러시아', '나치', '히틀러' 등의 용어가 대명사로 되어 있었던 1945년 이전의 독일은 이러한 용어들이 나타내고 있듯이 유럽 국가들 중에서는 드물게 권위적이며 비민주적인 정치문화의 특징을 가지고 있었다. 그러나 이렇듯 역사적으로 뿌리 깊은 독일의 비민주적 정치문화도 제2차 세계대전 이후 서서히 변하기 시작하였다. 물론 동독에서는 독일의 전통적인 정치문화에 사회주의적이며 전체주의적인 정치문화가 첨가되기도 하였지만, 서독에서는 독일의 전통적인 정치문화와는 다른 민주적인 정치문화가 정착되어 갔다.

현재 독일 국민의 정치 참여는 유럽의 다른 국가에 비하여 비교적 높은 편이며 민주주의에 대한 지지와 만족도도 높은 편이다. 또한 다수의 국민들은 타인의 의견과 태도에 대하여 높은 관용성을 보이고 있으며, 폭력·테러·전쟁 등 극단적인 방법에 대해서는 극히 부정적인 태도를 보이고 있다. 1990년 통일 이후 여러 후유증이 있었음에도 불구하고 동서독 주민들이 화합할 수 있었던 밑바탕은 서독 국민들의 높은 정치의식이라고 말할 수 있겠다. 제2차 세계대전 이전 독일의 전통적인 정치문화의 특징을 파악하고, 종전(終戰) 이후 독일 정치문화의 변화 과정과 변화된 정치문화의 특징에 대하여 알아보기로 한다.

1. 독일 정치문화의 발전 과정

1) 독일 전통적 정치문화의 특징

1871년 1월 베르사유 궁전에서 '독일제국(Deutsche Reiche)'이 선포됨과 동시에 프러시아의 국왕 빌헬름 1세(Friedlich Wilhelm Ⅰ)가 독일제국의 황제로 추대되었다. 그러나 이 최초의 독일 통일은 프랑스혁명 이후 당시 독일 국민 사이에 확산되어 있던 자유와 평등에 대한 의지를 집약시킨 통일이 아니었다. 독일 최초의 통일은 오스트리아(1866) 및 프랑스(1870)와의 전쟁에서 승리한 결과, 즉 무력 행사의 결과였다. 따라서 전쟁을 통하여 통일을 성취한 독일제국의 사회 제반 구조는 프러시아의 영향을 받아 다분히 중앙집권적이고 권위적이며 강압적인 성격을 띠지 않을 수 없었다. 독일제국 정치문화 형성의 밑바탕이 되는 정치·사회적 특징을 지적하면 다음과 같다 (Greiffenhagen, 1981b: 53).

(1) 강한 민족의식과 국가주의

독일제국의 성립을 전후해서 독일 민족사상을 강조한 대표적 인물은 피히테(Johann Gottlieb Fichte), 헤겔(Georg Wilhelm Friedrich Hegel), 그리고 클라이스트(Heinrich von Kleist) 등을 들 수 있다. 이들 지식인들은 독일 민족에게 프랑스 문화의 지배를 거부하게 하고 독일의 민족의식과 문화의식을 각성시키는 중요한 역할을 떠맡게 되었다. 그러나 이들 독일 지식인의 노력은 한편으로는 민족의식의 고취에는 결정적인 역할을 하게 되었지만, 다른 한편으로는 국가에 대한 무조건적인 복종과 충성을 미화하여 결국 국민의 자유와 개성을 무시한 '국가지상주의'의 문화를 형성하는 데 결정적인 역할을 하였다. 독일제국의 국가 성격에 대한 그라이펜하겐(Martin Greiffenhagen)의 다음과 같은 설명은 당시 독일 국민의 정치의식 및 정치행위가 어떠했는가를 잘 말해 주고 있다. "이 국가는 국가 스스로가 이성(理性)이었으며, 그 자체가 목적이었다. 국가 체제는 국민에 근본을 둔 것이 아니었으며 오직 기계적 원리에 의한 것이었다" (Greiffenhagen,

1981b: 58).

(2) 정치적 · 사회적 긴장과 부정적 통합

서술한 바와 같이 1871년에 통일된 독일제국은 프러시아의 군사력을 바탕으로 한 '위로부터의 혁명'의 산물이었다(Wehler, 1973: 19). 따라서 정치 체제 또한 보수적이었으며 또한 강압적일 수밖에 없었다. 특히 독일제국은 외교적으로도 유럽의 질서를 무시하며 유럽에서의 패권을 주장하는 반유럽적 태도를 취하였다. 독일제국의 이러한 외교적 태도 뒤에는 제국수상 비스마르크(Otto von Bismarck)의 정치적 계산이 있었다.

당시 유럽의 다른 국가들이 이미 국민국가의 모습을 갖추었고 봉건제를 극복하였으며, 국내시장의 개발뿐만 아니라 활발한 해외시장의 진출을 꾀하고 있었던 것과는 달리 독일제국은 정치적 · 사회적 발전을 위한 국민적 통합을 이룩하지 못함으로써 심각한 내적 위기를 맞게 되었다. 특히 제국 건설과 함께 시작된 세계적 경제 불황과 그에 따른 국내 경기의 침체로 말미암아 제국 정권은 커다란 위기에 봉착하게 되었다. 제국수상 비스마르크는 이러한 난국을 타개하는 방법으로 국민 통합과 같은 정상적인 방법 대신 대외적으로는 식민지 확대정책을, 국내적으로는 정치적 · 사회적 긴장을 조성하는 소위 '부정적 통합(negative Integration)' 방법을 사용하지 않을 수 없었다. 즉, 그는 사회적 · 정치적 구조가 위협받자 체제를 수호하기 위하여 국민들에게 '적과 동지'의 개념을 강조하고, 이들 간의 갈등을 유도하여 다양한 사회적 요구를 차단하고자 하였던 것이다. 비스마르크가 주장하고 이에 국민 전체가 동조한 갈등 체제에서 소위 '제국의 적(Reichsfeinde)'은 사회주의자, 유대인, 집시, 그리고 외국인 등이었다.

(3) 정치 · 사회의 경직성

독일제국의 정치 체제는 형식적으로 의회 민주주의 형식을 띠고 있었다. 제국헌법 제20조는 제국의회의 설립과 함께 의회는 평등, 직접, 보통, 비밀 선거에 의하여 구성된다고 규정하고 있었다. 그러나 이는 다분히 형식적이었고 사문(死文)에 지나지 않았다. 다시 말해서 극소수만이 선거를 포함한 정치행위에 참가하였을 뿐이지 대다수 국민들은 정치에서 소외되었다. 예를 들면 1871년에 행해진 제국의회 첫 선거에서는 전체 국민의 약 20%에게만 선거권이 주어졌고, 그것도 유권자의 50%만이 선거에 참여하였을 뿐이다(다렌도르프, 1986: 91). 당시 국민의 정치 참여에 대한 여러 제약성을 잘 말해 주고 있다.

독일제국 사회가 보수적이고 경직된 성격을 띠게 된 이유 중 하나는 올바른 정치사회화의 부재, 즉 민주교육의 부재에서 찾아볼 수 있다. 당시 학교는 권위주의의 산실이었다. 독일제국 학교 교육의 일차적 목표는 철저한 국가주의관에 입각한 순종적인 국민을 양성하는 데 있었다. 따라서 교사의 절대적 권위하에 학생들에게는 수동적인 수업만이 강요되었고, 학교 생활은 철저한 통제와 틀에 박힌 형식에 의하여 진행되었다. 대학교육 또한 초·중등교육 방법과 크게 차이가 없었다. 대학에서의 수업 방식은 토론이 없는 강의 위주의 일방적 수업이 대부분이었으며, 절대적인 교수의 권위하에 학생들은 교수에게 어떠한 학문적 반론도 제기할 수 없었다. 학문적 반론은 곧 교수의 권위에 도전하는 행위로 간주되었다.

이 밖에 독일 사회의 보수성과 경직성은 독일의 군·관료 제도에서도 찾아볼 수 있다. 프러시아의 군은 명령에 대한 철저한 복종, 상하 관계를 중시하였으며 군에 대한 자부심과 함께 철저한 훈련으로 체제 유지의 원동력이 되었다. 그러나 장교들의 권력에 대한 강한 집착과 아울러 이에 따른 장교들 상호간의 갈등 또한 심화될 수밖에 없었다. 독일제국의 관료제도 또한 국가주의 이념을 지탱하는 중요한 원동력이었다. 당시 독일제국의 관료는 민주주의 국가에서 의미하는 '국가의 공복(公僕)'이 아니었다. 그들은 그들의 주인인 '국가'에 동화된 상태로서 국가 그 자체였다.

종합하면 제1차 세계대전 이전 독일 국민의 다수는 국가의 일원일 때만 그 가치와 의미를 지닐 수 있고, 국민의 자유를 보장받기 위해서는 강력한 제국의 건설이 절대로 필요하다는 국가지상주의 사상을 신봉하고 있었다. 제국헌법은 민주주의의 형식을 갖추었으나 실제로는 국민의 정치 참여에 대한 여러 제약을 설정함으로써 제도적으로 중대한 한계를 안고 있었다. 동시에 국민의 의식을 지배하려는 정치 권력은 철저한 국가주의 사상에 입각한 순종적인 독일인을 양성하는 데 교육의 목표를 설정하고 있었다. 이렇듯 권위적이고 강압적인 독일제국의 정치 · 사회 체제하에서 자유롭고 민주적인 정치의식이 형성될 수 없었다. 독일제국의 정치문화는 당시 유럽의 어느 나라에서도 찾아볼 수 없는 반민주적 · 권위적 · 폭력적이었으며, 이는 결국 제1차 세계대전 발발의 원인이 되었던 것이다.

독일의 정치학자인 크로코프(Christoph von Krockow)는 빌헬름 시대 정치문화의 구체적인 특징을 '서구사상에 대한 반동', '1789년(프랑스혁명)에 대한 반동', '자유민주주의에 대한 반동', '공포와 증오', '과격과 체념의 혼합' 등으로 표현하였다(v. Krockow, 1979: 35). 그라이펜하겐은 '국가에 대한 무조건적인 복종과 충성', '희생정신' 그리고 개인의 '근면성, 계율성, 절약성, 정확성' 등을 독일제국의 정치문화 특징으로 지적하고, 이는 독일제국의 가족 제도, 학교 제도, 군 제도, 종교 제도에 의한 것이라고 주장하였다(Greiffenhagen, 1981b: 75). 또한 라이헬(Peter Reichel)도 ① 절대적 왕권, 루터식 종교주의, 헤겔식 국가주의, ② 비상법령, 공격적 민족주의, ③ 군사주의, 권위주의 등을 제국시대 정치문화의 특징이라고 언급하면서, 이것이 독일이 세계대전을 일으킨 정신적 배경이 되었다고 지적하였다(Reichel, 1981: 68).

1919년 독일제국이 1차 세계대전의 패망으로 몰락한 후 독일인은 새로운 정치 제도를 선택하였다. 전쟁의 패배와 그에 따른 여러 어려움에도 불구하고 신생 바이마르 공화국(Die Weimar Republik)의 정치 제도는 독일제국의 정치 제도와는 근본적으로 달랐다. 즉, 바이마르 공화국은 인간의 자유와 평등의 실현을 그 기본 정신으로 하는 의회 민주주의 제도를 채택하였으며, 복수정당제와 함께 국민의 정치 참여를 적극적으로 보장하였다. 바이마르 공화국의 헌법은 헌법 제1조에 "모든 국가 권력은 국민으로부터 나온다"라고 명시함으로써 국민 주권의 원칙을 천명하였을 뿐만 아니라 자유, 평등, 재산권 등 국민의 기본권을 철저히 보장하였다.

그러나 이러한 민주적인 헌법과 정치 제도에도 불구하고 바이마르 공화국은 진정한 민주주의의 시작이 될 수 없었다. 그것은 새로운 정치 제도의 도입에도 불구하고, 대다수 국민들의 정치의식이 종전과 다름이 없었기 때문이다. 그들은 독일제국의 권위주의적 정치문화를 답습하였으며 새로운 헌법과 정치 제도에 대해서는 지식이 없었으며 흥미 또한 없었다. 또한 바이마르 공화국 시대 대다수 독일인은 정치에 무감각한 '비정치적' 인간들이었으며, 그들 자신의 자유와 권리를 수호하고 법과 질서를 준수하여야 한다는 의무감 또한 결여되어 있었다.

더욱이 경제 공황에 따른 인플레이션과 실업률의 증가, 그리고 각종 사회문제가 만연함에 따라 대다수 국민들은 정치에 대해 염증을 느끼고 있었으며, 사회는 분열되어 있었다. 특히 구교를 믿는 중산층 세력들과 신교 중심의 노동자 계급의 갈등은 심각한 상태에 이르러 더 이상의 화합은 불가능하였다. 독일 국민들은 점차 과거 독일제국 시대의 '위대한 독일'을 회상하게 되었고, '민주주의'와 '자유'란 '독일'과 '독일인'에게는 어울리지 않는다고 생각하게 되었으며, 결국 반민주적이며 반이성적 정치이론을 전개하는 집단에 대하여 관심을 가지게 되었다. 따라서 처음에 자리잡았던 정당, 의회도 각종 소요와 테러, 그리고 폭동 속에서 점차 그 기능을 잃어버리고 말았으며, 결국 독일과 독일인은 세계를 전쟁의 도가니 속에 집어넣은 히틀러의 집권을 허용하게 되었다.

존트하이머(Kurt Sontheimer)는 바이마르 공화국 시기를 이성적이며 비권위적인 정신 세력인 민주 세력과 비민주적 세력, 특히 국가주의를 강조하면서 체제의 전복을 추구하는 극우 세력과의 갈등기라고 판단하였다. 그러나 그는 바이마르 공화국 몰락의 결정적인 원인을 민주 세력의 패배뿐만이 아닌 국민 전체의 책임 특히 독일 국민의 민주적 정치의식 부재에 있었다고 보았다. 또한 존트하이머는 신생 공화국이 당시 유럽에서도 보기 드문 민주적 정치 제도를 구축하였음에도 불구하고 민주주의를 꽃피우지 못한 채 단명하였던 이유가 독일인의 '반민주적 의식(antidemokratisches Denken)'에 있었다고 전제하면서, 바이마르 공화국의 정치문화 특징으로 관념론적 국가주의 전통, 비정치적 전통, 분쟁 혐오 의식, 형식주의 전통 등을 들었다(Sontheimer, 1987: 332-336).

2) 제2차 세계대전 이후 정치문화의 변화

히틀러의 폴란드 침공으로 시작된 제2차 세계대전은 1945년 5월 독일의 무조건 항복으로 끝났다. 전후 독일의 모습은 그야말로 '황폐화된 사회' 그 자체였다. 수백만 명의 독일인이 전쟁에서 목숨을 잃었으며, 수십만 명의 전쟁포로가 연합국으로 끌려갔다. 그리고 독일의 대부분 도시는 폐허가 되었으며, 전쟁에서 살아남은 국민들은 힘겹게 하루하루를 연명해야만 하였다. 황폐화된 것은 비단 도시와 산업시설뿐만이 아니었다. 전쟁의 패배로 인하여 독일인의 민족적 자부심, 희망 등도 사라졌으며 심한 모멸감과 절망만이 강하게 남아 있었을 뿐이었다. 특히 전후 독일인에게는 정치에 대한 경멸과 무관심이 그 어느 때보다 심하게 나타났다. 황폐화된 사회에서 하루하루 살아남기 위하여 정치에 관심을 가질 여유가 없었던 것이 주된 이유가 되겠지만, 한편으로 대다수 독일인들은 정치야말로 전쟁의 책임이며 정치 때문에 자신들이 비참한 상태에 처하게 되었다고 생각하였기 때문이다.

그러나 서독 정부 수립을 전후해서 약간의 변화가 나타났다. 예를 들어 점차 많은 독일인들이 새로운 정치 제도에 대하여 관심을 보이기 시작하였으며, 민주주의적 다수결 원칙, 정당 정치 등에 대해서도 이해하기 시작하였다. 특히 독일의 과거, 즉 나치즘과 나치의 행위에 대한 그들의 비판 의식은 상당히 강화되었다. 1946년 11월 미국 점령지 내 독일인을 상대로 실시된 미군정(美軍政)의 설문조사에 의하면, 응답자의 47%가 나치의 이념과 정치에 대하여 부정적으로 생각하였으나, 1947년 8월에 실시된 설문조사에서는 응답자의 55%, 그리고 1949년 2월에 행해진 설문조사에서는 응답자의 65%가 나치에 반대한다는 입장을 보였다(Klessmann, 1986: 56).

이러한 전후 독일인의 정치의식 변화를 연구·분석한 대표적인 학자는 앨먼드였다. 그는 동료 버바(S. Verba)와 함께 발표한 논문에서 서독인들은 정부 수립 후 정치와 정부에 대하여 비교적 정확한 지식을 소유하고 있으며, 정치 참여 특히 선거 참여도도 높아지고 있다고 서술하였다. 그리고 많은 서독 국민들은 선거에 참여하는 것이 국민의 중요한 의무의 하나라고 생각하고 있다고 발표하였다. 또한 앨먼드와 버바는 서독 언론이 정치적인 주제를 다른 어떤 분야보다도 많이 다루고 있는 것을 긍정적으로 평가하였으며, 행정관청과 공무원에 대한 서독 국민의 높은 신뢰도도 서독 정치문화가 선진화될 수 있는 하나의 가능성이라고 주장하였다(Almond & Verba,

1963: 80).

그러나 앨먼드와 버바에 의하면, 독일의 비민주적 정치문화는 전후에도 여전히 깊게 남아 있었다. 특히 지식인을 포함한 사회 상류층의 정치와 정부에 대한 무관심과 비관적 견해는 여전하였다. 서독인의 의식 속에서는 이전의 권위주의적이고 수동적·형식적인 성향이 뚜렷하게 남아 있었을 뿐만 아니라 자신들이 세계대전을 일으키고 수많은 인명을 학살한 민족이라는 '집단적 죄의식' 또한 강하게 나타나 있었다(Almond & Verba, 1963: 123).

결론적으로 1950년대 서독의 정치문화는 이전의 보수적이고 권위주의 모습에서 한 단계 발전된 것은 틀림없었다. 국민의 다수가 의회민주주의를 인정하였으며 정치와 정부에 대해서도 비교적 많은 정보를 공유하고 있었다. 그러나 한편 기본법에 명시되어 있고 정치 지도자들이 추구하고 있던 정치 체제와 국민의 정치의식과는 격차가 있었던 것도 사실이다. 다수 국민은 의회주의와 정당정치에 전격적인 지지를 보내지 않았으며, 정치에 대한 직접적 참여는 물론 이에 대한 대화조차도 꺼려하였다. 여전히 국민들이 주로 관심을 가지는 분야는 경제적인 문제였다.

이렇듯 이중적 형태를 보였던 서독의 정치문화는 1960년대를 보내면서 커다란 변화를 맞이하게 되었다. 1960년대까지 남아 있던 비민주적인 정치문화가 점차 사라지는 동시에 좀더 비판적이며 참여적인 정치문화가 점차 정착하게 되었다. 높은 경제 성장을 비롯하여 민주시민 교육의 강화와 매스컴의 발달, 시민운동의 확산 등이 직접적인 원인으로, 독일은 과거의 모습과는 전혀 다른 민주적이며 현대적인 국가로 변모하기 시작하였다. 이러한 정치문화의 변화 추세는 1980년대를 지나면서 가속화되었는데, 독일의 정치문화는 과거 비민주적 정치문화에서 민주적인 정치문화로 변화하였다.

정치 체제에 대한 국민들의 신념은 확고하였으며, 정치 참여는 단순히 투표 행위에서 진일보하여 정치 커뮤니케이션의 확대, 시위·집회·시민단체 및 정치 활동의 참여 등으로 확대되었다. 국민의 정치적 지식 특히 국제문제, 환경 문제 등 전문 분야에 대한 지식은 상당히 높아져 정부에 의한 일방적 혹은 강제적 동원은 불가능해졌다. 이 밖에 정치적 목적의 수행을 위한 테러와 폭력의 사용에 대하여 서독인은 강한 부정적인 견해를 가지게 되었다. 폭력의 정당성을 인정하는 국민은 극히 일부에 지나지 않았으며, 심지어 정부에 대하여 강한 비판을 하는 시민운동 또는 극좌파 내부에서도 폭력 사용이 불가피하다고 주장하는 자는 극소수에 불과하였다(v. Beyme, 1991: 65-66). 다음은 독일 정치문화에 관한 일련의 설문조사 결과로, 이는 1980년대 이후 독일 정치문화의 특징을 잘 보여 주고 있다.

(1) 민주주의에 대한 지지 및 만족도

1980년대 초 실시한 설문조사에서 서독 국민의 80% 이상이 민주주의에 대하여 찬성의 입장을 취하였으며, 또한 85%가 서독의 정치 체제가 민주주의 체제라고 응답하였다. 한편 정부에 대한 국민의 신임을 묻는 질문, "현재 정부가 국민의 기본권을 보호하고 있으며 정당하게 활동하고 있는가?"에 대해 서독 국민의 70% 이상이 긍정적으로 응답함으로써, 바이마르 공화국 시대에 나타났던 부정적 태도와는 대조를 보였다(Greiffenhagen, 1981b: 61-62). 특히 독일 국민의 민주주의에 대한 지지도 및 만족도는 <표 1-3>에서 보는 바와 같이 유럽의 다른 국가와도 비교해 볼 때 상대적으로 높은 편임을 알 수 있다. 또한 <표 1-4>에서는 독일 정치 체제에 대한

〈표 1-3〉 질문: "정부 형태에 대한 귀하의 생각은 어떻습니까?"

단위: %

국 가	민주주의가 최상의 정부 형태		상황에 따라 독재도 필요함		민주주의와 독재는 아무런 차이가 없음	
	1988년	1992년	1988년	1992년	1988년	1992년
벨기에	75.2	70.1	11.4	10.1	11.8	9.5
덴마크	91.2	93.0	4.8	4.5	2.2	1.7
독일(구서독)	83.2	83.6	10.6	8.3	5.7	4.9
(구동독)		71.5		7.7		13.9
프랑스	77.3	76.9	5.4	6.6	15.8	11.3
영국	76.6	76.2	6.8	6.6	15.1	10.7
이태리	73.8	72.0	13.3	14.1	12.6	8.0
네덜란드	84.6	81.8	6.5	8.5	7.8	4.7
스페인	76.0	78.0	8.0	9.3	12.9	5.7

자료: Political Culture in Southern Europe: EUROBAROMETER EB30, EB37을 Gabriel, Oscar W. (Hrsg.), *Die EU-Staaten im Vergleich*, Opladen, 1994, p. 548 재인용.

독일인의 만족도가 다른 유럽 국가들의 국민들이 자국의 정치 체제에 대하여 가지고 있는 만족도에 비해서 크게 떨어지지 않고 있음을 보여 준다.

〈표 1-4〉 질문: "귀하는 귀하의 국가가 민주주의 국가로서 그 기능을 충분히 수행하고 있다고 생각하십니까?"

긍정적 응답자: %

국 가	1988년	1992년
벨기에	54.6	55.8
덴마크	74.6	79.0
독일(구서독)	76.9	65.3
(구동독)		43.3
프랑스	53.2	40.7
영국	57.3	59.3
이태리	27.1	22.0
네덜란드	62.1	69.7
스페인	47.4	55.0

자료: Gabriel, 1994: 549.

(2) 정치 참여 및 관심도

독일 국민의 정치 참여 내지는 정치에 대한 관심도는 1950년대 이후 꾸준히 증가하고 있음을 알 수 있다. [그림 1-3]에 나타난 바와 같이 1950년대에는 국민의 약 25%만이 정치에 대한 관심이 있다고 응답하였던 것에 반하여, 1990년대에는 국민의 약 60%가 정치에 대한 관심이 있다고 응답한 점에서 정치에 대한 독일 국민의 관심도가 증가하고 있음을 알 수 있다.

한편 정치에 대한 독일 국민의 관심도는 유럽의 여러 국가 중에서도 상위에 속한다고 볼 수 있다. 1980년대 중반에 실시한 한 설문조사에서 "정치적 문제에 대해서 친구와 가끔 대화를 나눕니까?"라는 질문에 대하여 응답자의 16%만이 "전혀 하지 않는다"라고 대답하였던 사실을 볼 때 독일 국민은 영국(36%), 이태리(44%) 국민보다 정치에 대한 관심도가 상대적으로 높다는 것을 알 수 있다(Westle, 1994: 149).

[그림 1-3] 독일 국민의 정치 관심도

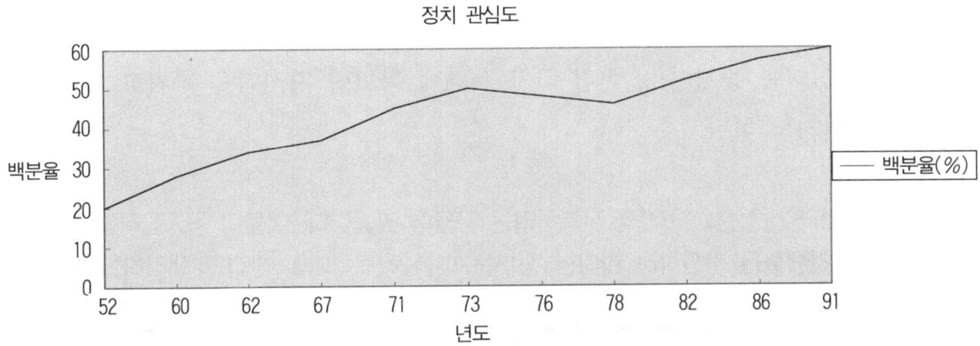

자료: Martin Greiffenhagen / Sylvia Greiffenhagen, *Ein Schwieriges Vaterland. Zur politishen Kultur im vereinigten Deutschland,*, München, 1993. p. 411.

(3) 관용성

1980년대 독일인들은 일반적으로 자기와는 다른 생각을 가진 사람 또는 소수 의견을 가진 자에 대해서 배타적이기보다는 포용하고 인정하는 성향이 강하였다. 독일인들의 이러한 성향은 <표 1-5>에 나타난 바와 같이 영국, 프랑스 등 민주주의 역사가 깊은 국가보다는 낮았지만, 이태리와 스페

〈표 1-5〉 질문: "귀하와 다른 사상, 다른 가치관, 다른 생각을 가진 사람과 함께 있는 것이 불쾌하십니까?"

※ 1983년 조사 단위: %

국가	그렇다	아니다	무응답
벨기에	13.0	80.7	6.3
덴마크	4.2	94.9	0.9
독일(구서독)	11.0	82.1	6.9
프랑스	9.9	88.8	1.3
영국	6.8	91.6	1.6
이태리	18.9	80.0	1.1
네덜란드	5.7	90.6	3.7
스페인	21.7	72.7	5.6

자료: World Value Survey 1981-1983을 M. Greiffenhagen / S. Greiffenhagen, 1993: 415에서 재인용.

인보다는 높은 편이었다. 특히 <표 1-6>에 나타난 바와 같이 다수의 독일 국민은 국가 전복을 꾀하는 자들의 의사조차도 존중하여야 한다고 생각하고 있었다. 이는 대다수 국민이 소수의 의견을 존중하여야 한다고 생각하고 있다는 증거이며, 한편 국가 체제에 확고한 자신감을 가지고 있다는 증거이기도 하다.

〈표 1-6〉 질문: "국가를 전복하려는 자들이 있습니다. 이들이 공공집회를 개최하고 간행물을 출판하려 한다면 정부는 이를 허락하여야 한다고 생각하십니까?"

※ 1983년 조사 단위: %

국 가	의 견	공공집회 개최(%)	간행물 출판(%)
독일	허락하여야 한다	65.8	69.4
	아니다	24.8	24.9
영국	허락하여야 한다	48.7	58.1
	아니다	47.1	36.8
아일랜드	허락하여야 한다	41.8	47.5
	아니다	54.8	48.5

자료: Gabriel, 1994: 555

(4) 타인에 대한 신뢰성

타인에 대한 신뢰와 개방은 민주주의 발전의 중요한 전제 조건이다. <표 1-7>에서 보는 바와 같이 1950년대에 "귀하는 주위에 있는 사람들을 신뢰하십니까?"라는 질문에 서독 국민의 약 20%만이 긍정적으로 응답한 데 반하여, 1992년에는 독일 국민의 37%(구서독 45%, 구동독 29%)가 이에 긍정적으로 대답하였다. 이 숫자는 <표 1-8>에서 보는 바와 같이 유럽의 다른 국가와 비교하여 볼 때 그다지 높은 것은 아니다. 그러나 타인에 대한 독일 국민의 신뢰성은 꾸준히 증가하고 있음을 감안할 때 독일의 정치문화가 선진화되고 있음을 알 수 있다.

〈표 1-7〉 질문: "귀하는 주위에 있는 사람들을 신뢰하십니까?"

단위: %

연도	신뢰한다	신뢰하지 않는다	무응답
1955년	20	80	17
1970년	23	60	20
1980년	30	50	20
1985년	36	44	
1990년	30(구서독: 37, 구동독: 23)	48(구서독: 44, 구동독: 52)	
1992년	37(구서독: 45, 구동독: 29)	42(구서독: 34, 구동독: 48)	

자료: Allensbacher Jahrbuch der Demokratie를 M. Greiffenhagen / S. Greiffenhagen, 1993: 412에서 재인용.

〈표 1-8〉 질문: "귀하는 주위에 있는 사람들을 신뢰하십니까?"

긍정적 응답자: %

국 가	1985년	1990년
벨기에	28.3	30.9
덴마크	59.4	55.5
독 일	39.0	31.1
프랑스	20.4	21.4
영 국	38.1	42.4
이태리	29.5	33.8
네덜란드	46.9	50.7
스페인	31.9	33.7

자료: Civic Culture Study 1959, World Values Survey 1981, European Values Survey 1990를 Gabriel, 1994: 559에서 재인용.

(5) 소외성

아래 <표 1-9>에서 보는 바와 같이 소외성 역시 유럽의 다른 국가보다는 낮게 조사되고 있다.

〈표 1-9〉

질문①: "귀하는 귀하가 주변으로부터 따돌림당한다는 생각이 들 때가 있습니까?"
질문②: "귀하가 주장하는 것이 귀하의 주변에서 받아들여지지 않는다고 생각들 때가 있습니까?"

※1992년 조사 단위: %

국가	질문①에 긍정적 응답(%)	질문②에 긍정적 응답(%)
벨기에	54.5	75.5
덴마크	18.3	39.6
독 일	27.4	50.5
프랑스	43.1	59.6
영 국	37.6	57.0
이태리	59.6	55.7
네덜란드	43.7	48.7
스페인	41.1	49.6

자료: EUROBAROMETER EB26를 Gabriel, 1994: 558에서 재인용.

2. 선진 정치문화의 정착 원인 및 배경

이상 살펴본 바와 같이 1980년대 이후 독일의 정치문화는 유럽의 다른 국가들과도 비교해도 전혀 손색이 없는 민주적인 정치문화로 탈바꿈하였다. 그러면 독일의 정치문화가 뿌리 깊은 비민주적 전통에도 불구하고, 빠른 기간 내에 이렇게 선진화된 정치문화로 탈바꿈하게 된 원인은 무엇일까? 이에 대한 몇 가지 해답을 찾아보면 다음과 같다.

첫째, 민주적인 정치 제도를 도입하였고 이를 정착시켰기 때문이다. 민주적 정치 제도는 민주적 정치문화 정착의 전제 조건이라는 것은 이미 독일제국과 나치 독일의 교훈이 잘 말해 주고 있다. 즉, 독일제국과 같은 권위적 군주국가 또는 나치 독일 같은 전제적 국가 체제하에서는 민주적인 정치문화는 정착될 수 없으며 국민의 정치의식은 수동적이며, 복종형 또는 신민형으로 되기 마련이다. 1949년 서독의 기본법에서는 모든 주권은 국민으로부터 나온다는 것을 천명하였으며 국민의 자유와 권리를 보장하기 위한 의회민주주의를 채택하였다. 또한 사법부의 독립과 함께 다당제를 채택하여 야당의 권리와 의무를 명시하였다.

둘째, 민주주의를 정착시키려는 정치 지도자의 의지와 이의 실행이 있었기 때문이다. 민주적인 법 체제와 정치 제도에도 불구하고 신생국가에서 권력을 잡은 정치 지도자의 정치 행태가 비민주적이고 권위주의적이면 정치 자체는 물론 국민의식도 점차 권위주의적·수동적으로 변한다는 것은 남미 제국은 물론 우리 나라의 예에서도 잘 볼 수 있다. 서독의 정치 지도자들은 한국 정치 지도자들의 모습과는 달랐다. 그들은 비록 서로 다른 정치적 이념을 소유하고 통치 스타일 또한 달랐음에도 불구하고 모두 민주주의를 신봉하여 독일의 민주화를 위하여 노력한 인물들이었다. 서독의 초대 연방수상 아데나워는 어쩌면 한국의 이승만 대통령과 비슷한 점이 많은 인물이었다. 제2차 세계대전 후 건국된 신생국의 정치 지도자라는 점, 정치적 카리스마를 가진 인물로서 반공주의자였으며, 1949년 초대 연방수상에 당선되어 1963년까지 14년이라는 장기간 동안 집권한 보수 정치인이라는 점에서 한국의 이승만 대통령과 비슷한 점이 있다. 그러나 이승만 대통령과 비교해서 다른 점이 있다면 아데나워는 철저한 의회주의자였으며 민주주의 신봉자였다는 점이다. 그는 역대 독일 연방수상 중에서도 가장 강력한 정치적 리더십을 행사하였음에도 불구하고 의회를 존경하고 국민의 의견을 수렴한 위대한 정치 지도자로 평가받고 있다.

브란트 수상 역시 위대한 정치가로 평가받고 있다. 1969년 소위 '68세대'의 강력한 후원과 기대를 업고 취임한 브란트 수상은 기존 정치 질서 및 정치 행태의 대변화를 시도하였다. 브란트의 개혁정치 결과는 지대하였다. 정치와 사회 분야에서 시민의 참여가 확연히 늘어났으며, 환경·여성·평화운동 등은 이후 서독 정치의 흐름을 대표하는 것들이 되었다. 특히 독일 국민의 권위주의 성향은 뚜렷하게 감소되었으며, 특히 젊은 세대에게서의 전통적인 정치문화의 특성은 상당히 감소되었다. 민주주의를 향한 브란트 수상의 개혁정치와 통일의 기초가 된 동방정책으로 인하여 브란트 수상은 현재까지도 사민당 당원뿐만 아니라 독일의 많은 국민들로부터 존경받는 정치인으로 기억되고 있다.

브란트 이후 독일의 정치를 책임진 정치가들도 독일의 정치문화 민주화와 국가 발전에 나름대로 기여하였다. 특히 기민당 소속 콜 수상은 서독의 경제력, 외교력, 그리고 그의 정치적 결단력을 바탕으로 그 동안 불가능하다고 여겨졌던 독일의 통일을 완성함으로써, 1945년 이후 잃어버렸던 독일의 주권과 민족의 정체성을 회복하는 데 중요한 전기를 마련하였다.

서독이 짧은 기간 동안 민주화된 정치문화를 정착시킬 수 있었던 세 번째 이유는 각종 사회운동의 발전에 있다. '관념론적 국가주의', '형식주의', '정치에 대한 무관심' 등의 비민주적 정치문화에 익숙하였던 독일인이 사회참여 및 개혁을 주장하면서 사회 개혁운동에 동참하기 시작한 시기는 1960년대 이후였다. 특히 1960년대 중반 이후 학생들은 베트남 전쟁의 종결 등 국제 문제뿐만 아니라 국내 정치 및 사회구조의 개혁을 요구하며 이후의 사회운동의 선두가 되었다. 이후 서독에서는 여성운동, 노동운동 등 고전적 의미의 사회운동은 물론이며 환경운동, 반핵운동, 평화운동 등이 어느 나라보다 활발하게 진행되었다. 특히 환경운동은 세계 환경운동의 시발점이자 메카로 인정되기도 하였다. 한 조사에 의하면, 1970년대 중반 서독 내 각종 사회운동단체의 숫자는 1만 5천 개 내지 2만 개로 추산되었으며 그 중 4천 개가 환경 보호에 그 목적을 두고 있었다(Met, 1987: 263-264). 또한 서독 유권자의 60% 이상이 사회운동에 참여하고 있다고 응답하기도 하였다. 독일의 사회운동은 초기에는 서로 독립적이고 개별적인 운동을 전개해 오다가 1970년대 후반 에너지·교통·도시환경 문제 등 각종 사회 문제가 크게 대두됨에 따라 운동 조직이 통합되는 현상이 나타났다. 사회운동단체의 통합 현상 중 정치권에 커다란 변화를 가져온 것은 녹색당(Die Grünen)의 창당(1977년)과 연방의회 진출(1983년)이다. 녹색당의 연방의회 진출 이후 각종 사회운동단체는 그들의 역할에 더욱 자부심을 가지게 되었으며 밑으로부터의 변화에 더욱 박차를 가하게 되었다.

서독 정치문화 발전 요인 중 빠뜨릴 수 없는 또 하나의 요인은 눈부신 경제 발전이다. 한 국가의 경제 성장이 곧 정치문화의 민주화를 의미하는 것은 아니다. 그러나 민주화된 정치문화의 정착을 위해서는 경제의 발전 및 그에 따른 사회구조의 발전이 필수적이라 하겠다. 즉, 정치문화 발전의 전제 조건이라 할 수 있는 매스컴의 발달, 교육 제도의 발달, 도시화 등은 경제 발전이 선행되지 않고서는 불가능한 것이다. 한 예로 바이마르 공화국의 경제 위기는 곧 정치문화의 분극화를 초래하였으며 이는 곧 공화국의 몰락을 가져오기도 하였다.

서독은 1950년대 이후 소위 '라인강의 기적'이라고 하는 눈부신 경제 성장을 이룩하였다. 경제 성장과 더불어 실업률도 급속히 줄어 1961년 170만 명의 실업자가 있었으나, 1965년에는 14만 명 정도로 감소하였다. 특히 독일인이 택한 '사회적 시장경제 체제'는 단순히 자본주의 논리에 의한 부(富)의 축적만을 중요시하는 것이 아니라, 부의 분배에 국가가 적극 개입하여 빈부의 차이를 최대한 줄임으로써 전체 국민의 생활권을 보장하는 데 기여하였다. 이러한 경제 체제하의 서독 국민은 그들의 경제 체제에 대한 강한 자부심은 물론 전반적인 정치 체제에 대하여 점차 참여적인 태도를 보였던 것이다.

특히 경제의 발전은 독일인의 의식 속에 깊이 자리잡고 있던 '계급의식'을 소멸시켰다는 점에서 정치문화의 선진화에 기여하였다. 서술한 바와 같이 프러시아 사회는 계급사회였다. 귀족, 군, 시민 등의 사회적 계급은 뚜렷하였으며 그들에게 주어진 임무도 명확하게 구분되어 있었다. 그러나 1950년대 이후의 경제 성장은 시민문화의 중심인 중산층 계급을 형성하게 하였으며, 이는 또 하나의 계급의 탄생이 아닌 계급의식의 희석이라는 결과를 가져왔다. 귀족과 군부 세력은 독일에서 더 이상 찾아볼 수가 없었으며 대신 새로운 중산층이 정치적 주역으로 등장하였다. 이러한 중산층의 등장은 시민의 활발한 정치 참여와 함께 새로운 정치문화를 정착시키는 데 원동력이 되었다.

서독의 정치문화 발전 요인 중 마지막으로 들 수 있는 것은 서독의 정치교육 또는 민주시민 교육이다. 아무리 민주적인 법 체제 및 정치 제도가 존재하더라도 국민의 민주적인 정치의식이 뒷받침되지 않는다면, 그 국가는 민주주의 국가로 발전할 수 없음을 실감한 독일인들은 정부 수립 후 무엇보다도 정치의식의 민주화를 위한 정치사회화, 즉 민주시민 교육의 필요성을 절실하게 느끼게 되었다. 따라서 서독의 연방정부는 1960년대 초부터 '정치교육법', '정치교육센터법' 등과 같은 법령을 통하여 민주시민 교육을 제도화하고 이를 추진할 기구를 조직하였다.

특히 선진화된 정치문화의 정착에 가장 중요한 역할을 한 기관은 1963년 설치된 '연방정치교육센터(Bundeszentrale für Politische Bildung)'이다.[15] 1952년 처음으로 '연방향토봉사센터(Bundeszentrale für Heimatdienst)'라는 이름으로 출발해서 1963년 연방정치교육센터로 개칭한 이 초당적 기구의 설립 취지와 목표는 국민들에게 정치적 상황을 바르게 인식하고 판단할 수 있도록 필요한 지식을 제공하고, 국민 스스로 의무와 권리를 자각할 수 있는 능력을 가진 민주시민으로 교육시키는 것이다. 다시 말해서 독일 국민들이 민주적인 생활 방식을 익히고, 자신이 당면한 정치적·사회적 상황을 스스로 판단할 수 있는 통찰력과 비판력을 길러 주는 것을 중심 과제로 삼았다. 이러한 목표 아래 연방정치교육센터는 설립 후 지금까지 독일 국민을 상대로 다양한 교육 프로그램을 실시하여 왔는데, 그 주요 내용은 비단 정치적 문제뿐만 아니라 교육, 환경 문제, 여성 문제 등 광범위하다.

이상의 내용을 정리하면, 독일의 반민주적·권위적인 정치문화가 정부 수립 이후 민주적인 정치문화로 탈바꿈할 수 있었던 것은 바로 정부와 민간의 공동 노력이 있었기 때문이다. 선진적 정치의식을 위한 서독 연방정부의 계획은 구체적·실천적인 것이었다. 양대 세계대전을 일으킨 국가로서 독일은 자국의 정치문화를 근본적으로 개혁한다는 점을 인식하였고 이를 실천에 옮겼던 것이다. 한편 국민 스스로도 문제점을 자각하여 정치를 정치가에게 일임하는 무관심한 태도에서 벗어나 그들이 정치의 주역이며 사회 변화의 구심점임을 당당하게 주장하였던 것이다.

3. 통일 이후의 독일 정치문화

1990년 통일 직후 독일에서는 두 개의 상이한 정치문화가 존재하였다.

---

15) 독일의 연방정치교육센터는 연방내무부 산하기관으로서, 최고책임자는 연방의회가 여·야 의원 중에서 임명한 원장 1인과 부원장 2인으로 구성된다. 또한 연방정치교육센터 업무를 학술적으로 연구하고 평가하기 위해 5인의 학술고문단을 구성·운영하고 있다. 그리고 연방정치교육센터가 업무를 중립적·효과적으로 추진하고 있는지를 감시하기 위하여 각 정당에서 파견한 22명의 연방의회 의원으로 구성된 감독위원회가 설치·운영되고 있다.

구서독 지역의 민주적이며 서구적인 정치문화와 구동독 지역의 사회주의적 정치문화가 바로 그것이다. 독일은 통일되었고 정치·사회·경제적 제도가 통합되었지만 정치문화, 즉 정치에 대한 국민의 의식과 행태는 여전히 분단 상태에 있었던 것이다.

이미 언급한 바와 같이 1960년대 이후 구서독 지역에서 참여적이며 민주적 정치문화가 정착되었던 것에 반하여 구동독 지역에서는 이와는 다른 정치문화가 정착·발전되었던 것이다. 구동독 정치 지도자들은 당(黨)과 정부에 대한 국민들의 무조건적인 찬성과 지지를 요구하였으며, 반대와 비판은 용서하지 않았다. 나아가 그들은 정부와 당에 순종적인 인민들을 만들기 위하여 독일 전통적인 정치문화, 즉 독일제국 시대에 강조되었던 '국가에 대한 무조건적인 복종과 충성심' 등을 강조하였으며, 이를 미화하기도 하였다. 따라서 구동독에서는 당연히 수동적이고 권위적인 정치문화가 정착·발전되어 갈 수밖에 없었다. 인민들은 자연히 정부에 순응하게 되었으며, 정부와는 물론 타인과도 정치 문제에 대한 갈등을 일으키는 것을 꺼려하게 되었다. 그들은 당과 정부의 업적을 무조건 찬양하였으며 정부의 정책에 순응하는 태도를 보였다.

통일이 된 지 15년이 지난 현재에도 구동·서독 지역 간의 정치문화적 차이는 여전히 존재한다. 구서독 지역에는 참여적·민주적 정치문화의 특징이 뚜렷하며, 반대로 구동독 지역에는 소극적이며 수동적인 정치문화의 특징을 보이고 있다. 그러나 지난 15년 동안 독일 정부는 물론 사회 각계에서 정치문화의 통합을 위하여 많은 노력을 기울였다. 특히 연방정치교육센터는 물론 각 주에 있는 주정치교육센터는 구동독 주민들의 민주의식을 고취하는 데 많은 노력을 기울였다.

제 2 장

행정의 구조 및 조직

제1절 행정의 구조

1. 연방주의와 지방자치 제도

독일은 16개 주(州)로 구성된 연방국가이며, 지방자치 제도를 실시하고 있다. 따라서 국가의 행정권은 단순히 연방에게만 있는 것이 아니라 주, 그리고 각 지방자치단체에게도 부여되어 있다. 연방은 독일의 주권을 대내외적으로 대표하는 정치·행정의 단위로서 고유의 입법권과 사법권 그리고 행정권을 행사하고 있다. 연방에게는 많은 입법권, 즉 법률제정권이 부여되고 있지만, 행정권의 행사는 외교와 국방에 관한 분야 등 일부 분야로 제한되어 있다. 연방에게는 여러 분야에 대하여 입법권이 부여되어 있는 것과는 대조적으로 극히 적은 행정권이 행사되고 있다는 것이다.

독일의 16개 주는 모두 주권을 가진 독립국가로서의 성격을 가지고 있다. 따라서 주는 연방과 마찬가지로 독자적인 헌법을 보유하고 있으며, 의회와 정부를 구성하고, 독자적으로 법률을 제정하고 행정권을 행사할 수 있다. 특히 기본법(제30조)은 "기본법에서 특별히 명시하지 않는 국가 권력의 행사와 임무 수행은 주(州)의 사항이다"라고 명시하고 있다. 행정권 행사는 기본적으로 주정부의 임무이자 권한이라고 명시하고 있는 것이다. 그렇다고 해서 주가 연방과 동등한 지위에 있는 것은 아니다. 우선 기본법 제31조는 "연방법은 주법에 우선(優先)한다"라고 명시하고 있다. 또한 주는 국제법상 주권을 가지고 있는 국가가 아니기 때문에 외교・안보에 대한 권한은 행사할 수 없다. 다시 말해 독일의 16개 주는 다른 국가와 독자적으로 외교 관계를 수립할 수 없으며, 군대도 보유할 수 없다. 그 밖에 행정권의 행사에 대해서도 국제법상의 주권을 가지고 있는 국가와는 달리 일정한 한계를 가지고 있다. 주가 연방으로부터 특정 행정사무를 위임받아 집행하는 것이 바로 그 예라고 말할 수 있다.

지방자치단체 역시 고유의 입법권과 행정권을 가지고 있다. 지방자치단체는 지방자치법에 근거해서 주민대표기관인 의회를 구성할 수 있으며, 지방 사무를 독자적인 책임하에 추진할 수 있는 권한을 가지고 있다. 그러나 지방자치단체는 연방 또는 주와 동일한 권한을 가지고 있지는 못하다. 지방의회는 연방의회 또는 주의회와는 달리 법률제정권이 없으며, 단지 조례만 제정할 수 있다. 또한 지방자치단체는 법률상 주의 관할 범위 내에 있기 때문에 일부 행정사무를 위임받아 집행하여야 할 뿐만 아니라, 특정 행정사무의 수행시 주로부터 감독과 지시를 받아야 한다. 그렇다고 해서 지방자치단체가 주에 예속되어 모든 사무에 대하여 감독과 지시를 받는 것은 아니며, 극히 일부 사무에 대해서만 감독과 지시를 받는다.

독일의 지방자치단체에는 기초자치단체로서 '게마인데(Gemeinde)'가 있으며, 광역자치단체인 '크라이스(Landkreis)'와 '독립시(kreisfreie Stadt)'가 있다. 게마인데는 독일 지방자치 제도의 기초 개념으로, 한국의 기초자치단체인 시(市) 또는 군(郡)과 그 성격이 비슷하다고 할 수 있다. 독일 게마인데에는 인구 수백 명의 작은 게마인데가 있는가 하면, 인구 20만 명에 가까운 비교적 큰 게마인데도 있다. 광역자치단체인 독립시란 보통 주민 수 20만 명(인구가 적은 구동독 주인 경우 18만 명) 이상의 중・대도시를 의미하며 광역행정 기능을 수행한다. 프랑크푸르트(Frankfurt), 뮌헨(München),

퀼른(Köln) 등 우리에게 잘 알려진 도시들은 물론 만하임(Manheinm), 할레(Halle), 포츠담(Potsdam) 등 중·소도시들도 모두 독립시이다. 게마인데가 광역자치단체인 크라이스의 관할지역에 있어, 크라이스의 지원과 감독을 받는데 반하여, 독립시는 그 어떤 광역자치단체에도 속하지 않은 '독립적인' 지방자치단체이다. 그러나 독일 독립시는 한국의 광역시와는 달리 관할지역에 기초자치단체를 두고 있지 않다.

크라이스는 일종의 광역자치단체로서 그 관할지역에 여러 게마인데를 두고 있는 지방자치단체인데, 주로 게마인데의 행정사무를 지원하고 또한 감독하는 기능을 수행하고 있다. 크라이스 역시 한국의 도(道)보다는 그 규모는 작지만 기능면에서는 비슷하다.

〈표 2-1〉 독일 행정의 기본 구조

※ 2005년 8월 현재

행정의 주체	개 수	법적 성격 및 특징
연방	1개	국제법상 독일 주권 대표
주	16개 주(州)	독일 공법상 국가. 고유의 입법·사법·행정권 보유
지방자치단체	크라이스(323개)	광역자치단체. 한국의 도(道)와 성격이 비슷함.
	독립시(117개)	보통 인구 20만 명 이상의 광역자치단체 (한국의 광역시와 성격이 비슷함.)
	게마인데(12,477개)	크라이스 관할지역의 기초자치단체 (보통 인구 20만 명 이하로 한국의 시(市) 또는 군(郡)과 성격이 비슷함.)

2. 입법권

연방과 주, 그리고 지방자치단체에 부여된 행정권에 대해서 알아보기 위해서는 우선 기본법에 명시되어 있는 각 행정 주체들의 입법권, 즉 법률제정권에 대해서 알아볼 필요가 있다. 이 입법권이야말로 각 행정 주체 행정권의 기초가 되기 때문이다.

1) 연방의 입법권

이미 언급한 바와 같이 기본법 제30조는 "기본법에서 특별히 명시하지 않는 국가 권력의 행사와 임무 수행은 주(州)의 사항이다"라고 명시하고 있다. 따라서 당연히 주의 입법권은 연방의 입법권보다 광범위하여야 할 것이다. 그러나 실제 연방의 입법권 범위는 주의 입법권보다도 상당히 넓은 편이다. 국가(연방)의 임무가 방대해짐에 따라 연방 입법권의 범위가 주에 비하여 상대적으로 넓어지게 되었다고 판단된다. 연방의 입법권은 다음과 같이 '독점입법권', '경쟁입법권' 그리고 '지침입법권'으로 구분된다. 연방의 모든 법률은 연방의회와 연방평의회에서 제정된다.

(1) **독점입법권**(Ausschließliche Gesetzgebung)

연방입법권 중에서 독점입법권은 독일 전 지역에 일관되게 적용되어야 할 필요가 있는 사항으로서, 오직 연방에게만 입법권이 부여되어 있는 분야이다. 기본법 제73조에서 명시하고 있는 연방의 주요 독점입법권은 다음과 같다.

- 외교, 국방에 관한 사항
- 국적에 관한 사항
- 여권, 출입국 관리에 관한 사항
- 화폐, 도량, 표준시에 관한 사항
- 관세 및 무역지역의 통합, 선박협정, 자유무역에 관한 사항
- 국경 수비에 관한 사항
- 철도 및 항공에 관한 사항
- 우정 및 통신에 관한 사항
- 특허 및 출판권에 관한 사항
- 재정에 관한 사항

(2) **경쟁입법권**(Konkurrierende Gesetzgebung)

경쟁입법권이란 연방이 일차적으로 입법할 수 있으나 만약 연방이 입법권을 행사하지 않을 경우 주도 입법할 수 있는 분야이다. 주도 하나의 국가

로서 연방과 경쟁하면서 법률을 제정할 수 있게 한다는 취지에서 경쟁입법권을 만들었다고 볼 수 있다. 주요 경쟁입법권은 다음과 같다.

- 민법, 형법, 소송법에 관한 사항
- 외국인 체류 및 거주에 관한 사항
- 전쟁 보상 및 치유에 관한 사항
- 산업, 노동, 사회보장에 관한 사항
- 원자력 발전소, 핵폐기장의 허가, 건설 및 운영에 관한 사항
- 공정거래에 관한 사항
- 무기 및 폭약에 관한 사항
- 결사(結社) 및 집회에 관한 사항
- 농수산업의 진흥, 국민 영양 증진에 관한 사항
- 토지 수용, 자원에 관한 사항
- 위생, 의약품, 의약산업에 관한 사항
- 사회복지시설의 건설과 운영에 관한 사항
- 병원 영업에 관한 사항
- 식료품 품질에 관한 사항
- 해운 및 수로에 관한 사항
- 고속도로・국도・항공시설 건설 및 운영에 관한 사항
- 쓰레기 처리, 공기 정화, 소음 관리에 관한 사항
- 장기 이식, 인공 수정, 유전자 변형에 관한 사항
- 공무원의 보수 및 후생복지에 관한 사항
- 소득세, 법인세, 원유세에 관한 사항

(3) 지침입법권(Rahmengesetzgebung)

지침입법권이란 연방이 일정한 법적 지침(가이드라인)만을 입법하고 그 구체적인 것은 주가 입법할 수 있는 분야로, 기본법 제75조에서 명시하고 있는 지침입법권은 다음과 같다.

- 주와 지방자치단체 공무원의 직무에 관한 사항
- 출판에 관한 일반적인 사항

- 사냥, 자연 보호 및 자연 경관의 보존에 관한 사항
- 토지 수용, 수자원에 관한 사항
- 주민등록에 관한 사항
- 독일 문화재 해외 반출 금지에 관한 사항

2) 주 입법권

독일 기본법은 주의 입법권에 대해서 구체적으로 명시하지 않고 있으며, 대신 기본법에서 특별히 명시하고 있는 분야만이 연방의 입법권에 해당되며, 그 밖의 모든 분야는 주의 입법권이라고 밝히고 있다. 또한 경쟁입법권에 속하는 분야에 대해서도 만약 연방이 입법하지 않으면 주가 입법할 수 있다. 주의 법률은 각 주의회에서 제정되는데, 일반적으로 주의 입법권이라고 볼 수 있는 분야는 다음과 같다.

- 교육에 관한 사항(초등, 중고등 및 대학교육)
- 신문과 방송에 관한 사항
- 주 발전 및 도시계획에 관한 사항
- 경찰에 관한 사항
- 도로에 관한 사항
- 수자원에 관한 사항

3) 지방자치단체 입법권

지방자치단체들은 연방 또는 주와 같은 국가 권력을 가지고 있지 않다. 따라서 지방의회는 연방의회 또는 주의회와는 달리 법률을 제정할 수 없다. 그러나 지방자치단체도 고유사무에 관해서는 입법권을 행사할 수 있는데, 이는 각 지방의회에서 제정하는 조례를 통하여 가능하다. 지방자치단체 조례는 주에서 제정한 지방자치법 틀 안에서 제정된다. 지방자치단체의 입법권 분야는 다음과 같다.

- (지방자치단체) 예산에 관한 사항
- (지방자치단체) 도시계획에 관한 사항
- (지방자치단체 소속 각종 이용시설의) 사용료, 수수료, 분담금에 관한

사항
– 영업세, 토지세 등 지방세에 관한 사항

3. 행정권

언급한 바와 같이 독일의 연방, 주, 지방자치단체에는 각각 고유의 입법권이 부여되어 있을 뿐만 아니라 고유의 행정권도 부여되어 있다. 물론 이들 행정 주체들에게 부여되어 있는 행정권은 일차적으로 입법권의 내용과 깊은 관계가 있다. 예를 들어 외교와 국방에 대한 분야는 연방 독점입법권인 만큼 이에 대한 행정권은 연방이 전적으로 행사한다. 이에 대한 행정권은 연방정부 및 그 산하 연방행정기관에서만 행사된다. 마찬가지로 교육과 경찰에 관한 분야는 주의 입법권에 해당되기 때문에 교육과 치안 유지 및 범죄 예방 사무는 주의 고유 행정권에 속한다. 이 사무들은 주정부 및 산하 행정기관에서 집행된다.

그러나 연방과 주의 행정권 배분에서 특이한 점은 대부분의 입법권이 연방에 부여되어 있는 것과는 달리 그 행정권은 주로 주에게 부여되어 있다는 점이다. 따라서 연방에서 입법한 분야라 할지라고 연방이 이 분야에 대한 행정권을 전적으로 행사하는 것이 아니라, 오히려 일부 분야만을 제외하고는 대부분의 행정권이 주에 귀속된다. 주가 행정의 제1차적 주체라는 것이다. 지방자치단체는 고유의 사무 이외에 여러 사무를 연방과 주에서 위임받아 집행한다. 연방과 주, 지방자치단체의 입법 및 행정권 배분 관계를 정리하면 다음과 같다.

1) 연방의 행정권

언급한 바와 같이 독일에서 행정의 주체는 연방, 주 그리고 지방자치단체인데, 이 중에서도 행정의 제1차적 주체는 연방이 아닌 주이다. 이는 독일 기본법 제83조에서 “기본법에서 별도로 명시하지 않았다면 연방에서 제정된 법률도 기본적으로 주에서 집행된다”라고 명시하고 있는 사실에서도 잘 나타나고 있다. 따라서 연방의 행정권은 일부 분야로 제한되어 있는데,

〈표 2-2〉 연방, 주 지방자치단체의 사무

	연방	주	지방자치단체
입법권	광범위한 분야에서 입법권 행사 (독점입법권, 경쟁입법권, 지침입법권)	극히 제한된 분야 내에서 입법권 행사 (예: 교육, 경찰 분야), 연방의 입법권 행사에 대한 동의권 있음.	법률제정권 없음, 조례제정
행정권	극히 제한된 분야 내에서 행정권 행사 (외교, 국방, 재정 등)	광범위한 분야에 대한 행정권 행사	고유사무, 연방과 주의 위임사무

기본법(제87조)에 연방의 고유 행정권에 속하는 분야라고 명시되어 있는 분야는 다음과 같다.[1)]

- 외교에 관한 사항: 연방외무부 및 산하 재외 공관에서 담당
- 국방 및 병무에 관한 사항: 연방국방부 및 산하 연방행정기관(연방병무청)에서 담당
- 재정(조세, 관세, 연방자산관리 사무 등)에 관한 사무: 연방재정부 및 산하 연방행정기관(연방재정국, 연방재산관리국 등)에서 담당
- 수로 및 해운에 관한 사항: 연방교통건설주택부 및 산하 연방행정기관(연방해운국)에서 담당
- 국경 수비, 범죄 예방 및 대책에 관한 사항: 연방내무부 및 산하 연방행정기관(국경수비대, 연방범죄수사국)에서 담당
- 테러 방지 및 국내외 정보 수집에 관한 사항: 연방내무부 및 산하 연방행정기관(연방 헌정질서수호국)에서 담당
- 통계, 특허에 관한 사항: 연방내무부 및 산하 연방행정기관(연방통계국, 독일특허국)에서 담당

1) 원래 철도, 우정, 항공 안전 등의 사무도 연방의 행정권에 속해 있었으나, 1990년 이후 모두 민영화되었다. 철도 사무는 독일 철도주식회사(Deutsche Bahn Ag.)로, 우정의 경우 각각 독일 우정주식회사(Deutsche Post Ag.)와 독일 텔레콤(Deutsche Telekom Ag.), 독일 우정은행(Deutsche Postbank Ag.)으로 이양되었다. 항공 안전에 관한 사무의 경우 독일 항공안전주식회사(Deutsche Flugsicherung GmbH)로 이양되었다.

– 독점 방지 및 공정거래에 관한 사항: 연방경제노동부 및 산하 연방행정기관(연방공정거래국)에서 담당

2) 주(州)의 행정권

언급한 바와 같이 독일 기본법은 연방의 행정권이라고 특별히 규정한 분야 이외의 모든 분야는 주의 행정권에 속한다고 명시하고 있다. 따라서 주 행정권 범위의 폭은 상당히 넓은 편인데, 이들 사무는 주 자체에서 집행되기도 하지만, 그 성격에 따라 지방자치단체에게 위임되어 집행되기도 한다. 주 행정권은 ① 주에서 입법한 사항(주입법 사항), ② 연방에서 입법하였지만 주에 위임한 사항(연방위임 사항), 그리고 ③ 연방에서 입법하였지만 성격상 연방이 아닌 주에서 집행하여야 하는 사항(연방입법 주집행 사항) 등으로 구별된다.

(1) 주입법 사항

언급한 바와 같이 주는 국가의 성격을 가지고 있는 행정 주체로서 독자적인 입법권을 행사하며, 주의회에서 통과된 법률은 주의 여러 행정기관을 통하여 집행된다. '주입법 사항'이란 이렇듯 주의회에서 입법되어 주의 행정기관에서 집행되는 사무 분야를 의미하며, 구체적으로 초·중고등학교, 대학교, 박물관, 극장, 도서관, 기타 학술단체, 방송국, 교도소의 설립과 운영에 관한 사항 등이 이에 해당된다. 이 밖에 경찰, 도시계획, 건설에 관한 사항도 중요한 주입법 사항에 해당된다. 이들 사항에 대해서는 주정부 및 주행정기관이 전적으로 책임을 지며, 연방으로부터의 어떠한 간섭과 지시도 받지 않는다.

(2) 연방위임 사항

주는 주 자체적으로 입법한 사항 이외에 연방에서 입법한 사항을 위탁받아 집행하는데(기본법 제85조), 예를 들면 고속도로·국도·항공시설 건설 및 운영에 관한 사항, 원자력 발전소·핵폐기장의 허가, 건설 및 운영에 관한 사항 등이 그것이다. 이들 사항들은 비록 주에서 집행하지만 연방으로부터 위탁받았기 때문에 사무 집행에 관한 모든 권한이 일차적으로 연방에

게 귀속되어 있으며, 그 책임도 연방이 진다. 물론 이 사무의 집행에 대한 예산도 연방에서 부담한다.

(3) **연방입법 주집행사항**

연방에서 입법했지만 그 사무의 성격상 주 사무이기 때문에 연방이 위임하지 않아도 주가 자발적으로 집행하여야 하는 사항이 있는데, 예를 들면 사회복지시설의 설립과 운영, 병원의 운영, 환경 보호 등에 관한 사항이다. 이들 사항에 대한 사무를 집행할 때 주는 행정 인력의 배치, 사무의 집행 절차 등에 대해서 전반적인 권한을 행사할 수 있으며, 연방은 사무 이행의 적법성 여부에 대해서만 심사권을 행사한다.

3) 지방자치단체의 행정권

지방자치단체는 독일의 행정 주체 중 제일 하급 단계에 있기 때문에 고유의 사무 이외에도 연방과 주에서 많은 사무를 위임하고 있으며, 사무의 집행에 필요한 예산도 지원하고 있다. 지방자치단체 사무에 대해서는 제3장 '지방자치 제도'에서 자세히 설명하고 있다.

제 2 절 행정조직

독일의 각 행정 주체들은 행정권을 행사하기 위하여 고유의 행정조직을 설치·운영하고 있다. 연방의 행정을 담당하는 조직에는 '연방정부'와 '연방행정기관'이 있다. 연방정부는 연방의 최고 의사결정 기구로서, '연방수상'과 '연방장관'으로 구성된다. 연방행정기관이란 연방 소속의 모든 행정기관을 의미한다. 연방행정기관은 '연방직접행정기관'과 '연방간접행정기관'으로 구분된다. 주 행정조직의 형태도 연방의 행정조직과 비슷하다. 연방과 마찬가지로 주의 행정조직에는 '주정부'와 '주행정기관'이 있는데, 주정부는 주의 최고 의사결정 기구로서 '주지사'와 주의 각 '부처 장관'으로 구성되며,

주행정기관이란 주 소속의 모든 행정기관을 의미한다. 주행정기관 역시 '주직접행정기관'과 '주간접행정기관'으로 구분된다.

지방자치단체의 경우 연방과 주와는 달리 '정부(Regierung)'는 구성되지 않으며, 대신 자치단체장(Bürgermeister)과 지방의회, 그리고 지방행정기관에 의하여 행정이 추진된다. 특이한 점은 연방의회와 주의회는 오직 입법 기능만을 수행하는 데 반하여 지방의회는 입법 기능과 동시에 행정 기능을 수행한다는 점이다. 여기서는 연방과 주의 행정조직에 대해서만 언급하기로 하고 지방자치단체의 행정조직에 대해서는 제3장 '지방자치 제도'에서 자세히 다루기로 한다.

〈표 2-3〉 독일의 행정조직

행정의 주체	행정 담당기관	구 성
연방	연방정부	연방수상, 연방장관
	연방행정기관	연방직접행정기관, 연방간접행정기관
주	주정부	주지사, 주장관
	주행정기관	주직접행정기관, 주간접행정기관
지방자치단체	자치단체장	
	지방의회	
	지방행정기관	

1. 연방의 행정조직

언급한 바와 같이 연방의 행정은 '연방정부'와 '연방행정기관'에 의하여 추진된다.

1) 연방정부(Bundesregierung)

연방정부는 연방의 최고 의사결정 기구로서, 국가의 중요 사안이 이 연방정부에서 결정된다. 연방정부는 '연방수상'과 '연방장관'으로 구성된다.

한국의 경우 '정부' 개념에는 행정부 및 산하 행정기구도 포함되는데 반하여, 독일의 '연방정부'는 연방수상과 연방장관으로만 구성되는 '내각(Kabinet)'과 비슷한 의미를 갖는다. 대신 행정부 및 산하 행정기관은 모두 '행정기관'으로 표현된다. '정부'의 개념과 '행정기관'의 개념이 비교적 엄격히 구별되는 셈이다. 기본법 제65조에 의하면 연방정부의 정책결정 과정은 '수상 원칙(Kanzlerprinzip)', '내각 원칙(Kabinettsprinzip)', '부처 원칙(Ressortprinzip)'에 따른다. 수상 원칙이란 "연방수상이 국정 운영의 이념과 정책의 기본 노선을 제시하고 이에 대한 책임을 지는 원칙"이며, 내각 원칙이란 "연방의 모든 법안이나 주요 정책은 내각회의의 심의와 결정을 거쳐야 된다는 원칙"이다. 즉, 내각회의에서의 합의와 조정 원칙이다. 마지막으로 부처 원칙이란 "연방수상의 국정 운영 기본 노선과 내각 결정의 테두리 안에서 각 부처 장관들은 자신의 관할권을 재량껏 발휘하고 이에 대해 책임을 지는 원칙"이다. 연방정부의 운영은 이 세 원칙에 따라 운영되는데, 실제 과정은 연방수상의 리더십, 정부 내의 권력 구도, 연방장관의 능력 등에 따라 달라진다.

(1) 연방수상(Bundeskanzler)

연방수상은 독일 국정 운영의 최고 책임자이며, 정치·행정의 핵심이다. 독일의 정치 체제를 특별히 '수상민주주의(Kanzlerdemokratie)'라고 칭하는 것은 이 때문이다. 연방수상은 국정 운영의 기본 노선을 설정하며, 연방정부를 총괄하고, 국내 및 대외정책에 대하여 최종 책임을 진다. 연방대통령이 국가원수이지만 상징적이고 형식적인 권한만을 갖는데 반하여, 연방수상은 정치·행정의 책임자로서 실질적인 권한을 갖는다. 독일 연방수상의 헌법적 권한을 정리하면 다음과 같다.

첫째, 정책 노선 결정권(Richtlinienkompotenz)이다. 연방수상은 독일의 대내·외적 정책의 기본 노선을 결정하고, 이에 대한 전반적인 책임을 진다(제65조). 연방장관은 연방수상의 정책 노선 안에서 자신이 담당하고 있는 부처의 정책을 책임지고 추진하게 된다. 각 부처 간의 의견 차이는 연방수상이 주재하는 내각회의의 심의와 결정을 거쳐야 된다. 각 부처의 자율적인 업무 수행을 보장하지만 국정 운영에서의 합의와 조정 원칙을 강조하고 있는 것이다. 독일 기본법에는 연방수상이 대내·외적 정책 노선을 결정한다고 명시하고 있으나, 소속 정당이 원내 의석의 과반수를 획득하지 못할 경우 수상의 권한은 상대적으로 제한되기 마련이다. 독일 역대 정부의 모습을 보면 한 번도 하나의 정당으로 구성된 적이 없었으며, 항상 2~3개의 정당으로 구성된 연립정부(Koalitionsregierung)였다는 점에서 독일 연방수상의 정책 노선 결정권이 절대적이지 못하다는 점을 알 수 있다. 따라서 연방수상은 대내·외적 정책 노선을 결정할 때 자신이 소속한 정당의 주요 인사들은 물론 연립정부 내 정당들의 의견을 수렴하여야 하며, 이 과정에서 연방수상의 헌법적 권한은 제한되기 마련이다. 특히 선거 결과 연방수상이 속한 정당의 지지도가 낮으면 낮을수록 이러한 현상은 심하게 나타난다.

둘째, 조각권(組閣權, Organisationsgewalt)이다. 기본법 제64조 1항에 따르면 연방장관은 연방수상의 제청으로 연방대통령에 의하여 임면(任免)된다. 그러나 연방대통령의 연방장관 임명이나 해임 권한은 극히 형식적인 권한으로, 연방대통령은 이에 대하여 실제 어떤 결정권도 갖고 있지 않다. 각료에 대한 실질적인 인사권은 연방수상에게 있으며, 연방대통령은 연방수상이 제청한 인사를 그대로 임명하거나 해임할 뿐이다. 연방수상의 조각권을 제한하는 일차적인 요소 역시 정치적인 구도이다. 즉, 연방수상은 연립정부에 참여한 다른 정당의 인물을 자기 의중과는 관계 없이 무조건 일부 부처의 장관으로 임명할 수밖에 없는 경우도 있다. 이 밖에 당내 권력구조, 자신과 당을 지지하는 각종 사회단체들과의 관계도 연방수상이 연방장관을 임명할 때 고려하여야 하는 주요 변수이다. 특히 자신의 당내 기반이 든든하지 못할 경우 연방수상은 자신의 의지와는 다르게 당내 경쟁자를 연방장관으로 임명하여야 할 때도 있다.

셋째, 비상시 군 통수권이다(Befehls- und Kommandogewalt). 독일의 군 통수권은 특정인에게 집중되어 있지 않은 것이 특징이다. 우선 언급한 바와 같이 형식적인 권한이지만 연방군 장교와 하사에 대한 임면권은 연방대통령에게 있다. 그러나 평상시 연방군에 대한 명령권, 즉 군 통수권은 연방국방 장관에게 있다(제65조 a). 그러나 독일이 적에 의한 공격의 위험에 처해 있을 경우, 즉 국가 비상시 연방대통령은 연방의회의 승인하에 국가 '방어 태세(Verteidigungsfall)'를 선포하게 되는데, 이 방어 태세가 선포되면 군 통수권은 연방수상에게 귀속된다.

넷째, 국가경영권(Geschäftleitungsbefugnis)이다. 연방수상은 헌법이 자신에게 부여한 권한, 연방장관을 포함한 연방의 모든 행정인력 그리고 자신의 역량을 집결해서 국민에게 비전을 제시하고, 국가와 사회 발전의 구심적 역할과 기능을 수행한다.

이상에서 언급한 연방수상의 헌법적 권한에도 불구하고 역대 연방수상들의 헌법적 권한의 행사 방법과 그에 따른 정치적 능력은 개인마다 차이가 있는 것으로 평가되고 있다. 여러 연방수상들 중에서 초대 연방수상인 아데나워와 1970년 개혁과 더불어 동방정책(Ostpolitik)을 추진하였던 브란트, 그리고 독일 통일을 완성한 콜 수상은 강력한 리더십과 탁월한 정치력으로 업적을 남긴 인물로 평가된다.

연방수상은 연방의회에서 선출된다. 형식적으로는 연방대통령이 의회에 추천하고 최종적으로 임명하는 과정을 거치지만, 실질적으로는 연방의회의 선거에서 재적 의원 과반수의 표를 얻은 사람이 연방수상으로 선출된다. 그러나 통상 연방의회 총선 전에 각 정당에서 연방수상 후보자를 내세우기 때문에 연방의원 선거 결과가 연방수상 선출에 절대적인 변수인 것이다. 연방의회는 재적 의원 과반수의 찬성으로 연방수상을 불신임할 수 있으나, 이럴 경우 후임자를 정해 놓아야 한다. 현실적으로 의회를 해산하지 않고는 그리 쉽지는 않다. 반대로 연방수상은 임기 중 자신에 대한 연방의회의 재신임을 요청하였을 때 의회의 재적 의원 과반수의 신임을 획득하지 못하였을 경우 연방대통령에게 연방의회의 해산을 요청할 수 있으며, 연방대통령은 연방수상의 요청에 따라 연방의회를 해산할 수 있다. 2006년 1월 현재 연방수상은 2005년 11월에 취임한 기민당 소속 앙겔라 메르켈이다.

(2) 연방장관(Bundesminister)

이미 언급한 바와 같이 연방장관은 연방수상의 제청으로 연방대통령에 의하여 임면(任免)된다. 그러나 연방대통령의 임면 과정은 형식적인 절차일 뿐이며, 실제적으로는 연방수상이 연방장관을 임면한다. 연방장관의 임명시 의회의 동의를 구하지 않는다. 그러나 각료의 임면은 연방수상이 독단적으로 결정하는 것이 아니라 대부분 선거 전에 예비내각을 구성하는 것이 일반적이며, 선거 후에도 연립정권에 참여한 정당의 지도자들과 상의하여 결정한다. 물론 언급한 바와 같이 연방수상이 속한 정당 내의 권력 구도, 각종 사회단체와의 관계 등도 각료를 임면하는 데 중요한 변수로 작용된다. 연방장관의 수를 결정하는 것도 역시 연방수상의 권한에 속하나, 이 역시 혼자 결정하는 것이 아니며 연립정권에 참여한 정당의 지도자들과 상의하여 결정한다.

연방장관의 수는 각 정권에 따라 약간씩 차이가 있는데, 예를 들어 1994년 기민당 소속 콜 수상 재임시 연방장관(연방수상실 장관 포함)의 수는 17명이었는데, 1998년 사민당 소속 슈뢰더 수상이 취임하면서 그 수는 14명으로 줄었다. 그런데 2005년 메르켈 수상이 취임하면서 연방장관의 수가 15명으로 이전 정부에 비하여 1명이 늘어났다.

연방장관 중 연방외무부 장관, 연방내무부 장관, 연방재정부 장관, 연방법무부 장관, 연방국방부 장관 등은 정부 수립 이후 최근까지 정치적 또는 사회적 변수와 상관 없이 연방정부의 핵심 장관으로서 중요한 비중을 차지하여 왔다. 다시 말해서 이들 장관들은 정부 수립 이후 어느 정권에서도 정권의 핵심 장관으로 인정되어 왔다는 것이다. 특히 연방외무부 장관은 역대 정부에서 부수상직을 겸하는 등 중요한 비중을 차지하여 왔다. 예를 들어 1982년 이후 콜 정부의 연방부수상은 당시 연정에 참여한 자민당 소속 겐셔(Hans-Dietrich Genscher) 외무부 장관이었으며,[2] 1998년 이후 사민당 소속 슈뢰더 정부의 연방부수상은 녹색당 소속 피셔(Joschika Fischer) 외무부 장관이었다.

---

2) 겐셔는 자민당이 사민당과 연립정부를 구성하였던 1974년부터 1982년까지 연방외무부 장관 및 연방부수상직을 수행하였으며, 이후 자민당이 기민당과 연립정부를 구성하였을 당시 1982년부터 1992년까지 연방외무부 장관 및 연방부수상직을 수행하였다. 총 18년 동안을 연방외무부 장관 및 연방부수상직을 수행하였던 셈이다.

그러나 21세기에 들어와서 독일 국내 및 세계 정치환경의 변화, 그리고 행정 수요의 변화에 따라 노동, 교육, 사회복지 또는 가족 문제를 담당하는 부처도 중요한 부처로서 자리잡아 가고 있어, 이들 부처를 책임지고 있는 장관의 정치적 비중도 커지게 되었다. 그 대표적인 예가 2005년 11월 기민당과 사민당의 연립정부가 들어서면서 보통 연방외무부 장관이 부수상직을 겸직하였던 관례를 깨고 연방노동사회부 장관 뮌터페링(Franz Müntefering)이 부수상직을 겸하게 된 것이다.

독일 연방장관의 위상과 역할에서 중요한 점은 이들이 대통령중심제 국가들의 장관과는 달리 단순히 연방수상의 참모로서만 그 직무를 수행하는 것이 아니라, 자신이 책임을 지고 있는 부처에 대하여 독자적으로 정책을 결정하고, 이에 대하여 책임을 진다는 점이다. 다시 말해서 연방장관은 연방수상의 국정 운영 노선과 내각회의의 결정 안에서 소관 부처의 정책을 책임지고 결정·집행한다는 것이다. 또한 연방장관은 내각회의의 일원으로서 자신이 담당하고 있는 부처의 사무 이외에도 연방의 주요한 정치적 결정에 참여하게 된다. 연방수상을 비롯해 그 누구도 연방장관에게 명령할 권한은 없으며, 징계할 권한도 없다. 연방장관은 오직 자신의 행위에 대하여 책임질 뿐이다. 또한 연방의회는 연방장관 개인에 대한 불신임권이 없기 때문에 연방장관은 의회의 눈치를 보지 않고 소신껏 업무를 수행할 수 있다. 특히 독일 연방장관은 한번 임명되면 특별한 정치적 과오가 없는 한 대부분 연방수상과 임기를 같이 한다는 점에서 그 위상이 대통령제 국가의 장관은 물론 영국식 내각책임제 국가에서의 장관 위상과도 차이가 있다.

독일 연방장관은 그 신분상 정당 소속 '직업정치가(Berufspolitker)'로서 공무원이 아니다. 신분이 '정무직 공무원'인 한국의 장관과는 차이가 있다. 2006년 1월 현재 연방장관의 정당 소속 분포를 보면 15명의 연방장관(14개 전문부처 장관과 1명의 연방수상실 장관) 중 기민당 소속 5명, 기사당 소속 2명, 사민당 소속이 8명이다. 다음 그림은 연방정부의 조직도이다.

[그림 2-1] 독일의 연방정부(2006년 1월 현재)

연방수상(Bundeskanzlerin)

연방수상실장(Chef des Bundeskanzleramtes)

연방 장관
연방노동사회부 장관(Bundesminister für Arbeit und Soziales)
연방외무부 장관(Bundesaußenminister)
연방내무부 장관(Bundesminister für Inneren)
연방법무부 장관(Bundesminister für Justitz)
연방재정부 장관(Bundesminister für Finanzen)
연방국방부 장관(Bundesminister für Verteidigung)
연방경제기술부 장관(Bundesministerium für Wirtschaft und Technologie)
연방식품농업소비자보호부 장관 (Bundesministerium für Ernährung, Landwirtschaft und Verbraucherschutz)
연방환경자연보호원자력안전부 장관 (Bundesminister für Umwelt, Natrurschutz und Reaktorsicherheit)
연방교육연구부 장관(Bundesminister für Bildung und Forschung)
연방가족노인여성청소년부 장관 (Bundesminister für Familie, Senioren, Frauen und Jugend)
연방보건부 장관(Bundesminister für Gesundheit)
연방교통건설도시발전부 장관 (Bundesminister für Verkehr, Bau und Stadtentwicklung)
연방경제협력개발부 장관 (Bundesminister für wirtschaftliche Zusammenarbeit und Entwicklung)

2) 연방행정기관(Bundesverwaltung)

연방행정기관이란 연방 소속의 모든 행정기관을 의미한다. 연방행정기관은 [그림 2-2]에서 보는 바와 같이 크게 '연방직접행정기관'과 '연방간접행정기관'으로 구분된다. 연방직접행정기관이란 '연방최고행정기관', '연방상급행정기관', '연방중급행정기관', '연방하급행정기관' 등 4단계로 구분되어 있는데, 연방최고행정기관을 정점으로 하여 수직적으로 조직·운영되는 행

[그림 2-2] 독일의 연방행정기관

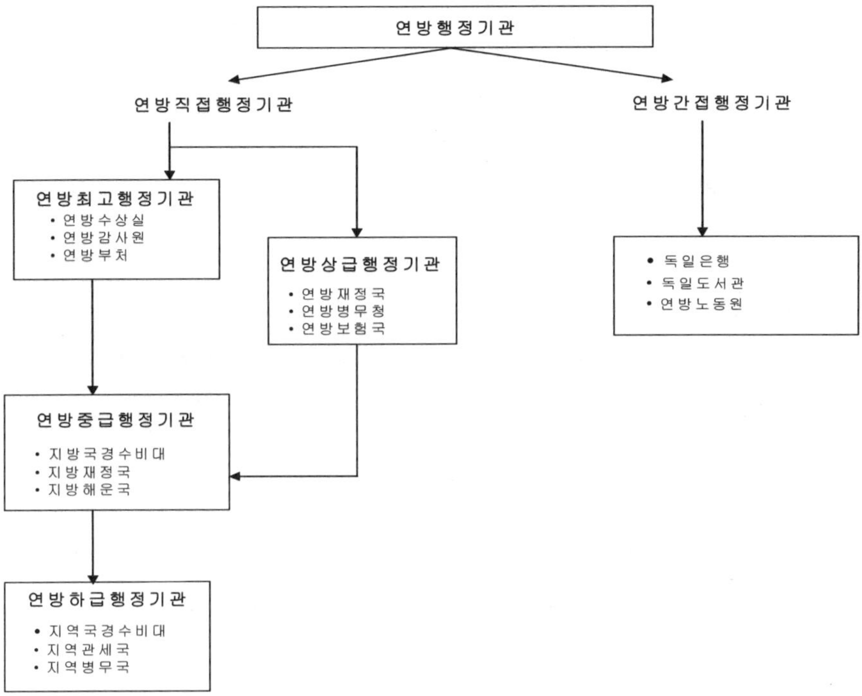

정기관을 의미한다. 연방직접행정기관은 연방최고행정기관의 명령과 사무지침이 하급기관까지 체계적으로 전달되고, 하급기관의 정책집행 결과는 연방최고행정기관에 보고되는 행정 체계이다. 연방직접행정기관의 업무 추진 체계를 도식화하면 [그림 2-3]과 같다.

[그림 2-3] 독일 연방직접행정기관의 업무 추진 체계

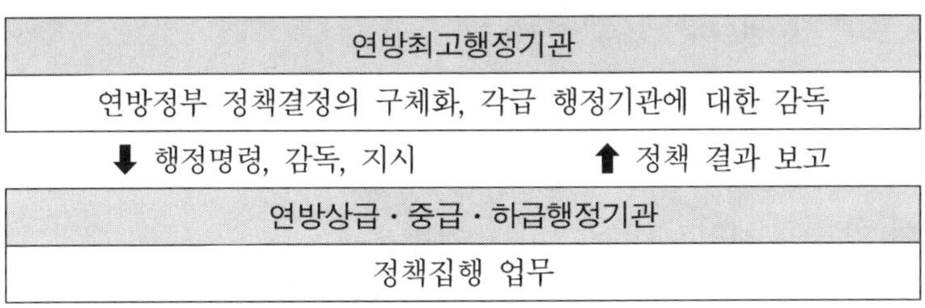

한편 연방간접행정기관은 공법에 의하여 조직·운영되고 그곳에 공공인력이 근무한다는 점에서는 연방직접행정기관과 차이가 없다. 그러나 연방간접행정기관은 연방부처를 정점으로 수직적으로 조직·운영되는 것이 아니라, 기관 독자적인 책임하에 연방의 사무를 담당하는 기관이라는 점에서 연방직접행정기관과 차이를 보이고 있다. 다시 말해서 연방간접행정기관이란 연방부처로부터 독립하여 기관장 또는 이사회의 책임하에 사무를 담당하는 행정기관을 의미한다.

(1) 연방직접행정기관(Unmittelbare Bundesverwaltung)

연방직접행정기관은 다음과 같이 4단계로 구분되어 있다.

- **연방최고행정기관**: 헌법기관 또는 연방정부를 직접 보좌하는 기관으로 연방대통령실, 연방수상실, 연방공보실, 연방문화미디어위원회, 연방감사원, 그리고 연방 각 부처 등이 있다.
- **연방상급행정기관**: 연방최고행정기관의 산하기관으로 해당 사무에 대하여 독일 전 지역을 관할한다. 현재 독일에는 약 70개의 연방상급행정기관이 있다.
- **연방중급행정기관**: 연방최고행정기관의 산하기관으로 해당 사무에 대하여 독일 일부 지방(중급 규모)을 관할하는 행정기관이다. 연방최고행정기관과 연방상급행정기관의 감독과 지시를 받으며, 현재 약 35개 정도의 기관이 있다.
- **연방하급행정기관**: 연방최고행정기관의 산하기관으로 해당 사무에 대하여 특정 도시 또는 소규모 특정 지역만을 관할지역으로 하는 행정기관이다. 외무, 재정, 수로 및 해운, 병무, 국경 수비에 관한 사무에 한하여 연방하급행정기관이 설치되어 있다. 연방상급 또는 중급행정기관의 감독과 지시를 받는다.

① 연방최고행정기관(Oberste Bundesbehörden)

연방최고행정기관은 연방 헌법기관을 보좌하거나 또는 연방장관의 직접적인 지휘와 책임하에 운영되는 연방기관이다. 연방최고행정기관에는 연방대통령을 보좌하는 연방대통령실과 연방수상의 직속기관인 연방수상실, 연방공보처, 연방문화미디어위원회가 있으며, 이 밖에 연방감사원, 연방의회와 연방평의회의 사무국, 그리고 각 연방부처가 있다. 이 중 연방정부의 국정 노선을 정책화하며, 산하기관을 가지고 있는 기관은 연방부처뿐이다. 나머지 기관은 헌법기관을 보좌하거나 독자적인 업무를 수행하는 단독 기관이다. 연방부처의 정책 결정은 산하기관인 연방상급·중급·하급행정기관에서 더욱 구체화되며 또한 집행된다. 아울러 연방부처는 이들 산하기관의 사무를 감독하고 지휘한다.

〈표 2-4〉 독일의 연방최고행정기관

연방최고행정기관	산하기관
연방대통령실	없음
연방수상실	
연방공보처	
연방문화미디어위원회	
연방감사원	
연방의회(하원) 사무국	
연방평의회(상원) 사무국	
연방부처(2006년 1월 현재 연방외무부 등 14개 부처)	연방상급·중급·하급행정기관

㉠ 연방대통령실(Bundespräsidialamt)

독일 연방대통령은 그 직무를 수행할 때 연방대통령실(Bundespräsidialamt)의 지원을 받는다. 연방대통령실은 차관급인 연방대통령실장(Chef des Bundespräsidialamtes)의 책임하에 다음과 같은 기능을 수행한다.

- 대통령의 직무 수행에 대한 자문
- 국내외 주요 현안에 대한 보고 및 대통령 지시 사무 처리
- 대통령의 의사 결정 준비 및 지원
- 관련 부처 및 기관과의 업무 협조

연방대통령실은 연방대통령을 개인적으로 보좌하는 부속실, 국내외 언론과 접촉하면서 연방대통령의 직무에 관한 사무를 홍보하는 한편 연방대통

령에게 국내외 주요 언론 보도에 대하여 보고하는 대변인실 이외에 총무국, 국내국, 외무국 3개 부처로 조직되어 있다. 이 밖에 연방대통령실에는 특별히 연방국방부 연락관실이 설치되어 있다.

총무국은 연방대통령실의 조직과 인사 등 운영에 관한 업무 이외에, 연방장관, 연방판사, 장교들의 임명 및 해임에 관한 사무, 서훈(敍勳)에 관한 사무 등을 담당한다. 국내국은 국내 주요 현안에 대하여 보고하고 연방대통령이 지시한 사무를 처리하며, 외무국은 외교 문제에서 연방대통령 권한에 해당하는 사무를 담당한다. 총무국, 국내국, 외무국은 모두 각각 6개 과(課, Referat)로 조직되어 있으며, 이 과 수준에서 연방수상실 및 각 부와 긴밀한 관계를 유지하면서 업무를 수행하고 있다.

2006년 현재 연방대통령실의 조직 중 특이한 것은 '연방국방부 연락관실'이다. 이 조직은 연방대통령에게 독일의 국방 및 안보에 대한 주요 현안 및 기타 문제점을 신속하게 보고하고, 또한 이들 현안과 문제점에 대한 연방대통령의 의견을 국방 정책에 반영시키기 위해 설치된 조직인데, 그 책임자는 보통 연방군 소령 또는 대위가 맡고 있다. 연방대통령은 정치는 물론 국방 문제에 대하여 직접 관여하지는 않지만, 국가원수이기 때문에 국가의 주요 안보 및 국방 현안에 대하여 보고하는 한편 그의 의견을 청취하기 위하여 만든 조직이라고 판단된다.

연방대통령실은 연방수상실에 비하여 비교적 작은 조직을 가지고 있으며, 2005년 4월 현재 165명의 공직자가 근무하고 있다. 특이한 점은 쉘(Walter Schell), 바이츠체커(Richard von Weizsäcker), 헤르촉(Roman Herzog), 라우(Johhanes Rau) 등 많은 전직 연방대통령의 비서진 중 상당수가 여전히 현재 연방대통령의 비서진의 일원으로서 근무하고 있다는 점이다. 이는 연방대통령으로 선출된 자가 자신을 보좌할 비서를 무조건 자신의 인물로 교체하지 않고, 대신 경험이 있는 전직 연방대통령의 비서진을 그대로 근무하게 하기 때문이다.

㉡ 연방수상실(Bundeskanzleramt)

연방수상실(Bundeskanzleramt)은 연방수상을 직접 보좌하는 기관으로, 주요 업무는 다음과 같다.

- 연방수상에게 중요한 국내외 정책 현안 및 각 부처 현안 업무 보고
- 연방수상의 정책 결정에 대한 준비 작업 및 그 집행에 대한 업무
- 연방 각 부처와의 업무 조정 및 정책 현안 조정 업무
- 주(州)정부와의 정책 조정 및 협조에 대한 업무
- 내각회의 준비 및 안건 조정

연방수상실은 장관급인 연방수상실장을 정점으로 하여 독일 행정기관의 전형적인 조직 형태인 국(局, Abteilung)-부국(副局, Unterabteilung)-과(課, Referat) 형태로 조직되어 있다.[3] 특무장관(特務長官, Bundesminister für besondere Aufgaben)직을 겸하는 연방수상실장은 대통령제 국가의 대통령 비서실장과 비슷한 역할을 담당하는 직책으로, 연방수상을 측근에서 보좌하여 국정 수행에 관한 전반적인 문제에 대하여 연방수상에게 보고하고 또는 필요에 따라 자문하기도 한다. 특히 독일은 어떠한 정당도 단독으로 정부를 구성하지 못하고 여러 정당이 연합하여 정부를 구성하는 것이 일반화되어 있기 때문에 연방수상실장은 연정(聯政)에 참여하고 있는 정당의 지도자들과도 협의하여야 하며, 때에 따라서는 야당과도 협의하여야 한다. 따라서 연방수상실장은 연방수상의 정치적 동반자이자 조언자라고 할 수 있다.

연방수상실의 조직 중 특이한 점은 연방수상실장 이외에 특별 업무를 수행하는 2명의 차관급 국무장관(Staatsminister)이 있다는 점이다. 여기서 '국무장관'[4]은 'Staatsminister'라는 독일어를 직역한 것으로 미국의 국무장

3) 연방수상실은 정부 수립 후 1969년까지 차관급 기관이었으나, 1969년 브란트 수상 취임과 함께 장관급 기관으로 격상되었다. 그러나 1972년 말 다시 차관급 기관으로 격하되었다가, 1984년 이후 다시 장관급 기관으로 환원되었다.

4) 현재 독일의 연방행정기관에는 4명의 국무장관이 있는데, 2명은 연방수상실에, 나머지 2명은 연방외무부에서 근무하고 있다. 연방수상실과 연방외무부 소속 정무차관을 특별히 국무장관이라고 표기하고 있는 것은 이 두 기관의 정치적 위상을 고려하였기 때문이다. 한편 주정부에는 일반적으로 장관을 주장관(Landesminister)라고 칭하고 있는데 비하여 오직 바이에른 주에서만 국무장관(Staatsminister)이라고 칭하고 있다. 바이에른 주는 전통적으로 자신들이 단순히 주(Land)가 아닌 하나의 국가(Staat)임을 강조하여 왔는데, 이러한 배경이 장관 명칭을 정하는 데 크게 작용한 것으로 판단된다. 따라서 연방수상실, 연방외무부의 차관급 정무장관과 바이에른 주의 장관을 모두 국무장관(Staatsminister)

관(Secretary of State)과는 그 의미가 다르다. 독일 연방정부의 국무장관은 장관이 아닌 차관급 직책으로서, 연방수상을 보좌하는 정무차관(Parlamentarischer Staatssekretär)의 동의어로 이해하여야 할 것이다. 2006년 현재 연방수상실 국무장관 중 1명은 연방과 주(州) 간의 관계 조정, 특히 연방의회와 연방평의회(Bundesrat)와의 조정 업무를 전적으로 담당하며, 다른 한 명은 '연방문화미디어위원회' 위원장으로 연방의 문화 및 미디어 정책을 책임지고 있다.[5] 이 연방문화미디어위원회는 연방수상 직속의 위원회로서 연방부처와 동일한 성격 및 기능을 가지고 있으며, 연방최고행정기관 중 하나이다.

연방수상실의 업무는 최종적으로 연방수상실장이 책임을 지고 있지만, 실질적으로 각 분야에 대하여 연방수상을 보좌하고, 의회와 행정부를 접촉하며, 정책에 관한 업무 조정을 추진하는 자는 각 국(局)의 책임자, 즉 '수석비서관(Abteilungsleiter)'이다. 정권마다 차이는 있지만 보통 정무, 외교안보, 사회문화, 경제, 정세분석 분야로 구분되어 있는 각 수석비서관은 독일의 정부조직상 연방부처 관리관(Ministerialdirektor)급 국장에 해당하나, 국정에 대한 영향력과 수행 업무의 범위 등을 고려할 때 실질적으로 차관급 역할을 수행한다고 해도 과언은 아니다(최평길, 1998: 220).

㉢ 연방공보처(Presse- und Informationsamt der Bundesregierung)

연방공보처는 연방수상의 직속기관이며 동시에 연방최고행정기관의 하나로서 다음과 같은 업무를 담당한다.

- 연방수상 및 연방정부에게 국내외 주요 현안 보고
- 국가의 주요 정책과 업무에 대한 대국민 홍보
- 국가정책의 입안을 위한 여론 수집

이라고 표기하지만 그 지위와 소관 업무는 다르다는 것을 알 수 있다.

5) 연방수상실 국무장관의 소관 업무는 정권에 따라 약간씩 차이를 보이고 있다. 예를 들어 슈뢰더 정부 및 현재의 메르켈 정부에서는 2명의 연방수상실 국무장관 중 1명은 연방-주 조정 업무를, 다른 1명은 문화 및 미디어 정책을 담당하고 있지만, 1990년대 콜 정부하에서는 1명은 연방-주 조정 업무를, 1명은 대내외정보(Bundesnachrichtendienst) 수집과 분석에 관한 업무를 담당하였다. 당시 문화 및 미디어 정책은 연방내무부 소관 업무였다.

– 독일 정부의 대외 홍보 업무 및 언론 정보 수집
– 연방정부의 정책 및 업무 홍보를 위한 홍보지, 연방정부백서, 연방정부 조직 및 기능 설명서 등의 자료 출판

연방공보처는 정부 대변인을 겸하고 있는 차관급의 연방공보처장(Chef des Presse- und Informationsamtes)과 2명의 부처장(副處長, Stellvertrender Chef des Presse- und Informationsamtes) 이하 여러 개의 팀으로 조직되어 있다. 연방공보처는 독일의 여러 연방부처 중 가장 대규모로 조직혁신을 꾀하고 있는 조직인데, 특히 기존의 국–부국–과의 계층적이고 수직적인 조직을 탈피하여 평면적이며 탄력적인 팀 중심의 조직으로 운영되고 있다.

연방공보처의 근무 인력은 제1청사가 있는 베를린에 450명, 제2청사가 있는 본에 약 180명 등 총 630명 정도로 다른 부처에 비하여 작다고 말할 수 없는 조직이다. 독일 정부는 제1대 아데나워 수상 이후 무엇보다도 국정홍보에 관심을 가져왔는데, 이는 제1·2차 세계대전으로 인한 국가의 부정적 대외 이미지를 쇄신하고, 대내적으로는 정부의 활동을 국민에게 자세히 설명하고 홍보함으로써 민주주의를 완성한다는 취지에서 기인한다.

㉣ 연방문화미디어위원회(Beauftragte der Bundesregierung der Kultur und Medien)[6]

독일 기본법에 의하면, 문화·예술에 대한 사항은 일차적으로 연방이 아닌 주와 지방자치단체의 행정권에 속한다. 이러한 사실은 문화·예술에 대한 예산 중 일반적으로 연방에는 예산의 일부분만이 배정되고 대부분 주와 지방자치단체에게 배정된다는 점에서도 잘 나타나고 있다.[7] 또한 독일 역대 연방정부에서는 문화·예술 분야를 고유의 사무 영역으로 하는 '연방문

6) 필자가 연방문화미디어위원회라고 번역한 'Beauftragte der Bundesregierung der Kultur und Medien'은 독일어 그대로 번역하면 '독일 정부 문화미디어 전권위원회'가 더 적당할 것이다. 그러나 이 조직이 연방수상의 직속기구로서 한국의 대통령 직속 위원회와 그 성격이 비슷하기 때문에 여기서는 편의상 연방문화미디어위원회라고 번역하였다.

7) 예를 들어 2003년 문화예술 분야에 배당된 예산 중 12%만이 연방에 배정되었으며, 나머지 88%가 주와 지방자치단체에게 배정되었다(Bogumil & Jann, 2005: 73).

화부' 또는 '연방문화예술부' 등은 찾아볼 수 없고, 대신 주정부와 지방자치단체에만 문화와 예술에 관한 사무를 관장하는 조직이 설치되어 있다는 사실에서도 이를 잘 알 수 있다.

그러나 1998년 사민당 소속의 슈뢰더 연방수상은 취임하면서부터 문화·예술에 대한 문제를 단순히 주와 지방자치단체의 입장에서만 접근할 것이 아니라 연방, 즉 국가 전체 차원에서 접근하여야 한다고 주장하면서 이를 위한 연방조직의 설치 또한 강조하였다. 연방문화미디어위원회는 이러한 취지에 따라 1998년 이래 설치된 수상 직속의 차관급 기관으로, 연방의 장관급 부처는 아니지만 그 성격과 기능은 연방부처와 동일한 연방최고행정기관의 하나이다. 연방문화미디어위원회 위원장은 수상이 주재하는 연방수상실 간부회의는 물론 내각회의에도 참여한다. 그러나 연방문화미디어위원회 위원장은 내각회의의 공식 구성원이 아니기 때문에 내각 정책 결정에 대하여 투표권을 행사할 수 없다.[8]

연방문화미디어위원회는 독일의 문화·예술, 그리고 미디어산업의 발전을 위하여 설치된 기관으로, 구체적으로 독일 전통문화와 문화재의 보존과 전수, 현대 문화·예술의 발전, 문화산업, 미디어산업의 발전 등을 주요 업무로 하고 있다. 특히 최근 세계적으로 문화산업이 국가경쟁력을 강화시키는 주요 산업으로 부상하는 것과 때를 같이하여, 연방문화미디어위원회는 영화산업의 발전을 위한 정책 지원을 부처의 역점 사업의 하나로 선정하여 놓고 있다. 연방문화미디어위원회는 제1청사는 본에, 그리고 제2청사는 베를린에 두고 있다. 그러나 위원장은 연방수상실 국무장관이기 때문에 연방수상실에 그 사무실을 두고 있다. 근무 인력은 약 190명이다.

ⓜ 연방감사원(Bundesrechnungshof)

독일 연방감사원은 연방최고행정기관의 하나로서, 헌법기관을 포함한 여타 기관의 간섭을 받지 않고 독자적으로 감사 업무를 수행하는 독립 행정기관이다. 연방감사원의 감사원장, 부원장 및 각 국의 책임자에게는 사법부의 법관과 같이 누구의 지시와 간섭을 받지 않고 독자적으로 업무를 수행

8) 내각회의의 공식 구성원은 연방수상과 연방수상실 장관, 그리고 연방 각 부처 장관들이다.

할 수 있는 권한이 부여되어 있다. 또한 이들 연방감사원의 간부들에게는 직위에 대한 임기가 보장되어 있기 때문에, 이 기간 중의 퇴임 또는 전보(轉補) 조치가 불가능하다. 연방감사원은 전국 50개 지역에 지부(Prüfunggebieten)를 설치하고 있으며, 1998년부터는 베를린, 함부르크, 프랑크푸르트 등 9개 주요 도시에 하부 조직인 지방감사국(Rechnungsprüfungsämter)을 설치하여 사무를 담당하게 하고 있다. 지방감사국은 이 지방에 위치한 연방기관에 대한 회계감사권을 강화한다는 취지에서 설치된 연방감사원의 소속기관으로 연방감사원의 지시와 감독을 받는다.

연방감사원의 주요 업무는 모든 연방행정기관에 대한 회계감사이다. 즉, 연방감사원은 모든 연방행정기관의 예산 및 재정 운영의 적법성 감사를 주요 업무로 하고 있다. 연방감사원은 피감사기관을 선정할 때 무작위 표본조사를 원칙으로 하지만, 국민으로부터 신고가 접수되는 기관, 검찰로부터 감사 의뢰가 제기되는 기관에 대해서는 우선적으로 감사를 실시하고 있다. 연방감사원 감사 결과는 공개를 원칙으로 하고 있어 우선 연방의회, 연방평의회, 연방정부 등 헌법기관에 전달되며, 이후 국민에게도 공개된다.

연방감사원은 연방 차원에서만 감사를 실시하고, 대신 주행정기관에 대한 감사는 각 주에 있는 주(州)감사원(Landesrechnugshof)이 담당하고 있다. 주감사원 역시 어느 기관의 감독과 지시를 받지 않고 독자적으로 감사 업무를 수행한다. 연방감사원은 주감사원의 상급기관이 아니며, 서로 동등한 지위에서 업무 협조를 하고 있다. 2005년 현재 연방감사원에는 연방감사원 자체에 약 600명, 소속기관인 지방감사국에 약 900명이 근무하고 있다. 대부분의 행정기관이 청사를 베를린과 본에 분산해서 두고 있는 것과는 달리 연방감사원은 제1청사를 베를린에, 제2청사를 베를린 근교 도시인 포츠담에 두고 있다.

ⓗ 연방의회(Bundestag) 및 연방평의회(Bundesrat) 사무국

연방의회와 연방평의회는 각각 사무국을 두고 있는데, 이 두 사무국은 의회의 각종 회의의 진행을 포함해서 회의 진행을 위한 준비, 각종 위원회의 구성과 진행에 대한 준비, 각종 의전 행사 진행 및 준비, 방문객에 대한 안내 등의 사무를 담당한다. 특히 연방의회와 연방평의회의 사무국에서는

다수의 전문가 및 연구진을 두고 있는데, 이들은 의원들에게 의회 사무와 관련된 전문지식을 제공한다.

㉦ 연방부처(Bundesministerien)

연방부처는 한편으로는 연방장관의 정치·행정적 활동을 지원하고, 한편으로는 연방정부가 결정한 국정 운영의 노선을 정책화하며, 이를 다시 산하 연방행정기관에 지시하고 감독하는 기능을 한다. 연방부처의 정책 결정은 산하 연방상급행정기관, 연방중급행정기관, 연방하급행정기관 등에서 좀더 구체화되며 집행된다. 2006년 1월 현재 독일 14개 연방부처의 임무, 기능 및 조직적 특성에 대하여 간략하게 알아보면 다음과 같다.

㉮ 연방노동사회부(Bundesministerium für Arbeit und Soziales)

연방노동사회부는 2005년 기민당과 사민당의 연정(聯政)이 출범하면서 신설된 새로운 부처로서, 노동과 사회보장정책의 주무 부처이다. 주요 소관 사항은 고용 촉진, 노사 관계의 안정과 연금보험, 건강보험 등 각종 사회보험에 관한 법률안 마련 및 정책 결정 등이다. 이 밖에 장애자들에 대한 후생정책, 전쟁 피해자 및 상이군인에 대한 보상과 지원에 관한 정책 결정도 이 부처의 주요 임무 중 하나이다. 연방노동사회부는 연방장관과 5명의 차관(정무차관 2명, 행정차관 3명) 이하 7개 국으로 조직되어 있다. 이 밖에 소속 기관으로 장애인정책위원회 등 다수의 위원회를 두고 있으며, 또한 연방상급행정기관인 연방보험국(Bundesversicherungsamt)을 산하기관으로 두고 있다. 연방노동사회부는 본에 제1청사, 베를린에 제2청사를 두고 있다.

㉯ 연방외무부(Auswärtiges Amt)

연방외무부는 외교에 관한 정책을 결정하며, 그 구체적인 사항을 해외 주재 공관을 통하여 집행하는 것을 주된 임무로 하고 있다. 이 밖에 독일 연방 외무부의 주요 업무는 재외 독일인의 안전에 관한 사항과, 독일을 방문하는 외국 국빈 및 외국을 방문하는 독일 연방대통령, 연방수상, 연방외무부 장관에 대한 의전에 관한 사항이다. 독일의 연방외무부는 연방 부처임에도 불구하고 다른 부처와는 달리 'Bundesministerium'이라는 명칭을 사용하지 않고 'Auswärtiges Amt'라는 명칭을 사용하는데, 이는 1870년부터의 북독일동맹(Norddeutscher Bund)의 전통을 이어받은 데에서 기인한다. 연방외무부는 베를린 제1청사, 본에 제2청사를 두고 있다.

연방외무부는 본부와 재외 공관(대사관, 대표부, 총영사관, 영사관)으로 구성된다. 대사관, 대표부, 총영사관, 영사관 등의 재외 공관은 연방외무부 산하 연방하급행정기관에 속한다. 연방외무부 본부는 연방장관과 4명의 차관(2명의 행정차관과 2명의 국무장관(정무차관)), 그리고 이하 국-부국-과 조직으로 구성된다. 특히 본부에 독·불협력부와 독·미협력부가 설치되어 있는데, 이는 독일과 프랑스, 독일과 미국과의 정치·문화·사회·경제 등 다방면의 교류를 원만히 추진·확대하기 위하여 설치된 특별 조직이다. 2005년 5월 현재 독일의 재외 공관 수는 다음과 같다.

- 대사관: 142개
- 총영사관 또는 영사관: 58개
- 대표부(Ständige Vertretung): 12개

㉰ 연방내무부(Bundesministerium für Inneren)

연방내무부의 임무 및 기능은 국내 치안의 유지, 민방위, 재난 방지, 헌정 질서의 수호 등 다양하다. 그 구체적인 업무를 살펴보면 다음과 같다.

- 국내 치안 유지, 재난 방지 및 민방위에 관한 업무
- 테러 방지 및 테러범 체포에 관한 업무
- 대(對)마약사범, 대극우·극좌 범죄 등 헌정 질서 수호에 관한 업무
- 행정조직 및 공무원 인사 제도에 관한 업무
- 행정개혁에 관한 업무
- 지방자치단체 지원에 관한 업무
- 정보화 추진에 관한 업무
- 통계에 관한 사항
- 정치교육(민주시민 교육)에 관한 사항
- 외국인 이주자·망명자에 대한 업무
- 체육(엘리트 체육) 진흥에 관한 업무

위와 같은 업무 중에서도 치안 유지, 재난 방지, 헌정 질서의 수호 등은 연방내무부의 전통적 업무이자 현재에도 가장 중요한 업무이다. 국민에 대

한 유형 및 무형의 범죄행위 근절, 조직폭력배 및 마약사범 체포, 그리고 범죄 예방을 위한 홍보는 모두 연방내무부의 주요 소관 업무이다. 또한 극좌 및 극우 세력에 의한 범죄, 테러 범죄에 대한 대책 및 이에 대한 대국민 홍보도 연방내무부가 책임을 지고 있다.

한편 독일에 거주하는 외국인 및 외국 거주 독일인에 대한 정책 지원도 연방내무부의 주요 업무 중 하나이다. 독일 기본법 제16조 a항에 따르면 독일은 정치적 망명을 인정하고 있다. 그러나 1989년 이후 동유럽의 개방과 유고 사태 등으로 인하여 유럽에는 수많은 난민이 발생하고 있고, 이들 중 다수가 독일에 입국하여 정치적 망명을 신청하고 있어 연방정부는 좀더 엄격한 선별 작업을 통하여 극히 일부의 망명만을 허용하고 있다. 또한 제1·2차 세계대전의 역사적 배경으로 인하여 350만 명의 독일인이 아직도 구소련, 중·동유럽 지역에 거주하고 있는데, 이들에 대한 경제·문화적 지원과 이들의 본국 귀환 및 귀환 후 정착 지원에 대한 사항도 연방내무부가 담당하고 있다. 이 밖에 체육 진흥, 특히 엘리트 체육의 발전도 연방내무부의 소관 업무 중 하나인데, 독일이 주최하는 각종 국제 체육행사 지원 및 독일 대표단 선발 및 파견에 대한 문제도 연방내무부에서 관여한다. 물론 이러한 행사는 독일 올림픽위원회, 체육연맹 등 관련 단체와의 협조하에 추진된다. 2006년 독일 월드컵 축구대회 준비도 연방내무부 소관 업무였다.

연방내무부에는 2005년 5월 현재 연방장관 이외에 4명의 차관(정무차관 2명, 행정차관 2명), 그리고 차관급인 1명의 '연방정부 이민 및 소수민족 전권 담당자'가 있으며, 이하 총무국을 합쳐 총 10국, 그리고 '2006년 월드컵 준비위원회' 등 다수의 위원회 또는 팀이 구성되어 있다. 연방내무부는 베를린에 제1청사, 본에 제2청사를 두고 있는데, 워낙 다양하고 광범위한 업무를 담당하고 있어 담당 업무와 관련해서 소속기관은 물론 다수의 연방행정기관을 산하기관으로 두고 있다. 그 예를 들면 다음과 같다.

■ 소속기관

– 연방공무원교육원(Bundesakademie für öffentliche Verwaltung)

■ 산하기관

• 연방상급행정기관

– 연방헌정질서수호국(Bundesverfassungsschutz)[9]

– 연방통계국(Statistisches Bundesamt)

– 연방총무국(Bundesverwaltungsamt)

• 연방중급행정기관

– 지방국경수비대(Grenzschutzdirektion)

• 연방하급행정기관

– 지역국경수비대(Grenzschutzämter)

㉣ 연방법무부(Bundesministerium für Justitz)

연방법무부는 법무행정을 관장하는 연방최고행정기관으로서, 연방 각 부처의 법령 및 외국과의 조약에 관한 자문, 민사·형사 및 행정소송 관련 법령의 심사 및 해석에 관한 업무를 담당한다. 또한 구동독의 재산 처리 등에 대한 법적 문제를 담당한다. 이 밖에 검사, 변호사, 공증인의 직업에 관한 법적 보호와 연방헌법재판소의 재판관, 대법관의 소임에 대한 사항 등이 연방법무부의 주요 임무 중 하나이다. 연방법무부는 연방장관과 2명의 차관(1명의 정무차관, 1명의 행정차관) 이외에 이들을 보좌하는 7국으로 구성되어 있다. 산하기관으로는 연방상급행정기관인 연방대검찰청(Generalbundesanwalt)과 독일특허국(Deutsches Patent- und Markenamt)이 있다. 베를린에 제1청사, 본에 제2청사를 두고 있다.

㉤ 연방재정부(Bundesministerium für Finanzen)

연방재정부는 독일의 재정 및 예산에 관한 정책을 총괄하는 부처로서, 연방정부 예산의 편성과 집행, 조세에 관한 정책 수립, 국유재산의 관리와 회계에 관한 업무를 관장하고 있다. 또한 경제 발전을 위한 장·단기 정책

9) 연방헌정질서수호국(Bundesamt für Verfassungsschutz)은 연방정보국(Bundesnachrichten Dienst)과 비슷한 역할을 하는 기관이지만, 연방정보국이 주로 국제 첩보 업무를 주로 담당하는 반면 연방헌정질서수호국은 마약·테러 등 주로 조직범죄를 대상으로 한 국내외 정보 수집 및 그 대책 업무를 수행한다.

의 수립 및 화폐, 금융, 외국환에 대한 업무를 담당한다. 최근 연방재정부는 유럽 통합과 세계화와 관련해서 유럽 및 국제 금융정책에 큰 비중을 두고 있다. 연방재정부는 연방장관과 5명의 차관(2명의 정부차관과 3명의 행정차관) 이하 7개의 국이 조직되어 있으며, 다음과 같은 연방상급행정기관, 연방중급행정기관, 연방하급행정기관을 산하기관으로 두고 있다.

• 연방상급행정기관
– 연방소주(燒酒)독점관리청(Bundesmonopolverwaltung für Branntwein)
– 연방재정국(Bundesamt für Finanzen)
– 연방증권감독원(Bundesaufsichtsamt für den Wertpapierhandel)

• 연방중급행정기관
– 지방재정국(Oberfinanzdirektion)
– 지방관세범죄국(Zollkriminalamt)

• 연방하급행정기관
– 지역관세국(Zollämter)
– 지역연방재산관리국(Bundesvermögensämter)
– 지역관세경찰국(Zollfahndungsämter)

㉳ 연방국방부(Bundesministerium für Verteidigung)

연방국방부는 국방과 군사에 관한 사무를 담당하는 부처이며, 연방군에 대한 책임부처이기도 하다. 구체적인 임무는 다음과 같다.

– 독일 주권과 국민을 외부의 위협과 침략으로부터 보호
– 재난구조 및 인명구조
– 유럽의 군사 질서 유지
– UN 등 국제기구와의 협력하에 세계 평화와 긴장 완화에 기여

연방국방부는 연방장관과 4명의 차관(정무차관 2명, 행정차관 2명) 이하 10개의 국(局)으로 구성되어 있는데, 이 10개의 조직 중에는 5개 국은 일반행정조직이며, 나머지 5개 국은 군 조직이다. 다시 말해서 5개 국은 다른 연방부처의 조직과 마찬가지로 일반공무원 국장을 중심으로 하는 조직이며, 나머지 5개의 국은 군 조직인 육군(Heer)국, 해군(Marine)국, 공군(Luftwaffe)국과 참모국(Führungsstab der Streitkräfte) 및 의무국(Sanitätsdienst der Bundeswehr)으로 나뉘어 있으며, 최종적으로 합참의장(Generalinspekteur)이 총괄한다. 결국 연방국방부는 행정기관이면서 동시에 연방군 지휘부의 기능도 수행하고 있다고 하겠다. 연방국방부 역대 장관은 군 출신이 아닌 일반 직업정치가이다. 연방국방부의 제1청사는 본에, 제2청사는 베를린에 있다.

연방국방부의 대표적인 산하기관으로는 연방상급행정기관인 연방병무청(Bundesamt für Wehrverwaltung)이, 연방중급행정기관으로 독일의 북부, 서부, 동부, 남부 지역을 각각 담당하는 지방병무청(Wehrbereichtsverwaltung)이, 연방하급행정기관인 지역병무청(Standortverwaltungen)이 있다. 이들 모두 병무 및 획득행정을 담당하는 기관이다.[10)]

㉳ 연방경제기술부(Bundesministerium für Wirtschaft und Technologie)

이 부처는 슈뢰더 정부시 연방경제노동부(Bundesministerium für Wirtschaft und Arbeit)였으나, 2005년 정권 교체 이후 노동에 관한 사무는 신설된 연방노동사회부로 이관하였으며 대신 기술 발전에 관한 사무를 추가적으로 담당하게 되었다. 연방경제기술부는 경제 발전과 기술 발전을 위한 정책을 담당하는 연방부서로 다음과 같은 구체적인 임무를 가지고 있다.

- 독일 경제의 성장과 안정
- 경제 성장을 위한 새로운 기술의 개발 추진
- 경제 성장과 환경 보호의 병행
- 중소기업에 대한 지원
- 고용 창출

---

10) 통일 후 독일 국민(18세 이상 성인 남자)의 의무 군복무 기간은 통일 전에 비하여 상당히 축소되었는데, 2005년 5월 현재 의무 복무 기간은 만 9개월이다. 흥미로운 것은 이 9개월 의무 복무 기간의 복무 방법인데, 군 복무자의 희망에 따라 탄력적으로 운영하고 있다는 점이 특징이다. 우선 정상적인 방법으로 9개월 동안 계속해서 복무하는 방법이 있으며, 복무자의 희망에 따라 6개월 동안 우선 복무한 후 일단 복무를 중단한 후, 나머지 3개월은 2년 안에 그 기간을 자유롭게 선택해서 근무하는 방법이 있다. 또한 의무 복무자의 희망에 따라 최대 23개월 동안 연장 복무할 수도 있는데, 이럴 경우 10개월부터 월 615.50유로, 13개월 이후 675유로, 19개월 이후에는 736.20유로의 보수를 지급하고 있다.

– 안정된 에너지원 확보

연방경제기술부는 연방장관 이외에 6명의 차관(3명의 정무차관과 3명의 행정차관) 이하 8국으로 조직되어 있으며, 연방상급행정기관인 연방공정거래국(Bundeskartellamt) 등을 산하기관으로 두고 있다. 제1청사는 베를린에, 제2청사는 본에 두고 있다.

㉧ 연방식품농업소비자보호부

(Bundesministerium für Ernährung, Landwirtschaft und Verbraucherschutz)

슈뢰더 정부에서 이 부처의 명칭은 연방소비자보호식품농업부였으나, 2005년 정권 교체 후 현재의 명칭으로 개칭되었다. 연방식품농업소비자보호부의 주요 업무는 식품 안전, 농수산·임업의 발전, 그리고 소비자 보호에 관한 사항으로서, 국민에게 양질의 식료품을 적당한 가격으로 공급한다는 대원칙 아래 다음과 같은 구체적 사항을 주된 임무로 하고 있다.

– 농어민의 소득 향상 및 복지 증진

– 농수산물의 대외 수출 촉진 및 세계 식량 문제 해결

– 자연환경 및 생태계 유지, 동식물 보호

– 경쟁력을 갖춘 농·산·어촌 건설

연방식품농업소비자보호부에는 연방장관을 보좌하는 3명의 차관(정무차관 2명, 행정차관 1명)이 있으며, 산하 6개의 국으로 조직되어 있다. 산하기관으로는 연방최고행정기관인 연방소비자보호식품안전청(Bundesamt für Verbrauchschutz und Lebensmittelsicherheit), 연방농작물품종개량원(Bundessortenamt) 등이 있다. 제1청사는 본에, 제2청사는 베를린에 두고 있다.

㉨ 연방환경자연보호원자력안전부

(Bundesministerium für Umwelt, Natrurschutz und Reaktorsicherheit)

연방환경자연보호원자력안전부는 자연환경 및 생활환경의 보전, 환경오염 방지, 원자력시설 및 핵폐기물 안전관리 등에 관한 업무를 관장하는 부처이다. 연방환경자연보호원자력안전부는 연방장관과 3명의 차관(정무차관

2명, 행정차관 1명) 이하 6개의 국으로 조직되어 있으며, 특히 부처 성격상 전문가로 구성된 다수의 위원회, 자문기관 등을 운영하고 있다. 산하기관인 연방상급행정기관은 다음과 같으며, 2005년 현재 제1청사는 본에, 제2청사를 베를린에 두고 있다.

- 연방환경국(Umweltbundesamt)
- 연방자연보호국(Bundesamt für Naturschutz)
- 연방방사선안전국(Bundesamt für Strahlenschutz)[11)]

㉴ 연방교육연구부(Bundesministerium für Bildung und Forschung)

연방교육연구부는 학교교육, 직업교육, 성인교육 등 교육에 대한 전반적인 사무와 과학의 발전, 연구 지원에 관한 업무를 담당하는 부처로, 구체적인 임무는 다음과 같다.

- 주정부와 협의하에 학교 교육에 관한 종합계획의 수립
- 장학 제도에 관한 법령의 입안 및 조정
- 직업교육의 강화 및 직업교육기관에 대한 감독
- 기초과학에 대한 연구 지원 및 연구기관의 지도와 감독
- 민간기업의 연구기관에 대한 투자 유도
- 환경, 기후, 산림 황폐, 해양 오염, 남극 오염 등 현재 문제시되는 환경 문제에 대한 연구 지원

연방교육연구부는 연방장관 밑에 3명의 차관(정무차관 1명, 행정차관 2명)과 이들을 보좌하는 9국 및 산하기관으로 조직되어 있다. 산하기관으로는 이태리 플로렌스에 주재하는 예술사연구소(Kunsthistorisches Institut in Florenz) 등 여러 연구 및 학술기관이 있다. 제1청사는 본에, 제2청사는 베를린에 있다.

㉵ 연방가족노인여성청소년부(Bundesministerium für Familie, Senioren, Frauen und Jugend)

연방가족노인여성청소년부는 가족, 노인, 여성, 청소년, 그리고 사회복지

---

11) 독일 연방방사선안전국(Bundesamt für Strahlenschutz)은 비단 방사선 안전에 대한 사항뿐만 아니라 오존층 파괴에 따른 자외선 피해 문제, 전자파 문제 등을 관장하는 기관이다.

정책에 대한 정책 수립·집행·평가 등에 책임이 있는 부처이다. 가족정책은 역대 연방정부의 주요 정책 중 하나로 그 중요성이 강조되어 왔으며, 정책의 주요 사항은 결혼, 임신, 출산, 자녀 양육에 관한 사항이다. 여성정책은 여성을 위한 고용 촉진, 양성 평등, 여성에 대한 폭력 방지 등이 중점 사항이다. 노인정책의 주요 사업 분야는 노인들을 위한 주택 공급, 의료 지원이며, 청소년정책은 청소년 교육, 양육지원금, 청소년 범죄 예방 등이 주요 사업 방향이다.

연방가족노인여성청소년부의 임무 중 특이한 점은 공익요원 제도 운영에 대한 사항이다. 독일은 기본법에 양심상의 이유로 군 복무를 원하지 않는 징집 대상자에게 군 대체 복무의 하나인 공익근무(Zivildienst)을 허용하고 있는데, 이 공익근무 제도의 운영에 관한 정책 결정은 연방가족노인여성청소년부 소관 사항이다. 공익근무요원에 대한 직접적인 관리는 연방가족노인여성청소년부의 산하기관인 연방공익근무국(Bundesamt für den Zivildienst)에서 담당하고 있다. 연방가족노인여성청소년부는 연방장관 밑에 3명의 차관(정무차관 2명, 행정차관 1명)과 이들을 보좌하는 5국, 1위원회 및 산하기관으로 조직되어 있다. 연방가족노인여성청소년부의 제1청사는 베를린에, 제2청사는 본에 있으며, 산하기관(연방상급행정기관)으로 '연방청소년 위해(危害) 미디어심사국(Bundesprüfstelle für jugendgefährdende Medien)'과 '연방공익근무국(Bundesamt für den Zivildienst)'을 두고 있다.

㉯ 연방보건부(Bundesministerium für Gesundheit)

이 부처는 이전 슈뢰더 정부시 '연방보건복지부(Bundesministerium für Gesundheit und soziale Sicherheit)'였으나 현 메르켈 정부에 들어와서 복지에 관한 업무를 연방노동복지부에 이관하고 보건에 관한 업무만을 전담하게 되었다. 연방보건부는 국민 보건에 대한 제반 사무를 관장하는 연방부서로서, 보건정책·방역·질병관리에 관한 정책 결정이 주요 업무이다. 연방보건부는 연방장관과 3명의 차관(정무차관 2명, 행정차관 1명) 이하 6개 국으로 조직되어 있다. 이 밖에 연방보건부는 소속기관으로 마약위원회 등 다수의 위원회를 두고 있다. 연방보건부는 본에 제1청사, 베를린에 제2

청사를 두고 있다.

㉮ 연방교통건설도시발전부(Bundesministerium für Verkehr, Bau und Stadtentwicklung)

이 부서의 명칭은 이전 슈뢰더 정부시 '연방교통건설주택부'였으나 현 메르켈 정부에 들어와서 '연방교통건설도시발전부'로 개칭하였다. 연방교통건설도시발전부는 연방의 교통정책을 총괄하는 부서로서, 육상·해상·수상·항공교통에 관한 모든 사무를 담당하고 있다. 또한 국토 인프라계획의 수립 및 이에 따르는 각종 계획의 결정, 도시·도로·주택의 건설에 관한 사무를 관장한다. 특히 연방교통건설도시발전부의 가장 중요한 사무 중 하나는 주택에 관한 사무로서, 주택의 건설과 공급은 물론 주택의 임대차에 관한 사무가 이에 해당한다. 또한 신도시 건설, 역사적 가치가 있는 도시 및 건축물의 보존, 도시 및 주택 건설에 관한 연구 지원이 이 부서의 주요 임무 중 하나이다. 특히 연방교통건설도시발전부는 베를린으로의 수도 이전에 관한 제반 계획의 수립과 그 집행을 담당하였던 부서이다.

연방교통건설도시발전부는 연방장관과 5명의 차관(정무차관 3명, 행정차관 2명) 이하 8개 국으로 조직되어 있다. 제1청사는 베를린에, 제2청사는 본에 소재한다. 연방교통건설도시발전부도 많은 산하기관을 두고 있는데, 대표적인 행정기관은 다음과 같다.

• 연방상급행정기관
– 연방육상국(Kraftfahrt Bundesamt)
– 연방항공국(Lufrfahrt Bundesamt)
– 연방해운국(Bundesamt für Seeschiffahrt Hydrogrphie)
• 연방중급행정기관
– 지방해운국
• 연방하급행정기관
– 지역해운국

㉯ 연방경제협력개발부(Bundesministerium für wirtschaftliche Zusammenarbeit und Entwicklung)

연방경제협력개발부는 원래 세계 여러 개발도상국과의 정치·경제·사회·문화적 교류 및 경제 지원 업무를 담당하는 부처로서 출발하였다. 그러나 현재에는 개발도상국에 대한 지원 및 상호 협력에 대한 사무보다는 세계 인권, 남녀 평등, 평화 문제에 대한 세계적 협력, UN 활동에 대한 지원 등에 더 많은 노력을 기울이고 있다. 이는 통일 이후 강화된 독일의 국제적 위상과 함께 독일의 UN 안보리 상임이사국 진출 의도와 전혀 관계가 없다고는 볼 수 없다.

연방경제협력개발부의 제1청사는 본에, 그리고 제2청사는 베를린에 소재하며, 장관 밑에 2명의 차관(정무차관 1명, 행정차관 1명), 그리고 이들을 보좌하는 3국 및 산하기관으로 조직되어 있다. 주요 산하기관은 다음과 같다.

- 개발추진신용국(Kreditanstalt für Wiederaufbau)
- 독일기술협력사(Deutsche Gesellschaft für Technische Zusammenarbeit GmbH)
- 독일투자·개발사(Deutsche Investitions- und Entwicklungsgesellschaft)
- 국제개발재단(Deutsche Stiftung für internationale Entwicklung)

② 연방상급행정기관(Bundesoberbehörden)

연방상급행정기관은 연방최고행정기관의 산하기관으로서, 연방최고행정기관의 정치적 결정 또는 정책 결정을 좀더 구체화하고 또는 집행하는 기관이라고 할 수 있다. 연방중급 또는 하급행정기관이 일정한 지역에 대해서만 책임을 지고 업무를 수행하는 것에 반하여 연방상급행정기관은 독일 전 지역을 관할지역으로 하고 있다. 연방상급행정기관은 연방최고행정기관의 업무 지시와 감독을 받고 있으며, 동시에 연방중급·하급행정기관에 대한 업무 감독 및 지휘권을 가지고 있다.

연방최고행정기관 중 연방대통령실, 연방수상실, 연방의회와 연방평의회의 사무국, 연방공보처, 연방문화미디어위원회 등은 연방상급행정기관을 산하기관으로 가지고 있지 않은 단독 기관이며, 오직 연방부처만이 연방상급행정기관을 산하기관으로 가지고 있다. 한 예로 연방내무부는 연방상급행정기관인 연방통계국, 연방범죄수사국, 연방헌정질서수호국 등을 산하기관으로 두고 있으며, 연방국방부는 연방병무청을, 연방노동사회부는 연방보험국을 산하기관으로 두고 있다. 2005년 현재 독일의 연방상급행정기관의 수는 약 70개에 달한다.

③ 연방중급행정기관(Bundesmittelbehörden), 연방하급행정기관(Untere Bundesbehörden)

연방중급행정기관과 연방하급행정기관은 연방최고행정기관의 산하기관으로서 연방최고행정기관은 물론 연방상급행정기관의 지휘와 감독을 받는다. 이들 기관은 주로 집행 업무를 담당한다는 점에서 연방상급행정기관과의 차이점은 별로 없으나, 연방상급행정기관은 독일 전국을 업무 관할지역으로 하고 있는 것에 비하여 연방중급행정기관은 독일 일부 지방을, 연방하급행정기관은 특정 도시 또는 소규모 지역만을 담당한다는 점에서 차이가 있다. 예를 들어 연방국방부는 병무행정을 담당하는 기관으로 연방상급행정기관인 연방병무청을, 연방중급행정기관인 지방병무청을, 연방하급행정기관인 지역병무청을 각각 산하기관으로 두고 있는데, 연방병무청은 전국적인 범위의 병무행정을 담당하며, 지방병무청은 독일의 북부, 서부, 동부, 남부 지방 중 특정 지방만을, 지역병무청은 소규모 지역 또는 특정 지방자치단체의 병무행정을 담당한다.

그러나 연방부처라 하더라도 모든 부처가 상급행정기관, 중급행정기관, 하급행정기관의 3단계에 걸쳐 산하기관을 가지고 있는 것은 아니다. 3단계에 걸쳐 산하기관을 가지고 있는 부처는 연방재정부, 연방교통건설주택부, 연방국방부 등 일부 한정된 부처뿐이며, 나머지 대다수 부처는 몇 개의 연방상급행정기관만을 산하기관으로 가지고 있을 뿐이다.

연방재정부는 연방상급, 중급, 하급 모든 단계에 산하기관을 두고 있는데, 연방재정부 산하 연방상급행정기관으로는 연방재정국(Bundesamt für Finanzen)이, 연방중급행정기관으로는 지방재정국(Oberfinanzdirektion)이, 연방하급행정기관으로는 지역관세국(Haupzollämter), 지역관세경찰국(Zollfahndungsämter), 지역연방재산관리국(Bundesvermögensämter) 등이 있다. 연방중급행정기관인 지방재정국은 본부인 연방재정부는 물론 연방상급행정기관인 연방재정국의 지휘와 감독을 받으며, 연방하급행정기관인 지역관세국은 주로 연방중급행정기관인 지방재정국의 지휘와 감독을 받는다.

마찬가지로 연방교통건설주택부 또한 연방상급, 중급, 하급 모든 단계에 산하기관을 두고 있는데, 연방교통부 산하 연방상급행정기관으로는 연방육상국, 연방항공국, 연방해운국이 있으며, 중급연방행정기관으로는 지방해운국이, 연방하급행정기관으로 지역해운국이 있다.

(2) **연방간접행정기관**(Mittelbare Bundesverwaltung)

연방간접행정기관은 공법에 의하여 설립된 독일의 공공기관이라는 점에서 연방직접행정기관과 그 성격을 같이한다. 또한 공공 인력이 근무한다는 점에서도 연방직접행정기관과 차이가 없다. 그러나 연방간접행정기관은 연방 부처의 명령과 지침을 받지 않는 독립된 기관이라는 점에서 연방직접행정기관과 성격을 달리한다. 즉, 연방간접행정기관은 각 연방부처에서 독립하여 기관장 또는 독립적인 이사회의 책임하에 사무를 담당하여, 그 운영성과에 대하여 책임진다는 점에서 연방직접행정기관과 그 성격을 달리한다. 연방간접행정기관은 주로 사회복지, 연구, 연방의 재산관리 등의 분야에 설립되어 있다. 대표적인 연방간접행정기관에는 독일은행(Deutsche Bank), 독일도서관(Deutsche Bibliothek), 연방노동원(Bundesanstalt der Arbeit), 연방사무원보험원(Bundesversicherungsanstalt für Angestellte), 연방광산노동원(Bundesknappschaft) 등이 있다.

2. 주(州)의 행정조직

주 행정조직의 구조는 연방의 행정조직의 구조와 기본적으로 비슷하다. 주의 행정을 담당하는 기관은 크게 주정부와 주행정기관으로 구분할 수 있다. 주정부는 주의 최고 의사결정 기관으로서 주지사와 주의 각 부처 장관(각료)으로 구성되며, 주정부의 결정은 여러 주행정기관에서 좀더 구체적으로 정책화되며, 직접 집행되기도 한다. 주행정기관은 '주직접행정기관'과 '주간접행정기관'으로 구분된다. 그러나 주의 행정조직은 연방의 행정조직과 약간의 다른 점도 있으며, 또한 같은 주라도 약간씩의 차이를 보이고 있다. 그것은 무엇보다도 16개 주의 역사적 배경의 차이, 정치·사회적 여건의 차이, 경제 규모의 차이 등에서 기인한다. 특히 독일 16개 주 가운데 베를린, 브레멘, 함부르크 3개 주는 다른 주와는 달리 시이면서 동시에 주의 성격을 가지고 있기 때문에 행정조직의 구조, 규모, 기능 등에서 다른 주와는 약간의 차이를 보인다. 또한 남부 독일의 전통적 특성을 가지고 있는 바이에른 주의 경우에도 다른 주의 행정조직과는 약간의 차이를 보인다.

1) 주정부(Landesregierung)

독일 각 주는 기본법상 고유의 주권을 가지고 있는 하나의 국가이다. 따라서 각 주는 주정부의 구성과 운영에 대하여 연방의 간섭을 받지 않고 스스로 결정할 수 있는 권한을 가지고 있다. 주정부는 주지사와 각 부처 장관으로 구성된다. 베를린, 브레멘, 함부르크 시의 경우 시장과 각 부처 장관으로 구성된다. 언급한 바와 같이 독일 16개 주정부의 조직 규모 및 형태와 그 운영 방법은 그 지리적·역사적 배경, 사회적 여건이 다른 만큼 다양하다고 할 수 있다. 특히 각 주는 <표 2-5>에서 보는 바와 같이 주정부, 주지사, 그리고 각료의 호칭에서조차 차이를 보이고 있다.

구체적으로 대부분의 주에서는 '주정부(Landesregierung)'라고 표기하지만, 주이면서도 동시에 시인 베를린·브레멘·함부르크 시에서는 정부의 공식 호칭을 '세나트(Senat)'라고 하며, 전통색이 강한 남부 바이에른 주에서는 '국가정부(Staatsregierung)'라고 한다.[12] 주정부의 수장(首長) 호칭도 대부분의 주의 경우 보통 '주지사(Ministerpräsident)'라고 하지만, 베를린·브레멘·함부르크 시의 경우 주지사가 아닌 '시장(Bürgermeister)'이라고 한다. 그러나 이들 시장의 호칭에서도 약간의 차이가 있는데, 베를린 시의 경우 '집권시장(Regierende Bürgermeister)'이라고 하며, 함부르크 시

12) 바이에른 주정부가 주(Land)라는 표기 대신 국가(Staat)라고 표기하고 있는 것은 바이에른 주가 단순히 연방에 속해 있는 주가 아니라 완전한 독립국가임을 강조하기 위함이라고 볼 수 있다. 바이에른 주는 전통적으로 자유 독립국가임을 강조하였으며, 행정 체제의 구조 및 명칭에서도 이러한 점이 잘 드러나 있다.

에서는 '일급시장(Erster Bürgermeister)', 브레멘 시에서는 수식어 없이 그냥 '시장(Bürgermeister)'이라고 한다. 이 밖에 주장관의 호칭도 일반 주의 경우 '주장관(Landesminister)'이라고 하는 데 반하여 베를린 · 브레멘 · 함부르크 시의 장관은 '세나토르(Senator)', 바이에른 주의 장관은 '국무장관(Staatsminister)'이라고 한다.

〈표 2-5〉 독일 주정부의 호칭

주	주정부 호칭	주지사 호칭	장관 호칭
베를린	Senat	Regierende Bürgermeister	Senator
브레멘	Senat	Bürgermeister	Senator
함부르크	Senat	Erster Bürgermeister	Senator
바이에른	Staatsregierung	Ministerpräsident	Staatsminister
기타 12개 주	Landesregierung	Ministerpräsident	Landesminister

각 주의 주지사(또는 시장)는 주의회에서 선출되며, 주 정치 · 행정의 중심 기관으로서 연방수상이 연방 차원에서 가지고 있는 것과 비슷한 권한을 자신의 주에서 행사한다. 예를 들면 주지사는 주의 정책 노선을 결정할 수 있으며, 각료를 임명하며, 주의 경영에 대하여 일차적인 권한과 책임이 있다. 물론 주지사에게는 군 통수권은 물론 연방수상이 갖는 수준의 외교권이 부여되지 않는다. 베를린 · 브레멘 · 함부르크 시를 제외한 일반 주의 장관 역시 주지사가 임명하며, 연방장관과 마찬가지로 주지사의 정책 기본 노선 안에서 자신의 소관 부처 업무를 독자적으로 기획 · 추진하며, 또한 이에 대하여 책임을 진다. 그러나 베를린 · 브레멘 · 함부르크 시의 각료들은 시장이 임명하는 것이 아니라 시 의회에서 선출된다.

베를린 · 브레멘 · 함부르크 시장은 주지사와 마찬가지로 시 의회에서 선출되며, 시의 정치와 행정의 책임자로서 시정(市政)을 이끌어 간다. 그러나 이들 '도시 주'들의 시장은 다른 주의 주지사가 주의 정책 기본 노선을 독자적으로 설정할 수 있는 것과는 달리 시의 정책 노선을 독자적으로 결정할 수 없으며, 각료도 임명할 수 없다. 대신 시장은 시 의회에서 선출된 각료들과 공동으로 시의 주요 정책을 결정할 수 있다. 결국 베를린·브레멘·함부르크 시장의 지위와 권한은 일반 주지사의 그것보다는 약하다고 할 수 있다.

각 주 장관의 수와 정부조직의 규모는 주의 면적, 인구, 사회적 여건 등에 따라 상이하다. 비교적 면적이 크고 인구도 많은 노르트라인-베스트팔렌 주의 경우 장관의 수가 많으며 행정조직도 큰 반면, 브란덴부르크 주같이 작은 주의 경우 장관의 수도 적으며, 행정조직도 작은 편이다. 베를린, 브레멘, 함부르크 시의 정부조직 역시 주의 정부조직과 내용상 큰 차이를 보이지 않고 있으나, 그 규모는 작은 편이다. 독일 주정부의 형태를 조직의 규모가 큰 노르트라인-베스트팔렌 주, 조직의 규모가 비교적 작은 브란덴부르크 주, 그리고 시이면서 주의 성격을 가지고 있는 베를린 시를 예로 들어 본다.

[그림 2-4] 독일 주정부 조직(노르트라인-베스트팔렌 주)

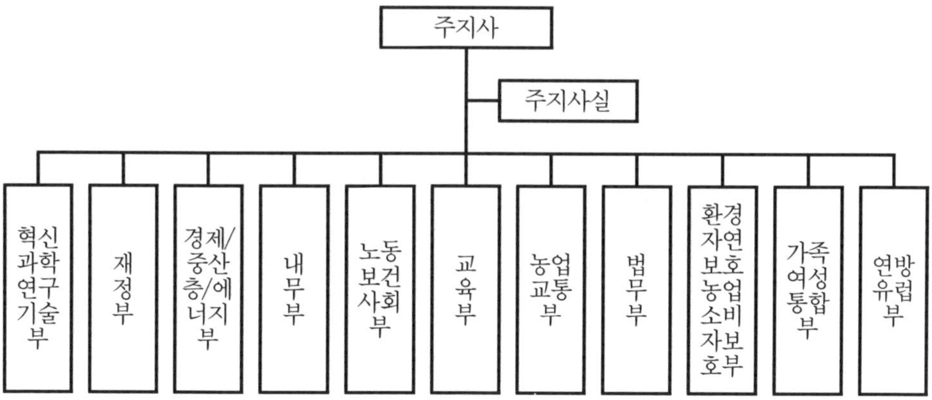

자료: www.nrw.de

[그림 2-5] 독일 주정부 조직(브란덴부르크 주)

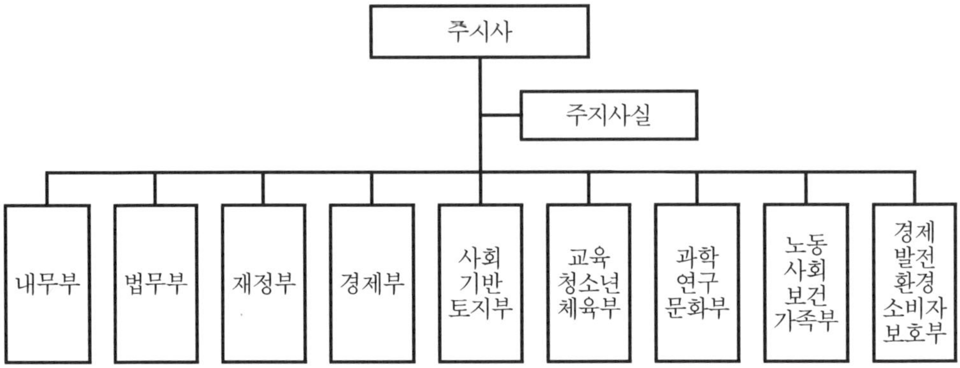

자료: www.brandenburg.de

[그림 2-6] 독일 주정부 조직(베를린 시)

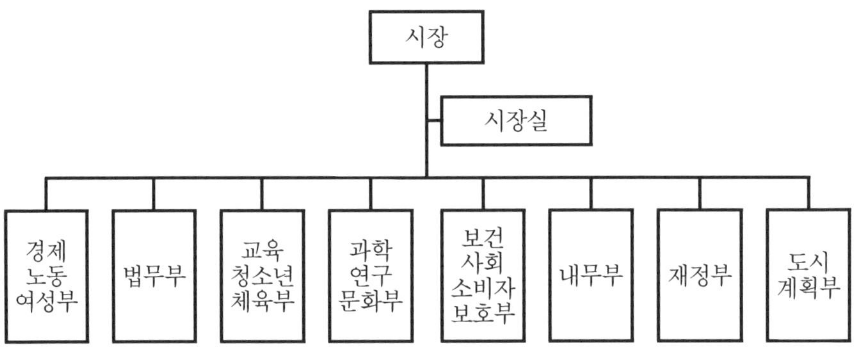

자료: www.berlin.de

2) 주행정기관(Landesverwaltung)

주행정기관이란 주의 각 부처를 포함한 주 소속의 모든 행정기관을 의미한다. 국정 운영에 대한 주정부의 주요 정책 결정은 주행정기관에서 좀더 구체화되고 또 집행되기도 한다. 연방행정기관이 연방직접행정기관과 연방간접행정기관으로 구분되는 것과 같이 주행정기관도 '주직접행정기관(Unmittelbare Landesverwaltung)'과 '주간접행정기관(Mittelbare Landesverwaltung)'으로 구분되는데, 주직접행정기관이란 주 각 부처 및 그 산하기관과 같이 주정부를 중심으로 수직적으로 조직·운영되는 조직을 의미한다. 주직접행정기관은 주의 각 부처를 정점으로 하여 부처의 명령과 지침이 하급기관까지 전달되는 통일된 행정 체제를 유지하고 있다. 주직접행정기관도 연방직접행정기관과 같이 최고행정기관, 상급행정기관, 중급행정기관, 하급행정기관 등 4단계로 구분되어 있다. 그러나 면적이 작은 일부 주(예: 브란덴부르크)의 경우 중급행정기관이 없이 3단계로 조직되는 경우도 있으며, 베를린·브레멘·함부르크 시의 경우 최고행정기관인 세나트(Senat)

[그림 2-7] 독일의 주행정기관

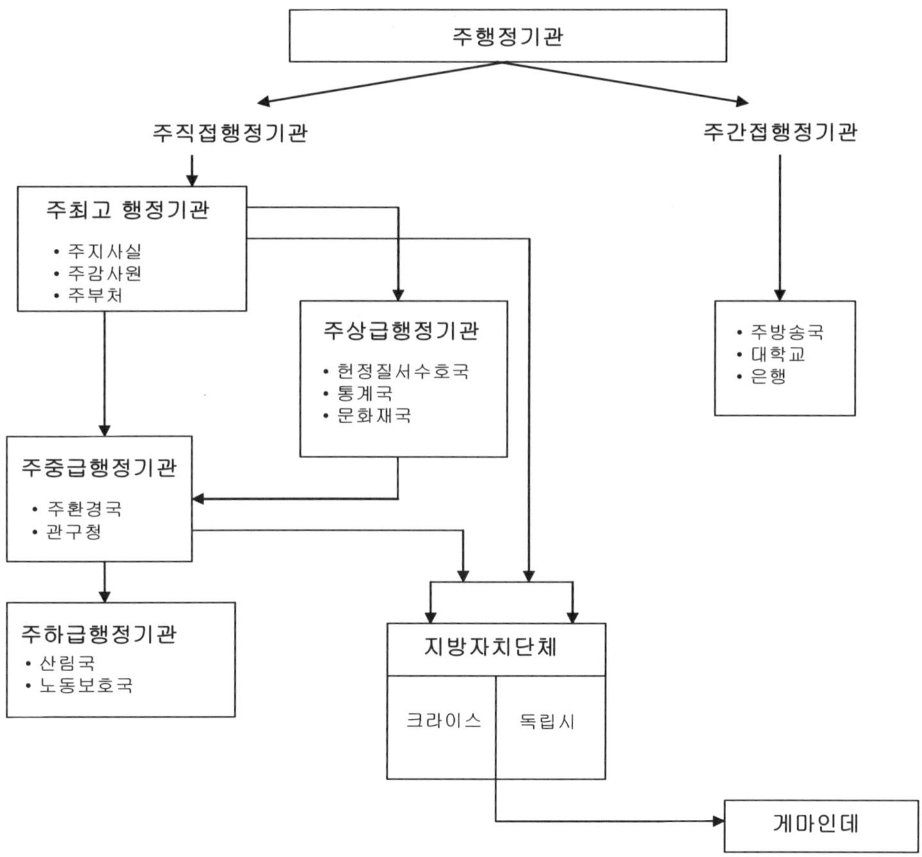

와 중급행정기관인 관구청(Bezirksverwaltung)의 2단계로만 조직되어 있는 경우도 있다.

한편 주간접행정기관은 공법에 의하여 조직되고 운영된다는 점에서 주 직접행정기관과 차이는 없으나, 주 특정 부처의 산하기관이 아니라 법적으로 법인체, 재단 형식을 띠고 있으며, 기관의 독자적인 책임하에 사무를 담당하는 기관이란 점에서 차이가 있다. 대표적인 주간접행정기관으로는 주 소속의 방송국, 대학교, 은행 등이 있다.

(1) 주직접행정기관(Unmittelbare Landesverwaltung)

① 주최고행정기관(Oberste Landesbehörden)

주최고행정기관으로는 주지사 업무를 직접 보좌하는 주지사실을 비롯하여 주감사원, 주의 각 행정 부처가 있다.[13] 주지사실은 주지사를 직접 보좌하고 주의 정치·행정을 총괄하는 행정기관으로서, 주마다 차이는 있으나 보통 주 차관급의 인사가 주지사 비서실장을 겸하면서 조직을 총괄한다.[14] 주감사원은 연방감사원과 마찬가지로 기관 독자적으로 주 소속의 모든 행정기관에 대한 회계감사를 실시하는 기관이다. 주의 각 행정 부처는 주정부의 정책 노선을 정책화하고 또 이들 정책을 집행하는 기관이다. 그러나 연방의 부처가 주로 정책 결정 및 각종 소속기관 또는 산하기관에 대한 감독 업무에 치중한다면, 주의 부처는 주로 정책 집행 업무에 치중한다고 볼 수 있다. 왜냐하면 독일 행정의 제1차적 주체는 주로서, 주는 자체 입법 업무뿐만 아니라 연방에서 제정한 법률의 집행 업무, 연방에서 위임한 업무 등도 집행하기 때문이다.

② 주상급행정기관(Landesoberbehörden)

주상급행정기관은 연방상급행정기관의 특징과 마찬가지로 주최고행정기

13) 이 밖에 주최고행정기관으로는 연방대표부가 있다. 각 주의 연방대표부는 주정부가 주의 이익을 대표하기 위하여 연방에 파견한 기관으로서, 주지사로부터 전권을 위임받는 장관급 또는 차관급 인사가 대표부를 책임지고 있다.

14) 베를린, 브레멘, 함부르크 등에서는 시장을 보좌하는 최고행정기관(시장실)을 'Senatskanzlei'라고 칭하며, 기타 주에서는 주지사를 보좌하는 최고행정기관(주지사실)을 'Staatskanzlei'라고 칭한다.

관의 산하기관으로 해당 사무에 대하여 주의 전 지역을 관할하는 기관이다. 각 주마다 약간의 차이는 있으나 대표적인 주상급행정기관에는 주 소속의 헌정질서수호국, 통계국, 문화재국, 환경국 등이 있다.

③ 주중급행정기관(Landesmittelbehörden), 주하급행정기관(Untere Landesbehörden)

주중급행정기관은 해당 사무에 대하여 주의 일부 지역을 관할하는 기관으로, 대표적으로 관구청과 지방재정국이 있다. 이 중 관구청은 주민들의 행정 편의를 고려하여 만든 주행정부의 지청(支廳)으로서, 주에 따라 다르지만 1개 주에 3~7개의 관구청이 있다. 예를 들어 작센(Sachsen) 주의 경우 라이프치히(Leipzig), 드레스덴(Dresden), 헴니츠(Chemnitz) 등 3개 지역에, 노르트라인-베스트팔렌 주의 경우 뮌스터(Münster), 도르트문트(Dortmund), 뒤셀도르프(Düsseldorf), 쾰른(Köln), 안스베르크(Ansberg) 등 5개 지역에 관구청을 설치하여 주민들에게 행정 편의를 제공하고 있다. 주하급행정기관은 보건, 도로, 재정, 산림, 영업 보호, 학교 교육 감독 등의 사무를 담당하며, 소규모 지역을 업무 관할지역으로 하는 행정기관이다.

3. 행정기관의 내부조직

1) 연방행정기관의 내부조직

독일 연방부처는 직업정치가인 연방장관 밑에 보통 2명 내지 5명의 차관을 두고 있는데, 그 성격상 정무차관(Parlamentarischer Staatssekretär)과 행정차관(Staatssekretär)으로 구분할 수 있다. 정무차관은 보통 연방장관과 같은 정당의 소속 인물로서, 장관을 정치적으로 보좌하며 부처의 내부 행정 업무에는 관여하지 않는다. 정무차관 제도는 1967년 도입된 제도로서 연방정부와 연방의회 간의 의사소통을 원활하게 하고 상호 협조 체제를 구축하기 위하여 만든 제도이다. 정무차관은 현직 연방의회 의원으로서 직업 정치가이며 공무원 신분을 갖지 않는다. 따라서 정무차관의 신분상 지위는 연방의회 의원의 그것과 같다. 정치인이기 때문에 대부분 소속 부처 연방장관과 정치적 생명을 같이하여, 장관이 퇴임할 경우 같이 퇴임하는 것이 일반적이다. 연방수상실과 연방외무부 소속 정무차관을 특별히 국무장관이라고 칭한다.

반면 행정차관은 원칙적으로 직업공무원으로서 국내 정치의 변화 및 정당의 이해와는 관계 없이 부처의 행정 업무를 수행한다. 즉, 행정차관의 임기는 자신의 상관인 장관의 임기와는 관계 없으며, 자신이 속해 있는 부처의 국 이하 모든 조직을 관장하도록 되어 있다. 그러나 행정차관이 원칙적으로 공무원임에도 불구하고, 이들 행정차관도 점차 정치적 변수에 따라 임명되고 퇴임하는 사례가 많아졌다. 정당정치가 정착됨에 따라 정무차관은 물론 행정차관 역시 사실상 정치적 변수에 따라 임명되고 퇴임하는 사례가 많아지고 있는 것이다. 이와같이 정치적 변수에 따라 임명되고 퇴임하는 공무원을 '정무직 공무원(poltitischer Beamte)'이라고 하는데, 정무직 공무원으로는 연방의 행정차관 이외에 연방부처에서 국장직을 수행하는 관리관(Ministerialdirektor)이 있다.[15] 이 밖에 독일정보국, 연방범죄수사국, 연방헌정질서수호국 같은 정보기관의 기관장 등도 정무직 공무원에 해당된다. 정무직 공무원에게는 평생 고용의 원칙이 적용되지 않는다.

각 부처는 약간의 예외를 제외하고 공통적인 조직구조를 갖는데, 대체로 장・차관(행정차관) 밑에 국(Abteilung)[16]-부국(Unterabteilung)-과(Referat)

---

15) 독일 연방정부 행정차관(Staatssekretäre)과 관리관(Ministerialdirektor) 등을 '정무직 공무원'이라고 하는데, 정무직 공무원이란 법적으로는 공무원에 속하여 공무원의 의무와 권리를 가지고 있지만, 예외적으로 정치적 중립성을 인정하지 않고 정치적으로 임명 또는 퇴임하는 공무원을 의미한다. 다시 말해서 이들은 보통 집권당의 정치적 의도에 따라 임명되며, 그 정치적 생명과 함께 퇴진하는 것이 보통이다. 따라서 독일 공무원법에서 명시하고 있는 평생고용의 원칙은 이들에게 적용되지 않는다. 선출되지 않고 임명된다는 점에서 '선거직 공무원'하고 차별된다. 독일 공무원의 신분에 대해서는 제4장 '인사행정 제도'에서 자세히 다룬다.

16) 독일 연방부처의 조직편제를 한국어로 번역할 때 'Abteilung'을 실(室)로 번역할 것인가, 아니면 국(局)으로 번역할 것인가가 문제가 된다. 필자는 Abteilung이 각 부처의 최상급 조직으로서 특정 업무 영역을 가지고 있다는 점에서 한국의 국과 그 기능이 비슷하다고 판단하여 국으로 번역하였다. 그러나 독일 연방부처의 Abteilung은 한국 중앙정부의 국보다는 대부분 그 규모가 큰 편이고, 책임자(Abteilungschef)의 직급 역시 연방차관을 제외한 연방공무원 최고의 직급인 관리관(Ministerialdirektor)으로서 한국의 중앙

순으로 조직되어 있다. 물론 과 단위 이하로도 다단계의 조직이 수직적으로 구성되어 있다. 독일 연방행정기관의 조직은 전통적 관료제의 특징인 계서화(階序化)의 원칙에 따라 조직되어 있음을 알 수 있다. 즉, 상급조직은 하급조직의 업무를 감독하고 지시할 권한을 가지며, 하부 조직은 상부 조직의 지시에 따라야 하는 체계이다.

물론 일부 부처에서는 긴급한 현안 문제를 담당하는 위원회, 팀 같은 조직을 별도로 조직하기도 한다. 특히 1990년대 이후 독일 연방부처의 조직이 경직되었다는 많은 비판이 제기되면서 각 부처는 기존의 조직에서 벗어나 팀, 테스크 포스, 위원회 같은 특별 조직을 설치·운영하고 있다. 이들 조직은 전통적인 독일 행정조직과는 달리 수직적 체계에 따라 조직되어 있지 않으면서 대신 장관 직속에 소속되어 여러 부처와 상호 협력을 추구하면서 업무를 수행한다. 그러나 독일의 경우 강력한 행정개혁을 추진한 바 있는 영국 또는 뉴질랜드 등과는 달리 파격적인 조직 운영은 지양하고 있다. 독일은 전통적으로 계층적·수직적 행정조직을 운영하여 왔으며, 관료들도 이러한 형태의 행정조직에 익숙해져 있기 때문이다. 국민들 또한 기존 조직에 대하여 커다란 불만을 제기하지 않고 있으며, 팀제의 도입은 오히려 기존 조직과의 마찰을 야기할 뿐만 아니라 행정의 효율성도 떨어뜨리고 있다는 주장도 제기된다.

독일 연방부처의 국(Abteilung)은 한국 중앙정부의 국과 거의 비슷한 기능을 담당하는 조직으로 포괄적 사무 영역을 가지고 있는데, 책임자의 직급은 보통 관리관(Ministerialdirektor)이다. 차관을 제외하고 독일 공무원 중 최상급 직급인 관리관에게도 차관과 마찬가지로 정치적 중립의 원칙이 적용되지 않아 정치적 변수에 따라 임명되고 또한 퇴임하는 경우도 많이 발생한다. 연방정부 관리관급 국장을 비롯하여, 부국장 등의 직위에 있는 인사들은 독일 공무원 직급 체계에서 '최고급직'에 속하며, 그 사회적 지위도 높은 편이다.

부처 국장 직급인 이사관보다는 상위 직급으로 인정되고 있다.

[그림 2-8] 독일 연방부처의 내부조직

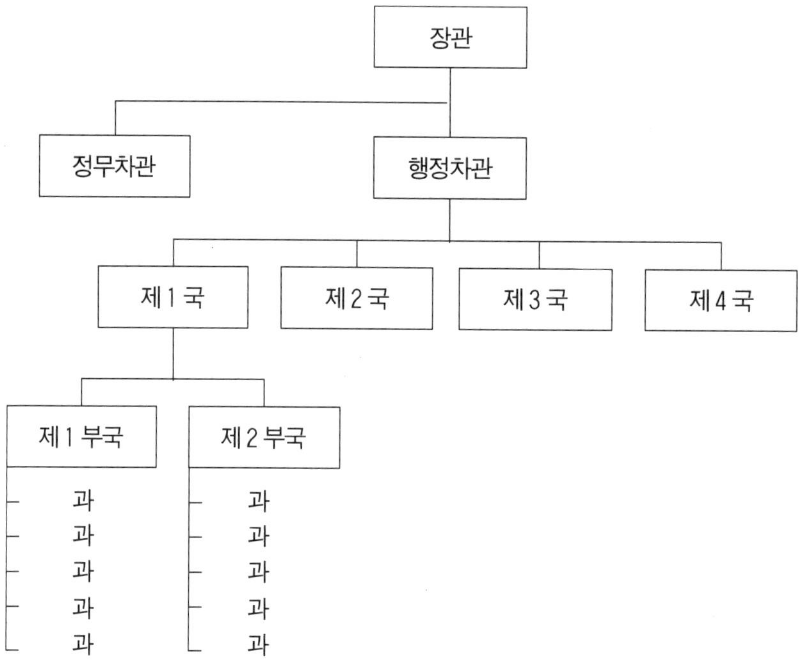

연방부처의 국은 보통 2~3개의 부국(Unterabteilung)이 합해져 조직되는데, 이 부국은 국의 업무를 분할한 것에 불과하며 실제 모든 사무는 과(Referat)에서 이루어진다. 즉, 국 단위에서는 주요 사안에 대한 결정과 예산에 대한 문제만 결정되는 반면 구체적인 법률안 준비 및 정책 입안과 집행은 모두 과 단위에서 이루어진다. 비교적 큰 부처인 연방내무부 같은 경우 과의 수는 약 100개 정도이다.

연방부처 이외에 기타 연방행정기관의 조직 내부의 형태도 연방부처와 큰 차이가 없다. 즉, 연방행정기관의 기관장을 정점으로 국-부국-과 순으로 조직되어 있으며, 조직의 업무 추진 방식도 연방부처와 차이가 없다. 기관장의 명령과 지시는 각 국을 중심으로 하여 국장-부국장-과장 순으로 전달되며, 업무 수행의 결과도 역순으로 기관장에 보고된다. 그러나 이들 각급 행정기관 간부의 직급은 연방부처 간부의 직급과는 동일하지 않다. 예를 들어 연방부처 산하 연방상급행정기관의 기관장은 연방부처의 국장 직급인 관리관 또는 그 이하의 직급자가 임명되는 것이 보통이다.

2) 주행정기관의 내부조직

주 각 부처 조직 내부의 형태는 연방부처와 비슷한데, 장·차관 이하 보통 6~12개의 국으로 구성되어 있으며, 필요에 따라 특별 팀 또는 위원회가 설치되어 있다. 연방부처와의 차이점은 연방의 경우 각 부처마다 행정차관 이외에 1~3명의 정무차관을 두고 있는 것에 반하여 주의 경우 부처에 정무차관을 두고 있지 않다는 점이다. 대신 연방부처 정무차관이 담당하는 업무, 즉 행정부와 의회(Landtag)와의 연락 및 협조 체제 구축 사무를 위하여 차관급보다 낮은 직위(보통 과장급)의 연락관을 두고 있다. 이 밖에 연방의 경우 각 국의 국장은 보통 한국의 관리관급에 해당하는 직급의 인사가 임명되는데 반하여, 주에서는 이보다 4~5단계 낮은 직급의 인사가 임명되는 것이 보통이다.

지금까지의 내용을 종합하면 독일 연방행정기관 및 주행정기관은 전형적인 대륙계 행정조직 형태로서, 계층화·세분화·전문화의 원칙하에 조직되어 있다 하겠다. 각 부처의 수장인 장관의 명령 또는 지시는 행정차관을 통하여 국-부국-과 순으로 전해지며, 또한 산하 연방행정기관에 전해진다. 각 부처 산하 행정기관 또한 부처의 조직과 동일한 조직 체계를 갖추고 있다. 또한 독일의 행정기관은 그 운영 과정에서 합법성, 책임성, 전문성의 원칙이 무엇보다도 강조되고 있다. 반대로 조직 내부의 협조 체제, 조직의 탄력성 등에 대해서는 상대적으로 취약성을 보이고 있다. 한편 1990년대 이후 연방정부는 행정개혁의 하나로 탄력적인 조직 체제의 구축, 관료주의 완화 등을 적극 추진하고 있지만 미국 또는 영국 등 영미계 국가들에 비하여 그 성과는 미비한 실정이다.

제 3 절 연방부처의 분할(본 · 베를린)

독일 행정기관의 또 하나의 조직적 특징은 연방부처가 본과 베를린에 분할되어 있다는 점이다. 다시 말해 베를린이 독일의 연방 수도임에도 불구하고 연방부처의 모든 조직이 베를린 한 곳에 있는 것이 아니라 베를린과 본에 분할되어 있으며, 행정 기능 또한 본과 베를린에서 분할되어 있다는 것이다. 연방부처 분할의 배경, 현황, 문제점 등에 대해 알아보기로 한다.

1. 분할의 배경

독일 연방부처의 분할은 통일과 직접적인 관계가 있다. 독일은 통일을 계기로 본(Bonn) 시에서 베를린(Berlin) 시로의 연방수도 이전, 즉 천도(遷都)를 단행하였다. 독일 연방의회는 1991년 6월 20일 총 662명의 연방의원 중 660명이 출석한 마라톤 회의와 표결 끝에 의회와 행정부의 베를린 이전을 확정하였던 것이다.17)

베를린으로의 천도는 의회 결정으로 종결되었지만 모든 것이 해결된 것은 아니었다. 특히 연방수도의 지위를 박탈당한 본과 본 시민을 위하여 무엇을 하여야 할 것인가가 더욱더 긴급한 문제로 제기되었다. 본은 1990년 당시 인구 30만의 작은 행정수도로서, 수도의 이전 결정은 도시의 공동화(空洞化)와 도시 경제의 몰락을 의미하였기 때문이다. 연방의회는 이 문제를 적극적으로 풀어 나갔다. 우선 본에 대한 적극적인 재정 지원을 통하여

---

17) 1991년 6월 20일에 있었던 연방수도 이전에 대한 연방의회의 토론과 표결은 독일 정치사에 기록될 만한 사건으로, 연방의회는 평소의 표결과는 다르게 파격적인 방법을 채택하였다. 표결에 앞서 전국에 생중계로 10여 시간의 TV 토론이 벌어져 무려 109명에 달하는 의원들이 자신의 소신을 피력하였으며, 의견을 피력하지 못한 의원들 다수는 문서로 자신들의 의사를 공식적으로 밝혔다. 각 정당들도 특별히 이 안건에 대해서는 당론을 정하지 않고 의원 각 개인의 소신에 따라 투표할 것을 결정하였다. 투표 결과는 수도 이전 찬성 338표, 반대 320표, 기권 1표, 무효 1표였다.

본을 연방 과학·학문 중심도시, 국제협력 중심도시로 탈바꿈시킨다는 계획을 수립하였다. 또한 '베를린·본법'[18]을 제정하여 수도의 지위를 박탈당한 본에게 '연방도시(Bundesstadt)'라는 독특한 지위를 부여하였다. 연방부처의 조직과 기능을 베를린과 본으로 분할하도록 하여, 본을 베를린과 함께 독일의 정치·행정의 중심적 역할을 계속해서 수행할 수 있도록 한 것이다.

결국 연방부처의 조직과 기능을 본과 베를린으로 분할한다는 계획은 무엇보다도 본에 대한 보상 차원에서 시작되었다고 볼 수 있다. 그러나 다른 한편으로는 연방주의에 입각한 국토의 균형 발전이라는 독일 정치·행정 체제의 원칙을 따른 것이라고 볼 수 있다. 즉, 정부의 모든 기능을 연방수도이자 대도시인 베를린으로 이전하기보다는 소도시인 본에 잔류시켜 국토의 균형 발전을 도모한다는 전략도 있었던 것이다. 연방의회의 이러한 결

〈표 2-6〉 독일 연방부처의 분할 현황(1994년)

베를린 이전 부처	본 잔류 부처
• 연방외무부	• 연방교육·과학·연구·기술부
• 연방내무부	• 연방우정통신부
• 연방법무부	• 연방환경자연보호원자력안전부
• 연방재정부	• 연방보건부
• 연방경제부	• 연방식품농업산림부
• 연방노동사회부	• 연방경제협력부
• 연방가족노인여성청소년부	• 연방국방부
• 연방교통부	
• 연방건설도시계획부	
• 연방수상실	
• 공보처(차관급)	

자료: Weidenfeld & Korte, 1996: 47의 재구성.

18) 베를린·본법은 독일 수도 이전에 관한 기본법이라 할 수 있는데, 정식 명칭은 '독일 통일의 완성을 위한 1991년 6월 20일 연방의회 결정의 실천에 관한 법률'이다. 이 법은 정부에서 구성한 작업단이 작업한 결과를 기초로 하고 있으며, 여러 차례의 내각 회의를 걸쳐 최종적으로 1994년 1월 연방의회에 법안으로 상정되었으며 동년 3월에 통과되었다. 베를린·본법은 총 10조로 구성되었으며, 그 주요 내용은 정부 기능의 베를린·본 분할 원칙과 후속 조치, 본에 대한 예우와 보상 방안 등이다.

의에 따라 정부 작업단에서는 연방부처를 약 600km 떨어진 두 도시에 어떻게 분할할 것인가를 검토하였는데, 결국 1994년 제정된 베를린·본법에서는 <표 2-6>와 같이 구분하기로 명시하였다.

연방부처의 분할 계획을 분석해 보면, 연방수상실을 비롯해서 외무, 내부, 재무 등 국가 중추 행정기관은 연방수도인 베를린으로 이전하도록 하였다. 반면 과학, 교육, 학술, 복지, 식품 등을 담당하는 기관은 본에 잔류하도록 하였다. 국가의 중추 영역을 담당하는 부처를 연방수도로 이전하고 대신 과학과 기술 발전, 그리고 경제 발전에 관련된 부처를 본에 잔류시킨다는 연방정부의 결정은 천도의 취지에도 부합될 뿐만 아니라, 본을 학술과 과학의 도시로 계속 발전시킨다는 연방의회의 결정과도 부합되는 것이라 하겠다.

연방부처의 조직과 기능의 베를린·본 분할은 본에 대한 보상과 국토의 균형 발전 전략 차원에서 긍정적인 면도 없지 않으나, 그 실행 단계에서 많은 문제점을 내포하고 있었다. 특히 부처의 분산으로 인한 정책 조정의 어려움은 물론 조직 내부 협조 체제의 구축, 그리고 사무 결재의 어려움 등 많은 문제가 예견되었다. 연방정부도 이러한 문제의 심각성을 인정하고 모든 부처는 본부(제1청사)가 소재하지 않은 다른 도시에 제2청사를 설치하고, 제2청사에 1명의 차관이 근무하여 독자적인 업무 체제를 갖추도록 하였다. 다시 말해서 본에 잔류하고 있는 부처는 베를린에 제2청사를, 베를린으로 이전한 부처는 본에 2청사를 두어 일부 업무를 분담해서 수행하도록 하였다.

2. 분할의 현황

현재 독일 연방부처 분할 현황은 1998년 정권의 교체와 그 후에 있었던 행정개혁의 결과로 전체 연방부처의 수가 조금 축소되면서 이전과는 다소 차이를 보이고 있다. 그러나 <표 2-7>에서 보는 바와 같이 분할의 기본 방향, 즉 국가 중추 행정기관은 베를린에 제1청사를 두고 있으며, 과학 기술, 교육, 복지에 관한 부처는 본에 제1청사를 두고 있다는 점에서 예전에 비하여 크게 변하지 않았다고 볼 수 있다.

〈표 2-7〉 독일 연방부처의 분할 현황(2005년 5월 현재)

베를린에 제1청사, 본에 제2청사를 두고 있는 부처	본에 제1청사, 베를린에 제2청사를 두고 있는 부처
• 연방외무부 • 연방내무부 • 연방법무부 • 연방재정부 • 연방경제노동부 • 연방가족노인여성청소년부 • 연방건설주택부	• 연방국방부 • 연방소비자보호식품농업부 • 연방환경자연보호원자력안전부 • 연방교육연구부 • 연방보건복지부 • 연방경제협력개발부

자료, www.Bundesregierung.de

3. 부처 기능의 분할

지금까지의 분석은 주로 연방정부의 분할 현황을 거시적으로만 분석한 것이다. 다시 말해서 어느 부처가 베를린에 제1청사를 두고 있으며, 어느 부처가 본에 제1청사를 두고 있는가에 초점을 두었다고 볼 수 있다. 그러나 정작 궁금한 것은 각 부처의 기능이 내부적으로 베를린과 본으로 어떻게 분할되어 있으며, 기능의 분할에 따른 업무의 수행 방법, 그리고 이에 따른 문제점과 대처 방안 등이다.

독일 연방부처 내부 기능의 베를린·본 분할 현황은 각 부처마다 다르기 때문에 일률적으로 말하기 어렵다. 모든 연방부처는 부처에 주어진 업무의 특징과 정치적 상황에 따라 분할의 방법을 달리하였기 때문이다. 그러나 일정한 공동적 특징을 보이기도 하는데, 우선 베를린에 제1청사를 두고 본에 제2청사를 두고 있는 부처는 부처의 기능 중 대부분을 베를린에서 수행하며 기능의 일부분(부처 기능의 약 20~30%)만을 본에서 수행하도록 하고 있다. 특히 부처의 기능 중 기술 개발 분야, 연구 및 연구 지원 기능, 복지 기능과 같이 독립해서 수행하여도 큰 무리가 없는 기능은 우선적으로 본에서 수행하고 있다.

반면 본에 제1청사를 두고 베를린에 제2청사를 두고 있는 부처의 경우 부처의 기능 중 장관을 보좌하는 기능, 부처와 의회 및 내각과의 관계를 담당하는 기능, 공보 및 홍보 기능 등은 베를린에서 담당하며, 나머지 대부분의 기능은 본에서 담당하고 있다. 정부 기능 분할 현황을 몇 개 부처의 예를 들어 좀더 자세히 분석하여 보면 다음과 같다.

1) 메르켈 정부 연방내무부의 예

연방내무부는 국가 치안과 안전, 민방위, 헌법 질서 수호, 행정조직과 인사 제도, 지방자치단체 지원 그리고 체육에 관한 업무를 담당하는 기관으로서 대표적인 국가 중추 행정기관에 속한다. 이런 이유로 해서 연방내무부는 1990년 초 연방부처 분할 결정 당시 베를린으로의 이전 대상으로 선정되었으며, 현재에도 제1청사를 베를린에, 제2청사를 본에 두고 있는 연방부처이다.

연방내무부는 연방장관과 연방차관(5명) 이하 10개 국, 87개 과로 조직된 비교적 큰 부처이다. 연방내무부의 기능 분할 현황을 살펴보면 기능 중 대부분은 베를린에서 담당하고 있으며(60개 과), 본에서 전적으로 담당하고 있는 기능은 체육에 관한 기능과 독일 이주 외국인의 보호 및 지원에 관한 일부 기능뿐이다(14개 과). 그러나 일부 기능은 본과 베를린에서 동시에 담당하고 있는데, 이들 기능은 내무부 조직 및 소속 공무원의 인사에 관한 사항, 연방내무부 정보화 사업에 관한 사항, 정치교육, 행정개혁에 관한 기능이다(13개 과). 다시 말해서 전체 87개 과(課) 중에서 대부분의 기능은 베를린에서 수행하며 본에서 수행하고 있는 기능은 체육 기능과 독일 이주 외국인 보호 및 지원 기능, 그리고 내무부 조직 및 소속 공무원의 인사에 관한 사항, 연방내무부 정보화 사업에 관한 사항, 정치교육, 행정개혁에 관한 일부 기능이다.

2) 슈뢰더 정부 연방보건복지부의 예

연방보건복지부는 국민 보건 및 복지 증진에 대한 사무를 담당하는 부처로서 본에 제1청사를, 베를린에 제2청사를 두고 있었으며, 연방장관과 연방

차관(3명) 밑에 8국, 120과로 조직되어 있었다. 이 120개의 과 기능 중에서 거의 모든 기능은 제1청사가 있는 본에서 담당하였으며, 해당 조직은 약 96개 과였다. 반면 제2청사인 베를린에서 수행하였던 업무는 의회 및 내각과 관련된 업무, 공보 및 홍보 업무, 출판 업무 등 주로 정치와 관련이 있는 업무이며, 담당 조직은 24개 과에 불과하였다. 2005년 말 정권 교체 후 사회복지에 관한 사무를 '연방노동사회부'에 이관하여 현재에는 복지에 관한 사무만을 담당하고 있다. 조직도 6개 국으로 축소되었다.

4. 연방부처 분할과 인력

연방부처 분할에 따른 인력의 이전 및 재배치에 앞서 연방정부는 가능하면 베를린으로 이전하여야 하는 인력의 수를 최소화한다는 원칙을 정하였다. 즉, 베를린으로 이전하여야 하는 부처라 할지라도 부처의 모든 인력을 보내지 않고 가능하면 많은 인력을 본에 잔류시킨다는 원칙을 정한 것이다. 구체적으로 연방부처 전 인력의 2/3 이상은 본에 잔류하여야 한다는 원칙을 세웠으며, 베를린에 제2청사를 두는 부처는 전체 인력의 약 10% 정도만 베를린으로 보내야 한다는 원칙을 세웠다. 1992년 5월 정부 작업단인 '베를린·본 작업단'이 보고한 자료에 따르면, 베를린으로 이전하여야 하는 연방부처 인력은 연방부처 소속 인력의 약 34%로 약 7,260명이었다.19)

그러나 이 후 베를린으로의 수도 이전이 본격화되고 베를린을 중심으로 하는 연방 정치·행정 체제가 정착되면서 베를린에 제2청사를 두고 있는 경우 부처 인력의 10%는 너무 적다는 주장이 제기되면서 베를린 청사로의 인력이 증가되었다. 2005년 현재 본과 베를린의 정부 인력 분할은 각 부처의 사정에 따라 다르기 때문에 일률적으로 말하기는 어렵지만 대체로 제1

19) 1991년 12월 제출된 베를린·본 작업단의 보고서 내용 중 연방정부(의회 관련 인력 제외) 인력의 이전 내용을 요약하면 다음과 같다.

연방정부 인력(명)	베를린 이전 인력(명)	본 잔류 인력(명)	본 잔류율(%)
21,193	7,260	13,933	65.7%

자료: 신행정수도건설추진기획단·신행정수도건설추진지원단, 2003: 221의 재구성.

청사에 부처 인력의 약 80% 정도가 근무하며, 제2청사에 약 20%가 근무하고 있다.[20]

정부 인력의 베를린 이전에 따른 문제점 중 무엇보다도 심각하였던 것은 인력 선발에 관한 문제였다. 정부는 처음에 강제적인 '발령'이 아닌 '자원'의 원칙을 정하여 베를린으로 이전을 희망하는 인력에 한해서만 전출시킨다고 밝혔지만, 이미 본에 주택, 가족, 친구 등 삶의 터전이 있는 대부분의 공직자들은 베를린으로의 이전에 부정적인 태도를 취하였다. 따라서 독일 정부는 베를린 전출을 희망하는 자에 대해서는 이사 비용의 지원, 가족과의 별거 수당 지불, 주말 가족과 친지 방문에 따른 비용의 보존 등 여러 유인책을 제시하였다.[21] 그러나 이러한 방안에도 불구하고 베를린 이전을 희망하는 공직자는 그리 많지 않았다. 따라서 베를린 이전 부처는 인력 선발에 많은 어려움을 겪을 수밖에 없었으며, 따라서 대다수의 부처는 '자원' 방식을 포기하고 '차출'의 방식을 선택하였다. 특히 베를린 이전 부처 중에서도 부처 인력의 약 80%에 달하는 다수의 인력을 보내야 하는 가족노인여성청소년부, 교통부[22] 등은 불가피하게 베를린으로 이전할 인력을 차출할 수밖에 없었고, 이 과정에서 공직자의 불만이 표출되기도 하였다(Derlin, 1995: 159).

5. 연방부처 분할에 따른 문제점 및 연방정부의 대처 방안

연방정부 조직과 기능의 분할 결정과 함께 향후 나타날 여러 난제들이

---

20) 예를 들어 본에 제1청사를 두고 있는 연방식품농업소비자보호부의 경우 본에 인력의 85%, 베를린에 약 15%가 근무하고 있으며, 연방경제협력개발부의 경우 본에 인력의 80%, 베를린에 20%가 근무하고 있다. 그러나 베를린에 제1청사를 두고 있는 연방경제기술부의 경우 베를린에 약 60%, 제2청사인 본에 인력의 40%가 근무하고 있다.

21) 연방정부의 베를린·본 분할에 따라 많은 공직자들이 본과 베를린을 왕복하여 근무할 수밖에 없었는데, 이에는 상당한 예산 지출이 따랐다. 한 예로 2003년도 본과 베를린을 왕복한 이른바 셔틀 비행기의 비행 횟수는 약 5,500회에 달하였으며, 이에 따른 예산(1년)도 320만 유로에 달하였다(Pitschas, 2003: 48).

22) 가족노인여성청소년부 또는 교통부와는 달리 건설부는 전체 인력의 약 30%만이 베를린으로 이전하게 되어 있었다. 따라서 이 부처는 대부분의 인력을 지원자로 충당할 수 있었다(Pitschas, 2003: 46).

제기되었는데, 그들 중 가장 큰 문제점은 역시 정책 결정 및 집행 과정에서 오는 부처 내부 협조 체제 구축의 어려움, 즉 조직 내부 의사 소통의 문제 등이었다. 그뿐만 아니라 부처와 의회 및 부처 상호간의 의사 소통에도 많은 문제점이 나타날 것으로 예견되었다. 따라서 독일 정부는 이러한 문제들을 해결하기 위한 방안으로 무엇보다는 전자정부 구축에 관심을 가졌다. 독일 정부는 DETECON, GMD, KU 등 독일의 저명한 IT 기업으로 하여금 베를린과 본을 연결하는 전자통신망(일명 Online-Bridge)을 구축하게 하였으며, 이에 따른 행정개혁도 적극적으로 추진하였다(Pitschas, 2003: 49). 특히 연방정부에서 가장 염두에 두고 추진하였던 것은 화상회의 등 최첨단 전자통신망을 이용한 본과 베를린의 연결이었다.

정부조직과 기능의 분할을 시도한 지도 상당한 시간이 경과한 현재 그 동안 시행착오와 함께 업무 수행 방식도 어느 정도 익숙해지고 있다고 해도 과언은 아니다. 그러나 아직도 정부조직의 운영에서 적지 않은 문제점이 나타나고 있어 이로 인한 비판의 소리는 끊임없이 제기되고 있다. 특히 조직간 업무 협조의 문제점, 공무원들의 베를린-본의 왕복에 따른 예산 낭비 등은 언론에 자주 오르는 문제점이다. 이 밖에 본에 제1청사가 있는 부처임에도 불구하고 해당 장관은 항시 베를린에 상주하여야 하기 때문에 본에 있는 부처는 자연히 조직 분위기가 위축된다는 비판도 제기되고 있다.

제 3 장

지방자치 제도(Kommunaler Selbstverwaltung)

제 1 절 독일 지방자치 제도의 발전 과정

독일의 지방자치 제도는 프러시아의 행정가이자 개혁가인 슈타인(F. v. Stein)의 도시개혁에서부터 출발한다. 슈타인은 1808년 그 동안 중앙정부의 영향과 간섭하에 있던 프러시아의 도시들을 대상으로 개혁을 단행하였는데, 그 주요 내용은 다음과 같다.

- 도시에 대한 재정 독립권 부여: 중앙정부는 각 도시에 대한 조세징수권을 포기하여 향후 각 도시는 중앙에 세금을 납부하지 않는다. 대신 중앙정부도 도시에 대한 재정적 지원을 중단하며, 각 도시는 재정 문제를 스스로 책임진다. 도시에 있는 중앙의 조세 관련 행정기관도 폐쇄한다.
- 도시에 대한 정치 · 행정적 자유권 부여: 중앙정부는 중앙집권주의를 포기하며, 모든 도시에 대한 감독과 감시를 최소화하고 경찰권 행사도 철회한다. 대신 각 도시의 시민(Bürger)[1)]은 투표를 통하여 시민대표

1) 그러나 이 시기 '시민'이란 도시의 모든 거주자를 의미하는 것이 아니라, 소수의 남성 부

기관을 구성하며, 이 시민대표기관에서 도시의 제반 문제를 해결한다.[2)]

- 도시 시민에 대한 경제적 자율권 부여: 도시의 모든 시민은 자신이 원하는 생업에 종사할 수 있다.

결국 슈타인이 위와 같은 내용의 도시개혁을 통하여 의도했던 것은 중앙으로부터 정치·행정적으로는 물론 재정적으로 독립한 자치단체(Gemeinde)를 만드는 것이었다. 즉, 도시의 시민들이 스스로 원하는 생업에 종사하면서, 세금을 납부하여 그들 도시의 여러 문제들을 스스로 해결하도록 하는 것이었다.

슈타인의 도시개혁 배경에는 일차적으로 당시 유럽에 팽배해 있던 계몽주의 사상과 1789년에 있었던 프랑스 혁명이 있었다. 계몽주의 사상과 프랑스 혁명으로 인하여 프러시아 도시의 시민들은 점차 더 많은 자유와 독립을 갈망하게 되었으며, 중앙정부는 이를 무조건 거부할 수 없었던 것이다. 그러나 슈타인의 개혁에 직접적인 영향을 준 사건은 프랑스와의 전쟁 패배였다. 1806년 프랑스와의 전쟁에서 패배한 프러시아는 심각한 경제 문제에 직면하게 되었다. 전쟁으로 인하여 농토는 황폐화되었으며, 산업시설 대부분은 파괴되었다. 게다가 전쟁에서 패배한 프러시아는 프랑스에게 많은 전쟁 배상금을 지불해야 하였기 때문에 상당한 재정적 압박을 받아야만 하였다. 한편 이러한 상황에도 불구하고 지방의 도시들은 중앙에 대하여 재정적 지원을 요구하였는데, 지방의 도시에 대한 재정적 지원은 당시의 상황에서 거의 불가능한 것이었다.

따라서 프러시아 정부의 정치가이며 행정가였던 슈타인은 도시개혁, 즉 지방자치 제도의 도입을 통하여 중앙의 어려운 재정 상황을 조금이나마 개

르주아 계급만을 의미하였다, 즉, 시민이란 "도시에 거주하면서 일정 규모의 토지를 소유한 남성"만을 의미하였다. 또한 시민이란 일정액의 조세를 납부한 자에 한하였다. 따라서 여성과 남성이면서 토지를 소유하지 못한 자, 조세를 납부하지 않는 자는 시민의 개념에서 제외되었던 것이다.

2) 따라서 이 시기 투표권을 가진 자는 도시 거주자의 극히 일부분에 불과하였다, 예를 들어 당시 베를린에서 투표권을 가진 시민은 도시 전체 거주자의 4%에 불과하였다는 사실이 이러한 주장을 뒷받침한다(Roth & Wollmann, 1993: 4).

선하고, 나아가 계몽사상의 영향으로 점차 중앙정부에 대하여 자유를 요구하고 있던 시민계급의 요구에도 부응하려고 하였던 것이다. 결국 슈타인의 개혁은 도시와 시민계급에 자유와 독자권을 주기 위한 자발적인 개혁이라기보다는 당시 유럽과 독일의 정치·경제적 상황에 따른 비자발적 개혁이라고 보아야 할 것이다. 그럼에도 불구하고 슈타인의 이와 같은 개혁은 프러시아는 물론 독일의 다른 국가에서도 지방자치 제도를 실시하는 결과를 낳았던 것이다. 슈타인의 개혁은 프러시아뿐만 아니라 독일의 다른 국가에서도 앞다투어 받아들여졌으며, 결국 독일의 모든 국가에서 비슷한 내용의 지방자치 제도를 실시하게 되었다.

독일 지방자치 제도는 1871년 비스마르크(Otto von Bismarck)에 의한 제국 통일 이후 더욱 발전하게 되었다. 특히 이 시기 산업화에 따른 도시 인구의 급격한 증가로 인하여 지방자치 제도는 더욱 발전하였다. 급속도로 전개되는 산업화와 도시화로 인하여 각 지방자치단체(도시)는 전기, 교통, 수로(水路), 하수도 등 도시 주요 기간시설의 건설 및 확충에 대하여 행정력을 집중하였으며, 이 밖에 사회복지, 지방 고유문화의 보존 등에 대해서도 관심을 가졌다. 현재 독일 지방자치단체의 고유사무라고 할 수 있는 도시계획, 전기, 교통, 하수도, 수로 등에 관련된 사무는 이 때부터 시작된 사무라 하겠다. 또한 지방문화 보존에 대한 사무, 사회복지에 대한 사무 또한 이 때부터 지방자치단체에 부여된 사무라고 할 수 있다.

19세기 말 독일 지방자치 제도의 특징 중 하나는 정당들이 지방 정치·행정의 주역으로 등장하기 시작하였다는 사실이다. 독일의 정당 제도는 19세기 중엽부터 시작되었는데, 19세기 말 이전까지만 해도 정당들은 주로 중앙의 정치 무대에서만 활동하였다. 대신 지방자치단체의 행정은 특정 정당의 소속 인물이 아닌 무소속 시민 중에서 선출된 자가 담당하였다. 당시만 해도 지방 차원에서는 정당정치가 행하여지지 않았다. 그런데 19세기 말로 들어오면서 점차 정당들이 지방의 정치·행정에 대해서도 관심을 가지기 시작하였고, 지방선거도 당연히 정당 간의 경쟁 양상을 띠게 되었다. 독일 지방행정의 특징 중 하나인 정당 중심의 지방행정은 이 때부터 시작되었던 것이다.

바이마르 공화국(1918~1933)의 시기는 기본적으로 민주주의 제도가 정착된 시기였다. 따라서 독일의 지방자치 제도 또한 한 단계 높게 발전할 수 있었던 시기였다. 실제 바이마르 공화국 초기 많은 지방자치단체들은 실업수당 제도 등 본격적인 사회보장 제도를 도입하였으며, 시민들을 위하여 도서관, 공원, 체육시설 등을 건설·운영하는 등 현재의 지방자치단체와 거의 동일한 기능을 담당하였다. 그러나 바이마르 공화국 중기(中期)에 들어서면서 보수와 진보, 자본주의와 사회주의의 갈등 등 사회적·이념적 갈등이 나날이 심각하여졌으며 경제 공황까지 겹치게 되어 독일의 지방자치 제도 역시 더 이상 발전할 수 없게 되었다. 오히려 지방자치단체 간 또는 지방자치단체 내부 갈등이 심각하여졌으며, 경제 공황의 영향으로 지방행정이 거의 마비 상태에 이르렀다.

히틀러가 집권했던 1933년부터 1945년까지는 독일 지방자치 제도의 암흑기라고 말할 수 있다. 집권 직후 히틀러는 지방자지 체도를 전면 폐지하였으며, 지방의 모든 행정은 자신의 친위 조직인 '독일노동전선(Deutsche Arbeitsfront)' 등으로 하여금 담당하게 하였다. 지방정치가와 행정가 또한 기존의 본래의 기능보다는 전쟁 준비에 치중하였다.

1945년 제2차 세계대전 종전(終戰)과 함께 지방자치 제도가 부활되었다. 미국, 영국, 프랑스 등 서방 연합국이 점령하였던 지역에서는 물론 소련이 점령하였던 독일 동부 지역에서도 지방자치 제도가 부활되었다. 특히 이 시기 미국, 영국, 프랑스 등 서방 연합국들이 점령하였던 지역에서는 점령국의 영향을 받아 미국 점령지역에서는 남독일 의회제도(Süddeutsche Ratsverfassung), 영국 점령지역에서는 행정참사회 제도(Magistratsverfassung), 프랑스 점령지역에서는 자치단체장 제도(Bürgermeisterverfassung) 등 다양한 지방자치 제도가 형성되었으며, 이들 지방자치 제도는 서독 정부 수립 이후에도 독일 지방자치 제도의 특징의 하나로 발전하게 되었다.

그러나 동독 지역에서는 동독 정부 수립 이후 지방자치 제도가 전면 폐지되었다. 사회주의의 일반적 원칙인 소위 '민주주의 중앙집권주의' 원칙을 강조하였던 동독 정부는 1950년 초 동독 지방자치단체의 재정 주권을 박탈하는 새로운 법률을 제정함으로써 사실상 지방자치 제도를 폐지하였다. 이에 따라 동독의 게마인데(Gemeinde), 크라이스(Landkreis) 등은 더 이상 자치단체가 아니었으며, 대신 중앙의 일선 행정구역으로의 기능만을 수행하였다.

1990년에 있었던 동서독 통일은 독일 국토의 통일일 뿐만 아니라, 동독 지역 지방자치 제도 부활의 계기이기도 하였다. 통일을 앞두고 동독 인민회의는 동독 지역에서의 연방주와 지방자치 제도 부활을 결정하였으며, 이 연방주와 지방자치단체가 서독에 통합되었기 때문이다. 통일 후 다수의 구동독 지방자치단체들은 구서독 지방자치단체들과 자매 결연을 체결하였으며, 이후 파트너 지방자치단체의 지원을 받아 통합 행정 체제를 구축하였다. 현재 독일의 지방자치단체들은 심각한 재정적자 속에 지속적인 행정개혁을 추진하고 있으며, 개혁의 성과도 연방과 주에 비하여 비교적 큰 편이다.

제 2 절 지방자치 제도의 법적 토대

독일 지방자치 제도의 법적 토대는 우선 기본법에서 찾을 수 있다. 기본법 제28조 제1항은 "… 크라이스와 게마인데는 보통, 자유, 비밀, 직접선거에 의하여 선출된 주민대표로 구성된 의회를 구성하여야 한다"라고 규정하고 또한 제28조 제2항에서는 "게마인데에게는 법의 테두리 안에서 지역의 모든 사무를 스스로의 책임하에 처리할 수 있는 권한을 부여한다 … 지방자치 제도의 보장은 재정주권(Finanzhoheit)의 부여도 포함한다"라고 규정하고 있다. 이렇듯 독일 기본법은 지방자치 제도를 보장하고 있으며, 이는 곧 지방자치단체에게 다음과 같은 다섯 가지 권한을 부여하고 있음을 의미한다.

- 인사권: 공직자를 독자적으로 선발하고, 고용하며 또는 해임할 수 있는 권한
- 조직권: 행정조직을 독자적으로 구축할 수 있는 권한
- 입법권: 의회에서 조례를 제정할 수 있는 권한

– 재정권: 예산을 독자적으로 책정하고 집행할 수 있는 권한

– 조세권: 조세를 징수할 수 있는 권한

독일 기본법은 지방자치단체에 위에서 언급한 상당한 권한을 부여하고 있지만, 이는 어디까지나 기본적인 토대만을 의미하는 것이며, 구체적으로는 다음과 같은 점에서 그 권한이 어느 정도 제한된다.

첫째, 독일의 지방자치단체는 연방 또는 주와 같이 고유 국가 권력(Staatsgewalt)을 가지고 있는 것이 아니라, 법률상 주의 관할지역에 있다는 점이다. 즉 연방과 주는 고유의 입법, 사법, 행정권을 가지고 있다. 그러나 독일의 지방자치단체는 주의 관할 범위 안에 있는 행정 단위이다. 따라서 지방자치단체의 행정행위는 주, 나아가 연방에 의하여 어쩔 수 없이 제한되고 간섭받기 마련이다. 지방자치단체는 특정한 사무를 집행할 때 주로부터 감독을 받으며, 때에 따라서는 구체적 이행 방법에 대해서도 지시를 받기도 한다. 물론 이 과정에서 지방자치단체는 연방 또는 주로부터 특정 행정조직의 설치, 공공 인력의 배치와 이용을 지시 또는 의뢰받을 수 있다. 이는 지방자치단체의 인사권과 조직권이 제한될 수 있다는 것을 의미한다.

둘째, 지방자치단체의 입법권이 제한된다는 점이다. 주민대표기관인 지방의회는 연방의회 또는 주의회와 같은 독자적 법률제정권을 보유하고 있는 것이 아니라 단지 조례제정권만을 가지고 있다. 또한 지방자치단체의 권한과 의무를 규정하는 많은 법률들이 지방자치단체의 의지와는 관계 없이 연방과 주의 의회에서 제정되기 때문에 지방자치단체의 권한은 절대적일 수 없다. 한 예를 들어 보면 자치단체장의 권한, 선출 방법 또는 지방행정조직의 형태 등은 해당 지방의회에서 규정하는 것이 아니라, 주의회에서 제정된 지방자치법에서 규정하고 있다.

셋째, 지방자치단체의 재정에는 한계가 있다는 점이다. 지방자치단체는 주민들을 대상으로 조세를 징수할 수 있는 권한이 있다. 그러나 이 조세는 토지세(Grundsteuer)와 영업세(Gewerbesteuer), 그리고 그 액수가 극히 미비한 견세(犬稅), 경마세(競馬稅), 유흥세(遊興稅) 등에 한정된다. 조세 이외에 지방자치단체의 자체 수입원으로는 각종 공공시설의 사용료, 수수료, 분담금 등을 들 수 있으나, 대부분의 지방자치단체에서는 이들 자체 수

입원만으로는 재정을 충당할 수 없다. 따라서 대부분의 지방자치단체에서는 주(또는 연방)로부터 재정지원을 받을 수밖에 없는데, 이 때 지방자치단체는 재정 지출에 대하여도 연방 또는 주로부터 간섭과 지시를 받지 않을 수 없다. 지방자치단체의 재정권이 사실상 제한되는 것이다.

결론적으로 독일의 지방자치 제도는 오랜 전통과 함께 기본법에 그 법적 토대가 명시되어 있다. 그러나 지방자치단체의 권한은 어느 정도 제한되고 있다. 구체적으로 연방과 주, 특히 주는 지방자치단체의 행정행위에 대하여 감독할 수 있는 권한을 가지고 있으며, 특정 사무에 대해서는 그 구체적 이행 방법에 대하여 지시할 수도 있다. 그렇다고 해서 독일의 지방자치 제도의 의미가 퇴색되는 것은 아니며, 지방자치단체가 단순히 연방 또는 주의 행정집행기관의 성격에 머물러 있다는 것을 의미하는 것은 아니다. 오히려 독일의 지방자치단체는 연방 또는 주, 그리고 지방자치단체 상호간의 연계를 통하여 스스로 해결하지 못하는 문제를 적극적으로 해결하고 있으며, 이를 통하여 지방자치 제도가 더욱 발전되고 있다고 보아야 할 것이다.

제 3 절 지방자치단체의 종류

독일 지방자치단체의 종류에는 기본적으로 기초자치단체인 게마인데와 광역자치단체인 독립시와 크라이스가 있다.

1. 게마인데

게마인데(Gemeinde)란 일차적으로 기초자치단체를 총칭하는 개념이다. 게마인데는 기초자치단체로서 주민들의 생활과 직접 관계가 있는 사무, 예를 들어 학교, 병원, 복지, 환경, 교통 기타 전기, 상하수도 등의 사무를 담당하고 있으며, 주민들에게 직접 조세권을 행사한다. 게마인데의 종류에는 규모가 작은 시(市, kreisangehörige Stadt)가 있으며, 한국의 군(郡)과 같이 농촌 지역 게마인데도 있다. 이들 모두를 게마인데라고 칭한다.

게마인데의 규모는 일률적으로 말하기는 어렵다. 인구 수백 명의 작은 게마인데도 있는가 하면 인구 20만 명에 가까운 비교적 큰 게마인데도 있기 때문이다. 통일 직후에는 인구가 적은 게마인데가 주로 많았으나, 이후 행정개혁의 일환으로 인구가 적은 게마인데의 통폐합을 추진하였기 때문에 결과적으로 현재 독일 전체 게마인데의 수는 점차 줄어드는 추세이다.[3] 각 주마다 게마인데의 규모도 달라 어떤 주의 경우 주로 규모가 큰 게마인데로 구성되어 있는가 하면 한편 어떤 주는 주로 작은 게마인데로 이루어져 있기도 하다. 한 예로 노르트라인-베스트팔렌 주의 인구는 약 1천 880만 명으로 독일에서 인구가 가장 많은 주인데도 불구하고 게마인데 수는 약 396개에 불과하다. 노르트라인-베스트팔렌 주에 있는 게마인데 평균 인구는 약 4만 5천 명으로 비교적 큰 게마인데로 이루어져 있음을 알 수 있다.[4] 반면 라인란트-팔츠 주의 경우 전체 인구가 약 400만 명에 불과한 작은 주임에도 불구하고, 게마인데의 수는 2,306개나 되어 주에 있는 대부분의 게마인데가 작은 규모(평균 1,734명)라는 것을 알 수 있다(Kost & Wehling, 2003: 15).

게마인데는 기본적으로 시 또는 군의 기초자치단체를 의미하지만, 다른 한편으로는 독일의 모든 지방자치단체를 총칭하는 대표 개념으로 사용되기도 한다. 다시 말해서 게마인데란 광역자치단체인 독립시 또는 크라이스까지도 포함하는 독일 지방자치단체의 대표적 개념이다. 나아가 베를린, 함부르크, 브레멘 등 주의 성격을 가지고 있는 도시도 일종의 지방자치단체이기 때문에 게마인데라고 칭하기도 한다.

3) 한 예로 2001년에는 전국에 13,416개의 게마인데가 있었으나, 2005년 현재 독일의 게마인데 수는 12,477개로 줄어들었다.

4) 노르트라인-베스트팔렌 주의 경우도 1970년대에는 게마인데 수가 전부 2,347개로 그만큼 인구가 적은 게마인데가 많았었다. 그러나 계속해서 게마인데의 통폐합을 추구한 결과 현재 게마인데의 수가 크게 줄어들었다(Bogumil & Jann, 2005: 81).

2. (란트)크라이스

크라이스(Landkreis)는 주의 관할지역에 있는 광역자치단체이다. 크라이스는 한국의 도(道) 단위 광역자치단체와 비슷한 기능을 하는 지방자치단체로서, 관할지역에 여러 개의 게마인데를 두고 이들 게마인데의 사무를 지원하고, 광역행정 체제를 구축하는 기능을 수행한다. 병원, 학교, 지역 교통망, 상수도 시설의 건설 등 게마인데가 단독으로 추진하기 어려운 대형 사무를 지원하고, 감독하는 기능을 담당한다. 이 밖에 크라이스는 관할지역에 있는 게마인데의 경제·사회·문화 발전을 지원하고 후원하는 기능을 수행한다. 크라이스는 게마인데와는 달리 주민들에 대한 조세(영업세, 토지세) 징수권을 행사할 수 없으며, 대신 각종 공공시설 사용료, 수수료, 분담금 또는 주 또는 연방으로부터의 지원으로 재정을 충당한다.

3. 독립시

게마인데가 광역자치단체인 크라이스로부터 사무 지원 및 감독을 받는 지방자치단체라면, 독립시(kreisfreie Stadt)[5]란 크라이스로부터 독립된 중·대도시를 의미한다. 독립시의 규모는 주마다 다르나[6] 보통 인구 20만 명 이상의 도시를 독립시라고 한다. 따라서 뮌헨, 프랑크푸르트, 쾰른, 라이프치히 등 독일 유명 도시들은 모두 독립시라고 할 수 있다. 독립시는 게마인데보다 인구도 많고 행정 규모도 커서 한국의 광역시와 비슷한 성격을

---

5) 'kreisfreie Stadt'를 문자 그대로 번역하면 '크라이스 독립시'이다. 즉, 지역적으로는 크라이스 관할 범위 안에 있지만 행정적으로 크라이스로부터 독립되어 있는 시라는 의미이다. 즉, 크라이스에 속하지 않은 독립된 지방자치단체이다. 필자는 편의상 '독립시'라고만 표기한다.

6) 인구가 비교적 많은 구서독 대부분의 주의 경우 인구 20만 명 이상의 도시를 독립시로 규정한 데 반하여, 인구가 비교적 적은 구동독 주들의 경우 독립시의 인구 기준을 조금 낮게 책정하고 있다. 예를 들어 구동독 브란덴부르크 주의 경우 인구 18만 명 이상의 도시를 독립시로 규정하고 있다.

가지고 있다고 할 수 있다. 그러나 한국의 광역시보다는 대부분 그 규모가 작은 편이며, 한국의 광역시가 관할지역에 구(區) 단위의 여러 기초자치단체들을 두고 있는 것과는 달리 독일의 독립시는 관할지역에 기초자치단체를 두고 있지 않다.

독립시는 게마인데보다 인구가 많기 때문에 재정적으로도 비교적 안정되었다고 볼 수 있다. 또한 크라이스의 감독과 지시를 받지 않기 때문에 게마인데보다는 훨씬 독립적인 행정을 펼 수 있다. 다만 독립시도 게마인데는 물론 크라이스 등 다른 지방자치단체와 마찬가지로 때에 따라 주로부터 사무 감독은 물론 행정적 지원도 받는다.

〈표 3-1〉 독일 지방자치단체의 종류

명 칭	성 격(한국과 비교)	수(2005년 현재)
크라이스(Landkreis)	광역자치단체(道)	323개
독립시(kreisfreie Stadt)	광역자치단체(광역시). 보통 인구 20만 명 이상의 광역시	117개
게마인데(Gemeinde)	기초자치단체 (市, 보통 인구 20만 명 이하)	12,477개
	기초자치단체(郡, Gemeinde)	

자료: www.bund.de/nn_7266/content/

4. 관 구

독일의 지방자치단체를 설명할 때 빠뜨릴 수 없는 행정 단위의 하나가 바로 관구(官區, Bezirk)이다. 관구란 원칙적으로 지방자치단체가 아닌 주의 일선 행정구역이다. 독일 대부분의 주정부는 행정 서비스 제공을 위하여 주를 3~7개 구역으로 분할해서 그 지역의 중심 도시에 각각 관구청(官區廳)을 설치하여 주 행정을 담당하게 하고 있는데, 이 구역이 바로 관구이다. 따라서 이 관구는 광역자치단체인 크라이스보다 그 관할지역이 넓은 편이다. 그런데 이 관구가 독일의 지방자치 제도에서 가지는 중요한 의미는 마치 광역자치단체와 같이 관할지역에 있는 지방자치단체를 지원하고 있다는 점이다. 예를 들어 노르트라인-베스트팔렌 주의 경우 주를 다음과 같이 5개 지역, 작센 주의 경우 3개 지역의 관구로 구분하여 주 사무를 담당하게 하는 한편 그 지역에 있는 지방자치단체(크라이스 및 게마인데)를 지원하는 사무를 담당하게 하고 있다.

〈표 3-2〉 독일의 관구 현황(예: 바이에른, 노르트라인-베스트팔렌, 작센 주)

주	관구 수	관구청 소재지
바이에른	7	Ansbach, Landshut, München, Bayreuth, Regensburg, Ansburg, Würzburg
노르트라인-베스트팔렌	5	Münster, Dortmund, Düsseldorf, Köln, Ansberg
작센	3	Leipzig, Chemniz, Dresden

특히 독일 남부 바이에른 주의 경우 이 관구의 성격이 다른 주와는 조금 차이가 있는데, 단순히 주의 일선 행정구역에 머물지 않고 지방자치단체의 성격을 부여받고 있기도 하다. 즉, 바이에른 주에서는 관구도 지방자치단체와 같은 법적 지위 및 기능을 부여받고 있는 것이다. 결과적으로 바이에른 주의 지방자치단체 종류에는 게마인데, 크라이스, 독립시 이외에 관구가 포함되는 셈이다. 따라서 바이에른 주 지방자치단체 분류는 다른 주와는 조금 달리 다음과 같이 4단계로 구분된다고 하겠다.

〈표 3-3〉 독일 바이에른 주 지방자치단체의 종류

명 칭	성 격
관구(Bezirk)	광역자치단체
크라이스(Landkreis)	광역자치단체
독립시(kreisfreie Stadt)	광역자치단체
게마인데(Gemeinde)	기초자치단체

제 4 절 지방자치단체의 사무

1. 법적 근거

이미 언급한 바와 같이 기본법 제28조 제2항에서는 “게마인데에게는 법의 테두리 안에서 지역의 모든 사무를 스스로의 책임하에 처리할 수 있는 권한을 부여한다”라고 명시하고 있다. 기본법에서 명시하고 있는 ‘지역의 모든 사무’란 지역 주민의 공동 및 개인 생활에 필요한 모든 사무를 의미한다. 그러나 지방자치단체의 사무는 고정되어 있는 것이 아니라 시대와 지방 환경 변화에 따라 그 종류와 그 성격도 변할 수 있다. 즉, 지금까지 지방자치단체의 사무에 속하지 않았던 것도 시간의 변화에 따라 새로운 사무의 형태로 나타날 수 있는 것이다.

2. 지방자치단체 사무 구분

1) 사무 성격에 따른 분류

지방자치단체가 수행하는 사무는 기본적으로 주민들의 생활과 밀접한 관계가 있는 사무로서, 특별히 우선순위를 정할 수는 없지만 다음과 같은 범주로 구분할 수 있다.

- 기술 지원에 대한 사무: 상하수도 시설, 전기 시설, 가스 시설, 공공교통 시설, 쓰레기 처리시설, 가로등 시설, 도축장 시설 등 주민 기초생활에 필요한 각종 시설의 설치 및 운영에 대한 사무
- 교육 및 문화생활에 관한 사무: 초・중・고 각급 학교의 건설 및 운영, 성인교육 지원, 도서관, 박물관, 극장 등 문화시설의 건설과 운영에 대한 사무
- 사회복지에 관한 사업: 유치원, 양로원, 고아원, 병원 등 각종 사회복

지 시설의 건립과 운영에 관한 사무, 기초생활 대상자 또는 실업자 지원에 대한 사무, 청소년 보호 및 육성에 관한 사무, 체육시설의 건립 및 운영에 관한 사무

– 공공 건설에 관한 사무: 지방도로 건설, 도시계획 및 주택 건설에 관한 사무
– 사회 질서 및 제 규정에 관한 사무: 치안 유지, 주민등록, 소방 및 민방위에 관한 사무

2) 사무 주체에 따른 분류

위에서 언급한 사무들은 비록 모두 지방자치단체에서 관장하지만, 그 사무의 실질적 주체를 따라 분류하면 위임사무와 고유사무로 구분할 수 있다.

(1) 위임사무(Auftragsangelegenheit)

위임사무란 연방 또는 주에서 제정된 법률의 집행사무로서, 지방자치단체가 연방 또는 주로부터 위임받은 사무이다. 독일 기본법 제 83조에서는 "지방자치단체는 연방과 주의 하급 행정단위로서 연방과 주의 사무 일부를 위임받아 집행한다"라고 명시하고 있다. 지방자치단체가 이들 사무를 집행할 경우 사무 감독권과 지시권 등 실제 권한은 모두 연방 또는 주에게 있기 때문에 지방자치단체에게는 실제 아무런 권한이 주어지지 않으며, 오직 연방과 주의 지시에 따라 집행할 뿐이다. 위임사무의 예로는 선거에 관한 사무, 병무행정에 관한 사무, 여권 및 주민등록에 관한 사무, 관세행정에 관한 사무, 국경에 관한 사무 등이 있다.

(2) 고유사무(Selbstverwaltungsangelegenheit)

고유사무란 원칙적으로 지방자치단체 자체에서 책임을 지고 수행하는 사무인데, 이는 다시 자발적 사무와 의무사무로 구분된다.

① 자발적 사무(freiwillige Aufgabe)

자발적 사무란 지방자치단체가 계획에서 집행까지 전적으로 책임지고 독자적으로 수행하는 사무이다. 연방과 주는 이 사무의 이행 여부 및 집행

과 관련해서 어떠한 간섭도 할 수 없다. 이들 사무에 대하여 지방자치단체는 그 이행 여부를 독단적으로 결정할 수 있으며, 그 이행 방법에 대해서도 독단적으로 결정할 수 있다는 것이다. 예를 들면 지방자치단체가 그 지역에 박물관, 주차장, 수영장 등을 건설하고 운영할 경우, 우선 건설 여부를 독단적으로 결정할 수 있으며, 건설할 경우 그 수와 건설 면적과 모양, 그리고 운영 방법 등도 전적으로 지방자치단체가 결정하고 책임진다. 지방자치단체 자발적 사업으로는 박물관·수영장·극장·도서관 등 각종 시설의 건설과 운영에 관한 사무, 각종 사회단체에 대한 지원, 다른 도시와의 자매결연 체결 등이 있다.

② 의무사무(Pflichtaufgabe)

한편 지방자치단체의 고유사무임에도 불구하고 지방자치단체가 의무적으로 수행하여야 하는 사업이 있는데, 이 사무를 의무사업이라 한다. 이 사무의 수행시 연방 또는 주는 지방자치단체 사무 이행에 대한 구체적 지시권을 갖는다. 예를 들어 소득이 낮은 자에게 자치단체에서는 '거주비보조금(Wohngeld)'을 지급하고 있는데, 지방자치단체는 이 사무를 거부할 수 없으며, 거주비보조금 지급 대상자의 선정과 지급 기간 등도 지방자치단체가 마음대로 정할 수 없으며 주에서 제정한 기준에 따라 시행하고 있다. 위임사무와 같이 연방 또는 주에서 감독권 또는 지시권을 갖는다는 점에서 언급한 위임사무와 큰 차이점이 없다. 주요 의무사업으로는 지방자치단체 도로 건설 및 유지에 관한 사무, 유치원 건설과 운영에 관한 사무, 도시계획에 관한 사무 등 사회복지에 관한 사무, 성인교육에 관한 사무, 주택 건설

〈표 3-4〉 독일 지방자치단체의 사무 형태(주체에 따른 분류)

사무 명칭		특 징
위임사무		연방, 주로부터의 사무 위임(연방 또는 주의 감독권, 지시권 인정)
고유사무	자발적 사무	지방자치단체 독자적 사무 이행(연방 또는 주의 감독권, 지시권 없음)
	의무사무	지방자치단체의 의무사무(연방 또는 주의 감독권, 지시권 인정)

에 관한 사무, 쓰레기・하수도 시설 설치 및 운영에 관한 사무 등이 있다.[7]

제 5 절 지방자치 제도의 형태

1. 전통적 형태

독일 연방 각 주는 역사적・사회적 배경에 따라 각기 여러 형태의 지방자치 제도를 운영하여 왔다. 통일 이전 서독에서는 <표 3-5>에서 보는 바와 같이 4개의 지방자치 제도 형태가 존재하였다.[8]

〈표 3-5〉 독일 전통적 지방자치 제도의 형태(1949~1990년)

지방자치 제도	시행 주
남독일 의회 제도 (Süddeutsche Ratsverfassung)	바이에른, 바덴-뷔르템베르크 주의 지방자치단체
자치단체장 제도 (Bürgermeisterverfassung)	라인란트-팔츠 주와 자를란트 주의 모든 지방자치단체, 슐레스비히-홀슈타인 주의 군(郡) 단위(Gemeinde) 지방자치단체
행정참사회 제도 (Magistratsverfassung)	헤센 주의 모든 지방자치단체, 슐레스비히-홀슈타인 주의 도시(독립시 포함) 지방자치단체
북독일 의회 제도 (Norddeutsche Ratsverfassung)	니더작센 주와 노르트라인-베스트팔렌 주의 모든 지방자치단체

7) 이러한 구분에도 불구하고 의무사업과 위임사무에 대한 구분 기준이 극히 모호한데, 이 점을 독일 학계에서서도 대부분 인정하고 있다.

8) 정부 수립 후 서독에서 4개의 지방자치법이 나타나게 된 주된 배경은 전후 독일을 분할 점령하였던 연합국의 영향력이다. 예를 들어 남부 독일은 주로 미국에 의하여 점령당했는데, 남독일 의회 제도는 사실상 직접민주주의를 추구하는 미국의 정치 제도와 유사하며, 니더작센 주와 노르트라인-베스트팔렌 주에서 시행되었던 북독일 의회 제도는 이 지역을 점령하였던 영국의 영향을 받은 제도라 할 수 있다.

1) 남독일 의회 제도(Süddeutsche Ratsverfassung)

'남독일 의회 제도'는 원래 독일 남부 바이에른, 바덴-뷔르템베르크 주에 있는 지방자치단체에서 채택·시행하였던 제도로서, 가장 큰 특징은 자치단체장의 권한이 크다는 점이다. 바이에른, 바덴-뷔르템베르크 주에 있는 지방자치단체의 단체장은 다음과 같은 권한을 가지고 있다.

- (지방)행정부의 수장(首長)
- 지방의회의 의장 겸 의회 내 모든 위원회의 위원장(투표권 있음)
- 지방자치단체를 대내외적으로 대표

게다가 남독일 의회 제도하에서 자치단체장은 의회에서 간접 선출되는 것이 아니라 주민들의 직접선거를 통하여 선출되었다. 따라서 그에게는 주민들로부터 직접 선출되었다는 상징적 권한 또한 부여되고 있다. 이와 같은 남독일 의회 제도는 현재에도 변함없이 유지되고 있다. 게다가 그 동안 다른 모든 주에서도 남독일 의회 제도를 모델로 해서 개혁을 추진하여, 현재 독일 일부 주를 제외하고는 거의 모든 주의 지방자치단체에서 이 제도를 채택·시행하고 있다.

2) 자치단체장 제도(Bürgermeisterverfassung)

현재 '자치단체장 제도'를 시행하고 있는 지방자치단체는 한 곳도 없다. 이 제도는 원래 라인란트-팔츠, 자를란트 주 관할지역 지방자치단체 그리고 슐레스비히-홀슈타인 주의 일부 지방자치단체에서[9] 채택·시행하였으며, 내용상 남독일 의회 제도와 기본적으로 큰 차이가 없었다. 즉, 자치단체장 제도하에서 자치단체장은 지방행정의 수장이었으며, 지방의회의 의장 그리고 지방의회 모든 위원회의 위원장으로서 중요한 정책 결정을 할 때 강한 영향력을 행사할 수 있었다. 또한 자치단체장은 지방자치단체를 대내외적으로 대표하였다. 단지 남독일 의회 제도와의 차이점은 자치단체장이 주민 직선에 의하여 선출되지 않고 대신 지방의회에서 선출되었다는 점이

9) 슐레스비히-홀슈타인 주의 경우 군 단위 농촌 게마인데만 자치단체장 제도를 채택·시행하였으며, 그 밖의 지방자치단체의 경우 행정참사회 제도를 채택하였다.

다. 따라서 자치단체장 제도하의 자치단체장의 위상과 권한은 법률적으로는 남독일 지치단체장의 그것과 비슷하였지만 정치적으로는 동일하였다고 볼 수 없었다. 그러나 현재 이 자치단체장 제도는 더 이상 존재하지 않는다. 이 제도를 채택하였던 주들이 1990년 이후 지방자치법을 개정하여 자치단체장을 주민 직선을 통하여 선출하고 있기 때문이다. 결국, 이 제도를 채택하였던 지방자치단체들은 현재 남독일 의회 제도를 시행하고 있다고 말할 수 있다.

3) 행정참사회 제도(Magistratsverfassung)[10]

행정참사회 제도는 1850년 슈타인(Freiherr vom Stein)의 도시개혁 이후 계속되어 온 독일의 전형적인 지방자치 제도라고 할 수 있다. 행정참사회 제도에서는 행정부의 수장인 자치단체장을 비롯해서 행정 각 부서장(국장, Beigeordneter)[11] 전원은 지방의회에서 선출되며, 이들은 행정참사회(Magistrat)를 구성하여 지방자치단체의 행정을 담당한다. 지방의회 의장은 의회에서 별도로 선출되며 의회의 의사 일정 및 의회 사무에 대해서만 책임을 진다. 행정참사회란 일종에 지방자치단체 내각(內閣)으로서 지방행정의 최고 의사결정 기구이다. 행정참사회 안에서 자치단체장과 각 부서장 사이에는 상하 관계가 형성되지 않는다. 다시 말해서 자치단체장이 상대적으로 높은 직위에 있고 반대로 부서장들이 낮은 직위에 있는 것이 아니라는 것이다. 자치단체장은 부서장들과 동일한 지위에 있으나, 단지 회의를 주재하고, 행정부를 외부적으로 대표할 뿐이다. 행정 각 부서장은 행정참사회의 일원으로 자신이 담당하고 있는 부서의 사무 이외에도 지방자치단체의 주요 정책 결정에 참여한다. 행정참사회 구성원은 크게 명예직과 일반행정직으로 구분되는데, 명예직을 원칙으로 하기 때문에 일반 행정직의 수

---

10) 국내에서는 'Magistratsverfassung'이 학자들에 따라 '이사회 제도' 또는 '의회참사형 제도' 등 다양하게 번역되고 있는데 필자는 '행정참사회 제도'로 번역하기로 한다.

11) 한국 지방자치단체 행정조직과 비교하면 행정 각 부서 책임자, 즉 국장급 공무원이라고 할 수 있다. 예를 들면 환경국장, 재정국장, 문화국장 등이다. 한국의 경우 국장급 공무원이 임명되는 것에 반하여 독일의 경우 지방의회에서 선출된다. 따라서 비교적 강한 권한을 가지고 있다고 볼 수 있다.

가 명예직의 수를 초과하지 않는다. 만약 지방의원이 행정참사회 구성원으로 선출되었을 경우 의원직을 사퇴하는 것이 원칙이다.

1990년 이후 독일의 지방자치단체들이 앞다투어 자치단체장의 주민직선제를 채택하는 상황에서, 이 행정참사회 제도를 시행하고 있던 대표적인 주였던 헤센(Hessen) 주도 그 동안 지방의회에서 선출하였던 자치단체장을 주민 직선을 통하여 선출하도록 지방자치법을 개정하였다. 그러나 행정참사회 제도의 골격은 아직도 유지하고 있다. 다시 말해서 자치단체장을 제외한 각 부서장은 모두 지방의회에서 선출하고 있으며, 자치단체장의 지위와 역할도 종전과 다름이 없다. 즉, 자치단체장은 행정 각 부서장들과 동일한 지위에 있으면서 주요 회의를 주재하고, 지방자치단체를 외부적으로 대표할 뿐이다. 이전의 제도와 차이가 있다면 오직 자치단체장을 주민 직선으로 선출하고 있는 것이다. 그러나 자치단체장의 법률적 위상과 권한은 종전과 변함이 없다고 하더라도, 주민 직선에 의하여 선출된 자치단체장의 정치적 위상은 이전에 비하여 크게 향상되었음은 물론이다. 1990년도 이전에 행정참사회 제도를 채택하였던 슐레스비히-홀슈타인 주 일부 지방자치단체의 경우 행정참사회 제도를 아예 포기하고 남독일 의회 제도를 채택하여 시행하고 있다.

4) 북독일 의회 제도(Norddeutsche Ratsverfassung)

이 제도 역시 현재 존재하지 않고 있다. 북독일 의회 제도는 지방의회에서 자치단체장과 행정 책임자를 각각 선출하여, 이들에게 서로 다른 임무를 부여한 일종의 분권화 제도로서, 니더작센, 노르트라인-베스트팔렌 주의 지방자치단체에서 채택·시행되었다. 북독일 의회 제도를 시행하였던 지방자치단체에서는 지방의회에서 선출된 지방의회 의장이 동시에 자치단체장을 겸임하였다. 그러나 자치단체장은 행정의 책임자가 아니며, 단지 의회의 의사 진행을 주재하며 지방자치단체를 대외적으로 대표할 뿐이었다. 대신 행정의 책임자, 곧 행정부의 수장은 지방의회에서 별도로 선출되었는데, 이 자가 곧 '게마인데 행정관(Gemeindedirektor 또는 시의 경우 Stadtdirektor)'이다. 지방의회는 전문 행정가를 게마인데 행정관으로 선출하여 행정을 책임지고 담당하게 하고, 대신 지방의회는 게마인데 행정관의 업무 수행 결과를 평가하여 재신임 여부를 결정하였던 것이다. 지방의회는 의원의 다수결에 따라 게마인데 행정관을 언제든지 해임할 수 있었다. 따라서 게마인데 행정관의 권한은 다른 제도의 자치단체장에 비하여 그리 강력하지 못한 편이었다.

이 제도는 원래 영국에서 유래한 제도로, 지방정치·행정의 권력을 자치단체장과 게마인데 행정관, 그리고 지방의회에 분할하는 특징을 가지고 있었다. 따라서 특정인에게 권력이 집중되는 현상을 방지할 수 있다는 장점이 있는 반면, 이들 3자 사이에 사무 권한과 임무가 명확하지 않을 경우 갈등이 발생할 수 있으며, 나아가 행정의 공백이 발생할 수 있다는 단점을 가지고 있었다. 그러나 1990년 이후 북독일 의회 제도를 실시하고 있던 지방자치단체들도 자치단체장 주민 직선, 게마인데 행정관 제도 폐지 및 자치단체장에게 모든 행정권 부여 등을 골자로 한 지방자치법을 도입하여 시행하고 있다. 사실상 북독일 의회 제도를 포기하고 대신 남독일 의회 제도를 채택하였던 것이다.

2. 최근 지방자치 제도의 변화

지금까지의 설명을 종합하면 독일(서독)에서는 정부 수립 이후부터 1990년 통일 전까지 4개 형태의 지방자치 제도가 있었다. 따라서 각 지방자치단체마다 자치단체장의 위상과 권한 그리고 선출 방법이 달랐다. 남북 독일 주에 있는 지방자치단체의 자치단체장은 주민들로부터 직선으로 선출되었으며, 그 권한 또한 매우 강하였다. 반면 북부 독일 지방자치단체들의 경우 자치단체장에게는 행정권이 부여되지 않았으며, 대신 지방의회에서 따로 선출된 전문 행정가(게마인데 행정관)가 행정을 책임지고 담당하였다. 중부 헤센 주의 경우 지방의회에서 선출된 자치단체장은 행정의 최고 책임자가 아닌 책임자 중의 일원일 뿐이었다. 지방행정이 행정참사회를 중심으로 운영되었기 때문이었다.

이렇듯 여러 지방자치 제도의 차이점은 1990년 이전까지만 해도 그 민주성과 행정의 효율성 측면에서 학술적 연구의 대상이었으며, 해당 지방자치단체들 간에는 체제 경쟁의 대상이기도 하였었다. 그러나 1990년 이후 이 네 가지 형태의 지방자치 제도 분류 자체가 사실상 무의미해졌다고 볼 수 있다. 자치단체장 제도와 북독일 의회 제도는 아예 폐지되었으며, 행정참사회 제도의 경우 그 성격이 변하였기 때문이다. 독일의 지방자치 제도는 아직까지 특정한 형태로 유형화되지는 않았지만,[12] 현재 독일의 거의 모든 자치단체장은 주민 직선으로 선출되며, 이렇게 선출된 자치단체장은 강한 정치·행정적 리더십을 행사하고 있다. 즉, 독일 전통의 의회 중심의 간접행정 체제에서 자치단체장 중심의 직접행정 체제로 변화되고 있는 것이다.

제6절 지방자치 제도와 직접민주주의 제도

1990년 이전 독일 대부분의 지방자치단체에서 주민들이 지역의 정치·행정에 대하여 자신들의 의사를 표출하는 방법은 오직 선거뿐이었다. 선거를 통하여 기존 지방정부와 의회의 공과를 심판하고 새로운 공직자를 선출하는 것이 주민들이 정치·행정적 의사를 표출하는 방법의 전부였다. 그것도 지방의회 선거뿐이었다. 대부분의 지방자치단체에서 자치단체장은 의회에서 간선으로 선출되었기 때문이다. 물론 이 시기에도 일부 주민은 자신이 속해 있는 이익단체, 시민단체 등을 통하여 자신들의 의견을 지방의회 또는 지방정부에 대하여 전할 수 있었지만, 이들 행위는 단지 제한적이고 간접적이었으며 그 효과도 미흡하였다. 그러나 1990년 이후 독일 대부분의

12) 독일 행정학자 크네마이어(F.-L. Knemeyer)는 현재 독일 지방자치 제도를 두 유형으로 분류하는데, 그 기준은 자치단체장의 의회 의장의 겸임 여부이다. 크네마이어에 의하면 독일의 현재 지방자치 제도는 바이에른, 바덴-뷔르템베르크, 노르트라인-베스트팔렌, 라인란트-팔츠, 자를란트, 작센, 튀링겐 주에서 시행하는 제도와 같이 자치단체장이 의회 의장을 겸하는 제도와, 브란덴부르크, 니더작센, 메클렌부르크-포르포메른, 작센-안할트, 슐레스비히-홀슈타인 주의 경우 같이 자치단체장이 의회 의장을 겸하고 있지 않고 대신 의장이 의회에서 따로 선출되는 제도로 구분된다(Knemeyer, 1997: 112).

지방자치단체에서 주민들은 선거 이외에도 여러 직접민주주의 제도를 통하여 자신들의 의견을 적극적으로 표출하고 있다.

1. 직접민주주의 제도의 형태

현재 독일의 지방자치단체에서 시행하고 있는 대표적인 직접민주주의 제도는 다음과 같다.

1) 지방자치단체장의 직선 제도

언급한 바와 같이 그 동안 대부분 지방의회에서 선출되었던 자치단체장을 주민 직선을 통하여 선출하는 제도이다.

2) 주민결정(Bürgerentscheid) 제도

'주민결정 제도'란 지방자치단체의 특정 사무 이행 여부와 그 집행 과정에 대하여 주민 스스로 결정하는 제도이다. 다시 말하면 주민결정 제도란 지방자치단체의 사무에 대한 '주민투표' 제도로서, 주민투표의 결과는 곧 지방의회의 결정과 같은 효력을 발생한다. 예를 들어 지방정부가 특정 지역에 쓰레기장을 건설하려 할 때, 주민들은 투표로써 쓰레기장의 건설을 백지화할 수 있으며, 특정 지역에 대한 공공 수영장의 건설을 주민투표를 통하여 결정할 수도 있다. 또한 주민들은 자치단체장이 무능하고 부패하였다고 판단할 경우 임기 중이라도 주민투표를 통하여 그를 퇴임시킬 수 있다. 주민투표가 실시되기 위해서는 먼저 특정인이 주민의 일정한 수가 서명한 동의서와 함께 지방자치단체의 특정 사안을 주민투표에 부치고 싶다는 의견을 서면으로 제출하여야 하는데, 이를 '주민발안(Bürgerbegehren)'이라고 한다. 주민투표는 우선 주민발안이 있어야 가능하다.

3) 주민청원(Einwohnerantrag 또는 Bürgerantrag) 제도

주민청원 제도란 주민들이 공식적으로 지방의회에 특정 사안에 대한 정책 결정, 집행 또는 그 변경을 요구하는 제도이다. 주민청원의 요건은 각 주마다 조금씩 다르지만, 보통 청원자가 보통 16세 이상 지역 주민의 5% 이상이 서명한 동의서와 함께 지방의회에 서면으로 접수하여야 한다. 주민청원이 접수되면 해당 지방의회는 보통 3개월 이내에 청원의 내용을 심사하여 결정하여야 한다.

4) 주민총회(Einwohnerversammlung) 제도

주민총회 제도란 지역의 현안에 대하여 주민들이 직접 회의를 소집해서, 지방 행정가 및 지방의회 의원으로부터 의견을 청취하거나 또는 그에 대하여 토의·결정하는 제도이다. 주민총회의 개최 요건은 주마다 조금씩 다르지만, 보통 16세 이상 주민의 5% 이상이 찬성한 동의서와 함께 주민총회를 요구하여야만 주민총회가 개최될 수 있다. 주민총회에서 결정된 사항은 주민결정 제도에서 결정된 것과는 달리 최종 결정이 아니며, 단지 주민들의 권고 또는 의지의 전달일 뿐이다. 주민총회에서 결정 및 토의된 사항에 대하여 지방의회는 3개월 이내에 다시 심의·결정하여 그 결과를 주민에게 통보하여야 한다.

5) 행정소청(Petition) 제도

행정소청 제도는 그 내용이 주민청원 제도와 비슷하다. 즉, 지방의회 또는 자치단체장에 대하여 문서로서 지역 현안에 대한 신속한 처리, 변경 또는 폐지 등을 요구하거나 기타 불만을 제기하는 제도이다. 주민청원 제도와의 차이점은 주민청원 제도의 경우 청원시 일정 수 이상의 주민 동의를 필요로 하는 데에 반하여, 행정소청은 개인이 단독으로 청원할 수 있다는 점이다.

이 밖에 직접민주주의 제도로는 주민들이 지역의 현안에 대해 자치단체장 또는 지방의회에 대하여 질의하고 답변을 요구하는 주민질의(Einwohnerfragestunde)가 있다. 이들 여러 직접민주주의 제도 중 독일 지방자치 제도에 가장 큰 변화를 가져다 준 제도는 주민결정 제도이다. 다른 제도들은 대부분 지방의회 또는 자치단체장의 의견을 듣거나, 특정 사무의 추진 또는 변경을 요구하는 제도로서 그 최종 결정권은 주민에 있지 않고 대신 지방의회 또는 자치단체장에 있다. 따라서 그 효과 및 파장은 그리 크다고 볼 수 없다. 왜냐하면 지방의회와 차지단체장이 주민의 요구를 거부할 수도 있으며, 주민들의 요구를 수용한다고 해도 이것이 곧 지방의회와 자치단체장의 정치·행정적 부담을 의미하지는 않기 때문이다. 그러나 주민결정 제도는 지방의 주요 현안에 대하여 주민이 직접 결정하며, 이 결정은 법적 구속력을 갖는다는 면에서 다른 제도와는 다를 뿐만 아니라 그 영향력도 큰 편이다. 특히 주민결정 제도를 통하여 자치단체장 및 지방의회의 기존 결정이 번복될 때 자치단체장과 지방의회는 정치·행정적으로 심한 타격을 입기도 한다.

2. 주민결정 제도

1) 주민결정 제도의 현황

1990년 이전 주민결정 제도를 시행하였던 지방자치단체는 바덴-뷔르템베르크 주의 지방자치단체들뿐이었다. 오직 바덴-뷔르템베르크 주만이 주민결정 제도를 인정하고 있었던 것이다. 그러나 현재에는 독일 16개 주 모두 지방자치법에서 주민결정 제도를 명시하고 있다. 독일의 모든 지방자치단체에서 주민결정 제도가 시행되고 있는 것이다.[13]

1990년 이후 2002년까지 독일의 모든 지방자치단체에서 실시되었던 주민투표의 총 횟수는 1,200회를 상회한다. 특히 바이에른 한 주에서만 500회 이상 주민투표가 실시되어, 주민들이 지방자치단체 현안에 대하여 직접 결정하였다. 주민투표는 이제 독일에서 지방자치단체의 일상 행사로서 인식되고 있을 정도이다.

---

13) 독일의 지방자치 제도에 관한 한 연방에게는 단지 부분적 사항에 대해서만 입법권이 인정되어 있을 뿐이며, 대부분의 사항에 대해서는 주에게 입법권이 부여되어 있다. 대표적인 법률이 주의회에서 제정하는 지방자치법이다. 주안에 있는 모든 지방자치단체는 이 지방자치법의 틀 안에서 자치행정을 추진할 수 있다. 주민결정 제도의 구체적 시행 방법 역시 지방자치법에 명시되어 있다.

2) 주민결정 제도의 대상

주민결정 제도의 대상은 일차적으로 지방자치단체의 사무에 한정되며, 연방과 주의 사무는 주민결정 제도 대상에서 제외된다. 그러나 지방자치단체의 사무라 해서 모두 주민결정 제도의 대상은 아니다. 지방자치단체 주민들은 지방자치단체의 모든 사무에 대하여 주민투표를 요구할 수 있는 것은 아니며, 몇 가지 사무에 대하여는 주민투표를 요구할 수 없다. 주민투표, 즉 주민결정 제도의 대상에서 제외되는 사항은 각 주마다 조금씩 차이는 있지만 일반적으로는 다음과 같다.

① 지방의 고유사무가 아닌 연방과 주에서 위임한 사무로 예를 들면, 선거에 관한 사항, 병무행정에 관한 사항, 여권 및 주민 등록에 관한 사무, 관세에 관한 사항, 국경에 관한 사항 등.

② 지방자치단체 고유사무에 해당되더라도 지방의회 의원과 공무원의 신분·권리·의무에 관한 사항, 지방자치단체 예산 및 결산에 관한 사항, 감사에 관한 사항 등.

③ 기타 도시 건설 기본계획의 변경·폐지에 관한 사항 등 기본 계획안 등.

이 밖에 주민결정 제도의 대상 사무는 투표용지에 주민들이 '찬성' 또는 '반대'로만 응답할 수 있는 사무여야 하며, 서술을 필요로 하는 사무는 주민결정 제도의 대상에서 제외된다. 따라서 주민투표를 실시할 때는 당연히 투표용지에 찬성 또는 반대로만 응답할 수 있으며, 다른 방법으로는 할 수 없다. 주민결정 제도의 대상에서 제외되는 사무는 각 주의 지방자치법에 명시되어 있지만, 주민발안이 접수될 경우 대상 여부의 최종적 심사는 지방의회에서 심사하여 결정한다. 즉, 주민발안이 접수되면 의회는 지방자치법을 기초로 하여 접수된 사항이 주민결정 제도 대상 사무인지, 아니면 그 대상에서 제외되는 사무인지를 심의·결정한다.

3) 주민결정 제도의 시행 과정

주민결정 제도의 시행 과정은 각 주 지방자치법에 따라 조금씩 다른 점도 있으나 대부분 유사하다. 그 과정은 다음과 같다.

① 주민발안: 주민들이 지역 사안에 대한 주민결정, 즉 주민투표를 추진하기 위해서는 우선 특정인이[14] 주민결정을 요구하는 주민발안을 지방의회에 접수시켜야 하는데, 이 때 주민의 일정 수 이상이 서명한 동의서를 첨부하여야 한다. 주민발안 정족수는 주마다 조금씩 차이는 있으나 보통 지방의회 선거권을 가진 자의 5%~15% 정도이다. 주민발안에는 주민결정을 요구하는 이유와 함께, 구체적인 요구 사항, 그리고 주민결정이 통과되었을 경우의 효과가 명시되어야 한다.

② 주민결정 제도 대상 여부 결정: 주민발안이 접수되면 지방의회는 접수된 사안이 주민결정 제도 대상인지, 아니면 그 대상에서 제외되는 지를 심의·결정한다. 물론 의회의 심의·결정 과정은 대단히 신중하게 진행될 수밖에 없다. 만약 주민발안이 주민결정 제도 대상이 아니라고 결정될 경우 주민발안에 동의·서명한 많은 주민들의 명예가 실추당할 수 있으며, 반대로 주민발안이 주민결정 대상이라고 결정될 경우, 주민투표에 따르는 많은 사회 비용이 소모되는 것은 물론 주민결정을 통하여 지방의회 및 지방자치단체장의 행정 결정이 번복당할 수 있고, 때에 따라 그들의 공신력이 훼손당하는 결과를 가져올 수도 있기 때문이다.

의회의 주민결정 제도 대상 여부 심사 결과 만약 주민결정 제도 대상이 아니라고 결정되면 즉각 공지되어 주민투표는 실시되지 않는다. 반대로 주민결정 제도 대상이라고 결정되면 곧바로 주민에게 공포되고, 공포된 후 일정 기간(보통 6주 내지 3달) 내에 주민투표를 실시한다. 만약 이 기간 내에 지방의회가 자발적으로 주민발안을 심의하여 주민발안의 요구 사항을 전면 수용할 경우 주민투표는 실시되지 않는다.

③ 주민투표: 주민투표의 방법은 '찬성(Ja)' 또는 '반대(Nein)'의 응답으로만 이루어지는데, 주민투표 결과 유권자의 일정 수(아래 <표 3-6> 참조) 이상이 찬성하면 주민결정이 가결되는데, 효력의 발생은 다시 지방의회에

---

14) 여기서 특정인이란 주민발안을 접수하는 자로서 보통 지역 주민이지만, 일부 주(예를 들어 니더작센 주)의 경우 주민만이 아니라 외지인도 주민발안을 할 수 있도록 하고 있다. 그러나 동의서에 대하여 서명할 수 있는 자는 주민에 한한다.

서 최종적으로 결정한 후이다. 만약 주민투표에서 필요한 찬성표를 얻지 못하면 주민결정은 자동적으로 부결되는데, 이 경우 주민들은 일정 기간 동안(보통 2~3년)[15] 동일 사안에 대하여 재차 주민결정을 요구할 수 없다.

④ 주민투표를 거쳐 최종적으로 지방의회를 통하여 결정된 사항은 일정한 기간 동안(보통 1년~3년의 유예 기간)은 다시 주민결정을 통하여 이를

〈표 3-6〉 독일 주민결정 제도

주	주민결정 제도 대상 범위	주민발안	주민결정
	◆◆◆ 포괄적 ◆◆ 중간 규모 ◆ 협소	요구되는 주민의 동의 서명(유권자 %)	주민결정에 필요한 최소 찬성표(유권자 %)
바덴-뷔르템베르크	◆	5~10	30
바이에른	◆◆◆	3~10	10-20
브란덴부르크	◆	10	25
헤센	◆◆◆	10	25
메클렌부르크-포르포메른	◆◆	2.5~10	25
니더작센	◆◆	10	25
노르트라인-베스트팔렌	◆◆	3~10	20
라인란트-팔츠	◆	6~15	30
자를란트	◆◆	5~15	30
작센	◆◆◆	5~15	25
작센-안할트	◆	6~15	30
슐레스비히-홀슈타인	◆	10	25
튀링겐	◆	20	25

자료: Kost & Wehling, 2003: 342.

15) 유예 기간은 주마다 다르다. 2년의 유예 기간을 두는 주로는 메클렌부르크-포르포메른, 니더작센, 노르트라인-베스트팔렌, 자를란트, 슐레스비히-홀슈타인, 튀링겐 주가 있으며, 유예 기간이 3년인 주로는 바덴-뷔르템베르크, 헤센, 라인란트-팔츠, 작센, 작센-안할트 주가 있다.

번복할 수는 없다.[16] 다시 말해서 한번 주민투표를 통하여 결정되면 일정 기간 동안은 이를 번복하기 위하여 또다시 주민결정을 요구할 수 없다는 것이다. 그러나 이 기간 중이라도 주민들이 아닌 의회에서 주민결정을 요구할 경우, 주민투표를 실시할 수 있다.

3. 직접민주주의 제도의 도입 배경 및 그 영향

그러면 왜 독일의 많은 지방자치단체들이 주민결정 제도와 같은 직접민주주의 제도를 도입한 것일까? 이에 대한 일차적인 해답은 통일 과정에서 찾을 수 있다. 1989년 동독의 국민들은 소위 "우리가 곧 국민이다(Wir sind das Volk)"라는 구호를 외치면서 40여 년간 계속된 공산당 독재의 청산을 요구하였다. 즉, 동독 국민들은 그들 스스로가 국가와 역사의 주인임을 강조하면서 정치와 역사가 그들의 의지에 따라 변화하기를 희망하였던 것이다. 동독 국민들의 이같은 의지 표출은 곧 여러 형태의 자발적인 정치 참여(예를 들어 원탁회의, Runder Tisch)로 표출되었으며, 이들 국민들의 자발적 정치 참여는 1989년 동독 혁명과 1990년 동서독 통일의 기폭제 역할을 하였다.

1990년 5월 동독 최초의 자유선거를 통하여 구성된 인민의회(Volks-kammer)에서는 동독 전역에 적용되는 지방자치법을 제정하였는데,[17] 이 법에는 동독 국민의 이 같은 희망과 의지가 그대로 반영되었다. 그 구체적인 내용이 바로 자치단체장의 주민직선제와 공무원소환 제도, 주민청원 제도, 주민결정 제도 같은 소위 직접민주주의 제도의 도입이다. 1990년 10월

16) 이 기간 역시 주마다 다르다. 유예 기간 1년을 두고 있는 주로는 바이에른과 작센-안할트 주가 있으며, 유예 기간 2년을 두고 있는 주로는 브란덴부르크, 메클렌부르크-포르포메른, 니더작센, 노르트라인-베스트팔렌, 자를란트, 슐레스비히-홀슈타인, 튀링겐 주가 있다. 유예 기간 3년을 두고 있는 주는 바덴-뷔르템베르크, 헤센, 라인란트-팔츠, 작센 주이다.

17) 당시 동독 인민회의에서 제정된 지방자치법은 일종의 과도기적 성격을 띤 것으로 동독 전 지역에 효력을 발하는 일종의 통합 지방자치법이었다. 통일 이후 각 신연방주는 이 통합 지방자치법을 폐지하고 각각 고유의 지방자치법을 제정하였다.

통일과 함께 구동독 지역에 5개의 주가 형성된 후 이 지방자치법은 폐지되고 각 주는 각자 새로운 지방자치법을 제정하였는데, 이들 5개 주의 지방자치법에서도 자치단체장의 주민직선제, 주민청원 제도 및 주민결정 제도 등의 직접민주주의 요소는 그대로 포함되었다.

통일 과정과 통일 이후 동독 지역에서 강하게 대두되었던 주민의 정치참여 의지와 이를 반영한 직접민주주의 요소의 도입은 구서독 지역 행정과 정치에도 커다란 영향을 끼쳤다. 특히 당시 구동독 지역과는 달리 구서독 지역에서는 정치적 무관심, 더 나아가 정치적 냉소주의 등의 부정적 정치문화가 점차 심화되고 있었기 때문에 구동독 지역 지방자치단체의 직접민주주의 제도의 실시는 서독의 정치가와 행정가는 물론 학자, 일반 국민들에게도 깊은 관심의 대상이 되었던 것이다.

구서독에서 직접민주주의 제도를 처음 도입한 주는 헤센 주이다. 1991년 헤센 주 주지사였던 발만(Walter Wallman)은 구동독 지방자치단체들이 직접민주주의 제도를 도입한 데 대하여 긍정적으로 판단하고, 헤센 주에서도 자치단체장의 주민직선제, 주민청원 및 주민결정 제도 등의 도입을 주요 골자로 하는 새로운 지방자치법의 채택 여부를 국민투표에 부칠 것을 요구하였다. 국민투표 결과 유권자의 82%가 찬성하였고 이로써 헤센 주는 새로운 지방자치법을 채택하였다. 헤센 주의 국민투표 결과는 노르트라인-베스트팔렌, 자를란트 등 다른 주에도 영향을 미쳐, 이들 주에서도 연이어 자치단체장의 주민직선제, 주민청원 및 주민결정 제도를 도입하였다.

종합하면, 1990년 이후 독일의 많은 주들은 이전의 지방자치법을 폐지하고 대신 자치단체장의 직선, 주민청원 및 주민결정을 골자로 하는 새로운 지방자치법을 제정·채택하였다. 이 결과 주민 직선으로 선출된 지치단체장들은 그 어느 때보다 강한 정치·행정권을 행사하고 있으며, 또한 주민들도 주민청원권 또는 주민결정권 등의 행사를 통하여 지역의 문제에 대하여 적극적인 의사를 표현하고 있다. 즉, 직접민주주의 제도가 도입됨으로써 주민들은 지역 현안에 대하여 더욱 많은 관심을 가지게 되었을 뿐만 아니라, 특정 사안에 대해서는 자신들의 의견을 적극 피력하고 나아가 주민결정 제도와 같은 제도를 통하여 지방의회 및 지방행정기관의 정책 결정을 번복할 수 있게 되었다. 이 결과 주민의 정치적 무관심 및 냉소주의는 상대적으로 줄어들었으며, 주민의 요구에 응하려는 지방 정치·행정가의 노력도 이전에 비하여 높아진 것으로 평가되고 있다.[18]

그러나 직접민주주의 제도, 특히 현행 주민결정 제도에 대한 비판의 소리 또한 적지 않다. 직접민주주의 제도의 도입이 곧 독일의 전통적인 의회민주주의와 정당민주주의의 훼손 내지는 후퇴를 의미한다는 주장이 바로 그것이다. 또한 잦은 주민청원 및 주민결정의 요구로 인하여 지방자치단체의 행정이 위축되고 심한 경우 행정이 마비된다는 비판의 소리도 나오고 있다. 이 밖에 주민결정 제도가 결과적으로 주민과 의회, 주민과 행정부 사이에 갈등을 조장한다는 주장도 제기되고 있다. 특히 대부분의 지방자치단체에서 지역 현안에 대하여 주민투표를 실시할 경우 투표권자의 25~30%만 찬성하면 주민결정이 가결되기 때문에 의회와 자치단체장의 정책 결정이 너무 쉽게 번복되고, 따라서 커다란 사회비용이 지출된다는 주장도 제기되고 있다(Kost & Wehling, 2003: 166-167).

제 7 절 지방자치단체의 조직

독일의 지방자치단체는 지방자치법의 테두리 안에서 조직권을 갖는다.

18) 이렇게 주민결정 제도에 대하여 긍정적으로 평가하는 사람들도 현행 주민결정 제도가 다음과 같은 이유에서 충분하지 못하다고 비판하고 있다. 첫째, 현재 대부분의 지방자치법에서는 주민결정 제도의 대상에서 제외되는 사무들을 명시하고 있는데, 이 사무들의 항목이 너무 많다는 주장이다. 즉, 주민결정 제도 대상에서 제외되는 사무가 너무 많아 주민결정 제도의 취지를 무색하게 하고 있다는 주장이다. 둘째, 주민결정 제도의 유효기간이 너무 짧다는 주장이다. 현재 주민결정 후 보통 그 유효 기간을 2~3년으로 하고 있어, 이 기간 동안에는 기존의 주민결정을 무효화시킬 수 없도록 하고 있는데, 이 기간이 너무 짧다는 주장이다. 셋째, 투표권자의 연령이 너무 높다는 주장이다. 현재 대부분의 지방자치법에서는 주민결정 제도 투표권자의 연령을 지방의회 의원 선거권자와 동일한 만 18세로 정하고 있는데, 이 연령을 만 16세로 낮추어야 한다고 주장하고 있다. 이 밖에 주민결정 제도의 경우 부재자 투표를 인정하지 않고 있는데 부재자 투표도 인정하여야 한다는 주장도 제기되고 있다.

지방자치단체는 주민들의 대표로 구성된 지방의회를 구성하며, 고유의 행정조직을 설치할 수 있다는 의미이다. 또한 지방자치단체는 주민들의 직선으로 자치단체장을 선출하여, 고유의 임무를 부여할 수도 있다. 지방자치단체의 주요 조직인 의회, 지방자치단체장 그리고 행정조직의 특징은 주마다 조금씩 차이를 보이고 있으나 그 내용에서 일정한 통일성도 가지고 있다. 이 통일된 내용을 중심으로 지방자치단체의 주요 조직에 대해서 알아보기로 한다.

1. 지방의회[19]

1) 구 성

지방의회는 지방자치단체의 주민대표 기관으로서, 일차적으로 입법기관의 성격을 가지고 있다. 그러나 지방의회는 지방의 입법 기관으로서의 기능에 그치지 않고, 지방의 경제·문화 발전 등 행정에도 책임이 있다. 즉, 지방의회는 입법기관이자 동시에 행정기관의 기능을 수행하고 있다고 볼 수 있다. 지방의회의 구성 방법은 주에 따라 조금씩 다른데, 일부 주에서는 지방의회 의장을 겸하는 자치단체장과 의원으로 구성되며, 일부 다른 주에서는 자치단체장은 제외하고 대신 의원과 의원에 의하여 선출된 의장으로 구성된다.

2) 임무 및 기능

지방의회의 주요 임무 및 기능은 다음과 같다.

- 조례 제정
- 지방의회 의사 진행 및 내부 규정 제정 및 수정
- 지방자치단체 행정 각 부서장(국장, Beigeordneter) 선출, 지방 감사원

19) 지방의회의 명칭은 주마다 조금씩 다른데, 대부분 기초자치단체인 게마인데의 의회를 게마인데 의회(Gemeinderat) 또는 게마인데 대표자회의(Gemeindevertretung)라고 하며, 크라이스의 의회는 크라이스 의회(Kreistag)라고 한다.

장의 선출

– 지방의 상징(깃발, 방패 등) 규정

– 지방행정기관에 대한 감독

이들 여러 기능 중에서 지방행정기관에 대한 감독은 지방의회의 의무이자 가장 중요한 기능이라고 할 수 있다. 지방의회는 지방자치단체 행정 인력들이 규정에 따라 사무를 처리하고 있는지, 주민들에게 행정 서비스를 바르게 제공하고 있는지를 감독할 권리와 의무가 있다. 그러나 지방의회 의원들은 자신의 직업을 별도로 가지고 있는 명예직 의원이며, 따라서 많은 시간을 의회 사무에 할애할 수 없기 때문에 행정부에 대한 감독 기능을 수행하기에는 여러 한계를 가지고 있다. 더욱이 의원들의 감독 대상인 행정부 인력은 의원의 신분과는 달리 전문성을 겸비한 공직자이기 때문에 행정부에 대한 지방의회의 감독은 더더욱 쉽지 않다. 따라서 대부분의 지방자치단체에서는 행정부에 대한 의회의 감독 기능을 강화하기 위하여 행정 인력에 대하여 다음과 같은 의무 사항을 규정하고 있다.

– 통지 의무: 자치단체장은 지방자치단체의 주요 사무 및 현안에 대하여 지방의회에 통지하여야 한다.

– 정보 제공 의무: 자치단체장 및 부서장은 지방자치단체의 사무에 관련된 각종 주요 정보를 의원들에게 적기(適期)에 제공할 의무를 진다.

– 문서 확인 의무: 지방자치단체장은 행정부의 업무와 관련해서 지방의회의 의원이 특정 문서의 열람 및 사실 확인을 요구할 경우 이를 허락하여야 한다.

3) 의원의 권리와 의무

지방의회 의원은 주민의 직접선거를 통하여 선출되며, 그 수와 임기는 지방자치단체에 따라 다르다. 인구가 많은 지방자치단체의 경우 의원이 60~70명 정도에 이르며, 인구가 적은 지방자치단체의 경우 의원 수가 5명 미만으로 매우 적다. 임기는 5년에서 9년까지로 지방자치법에 따라 다르다. 의원은 명예직이며, 따라서 보수를 받지 않는다. 그러나 의원직을 수행하는데 따르는 경비 및 기타 개인적 손해에 대한 수당을 받는다. 의원에 대해서는 다음과 같은 권리가 주어진다.

- 자유대표권: 의원은 법의 테두리 안에서 자신의 양심에 따라 자유롭게 의원직을 수행할 수 있다. 그 누구도 특정 행위에 대하여 강요하거나 제지할 수 없다는 뜻이다. 그러나 지방의원에게는 연방과 주 의원과는 달리 면책특권과 불체포특권이 주어지지 않는다.
- 의사제안권: 의원은 지방의회 또는 의회의 위원회에서 사무에 대한 의사 제안을 할 수 있으며, 회의에 참가해서 발언하며, 지방행정에 관한 특정 정보를 자치단체장에게 요구할 수도 있다. 의원은 의회 내 모든 위원회에 참가하여 발언하고 질의할 수 있지만, 자신이 속해 있지 않은 위원회에서는 투표권을 행사할 수 없다.

그러나 이러한 권한 이외에 의원에게는 일정한 의무도 있는데, 이는 다음과 같다.

- 회의 참가 의무: 의원은 전체회의 및 소속 위원회에 정기적으로 참가하여야 한다. 이 의무는 비록 당연하고 평범한 의무 같지만, 지방의회 및 의원의 존재 이유로서 가장 중요하다. 만약 장기간 동안 의원이 회의에 참석하지 않고 그로 인하여 의회의 기능이 마비될 경우 의회의 존재 이유가 없기 때문이다. 독일 대부분의 지방자치법에서는 일정 기간 동안 다수의 의원이 회의에 참가하지 않을 경우 주정부(주로 내무부)는 지방의회를 해산할 수 있도록 규정하고 있다. 예를 들어 브란덴부르크 주 지방자치법에 따르면 주 내무부 장관은 주의 관할지역에 있는 지방자치단체에서 의회 정원 1/2 이상이 6개월 이상 회의에 참석하지 않을 경우 이 지방의회의 해산을 명령할 수 있도록 하고 있다. 즉, 6개월 이상 의원 정족수의 반수 이상이 회의에 참가하지 않을 경우 의회는 해산당할 수 있다.
- 고지 의무: 의원은 자신의 직업 및 기타 사회적 행위(예를 들어 특정 기관의 명예직 겸직 여부)를 의장에게 고지하여야 한다.
- 비밀 유지 의무: 의원은 의원직 수행 과정에 알게 된 주요 정보에 대하여 비밀을 유지하여야 한다. 특히 정보의 공개가 공공의 이익에 반할 경우 비밀 유지 의무는 더욱 강하게 적용된다.

4) 지방의회의 조직

(1) 의장(Vorsitzende)

지방의회 의장의 선출 방법과 위상은 다음과 같이 두 경우로 구분할 수 있다. 먼저 바덴-뷔르템베르크, 바이에른, 노르트라인-베스트팔렌, 라인란트-팔츠, 자를란트, 작센, 튀링겐 등 7개 주에 있는 지방자치단체의 경우 주민 직선으로 선출된 자치단체장이 자동으로 의회 의장을 겸하게 되어 있다. 자치단체장이 의회 의장을 겸하고 있지만 공식 직함은 '자치단체장'이다. 이들 자치단체장은 사실상 의회와 지방행정기관을 장악하게 되므로 그 권한은 매우 강한 편이다. 특히 이들 지방자치단체에서 자치단체장은 의회 내 모든 위원회의 위원장이라는 점에서 그 권한은 더욱 크다고 말할 수 있다.

반면 브란덴부르크, 헤센, 메클렌부르크-포르포메른, 니더작센, 작센-안할트, 슐레스비히-홀슈타인 주의 지방자치단체에서는 자치단체장이 지방의회 의장을 겸임하지 않는다. 대신 의장은 의회에서 별도로 선출된다. 이들 주 지방자치단체에서 의회 의장은 의회의 의사 진행을 비롯한 의회 규정들의 집행에 대해서만 그 권한을 행사하며, 의회를 대외적으로 대표한다. 따라서 자치단체장과 비교하면 그 권한은 미약한 편이다.

(2) 원내 교섭단체(Fraktion)

지방의회에 진출한 정당 또는 기타 정치 세력들은 2명 이상의 의원들로 구성된 원내 교섭단체를 구성할 수 있다. 원내 교섭단체는 의회 내부의 정치적 집단이다. 지방의회 교섭단체의 성격과 그 활동 내용은 연방의회 또는 주의회의 교섭단체와 크게 다르지 않다.

(3) 위원회(Audschüsse)

연방의회 또는 주의회와 마찬가지로 지방의회도 의원으로 하여금 전문화된 의정 활동을 보장하기 위하여 각종 위원회를 두고 있다. 위원회의 수와 종류는 지방자치단체의 크기와 사정에 따라 조금씩 다른데, 보통 해당 지방자치단체 행정국(局)과 동일의 수로 구성된다. 가장 기본적인 형태의 예를 들어 보면 다음과 같다.

- 총무위원회
- 재정위원회
- 법무 · 안전 · 질서위원회
- 교육 · 문화위원회
- 보건 · 복지 · 청소년위원회
- 건설위원회
- 공공시설위원회
- 경제 · 교통위원회

이들 여러 위원회 중 가장 중요한 위원회는 총무위원회이다. 따라서 모든 지방의회에서는 총무위원회를 반드시 설치해 두고 있다. 총무위원회는 모든 위원회의 의사 진행에 관한 사항을 기획하며, 행정부의 중요한 사무에 대해서도 최종적으로 결정한다. 특히 행정사무 중 시급히 결정되어야 할 사항도 총무위원회에서 결정된다. 총무위원회 위원수와 위원은 총회에서 결정되는데, 대부분 자치단체장은 자동적으로 위원장의 자격으로 참석하며 투표권도 행사한다.

5) 지방의원 선거

1990년 이전까지만 해도 지방의원 선거 유권자는 후보자에 대하여 한 번만 기표할 수 있으며, 다수의 표를 받은 자가 지방의원으로 당선되었다. 그러나 1990년 이후 지방자치단체장의 주민직선제 도입과 함께 지방의원 선거 방식에도 변화가 있어, 현재에는 대부분의 지방자치단체에서 유권자는 투표시 여러 번 기표할 수 있다. 기표 방법도 다양해서 유권자는 특정 후보자에게 여러 번 기표할 수 있으며(일명 몰표제), 또는 여러 후보에게 나누어서 기표할 수도 있다.

유권자의 기표권 수는 각 주마다 다른데, 브란덴부르크, 작센 등 구동독지역 5개 주와 니더작센 주에서는 3번 기표할 수 있다. 그러나 바이에른, 바덴-뷔르템베르크, 헤센, 슐레스비히-홀슈타인 주의 지방의원 선거에서 유권자는 해당 지방의원 수만큼 기표할 수 있다. 예를 들어 지방의원이 60

명인 지방자치단체의 경우 유권자는 의원 선거시 60번 기표할 수 있는 것이다. 그러나 노르트라인-베스트팔렌 주와 자를란트 주 관할 지방자치단체의 경우 아직도 한 번만 기표할 수 있도록 하고 있다.

〈표 3-7〉 독일 지방의원 선거 방식

주	유권자 1인의 기표권 수	특정 후보자에 대한 기표권 상한선
작센, 작센-안할트, 브란덴부르크, 메클렌부르크-포르포메른, 튀링겐, 니더작센	3번	3번
바덴-뷔르템베르크, 바이에른, 헤센, 라인란트-팔츠, 슐레스비히-홀슈타인	지방의원 수만큼	3번
노르트라인-베스트팔렌, 자를란트	1번	1번

독일 지방의원 선거 방식을 특정 지방자치단체를 예를 들어 좀더 구체적으로 알아 보면 다음과 같다.

■ 예시 1: 포츠담(Potsdam) 시

포츠담은 브란덴부르크 주에 속해 있는 광역자치단체(독립시, kreisfreie Stadt)이다. 포츠담 시의회 의원 선거시 유권자는 1개 투표용지에 3번 기표할 수 있다. 기표 방법을 보면 유권자는 후보자 1인에게 3번 모두 기표할 수 있으며, 또는 3명의 후보자에게 각각 1표씩 나누어서 기표할 수도 있다. 다시 말해서 포츠담 시의회 선거 유권자는 후보자 1인에게 3표 모두를 줄 수도 있으며, 3명의 후보자에게 1표씩 나누어 줄 수도 있다는 것이다. 물론 후보자 1인에게 2표를, 나머지 1표는 다른 후보자에게 줄 수도 있다. 한편 3명의 후보자에게 각각 1표씩 기표할 경우 같은 정당 후보자들에게만 기표할 수도 있으며, 반대로 여러 정당 소속 후보자들에게 나누어 기표할 수도 있다.

■ 예시 2: 슈트트가르트(Stuttgart) 시

슈트트가르트는 독일 남부 바덴-뷔르템베르크 주에 위치하고 있는 인구가 비교적 많은 광역자치단체(독립시, kreisfreie Stadt)로서, 지방의회의 의원 수는 60명이다. 슈트트가르트 시 지방의원 선거 유권자는 선거시 1개의 투표용지에 60번 기표할 수 있다. 슈트트가르트 유권자가 지방의원 선거시 자신의 60개 기표권을 행사하는 방법은 ① 후보자의 소속 정당에 관계 없이 선호하는 후보자 60명에게 각각 1표씩 기표하는 방법, ② 같은 정당(예를 들어 기민당)의 후보자 60명에게 1표씩 기표하는 방법, ③ 20명의 후보자에게 3표씩 기표하는 방법, ④ 60표를 20명 이상의 후보자에게 1~3표씩 분할에서 기표하는 방법 등 다양하다. 그러나 후보자 1인에게 60표 모두 줄 수는 없다. 후보자 1인에게 줄 수 있는 최대 표는 3표이다.

지방의원 선거에서 이와같이 다소 복잡한 선거방식을 도입한 취지는 자치단체장 주민직선제 도입 취지와 비슷하다. 즉, 주민의 의견을 최대한 반영하여 주민이 선호하는 인물을 지방의회의 인물로 뽑기 위해서였다. 실제 이와 같은 취지대로 지방의원들이 선출되고 그들이 주민의 뜻에 따라 지방정치・행정을 책임지고 있는가에 대해서는 아직 정확한 평가를 내리기가 어렵다. 중요한 점은 비록 연방과 주 차원이 아닌 지방자치단체 차원에 한하지만, 이 같은 선거 제도의 변화는 주민의 뜻을 최대한 존중하고 그에 따라 행정을 추진하려는 독일인의 의지로 풀이할 수 있다.

2. 자치단체장[20]

언급한 바와 같이 통일 전 서독에는 자치단체장의 권한과 선출 방법에 대한 네 가지 형태의 제도가 있었다. 남독일 의회 제도, 자치단체장 제도, 행정참사회 제도, 북독일 의회 제도가 그것이다. 이들 제도하에서 자치단체장의 위상과 권한, 그리고 선출 방법 등은 각 주마다 달랐다. 그러나 1990년 이후 독일의 모든 주에서 자치단체장을 주민의 직선으로 선출하기 때문에, 현재는 어느 정도 통일된 자치단체장의 위상이 정립되어 가고 있다.

---

20) 보통 기초단체장을 시장(Bürgermeister)이라고 칭하고 있으며 광역자치단체인 독립시의 수장은 Oberbürgermeister, 크라이스의 수장은 Landrat이라고 칭한다. 일반적으로 Bürgermeister가 자치단체장의 대표적 개념이다.

1) 자치단체장의 위상과 권한

주민 직선을 통하여 선출된 자치단체장은 지방행정의 수장으로서,[21] 해당 지방자치단체의 행정에 대하여 일차적인 책임을 진다. 일부 주 지방자치단체에서는 자치단체장이 지방의회 의장직을 겸하기도 한다. 자치단체장은 조직권을 행사할 수 있어 주도적으로 행정조직의 변경을 구상할 수 있으며, 이 구상에 따라 행정 인력의 배치도 명령할 수 있다. 또한 자치단체장은 의회 결정의 변경을 요구할 수 있는 권한을 갖고 있기 때문에, 자치단체장이 이 권한을 행사할 경우 의회는 의회에서 결정된 사안이라 할지라도 다시 논의·결정하여야 한다. 물론 이 경우 의회는 기존의 결정을 번복할 수도 있으며 또는 기존의 결정을 고수할 수도 있다. 의회가 재논의 끝에 기존의 결정을 고수할 경우 자치단체장은 더 이상의 논의를 요구할 수 없다. 연방수상 또는 주지사의 신분은 공무원이 아닌 직업정치가인 데 반하여, 자치단체장의 공식 신분은 '선출직 공무원(Wahlbeamte)'이다.

다음 <표 3-8>은 독일 각 주 자치단체장의 임기, 선출 방법, 주요 권한 등을 비교한 것이다. <표 3-8>에서 보는 바와 같이 자치단체장은 모두 주민 직선으로 선출되는데, 자치단체장의 임기는 5년에서 9년까지로 지방자치법에 따라 다르다. 메클렌부르크-포르포메른, 슐레스비히-홀슈타인 주의 경우 같은 주에서도 지방자치단체에 따라 자치단체장의 임기가 조금씩 다르다. 주민투표를 통한 임기 중 자치단체장 소환 여부는 각 주마다 다른데, 바덴-뷔르템베르크, 바이에른 주 등 남독일의 주들은 보수적인 입장을 취하고 있다. 이들 주에서 주민들은 어떤 경우에도 자치단체장을 임기 중에 소환할 수 없다. 이들 주의 자치단체장들은 자신의 임기 기간에는 그만큼 강력한 리더십을 행사할 수 있다는 것으로 해석할 수 있다. 반면 바이에른과 바덴-뷔르템베르크 주를 제외한 나머지 주의 자치단체장들은 임기 중

21) 독일 일부 주에서는 자치단체장(Bürgermeister) 이외에 명예자치단체장(Ehrenamtlicher Bürgermeister) 제도를 운영하고 있다. 명예자치단체장은 주민이 극히 적어서 특별한 행정조직이 없는 지방자치단체의 자치단체장으로서, 주로 주민들에게 자치단체의 현황을 설명하고, 주민들의 요구를 청취하는 임무를 수행한다. 명예직이기 때문에 비교적 임기도 짧고, 보수도 적은 편이다.

〈표 3-8〉 독일 지방자치단체(게마인데) 수장의 명칭, 선출 방법, 임기, 주요 권한 비교

주 명칭	자치단체장 명칭	선출 방법	임기 (년)	(임기중) 소환 여부	자치단체장의 의회 의장 겸임 여부	자치단체장의 의회 위원회 위원장 겸임 여부	자치단체장의 대표성 여부
바덴-뷔르템베르크	Bürgermeister	직선	8	불가능	겸임	겸임	대표함
바이에른	상동	상동	6	불가능	겸임	겸임	상동
브란덴부르크	상동	상동	8	가능	겸임 불가	겸임 불가	상동
헤센	상동	상동	6	가능	겸임 불가	상동	의회 의장이 대표
메클렌부르크-포르포메른	상동	상동	7~9	가능	겸임 불가	겸임	의회 의장과 자치단체장이 공공으로 대표
니더작센	상동	상동	5	가능	겸임 불가	겸임 불가	대표함
노르트라인-베스트팔렌	상동	상동	5	가능	겸임	겸임	상동
라인란트-팔츠	상동	상동	5	가능	겸임	겸임	상동
자를란트	상동	상동	8	가능	겸임	겸임	상동
작센	상동	상동	7	가능	겸임	겸임	상동
작센-안할트	상동	상동	7	가능	겸임 불가	겸임	상동
슐레스비히-홀슈타인	상동	상동	6~8	가능	겸임 불가	겸임 불가	상동
튀링겐	상동	상동	6	가능	겸임	겸임	상동

자료: Kost & Wehling, 2003: Anhang.

주민투표를 통해 소환될 수 있는데, 이 제도를 통하여 주민들은 자치단체장의 무능, 부정부패, 권력 남용에 대하여 대응할 수 있다. 자치단체장 소환 방법 및 그 과정은 주민결정 제도와 동일하다.

지방자치단체장의 의회 의장 겸임 여부에 대해서는 독일 지방자치법이 양분되어 있다. 브란덴부르크, 헤센, 메클렌부르크-포르포메른, 니더작센,

작센-안할트, 슐레스비히-홀슈타인 주 등 6개 주 지방자치법은 자치단체장의 지방의회 의장 겸직을 허용하지 않고 있으며, 의회 내 위원회의 위원장 자격도 부여하지 않고 있다. 반면 이들 주를 제외한 바덴-뷔르템베르크, 바이에른, 노르트라인-베스트팔렌, 라인란트-팔츠, 자를란트, 작센, 튀링겐 등 7개 주 지방자치법에서는 자치단체장의 의회 의장 겸직을 명시하고 있으며, 또한 의회 내 모든 위원회의 위원장 자격을 부여하고 있다. 이들 주에 있는 자치단체장은 의회 의장인 동시에 행정부의 수장이며, 의회 내 모든 위원회의 위원장인 셈이다.

자치단체장의 대외적 위상에 대해서는 헤센과 메클렌부르크-포르포메른 주를 제외하고는 모든 주의 지방자치단체에서 자치단체장이 지방자치단체를 대외적으로 대표하고 있다. 다만 아직까지도 행정참사회 제도를 유지하고 있는 헤센 주의 경우에는 지방의회 의장이 지방자치단체를 대외적으로 대표하고 있으며, 메클렌부르크-포르포메른 주의 경우에는 자치단체장과 의회 의장이 공동으로 대표하고 있다.

2) 자치단체장 선거문화의 변화

자치단체장의 직선제 도입과 함께 지방의 선거문화도 크게 변화고 있다. 독일의 선거는 전통적으로 정당 중심의 선거라고 볼 수 있다. 현재 연방과 주의회 의원 선거에서 보여 주듯이, 독일 선거에서 승패를 결정하는 중요한 변수는 각 정당의 이념 또는 정당이 제시하고 있는 정책과 선거 이슈이지, 특정 후보자의 자질과 기타 사회적 배경은 그다지 중요하게 작용하지 않는다. 독일 유권자는 투표를 할 때 각 정당의 정치적 색깔, 정당이 주장하는 정책의 특징, 정당의 정치적 성적 등을 주로 고려하고 있으며, 후보자의 경력, 학력, 출생지 등 기타 사항 등은 크게 고려하지 않는다는 것이다.

독일 선거가 정당 중심의 선거라는 점은 연방 또는 주의회 선거시 지역구 후보자에 대해서만 기표하지 않고 선호하는 정당에도 기표하는 이른바 '정당명부제'를 병행한다는 점, 그리고 지역구 선거 결과보다는 정당명부제 선거 결과가 최종 결과에 결정적인 역할을 한다는 점에서도 잘 나타나고 있다. 또한 연방 또는 주의회 선거에서 당선자는 대부분 특정 정당에 가입한 '정당인'이지, 무소속으로 입후보한 자가 당선되는 경우는 극히 드물다는 사실도 독일 선거가 정당 중심의 선거라는 것을 말해 준다.

그러나 자치단체장의 직선제 실시 이후 비록 지방 차원에 한정되지만 이러한 독일의 전형적인 정치문화 또는 선거문화가 점차 바뀌어 가고 있다. 지역의 자치단체장을 선출할 때 지방의 유권자는 정당의 '정치가'보다는 유능한 행정가 또는 경영자에 더 관심을 보이고 있다. 다시 말해서 지방의 유권자는 정당의 정치와 정책을 대변하는 인물보다는, 지역 특성과 환경에 맞게 지역을 발전시키고 지역의 이익을 대변하는 자를 선호하게 되었다는 것이다. 유권자는 후보자가 속한 정당의 특징보다는 후보자의 자질과 능력 등을 우선시하게 된 것이다. 이러다 보니 지방선거에서 직업정치가보다는 행정 경험이 풍부한 자 또는 기업을 경영한 자가 유리하게 되었으며, 오히려 정당 소속의 인물보다는 무소속의 인물이 유리한 경우도 나타나게 되었다.

이러한 점은 현재 주민 직선에 의하여 선출된 많은 자치단체장들이 정당 소속 인물이 아니라 무소속에 전문행정가 또는 경영자 출신이라는 점에서도 증명되고 있다.[22] 지방행정에서 탈(脫)정당화 또는 탈정치화 현상이 나타나고 있는 것이다. 지방행정의 탈정당화 현상은 자치단체장의 업무 추진 방식에서도 잘 나타나는데, 이전의 자치단체장은 자신이 속한 정당의 정책 또는 정강에 치중하면서 지방행정을 담당해 왔다면, 최근에는 정당의 정책보다는 지역에 맞는 정책에 초점을 맞추고 있으며, 이에 대한 주민의 요구 및 평가에 더욱 관심을 보이고 있다.

3. 지방행정조직

지방행정조직의 형태와 규모도 각 주마다 조금씩 다르며, 같은 주 안에서도 지방자치단체에 따라 조금씩 차이가 있다. 특히 지방자치단체의 인구

22) 한 예로 2003년 현재 바덴-뷔르템베르크 주 모든 지방자치단체장 중에서 약 50%는 정당에 속하지 않은 무소속 인사이며, 약 90%는 전문행정가 출신이다(Kost & Wehling, 2003: 28).

는 행정조직의 형태와 규모를 결정하는 주요한 변수이다. 인구가 많은 지방자치단체의 경우 당연히 그 규모가 클 수밖에 없는데, 예를 들어 인구 100만 명 이상의 독립시의 경우 8~10개 정도의 국(局)과 100개 이상의 과(課, Amt)를 설치하고 있다. 반면 인구가 적은 게마인데의 경우 규모도 작고 형태도 극히 간단하며, 그 곳에서 근무하는 공공 인력의 수도 적다. 인구 1만 명 이하의 게마인데의 경우 특별한 행정조직을 설치하지 않고 명예직 자치단체장 혼자 행정 업무를 처리하기도 한다. 아래 [그림 3-1]은 독일 지방행정조직의 전형적인 형태이다.

[그림 3-1] 독일 지방행정조직

자치단체장

	1	2	3	4	5	6	7	8
국(局) (Dezenat)	총무	재정	법무·안전·질서	교육·문화	보건·복지·청소년	건설	공공시설	경제·교통
과(課) (Amt)	총무	회계	법무	교육	보건	건설	환경	경제·교통
	인사	투자	안전	문화	복지	도시계획	도축	중소기업
	통계	조세	주민등록	도서관	체육	측량	시장	산림
	홍보	부동산	호적	성인교육	청소년	건설규정		
	감사		보험	음악교육	병원	주택		
			소방	박물관	보상(補償)	고층건물		
			민방위	극장		지하건물		
				문서		도시녹지		

자료: Bogumil & Jann, 2005: 134.

[그림 3-1]에서 보는 바와 같이 독일 지방행정조직도 연방과 주의 행정조직과 마찬가지로 계서적으로 조직되어 있으며, 각 업무별로 구분되어 있다. 즉, 계서화·전문화의 원칙하에 조직되어 있음을 알 수 있다. 위에서 예로 든 지방자치단체는 8개의 국(局)으로 조직되어 있는데, 국(Dezenat)이란[23] 지방자치단체 최상급 행정조직으로서 연방 또는 주의 행정부처

(Ministerium, ministry)에 해당된다. 보통의 경우 1개 국은 교육·문화국, 복건·복지·청소년국같이 서로 연관되는 1~3개 업무를 통합해서 설치되어 있으나, 재정국, 건설국 같이 한 분야의 업무만으로 조직되는 국도 있다.

언급한 바와 같이 국의 수는 지방자치단체 인구와 비례해서 인구가 많은 지방자치단체의 경우 8~10개의 국을 설치할 수 있는 반면, 인구가 적은 지방자치단체의 경우 1~2개의 국만을 설치할 뿐이다. 구체적인 국의 수는 지방자치법에서 규정하고 있다. 브란덴부르크 주의 예를 들면, 인구 15,000명 이하의 게마인데는 국을 설치할 수 없으며, 그 이상의 인구를 가진 지방자치단체에 대해서는 다음과 같이 규정하고 있다.

– 15,001명 이상 40,000명 이하의 게마인데: 최대 1개 국 설치
– 40,001명 이상 60,000명 이하의 게마인데: 최대 2개 국 설치
– 60,001명 이상 100,000명 이하의 게마인데: 최대 3개 국 설치
– 100,001명 이상의 게마인데: 최대 4개 국 설치

지방자치단체 국의 책임자는 국장(Beigeordneter)인데, 연방부처 또는 주 행정부의 장관에 해당한다. 그러나 연방과 주의 장관은 연방수상 또는 주지사에 의하여 임명되며 그 신분도 공무원이 아닌 직업정치가인데 반하여, 지방자치단체 국장의 신분은 지방의회에서 선출되는 선출직 공무원이다. 임기는 자치단체장과 비슷해서 보통 5년에서 8년이다. 국장은 자신의 임기 중에 소관 부서의 최고 행정책임자로서 과장 이하 모든 직원의 근무 실적 및 태도, 국의 업무 실적 등에 대해 책임을 진다. 연방부처와 주의 행정부처가 장관의 책임하에 운영된다는 '부처 원칙'이 지방행정조직에서도 적용된다. 헤센 주의 경우 국장은 자치단체장과 동급의 자격으로 행정참사회를 구성하여, 자신이 담당한 국뿐만 아니라 지방자치단체 행정 전반에

---

23) 지방자치단체 최상급 행정조직의 독일 명칭은 'Dezenat'이다. 이 'Dezenat'란 '부서', '부문'을 의미하는데, 연방부처 또는 주부처에 해당되는 조직이다. 따라서 Dezenat를 부처보다 한 단계 낮은 국으로 번역하였을 경우 그 의미가 잘못 전달될 수도 있을 것으로 판단된다. 그러나 Dezenat는 연방부처 또는 주의 각 부처와는 달리 정치적 결정을 하는 조직이 아닌 집행 위주의 지방행정조직이기 때문에 필자는 부(部)가 아닌 국(局)으로 번역하였다. 또한 한국 지방자치단체 최상급 행정조직의 명칭도 실(室) 또는 국인 점도 감안하였다.

대하여 공동으로 책임진다.

과(課, Amt)는 국 밑에 있는 조직으로서, 지방행정의 핵심 조직이다. 과는 지방행정의 기본 단위로서 해당 사무의 정책이 실제 이 곳에서 결성된다. 예를 들어 지방자치단체 학교 교육에 대한 모든 사무는 교육·문화국 교육과에서 담당하며, 문화 발전 및 행사에 대한 사무는 문화·교육국 문화과 담당 사무이다. 과 밑의 조직은 다시 계(Abteilung)-영역(Sachgebiet)-그룹(Sachgruppe)-담당(Stelle) 등으로 세분화된다.

종합하면 지방자치단체는 자치단체장을 중심으로 국-과-계-영역(領域)-그룹-담당 등의 여러 단계의 계층적 구조로 조직되어 있으며, 전문화의 원칙에 따라 사무별로 조직되어 있다. 지방행정조직의 명칭 중 특이한 점은 계(系)의 명칭인 압타일룽(Abteilung)인데, 연방과 주의 부처에서는 압타일룽이 최상급 조직인 국을 의미하고 있는 것에 반하여, 지방행정조직에서는 이 압타일룽이 비교적 하급 조직인 계를 의미한다. 연방·주와 지방자치단체 행정조직의 명칭 및 호칭을 비교하면 다음과 같다.

〈표 3-9〉 독일 연방·주와 지방자치단체 행정조직의 명칭 및 호칭 비교

	연방 또는 주 행정조직	지방자치단체 행정조직
정치·행정의 최고 책임자	연방수상 또는 주지사	자치단체장
부처의 최고 정치책임자, 각료	연방장관 또는 주장관	국장(Beigeordneter)
부처의 최고 행정책임자	연방 행정차관, 주 행정차관	국장(Beigeordneter)
조직구조	장관-차관 이하 국(Abteilung)-부국(Unterabteilung)-과(Referat)	국(Dezenat)- 과(Amt)-계(Abteilung)-영역(Sachgebiet)-그룹(Sachgruppe)-담당(Stelle)

자료: Bogumil & Jann, 2005: 136.

1990년 이후 독일의 지방행정조직의 형태도 많이 변하고 있다. 특히 신공공관리론(NPM: New Public Management)에 따른 행정개혁의 영향으로 독일의 지방행정조직도 많은 변화를 시도하였다. 기존의 계층적인 조직

에서 팀과 위원회를 도입하는 등 좀더 탄력적인 조직을 위하여 노력하였으며, 규정과 제도에 의한 조직에서 시민에 대한 서비스 위주의 조직으로 탈바꿈하고 있다. 그러나 이러한 변화에 대한 비판의 소리 또한 없지 않으며, 실제 변화의 폭도 한국을 비롯한 다른 국가들의 변화에 비하여 극히 미미한 편이다. 계속된 행정개혁의 바람에도 불구하고 독일 지방행정조직은 아직도 대부분 전통적인 형태를 유지하고 있다고 하겠다.

제8절 지방자치단체의 재정

언급한 바와 같이 지방자치단체에게는 고유의 재정권이 부여되어 있다. 지방자치단체는 독자적으로 예산을 책정하고, 이에 따라 지출할 수 있다는 것이다. 그러나 독일의 지방자치단체들은 대부분의 경우 자체의 수입만으로는 부여된 사무를 수행할 수 없다. 따라서 지방자치단체는 자체의 수입 이외에 주(연방)로부터 재정지원금을 받고 있다. 또한 일부 지방자치단체의 경우 외부로부터 차용하여 재정을 충당하기도 한다. 독일 지방자치단체의 재정수입과 지출, 그리고 최근에 진행되고 있는 지방재정의 개혁 방향과 내용에 대해서 알아보기로 한다.

1. 지방자치단체의 재정수입(財政收入)

다음 <표 3-10>에서 보는 바와 같이 지방자치단체의 주요 재정수입에는 '자체수입'과 주와 연방으로부터의 '재정지원금', 외부로부터의 '차용금'이 있다. 이 밖에도 지방자치단체의 재산에 대한 '이자수입', '경영수익금' 등이 있다. 지방자치단체의 자체수입에는 영업세와 토지세 등 지방세와 주민으로부터 징수하는 사용료, 수수료, 분담금 등이 있다. 한편 재정지원금은 주 또는 연방이 지방자치단체로 하여금 지방사무를 원만하게 수행하게 하고, 나아가 지방의 재정을 튼튼하게 하기 위하여 지원하는 것으로, 조세

〈표 3-10〉 독일 지방자치단체의 재정수입

구분	수입원	총 수입에 대한 비율
자체수입	지방세(영업세, 토지세, 견세(犬稅), 경마세, 유흥세, 1가구 2주택세, 사냥세, 수렵세)	33.3%
	사용료	11.3%
	수수료	
	분담금	
재정지원금	소득세, 거래세의 일부분	32.7%
	자동차세의 일부분	
차용금	부채	2%
기타	경영수익금, 이자수입 등	20.7%

자료: 독일 독립시연합회(Stätetag), 2004년.

수입(소득세, 거래세, 자동차세) 중 일부를 지원한다. 차용금은 지방자치단체가 지방 재정을 충당하기 위하여 외부로부터 빌린 부채를 말한다.

1) 자체수입

독일 지방자치단체 자체수입에는 지방세와 사용료, 수수료, 분담금 등 각종 요금이 있다. 이 중 지방세는 지방자치단체 재정수입의 약 33.3%를 차지하며, 사용료·수수료·분담금은 합해서 재정수입의 약 11.3%를 차지한다(2003년 기준). 독일 지방자치단체들은 평균적으로 재정수입의 약 44.6%만을 자체수입으로 충당하고 있음을 알 수 있다.

(1) 지방세(Steuer)

지방세에는 영업세(Gewerbesteuer)와 토지세(Grundsteuer)가 있으며, 이 밖에 경마세(Reiterpferdesteuer), 견세(Hundesteuer), 사냥세(Jagdsteur), 유흥세(Vergnügungssteuer), 수렵세(Fischereisteuer), 1가구 2주택세(Zweitwohnungssteuer) 등이 있다. 이들 지방세 중에서 영업세와 토지세는 그 합계가 지방 재정수입의 약 32%를 차지할 정도로 지방의 중요한 수입원이다. 기타 조세들은 그 수입액을 모두 합쳐도 지방 재정수입의 2%에도 미치지 못한다. 따라서 지방세라 함은 곧 영업세와 토지세를 의미한다고 해도 과언은 아니다(Kost & Wehling, 2003: 320).

영업세는 해당 지방자치단체에서 영업하고 있는 기업 및 상인으로부터 징수하는 조세로서, 지방자치단체의 최대 수입원이다. 2003년 독일 지방자치단체가 징수한 영업세는 총 재정수입의 20.6%를 차지하였다. 토지세는 토지 소유자로부터 징수하는 수입으로 각 지방자치단체에 따라 그 액수는 차이가 있으나, 영업세에 이어 두 번째로 중요한 지방의 수입원이다. 토지세가 지방자치단체 수입에서 차지하는 비중은 평균 11.4% 정도이다.

(2) **사용료, 수수료, 분담금**(Grbühren, Beiträge)

지방자치단체의 자체수입원으로 지방세 다음으로 중요한 것으로는 사용료, 수수료, 분담금 등을 들 수 있다.

사용료(Benutzungsgebühren)란 지방자치단체 주민들이 지방자치단체의 공공시설 또는 기타 재산을 이용할 경우 그 대가로 지불하는 요금으로서 박물관 입장료, 수영장 입장료, 공원 입장료 등을 예로 들 수 있다.

수수료(Verwaltungsgebühren)란 당해 지방자치단체의 사무가 특정인을 위하여 집행되었을 경우 이 사무 집행의 수혜자가 지불하는 요금을 의미하여, 사무의 대가로 지불하는 인지대가 그 대표적인 예라 하겠다.

분담금(Beiträge)이란 지방자치단체가 그 재산 또는 공공시설의 설치로 인하여 주민의 일부가 이익을 받는 경우 그 이익을 받는 자에게 징수하는 것이다. 예를 들어 일부 지역에 대하여 특별한 전기 시설, 도로, 상수도 등 도시기반 시설을 설치할 경우 그 수혜자들이 지불하는 것이다.

사용료, 수수료, 분담금은 수혜자 원칙에 따라 징수되며, 이 징수금은 다시 해당 시설 또는 해당 사무를 위하여 지출되는 것이 원칙이다. 다시 말해서 이들 징수금은 해당 시설 또는 사무의 수혜를 받는 자들에게만 징수하는 것이 원칙이며, 이들에게 거두어들인 징수금은 다시 해당 사무의 집행 또는 재투자에 사용되어야 한다는 것이다. 사용료, 수수료, 분담금 징수의 또 다른 원칙은 공평의 원칙이다. 즉, 지방자치단체는 사용료, 수수료, 분담금을 정할 때 이 사무를 집행하는 데 지출한 비용 안에서 그 징수액을 정해야지, 이를 통하여 지방자치단체가 경제적 이익을 추구할 수 없다는 원칙이다. 따라서 지방자치단체가 사용료, 수수료, 분담금을 인상할 경우에는 이에 대한 충분한 이유가 있어야 하며, 이들 요금의 인상 이외에 다른 재정충당의 방법이 전혀 없을 경우에만 가능하다. 결국 이러한 이유로 인하여 다음 <표 3-11>에서 보는 바와 같이 독일 대부분의 지방자치단체에서 사용료, 수수료, 분담금 수입액은 해당 사무의 지출경비에 미치지 못하는 것이 일반적이다.

〈표 3-11〉 독일 지방자치단체 사용료, 수수료, 분담금의 지출경비 충당률

사용료, 수수료, 분담금	해당 사무 지출경비 충당률
하수도 사용료	98%
쓰레기 수거료	98%
수영장 입장료	24%
극장 입장료	11%
도서관 사용료	5%
박물관 입장료	1%

자료: 독일 독립시연합회(Stätetag), 2004년.

2) 재정지원금(Finanzzuweisung)

독일 대부분의 지방자치단체는 자체수입만으로는 주어진 사무를 집행할 수 없기 때문에 연방과 주로부터 재정 지원을 받는데, 이 재정지원금은 지방자치단체 재정수입의 약 32.7%로 아주 중요한 재원이다(2003년 기준). 지방자치단체에 대한 주(연방)의 재정 지원은 단순히 일회성이나 또는 선심성 지원이 아닌, 독일의 고유 제도인 '재정균형 제도(Finanzausgleich)'를 통하여 이루어진다. 재정균형 제도란 특정 조세 수입액에 대하여 연방과 주, 그리고 지방자치단체 간의 분할 제도인데, 연방과 주, 그리고 지방자치단체 간의 재정 격차의 축소와, 이들 각 행정 단위의 원만한 사무를 위하여 제정된 제도이다.

재정균형 제도 조세의 종류, 조세의 분할 방법 등은 법률로써 정해져 있

다. 따라서 지방자치단체의 입장에서 보면 이 재정균형 제도는 지방자치단체의 재정자립도를 높이고 지방자치단체 간의 재정 격차를 줄여 주는 데 결정적으로 기여하고 있는 제도라 할 수 있다. 특히 지방자치단체는 이 재정균형 제도에 의한 지원금으로 지방자치단체 시설에 대하여 투자할 수 있으며, 자체적으로 추진할 수 없는 대규모 사업의 예산으로도 사용할 수 있다. 지방자치단체 지원에 대한 재정균형 제도는 기본법 제106조에도 명시되어 있는데, 이에 따르면 주는 공동세(Gemeinschaftssteuer)[24]인 소득세(Einkommensteuer)와 거래세(Umsatzsteuer) 주의 몫 일부분(15%)을 지방자치단체에게 지원하여야 한다. 이 밖에 주는 주세인 자동차세 또는 연방으로 받은 재정지원금의 일부를 지방자치단체에 지원할 수 있다.

주가 지방자치단체에 지원하는 방법에는 '일반 지원'과 '목적 지원' 두 가지 방법이 있다. 첫 번째 방법인 일반 지원(allgemeine Zuweisung)은 지방자치단체에 대한 재정 지원시 구체적 사용 목적을 명시하지 않는 방법으로, 지방자치단체는 이 지원금을 스스로의 계획하에 사용할 수 있다. 주는 이를 통하여 지방자치단체의 재정 자립도를 높이는 것은 물론 다른 지방자치단체와의 재정 격차를 줄이는 것을 목적으로 하고 있다. 따라서 주가 일반 지원의 방법을 선택할 경우 지원받는 지방자치단체의 재정적 상황, 다른 지방자치단체와의 재정 능력의 차이는 물론 해당 지방자치단체의 인구, 실업률 등 사회적 상황 등도 고려하는 것이 일반적이다. 반면 목적 지원(Zweckzuweisung)이란 주가 지방자치단체에게 지원금을 지불할 때 구체적인 사용처를 명시하는 방법으로, 일반적으로 학교, 도로 건설 등 지방자치단체의 시설 투자 또는 연방과 주의 위임사무 이행을 위하여 지원한다.

3) 차용금(Kredit)

지방자치단체는 부족한 재정수입을 충당하기 위하여 외부로부터 일정

---

24) 독일의 조세는 크게 연방세, 주세, 지방세로 구분할 수 있으며, 연방과 주의 공동세(Gemeinschaftssteuer)가 있다. 연방이 단독으로 징수하는 연방세에는 유세(油稅), 담배세, 커피세, 차세(茶稅) 등이 있으며, 주의 고유세인 주세에는 상속세, 자동차세, 맥주세 등이 있다. 주요 지방세에는 언급한 바와 같이 영업세와 토지세가 있다. 공동세란 세액을 연방과 주가 일정한 배율(50%대 50%)로 배분하는 조세를 의미한다.

금액을 차용할 수 있다. 그러나 지방자치단체의 차용은 도로 등 사회간접시설, 경제시설에 대한 투자 목적에 한하여 가능하며, 그 이외의 목적을 위해서는 불가능하다. 다시 말하면 지방자치단체는 시설 투자를 위하여 외부로부터 일정 금액을 차용할 수 있지만, 일반 사무의 수행, 부채의 탕감 등을 위해서는 차용할 수 없다. 차용 액수는 지방자치단체가 스스로 정할 수 있지만 지방자치단체 스스로 지불할 수 있는 범위 내에서만 가능하다. 지방자치단체의 모든 차용은 주의 허락하에 이루어지며, 주는 지방자치단체 재정 차용의 용도 및 상환 능력에 대하여 자세히 조사한 후 허락하는 것이 일반적이다. 독일 지방자치단체의 부채 현황은 지방자치단체마다 조금씩 다르나 연방과 주의 재정 부채액에 비하여 매우 적은 편이다. 이는 무엇보다도 지방자치단체의 차용 내용과 그 액수에 대한 엄격한 제한에 기인한다고 보겠다.

2. 지방자치단체의 재정지출(財政支出)

독일 독립시연합회에서 발표한 2003년 기준 지방자치단체 평균 재정지출 현황을 보면 다음과 같다.

〈표 3-12〉 독일 지방자치단체 재정지출 현황

지출 항목	내 용	총 지출에 대한 비율
인건비	지방자치단체 공공인력의 보수, 수당 지출	27%
사회복지 부문 지출	실업수당, 망명자 수당, 청소년 지원 등 주로 연방과 주의 위임사무에 대한 지출	20%
지방자치단체 고유사무 지출	교육, 문화, 체육, 보건 사무 등에 대한 지출	19%
투자 지출	지방자치단체 사회간접시설, 경제시설에 대한 투자 지출	15%
이자	차용금에 대한 이자 지출	3%
기타		16%

자료: 독일 독립시연합회(Stätetag), 2003년.

위의 표에서 보는 바와 같이 지방자치단체 재정지출 중 가장 큰 비중을 차지하고 있는 항목은 지방자치단체 소속 인력에 지출되는 인건비이다. 그러나 현재 지방자치단체들은 행정개혁을 통하여 계속해서 인력을 감축하고 있기 때문에 이 항목이 총 지출에서 차지하고 있는 비율을 점차 낮아질 것으로 예상된다. 반면 사회복지 지출 항목은 1980년 이후 꾸준히 상승하였는데, 한 예로 1980년에서 1990년까지 독일 지방자치단체의 총 재정지출 금액은 약 40% 상승한 반면, 같은 기간 사회복지 부문의 지출은 약 100% 상승하였다. 1990년 이후에도 사회복지 부문에 대한 지출액은 계속해서 상승하고 있지만, 그 상승세는 둔화된 편이다. 지방자치단체의 재정 악화가 그 주요 원인이라고 볼 수 있다.

3. 최근 지방재정의 개혁 방향

최근 독일 지방자치단체의 재정 상태가 악화되면서, 지방정치・행정가들을 중심으로 여러 재정개혁의 방향과 그 구체적 내용이 제시되고 있는데, 그 중 쟁점 사항만을 소개하면 다음과 같다.

첫째, 영업세에 대한 개혁이다. 영업세는 지방세 중 하나로 지방자치단체의 수입원(收入源) 중 가장 중요한 것으로 기업 및 상인에게 부과하는 조세이다. 그런데 지방자치단체 입장에서는 영업세가 하나의 문제점을 가지고 있는데, 그것은 영업세가 영업장을 가지고 있는 기업 또는 상인만을 조세대상을 하고 있으며, 영업장을 가지고 있지 않은 농부와 자유직업인(예를 들어 예술인, 작가 등) 등은 조세 대상에서 제외시키고 있다는 점이다. 즉, 영업장을 가지고 있지 않지만 사실상 경제 활동을 하는 농부와 자유직업인은 영업세를 내지 않고 있다는 점이다. 따라서 최근 지방자치단체 재정 사정이 열악해지고 있는 상황에서 지방행정가들은 조세 개혁을 통하여 영업세의 납부자 범위를 넓히고자 하고 있으나, 농부 등 해당자들의 반발 또한 적지 않다.

둘째, 재정지원금에 대한 개혁이다. 언급한 바와 같이 지방자치단체에 대한 주와 연방의 재정 지원 방법에는 일반 지원과 목적 지원이 있는데, 이 중 목적 지원은 주로 지방자치단체가 지방의 고유사무가 아닌 연방과 주로부터 위임받는 사무(위임사무), 지방자치단체가 반드시 수행하는 사무(의무사무) 등을 수행하는 데 필요한 재원이다. 지방자치단체가 위임사무 또는 의무사무를 수행할 때는 반드시 주(또는 연방)의 재정 지원이 필수적으로 동반되어야 하는데, 지방자치단체의 입장에서 보면 그 동안의 재정지원금이 충분하지 않았다. 다시 말하면 연방과 주가 사무만을 위임하고 그에 따르는 경비는 충분히 지불하지 않았다는 것이다. 이에 지방자치단체에서는 향후 지방자치단체에 대한 연방과 주의 사무위임에는 필수적으로 이에 상응하는 재정적 지원이 동반되어야 한다고 주장하면서 이에 대한 개혁을 요구하고 있다. 그러나 연방과 주는 이에 대하여 적극적인 입장을 취하고 있지 않다.

제 4 장

인사행정 제도(Der öffentliche Dienst)

제1절 독일 인사행정 제도의 일반적 특징

1. '공무원'과 '공공 부문 근로자'의 혼재(混在)

한국의 경우 중앙정부 및 지방자치단체에 근무하는 공공 인력은 특수한 경우를 제외하고는 대부분 '공무원' 신분을 가지고 있는 데 반하여, 독일에서는 공공 부문에서 근무하고 있는 인력이라고 해서 모두 '공무원' 신분을 가지고 있는 것은 아니다. '공무원' 이외에 다른 신분의 인력도 있기 때문이다. 독일에서는 연방, 주, 지방자치단체 및 기타 공법상의 기관에 근무하는 모든 인력을 포괄적으로 '공직자(öffentliche Dienst)'라 칭하고 있다. 즉, 공직자는 공공 부문에서 근무하는 모든 인력을 총칭하는 개념이다. 공직자의 개념에는 일반 공무원은 물론 군인과 법관도 포함하여 각종 재단, 연구기관, 공기업 등에서 근무하는 인력도 포함된다.

독일에서는 공공 부문에서 근무하는 자, 즉 공직자의 신분을 일차적으로 공무원(Beamte), 법관(Richter), 군인(Soldaten),[1] 공공 부문 사무원(Angestellte),

그리고 공공 부문 노무자(Arbeiter)로 구분한다. 이 중 법관과 군인은 이들에게 적용되는 법률이 법관법과 군법이라는 점을 제외하고는 신분상 공무원과 큰 차이가 없다. 특히 법관, 군인, 공무원과 국가 사이에는 '노동계약'이 아닌 '법률'에 의하여 고용 관계가 형성되며, 이 법률에 의하여 그들의 의무와 권리가 규정된다는 점에서 공통점이 있다. 따라서 일반적으로 공무원의 개념에는 법관과 군인이 포함된다.

공무원은 공직자 중에서 신분상 공무원법의 적용을 받는 자이다. 공무원은 국가의 법률에 따라 임용되며, 국가와 공무원 사이에는 민간 부문에서 행해지는 '노동계약'이 아닌 법률에 의한 고용 관계가 성립된다. 공무원은 전통적으로 국가 기능 중에서 국가 중추 기능 영역, 예를 들어 외교, 안보, 경찰, 재정, 조세행정 분야에 주로 임용되었으나, 최근에는 사회복지, 문화, 체육행정 분야에도 임용되어 근무하고 있다.

공공 부문 사무원은 공공 부문에 근무하는 전문·사무직 근로자이다. 공공 부문 사무원은 공직자이기는 하지만 공무원과는 달리 신분상 공무원법의 적용을 받지 않는다. 즉, 공공 부문 사무원은 법률에 따라 임용되지 않으며, 노동 조건도 법률에 명시되지 않는다. 대신 국가와 공공 부문 사무원 간에는 민간 부문에 행해지는 노동계약이 체결되며, 그 노동계약에 따라 노동 조건이 정해진다. 공공 부문 사무원은 이전에는 국가의 비중추 기능 영역에서 많이 근무하였으나, 최근 들어 연방최고행정기관을 비롯해서 주요 부처에서도 많이 근무하고 있다.

공공 부문 노무자는 공공 부문에서 근무하는 단순·기능직 근로자를 의미하며, 그 이외에 신분상 공공 부문 사무원과 아무런 차이가 없다. 국가와 이들 간에는 민간 부문에서 행해지는 노동계약이 체결되며, 이에 따라 이들의 노동 조건이 결정된다. 공공 부문 사무원과 공공 부문 노무자를 합쳐 공공 부문 근로자(Arbeitsnehmer)라 부른다. 따라서 독일의 '공공 부문 근로자'는 공공 부문에서 근무하는 자 중에서 공무원을 제외한 나머지 인력

---

1) 독일 연방군은 직업군인(Berufssoldaten)과 의무복무군(Wehrpflicitige)으로 구성되어 있는데, 이 중 직업군인만이 공직자의 범위에 포함되며, 의무복무군은 공직자의 개념에 포함되지 않는다. 따라서 여기서 '군인'이라는 것은 직업군인만을 의미한다.

[그림 4-1] 독일 공공 인력 신분의 분류

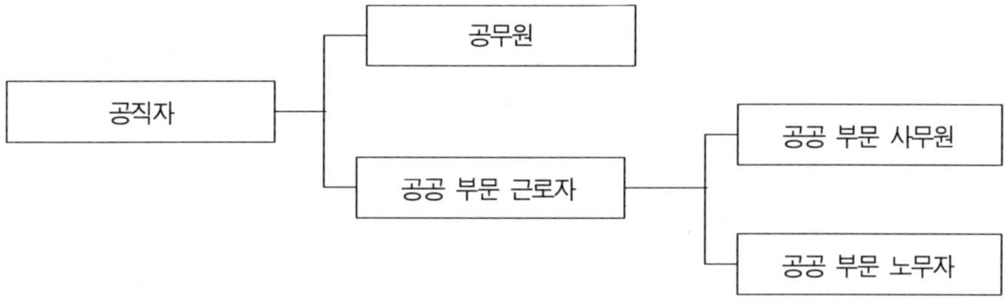

을 총칭하는 개념으로서 한국의 '공공근로자'와는 그 의미가 다르다. 요약하면 독일 공직자의 신분은 크게 공무원(군인과 법관 포함)과 공공 부문 근로자(공공 부문 사무원+공공 부문 노무자)로 구분할 수 있다.

공무원과 공공 부문 근로자 사이에는 여러 차이점이 있는데, 그 중 대표적인 것은 고용 형식이다. 공무원은 법률에 의하여 임용되며, 그 노동 조건도 법률에 의하여 정해지는데 반하여, 공공 부문 근로자는 민간 부문에서 행해지는 노동계약을 통하여 임용되며, 노동 조건도 계약을 통하여 정해진다. 또한 공무원과 공공 부문 근로자는 그 권리와 의무가 서로 다르며, 상이한 보수 체계의 적용을 받는다.

공무원 제도는 독일 인사행정의 핵심 제도로서 오랜 역사적 전통을 가지고 있다. 독일 공무원 제도의 근간은 이미 18세기 이전에 형성되었는데, 그 주요 특징은 법에 의한 신분의 규정이다. 이후 독일의 공무원 제도는 바이마르 공화국(1919~1933년) 시절을 거쳐 오면서 종신고용, 연금 제도, 징계 제도 등 직업공무원제의 여러 요소를 도입하였으며, 이를 통하여 더욱 발전하였다. 공무원 제도의 다음과 같은 특징은 이미 언급한 여러 제도적 특징과 함께 오늘날 독일 공무원 제도의 주요한 특징으로 인지되고 있다.

- 공복(公僕)으로서의 봉사·성실의 원칙
- 정치적 중립 원칙, 책임정신과 공동의 이익 강조
- 직무 수행의 독립성과 전문성 강조
- 직급 제도

– 공무원에 대한 국가의 책임 원칙(보수 · 연금의 지급, 기타 후생복지에 대한 책임)

공공 부문 근로자의 노동 조건은 법률이 아닌 일반 노동계약을 통하여 정해진다. 따라서 공공 부문 근로자의 권리와 의무는 기본적으로 민간 부문의 근로자와 크게 다를 바 없다. 그러나 공공 부문 근로자 역시 공공 부문에 근무하기 때문에 이들에 대해서는 특별 의무 규정이 있으며, 국가 역시 이들에 대한 정당한 보수 지급 이외에 연금 지급 등 후생복지에 대한 의무를 지고 있다. 아래 <표 4-1>은 공무원과 공공 부문 근로자와의 신분상 주요 차이점을 정리한 것이다.

〈표 4-1〉 공무원과 공공 부문 근로자의 차이점

	공무원	공공 부문 근로자
근무 기간	종신고용제 인정	종신고용제 인정 안함
보수	국가와 국민에 대한 봉사의 대가	근로에 대한 직접적 대가
파업권 인정 여부	인정하지 않음	인정함
의무	국가와 국민에 대한 성실 · 봉사의 의무	성실 근로의 의무
노동 조건	법률로써 규정	노동계약을 통하여 규정
임용	특정 직급에 임용	직급 없음, 특정 직위에 임용

위에서 언급한 바와 같이 근무의 기간에서 보면 공무원은 평생고용을 원칙으로 하나,[2] 공공 부문 근로자의 경우 그렇지 않다. 따라서 공무원과는 달리 공공 부문 근로자의 경우 근무 성적이 극히 나쁘거나 또는 기타 경영상의 이유로 인해 해고당할 수도 있다. 공무원과 공공 부문 사무원에게 지급되는 보수의 의미도 그 차이가 있는데, 공공 부문 근로자에게 지불되는 보수는 일반 민간 부문에서의 임금과 같이 근로에 대한 직접적 대가이다.

2) 평생고용제의 원칙이란 한번 공무원(평생직 공무원)으로 임용되면 정년이 되기 전에 공무원 자신의 의사에 반하여 퇴직당하지 않는다는 원칙을 의미한다. 그러나 이 원칙에도 불구하고 공무원은 범죄행위로 인한 법원의 판결, 임용권자의 징계 결정 등을 통하여 파면당할 수 있다.

그러나 공무원 보수는 단순히 근로에 대한 대가가 아니라, 공무 담임에 대한 전반적 대가, 즉 공무원이 일생 동안 국가와 국민에게 봉사한 대가의 의미를 가지고 있다.

독일 공무원에게 부여되는 일차적인 의무는 '국가와 국민에 대한 봉사 및 성실 의무'이다. 반면 공공 부문 근로자의 일차적 의무는 민간 부문 근로자의 의무와 같은 '성실 근로의 의무'이다. 즉, 국가에 대한 봉사의 의무보다는 사용주가 고용한 목적에 따라 성실하게 근무하는 것이다. 이 밖에도 공무원은 채용고시에 합격하면 일정한 교육 기간을 거쳐 특정한 '직급'에 임용되고 이에 상응하는 직위가 주어지는 반면 공공 부문 사무원에게는 직급이 주어지지 않는다는 점, 공무원의 경우 파업할 수 없는데 반면 공공 부문 근로자의 경우 자신들의 요구를 관철시키기 위하여 파업할 수 있다는 점 등이 공무원과 공공 부문 근로자의 신분상 차이점이다.

그러나 이러한 원칙적인 차이에도 불구하고 최근 공무원과 공공 부문 근로자의 차이는 점차 희박해져 가고 있으며, 한 발 나아가 이러한 차이를 아예 없애고 통합된 새로운 인사 제도를 구축하자는 주장도 제기되고 있다. 우선 담당 사무 영역의 차이가 없어지고 있다. 전통적 구분에 따르면 공무원은 국가의 중추 기능, 즉 외교, 안보, 경찰, 세무, 교육행정 등의 분야에 주로 근무하였다. 반면 공공 부문 근로자의 경우 국가의 비중추 기능, 예를 들면 사회복지, 기술·연구 분야, 기타 대민 서비스 행정 분야에 주로 근무하였다. 그러나 최근 국가 기능과 정부 사무의 중요도가 이전과 다르게 변화하고 있는 상황에서 공무원과 공공 부문 근로자의 담당 사무 영역 차이가 점차 없어지고 있다. 현재 공공 부문 근로자들도 고전적 의미의 국가 중추 기능 영역, 즉 외교, 안보, 세무, 교육행정 분야에서 다수 근무하고 있으며, 다수의 공무원들도 사회복지, 기술 분야에서 근무하고 있다.

또한 같은 조직 내부에서도 공무원과 공공 부문 근로자가 특별한 차별 없이 근무하고 있는 실정이다. 예를 들어 현재 '연방내무부 조직국'에서는 공무원은 물론 공공 부문 근로자도 근무하고 있으며, 그 담당 업무도 엄격하게 구별되어 있지 않다. 즉, '연방내무부 조직국' 소속 계장들 중에는 신분이 공무원인 자와 공공 부문 근로자인 자가 있다는 것이다. 마찬가지로 연방외무부 또는 연방국방부에도 공무원과 공공 부문 근로자가 신분에 차별 없이 근무하고 있다. 이 밖에 보수와 후생복지, 그리고 기타 고용 조건에서도 공무원과 공공 부문 근로자의 차이가 없어지고 있다. 현재 동일한 직급(직위)에 있는 공무원과 공공 부문 근로자의 보수 수준은 거의 비슷하며, 기타 근무 시간 등 근로 조건에서도 큰 차이가 없는 실정이다.

2. 행정 주체에 따른 인사 제도의 구분

독일 공직자의 신분은 단지 공무원과 공공 부문 근로자로만 구분되는 것이 아니라, 행정 주체에 따라서도 구분된다. 즉, 독일의 공직자는 '연방 소속 공직자', '주 소속 공직자', '지방자치단체 소속 공직자'로 구분된다. 따라서 임용권자와의 임금 협상 및 노동계약 체결시에도 소속에 따라 달리한다. 예를 들어 연방소속 공직자는 연방정부와 임금 협상 및 노동계약을 체결하며, 주와 지방자치단체 소속 공직자는 각각 주정부 및 지방자치단체와 임금에 대하여 협상하며, 노동계약도 체결한다. 그러나 독일 공직자는 기본적으로 소속 차이로 인하여 보수 및 노동 시간 등 노동 조건의 차별을 받지 아니한다. 따라서 노동 조건 협상시 연방과 주 그리고 지방자치단체가 서로 긴밀하게 협력하고 또한 공직자 노조들도 대부분 서로 연계하여 단일안을 이끌어 낸다. 그러나 협상의 시기에 따른 일시적 격차,[3] 또한 같은 신분의 공직자라 할지라도 구동·서독 지역 간의 격차는 존재한다. 예를 들어 2005년 현재 구동독 지역에 근무하는 공직자는 구서독 지역에 근무하는 동일 직급 공직자 보수의 92.5%를 받는다.

공직자의 전보 가능성, 즉 다른 소속으로의 이동 가능성은 공직자의 신

3) 한 예로 2005년 연방과 지방자치단체는 공공 부문 근로자 노조와 새로운 노동계약에 대하여 합의하였으나, 주는 이 계약에 참여하지 않았다. 따라서 2005년 10월 1일 이후 연방과 지방자치단체 소속 공공 부문 근로자는 새로운 보수 제도에 따라 보수를 받고 있는데 반하여 주 소속 근로자는 이전에 적용되었던 보수 제도에 따라 보수를 지급받고 있다. 같은 신분이지만 소속에 따라 다른 보수를 받고 있는 것이다. 그러나 이는 일시적인 현상으로 곧 주도 소속 공공 부문 근로자와 계약을 체결하여 연방과 지방자치단체 소속 공공 부문 공직자와 동일 보수를 지급할 것으로 예상한다.

분에 따라 약간의 차이가 있다. 공무원의 경우 기본적으로 다른 소속으로의 이동이 가능하다. 예를 들어 연방 소속 공무원의 경우 주 또는 지방자치단체 소속 공무원으로의 이동이 가능하며, 반대로 주 또는 지방자치단체 공무원도 연방 공무원으로의 이동이 가능하다. 물론 이 경우 임용권자의 의사가 있어야 하며 경우에 따라서는 공무원 본인의 동의도 필요하다. 그러나 공공 부문 근로자의 경우 원칙적으로 다른 소속으로의 이동이 불가능하다.

3. 철저한 직급제의 고수

공직자의 신분이 공무원과 공공 부문 근로자로 구분되어 있으며, 행정주체에 따라 인사 제도가 구분된다는 점 이외에 독일의 인사 제도에서 보여 주고 있는 또 다른 특징은 공무원 제도에서 철저한 직급제를 고수하고 있다는 점이다. 최근 공무원 인사 제도에서 직급제를 채택하고 있는 많은 국가들에서는 행정의 효율성을 제고하기 위하여 기존의 제도를 넘는 파격적인 인사 제도를 채택하고 있다. 우선 공무원 임용 과정에서 지원자의 능력과 자질이 우선시되며 학력은 거의 무시되고 있다. 또한 공무원의 임용에서도 개방형 임용제 등을 도입하여, 공직 외부에 있는 유능한 인사를 적극적으로 임용하고 있다. 승진에서도 근무 기간에 관계 없이 능력이 있는 자에 대해서는 파격적으로 승진시키기도 한다.

그러나 이런 모습은 아직까지 독일의 인사 제도에서 흔히 볼 수 없다. 독일은 아직도 전통적 공무원 제도의 특징인 철저한 직급군(職級群) 제도를 고수하고 있기 때문이다.[4] 직급군이란 일정한 직급의 집합체로서, 독일 공무원의 직급군은 아래 <표 4-2>에서 보는 바와 같이 크게 고급직 공무원, 상급직 공무원, 중급직 그리고 단순직 공무원으로 구분되며, 각 직급군에는 다시 여러 단계의 직급이 있다. 그렇게 해서 공무원 직급은 최상급인 차관

4) 그러나 이러한 인사 제도의 원칙하에서도 변화의 바람은 불고 있어 2005년 정부와 공무원 노조가 합의하여 2008년부터 시행하기로 한 새로운 인사 제도에는 직급제의 완화, 성과와 능력을 기초로 한 보수 및 승진 제도 도입 등의 내용이 들어 있다.

(Staatssekretär: B11)에서 최하급 이등사무조수(Oberamtsgehilfe: A2)까지 총 26단계로 구분되어 있다.

〈표 4-2〉 독일 공무원 계급 제도

직급군	직급
단순직 공무원	A2~A6※
중급직 공무원	A6~A9
상급직 공무원	A9~A13
고급직 공무원	A13~A16, B1~B11(간부급)

※ 각 직급군의 최상급 직급은 차상위 직급군의 최하위 직급이다. 예를 들어 위의 표에서 A6 직급은 단순직 공무원 직급군의 최상급 직급이며 동시에 중급직 공무원의 최하위 직급이다.

그런데 독일 인사행정 제도의 특징 중 하나는 이들 직급군 간에는 엄격한 구분이 있어, 특정 직급군의 공무원에 채용되기 위해서는 자질, 적성 등의 요건도 중요하지만 무엇보다도 각 직급군에서 요구하고 있는 학력 조건이 충족되어야 한다. 채용을 원하는 자의 학력 조건이 충족되지 않으면 기본적으로 해당 직급군에 채용될 수 없다는 의미이다. 이렇듯 철저하게 지켜지는 공무원 직급군 학력 조건은 비단 채용의 경우에만 적용되는 것이 아니라, 승진에서도 비교적 엄격하게 적용된다. 특별한 예외가 아니면 자신의 학력을 초월하여 상위 직급군으로 승진하기가 상당히 어렵다는 것이다.[5] 채용 지원자에게 기본적으로 요구되는 직급군별 학력은 다음과 같다.

- 단순직 공무원: 초등학교 졸업 이후 직업학교(Hauftschule) 졸업(총 교육 기간 9년)
- 중급직 공무원: 중학교(Realschule) 졸업(총 교육 기간 10년)
- 상급직 공무원: 고등학교(Gymnasium) 또는 전문대(Fachhochschule) 졸업
- 고급직 공무원: 대학교 졸업

5) 단 승진을 원칙으로 하는 군인은 이 원칙에서 제외된다.

제2절 공공 인력의 수

1. 개 관

2003년 현재 독일 전체 공공기관에 근무하는 공직자(공무원, 군인, 법관 및 공공 부문 근로자)의 총 수는 약 477만 9천 명으로서, 인구 1천 명당 공직자의 수는 약 58명 정도이다. 인구 1천 명당 공직자의 수를 기준으로 할 때 독일 공직자의 수는 아래 [그림 4-3]에서 보는 바와 같이 덴마크, 핀란드, 스웨덴보다는 그 수가 적고, 한국과 오스트리아보다는 많은 편이다.

[그림 4-3] 주요 국가 인구 대비 공직 인력 수 비교(1998년 기준)

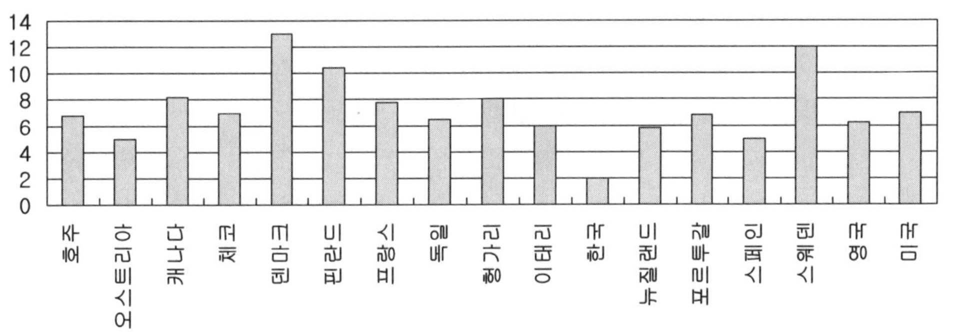

자료: 독일 연방통계국 인터넷 홈페이지(Statistisches Bundesamt: www.destatis.de) 자료를 필자가 재정리.

2. 공직자 수의 변화 추세

다음 <표 4-4>에서 보는 바와 같이 독일 공직자의 수는 1950년 이후 1990년까지(구서독 지역에 한정함) 꾸준히 증가하였다. 1950년 공직자의 총 수는 약 228만 2천 명이었으나 1990년에는 약 492만 명으로 2배 이상

〈표 4-4〉 독일 공직자 수의 변화 추세

연 도	공직자의 수(천 명)	인구 천 명당 공직자 수
1950(구서독)	2,282	45.7명
1960(구서독)	3,152	56.9명
1970(구서독)	3,786	63.9명
1980(구서독)	4,658	75.7명
1990(구서독)	4,920	77.8명
1991	6,738	84.2명
2000	4,910	59.6명
2001	4,908	59.5명
2003	4,779	58.0명

자료: 독일 연방통계국 인터넷 홈페이지(Statistisches Bundesamt: www.destatis.de) 자료를 필자가 재정리

증가하였으며, 인구 1천 명당 공직자의 수도 1950년 45.7명에서 1990년 77.8명으로 증가하였다. 공직자 증가의 주된 요인으로는 사회복지 인력의 증가, 교사의 증가 그리고 경찰 인력의 증가 등을 들 수 있겠다(Bundesministerium des Innern, 2003: 48). 그러다가 1991년 독일 공직자 수는 약 673만 8천 명으로, 전년도에 비하여 약 180만 명 이상 급증하였으며, 인구 1천 명당 공직자의 수도 84.2명으로 역대 최고 수준에 달하게 되었다. 1991년 공직자 수가 급속히 증가하게 된 주된 이유는 동서독 통일로 인하여 구동독 공직자 약 180만 명이 편입되었기 때문이다. 그러나 1991년 이후 공직자의 수는 다시 급속도로 감소하였는데, 2000년도에는 공직자의 수가 약 491만 명으로 통일 직전 구서독의 공직자 수와 비슷하게 되었다. 이후 2001년 약 490만 8천 명, 2003년에는 약 477만 9천으로, 공직자의 수가 꾸준히 감소하고 있다.

1991년 이후 공직자 수가 급속하게 감소되었던 이유로는 일차적으로 독일 정부가 추진하였던 철도, 우정, 통신 부문의 민영화를 꼽을 수 있다. 철도·우정·통신 부문의 민영화를 통해 약 80만 명의 공직자를 감축하였기

때문이다. 이 밖에 공공 인력이 감소된 주된 이유로는 통일과 함께 편입되었던 구동독 공직자에 대한 과감한 인력 감축, 통일 이후 달라진 안보 상황에 따른 독일 연방군 병력의 감축, 행정개혁을 통한 인력의 감축 등을 들 수 있겠다. 특히 2001년 이후에도 계속해서 행정 인력이 감소되고 있는데, 그 주된 이유는 연방과 주, 그리고 지방자치단체에서 추진하고 있는 행정개혁의 결과라 할 수 있다.

3. 소속에 따른 분류

아래 <표 4-5>에서 보는 바와 같이 2003년 독일 공직자 약 477만 9천 4백 명 중에서 직접행정기관에 근무하는 공직자는 전체 공직자의 87.6%인 약 418만 4천 2백 명으로, 공직자 중 다수가 직접행정기관에 근무하고 있다는 것을 알 수 있다. 반면 간접행정기관에 근무하는 공직자는 약 59만 5천 2백 명으로 전체 공직자의 12.4%에 불과하다. 그러나 1990년 간접행정기관에 근무한 공직자는 전체 공직자의 5%에 불과하였으며, 2000년도에는 전체 공직자 중 10%만이 간접행정기관에 근무하였다는 사실을 염두에 둘 때, 간접행정기관 소속 공직자의 수가 점차 늘어나고 있음을 알 수 있다

〈표 4-5〉 독일 공공 인력의 소속(2003년 기준)

공직자의 소속		공직자의 수(명)	비율(%)	
직접행정기관	연방	549,000※	11.5	87.6
	주	2,155,300	45.1	
	지방자치단체	1,479,900	31.0	
간접행정기관		595,200	12.4	12.4
합계		4,779,400	100.0	100

자료: 독일 연방통계국 인터넷 홈페이지(Statistisches Bundesamt: www.destatis.de) 자료를 필자가 재정리.

※ 연방철도재산관리(Bundeseisenbahnvermögen) 부문 약 57,900명과 연방군(직업군인) 약 186,900명이 포함된 수.

(Bogumil & Jann, 2005: 92). 이것은 연방 또는 주정부로부터의 간섭과 지시를 받지 않고 기관 독자적으로 운영하는 간접행정기관의 수와 규모가 늘어나고 있다는 사실을 간접적으로 말하여 준다.

직접행정기관에 근무하는 공직자를 소속별로 구분해 보면 연방 소속 공직자가 약 54만 9천 명으로 전체 공직자의 11.5%를 차지하며, 주 소속 공직자가 45.1% 그리고 지방자치단체 소속 공직자가 31%를 차지하고 있다. 주 소속 공직자가 가장 많으며, 연방 소속 공직자의 수가 주 또는 지방자치단체 소속 공직자에 비교해서 훨씬 적다는 것을 알 수 있다.

연방 소속 공직자의 수는 한 때(예: 1960년대) 전체 공직자의 42%에 달한 적도 있었는데, 2000년대 들어와 점차 줄어들어 2003년 현재 전체 공직자의 11.5%인 약 54만 9천 명만 남아 있다. 그런데 현재의 연방 소속 공무원의 수에는 민영화 예정인 '연방철도 시설관리' 부문에 근무하는 공직자 약 57,900명이 포함되었기 때문에 만약 이들을 제외할 경우 실제 연방 소속 공직자 수는 약 49만 1천 1백 명으로 줄어들게 된다. 또한 현재의 인력에는 군인(직업군인) 약 18만 6천 9백 명이 포함되어 있어, 이 수도 제외할 경우 실제 행정 인력은 약 30만 4천 2백 명 정도로 줄어들게 된다. 이를 보면 연방 소속 인력의 규모가 극히 작다는 것을 알 수 있다. 연방 소속 공직자 수의 감소 원인으로는 그 동안 연방정부가 꾸준히 추진해 온 국영기업의 민영화, 연방군의 감축, 기타 행정 인력 감축 등을 들 수 있겠다.

4. 사무에 따른 분류

연방 소속 공직자의 사무별 인력 분포를 보면 <표 4-6>에서 보는 바와 같이 전체 인력 49만 1천 1백 명(연방철도 재산관리 부문 약 5만 7천 9백 명이 포함되지 않은 수) 중에서 국방 분야에서 근무하는 인력이 약 31만 4백 명으로 가장 많은데, 이 인력에는 연방국방부 소속 직업군인 18만 6천 9백 명 이외에 군무원 12만 3천 5백 명이 포함되어 있다. 따라서 연방 인력 중에서 국방 분야에 근무하는 인력을 제외하면 나머지 인력은 약 18만 7백 명에 지나지 않는다. 이를 표로 정리하면 <표 4-7>과 같다.

〈표 4-6〉 독일 공직자의 사무별 구분(2003년도 기준, 천 명)

사무별 구분	공직자의 수			
	연방 소속	주 소속	지방자치단체 소속	합계
행정관리 및 정책 결정	38.4	123.8	234.3	396.5
국방	310.4	0	0	310.4
국내 치안 및 질서 유지	44.4	287.6	108.8	440.8
정보 수집, 대테러 특수임무 등	4.3	187.8	0	192.1
재정(관세, 조세 부문 포함)	45.4	151.3	59.6	256.2
교육, 과학, 연구	12.0	1152.3	184.2	1348.5
사회복지	3.4	60.7	279.0	343.0
보건, 환경, 체육	5.0	49.7	308.9	363.6
주택, 건설, 도시계획	0	25.7	164.4	190.1
식량, 농수산업	0.6	27.3	1.3	29.2
에너지, 수자원	1.0	11.1	11.7	23.8
교통 및 통신	26.1	46.9	24.1	97.1
공공기업	0	31.2	33.4	64.6
합 계	491.1※	215.3	1409.6※※	4056.0

자료: 독일 연방통계국 인터넷 홈페이지(Statistisches Bundesamt: www.destatis.de) 자료를 필자가 재정리.

※ 연방철도재산관리 부문 약 57,900명이 포함되지 않은 수

※※ 지방자치단체 연합체에서 근무하는 공직자 약 70,300명이 포함되지 않은 수

〈표 4-7〉 독일 연방 소속 공공 인력(2003년 기준)

현재 인력	549,000명
감축 대상 인력 (민영화될 연방철도 시설관리 소속)	57,900명
군인	186,900명
군무원	123,500명
군방 분야 제외 순수 행정인력	180,700명

국방 분야를 제외한 나머지 주요 분야별 인력 분포를 보면, 조세·관세 및 기타 재정 부문에 약 45,400명, 치안 및 질서 유지 분야에 약 44,400명, 교통과 통신 분야에 약 26,100명이 근무하고 있다. 연방부처의 일반 행정관리 및 정책 결정 부문에 근무하는 고위 공직자들의 수는 약 38,400명이다.

주 소속 공공 인력의 분야별 분포를 보면, 우선 주 소속 공직자의 다수가 (53%) 교육, 과학, 연구 분야 인력(주로 교수 및 교사)이라는 것을 알 수 있다.[6] 또한 국내 치안 및 질서 유지 분야에 근무하는 인력(경찰 인력)이 약 287,600명으로, 전체 주 소속 공직자의 13.3%를 차지하며, 테러 방지와 정보 분야에 근무하는 인력도 주 소속 공공 인력의 8.6%에 달한다. 이 밖에 비교적 많은 공공 인력이 근무하고 있는 분야는 재정 관련 분야이며 (7%), 정책 결정 분야에 근무하는 고위 공직자의 수도 전체 주 소속 공공 인력의 5.7%나 된다.

지방자치단체 소속 공공 인력은 연방과 주에 비하여 상대적으로 주민에 대한 서비스 행정 분야에 많이 근무하고 있다. 또한 보건, 환경 보호, 그리고 사회복지 행정 분야에도 다수의 공직자가 근무하고 있다. 이 밖에 지방자치단체 공직자는 지방자치단체의 전기시설, 상하수도, 쓰레기 처리, 교통 분야 등 기술적 지원과 관련된 분야에 근무하고 있다. 전체 지방자치단체 공공 인력 중 행정관리 및 정책 결정 부문에 근무하는 인력 비율이 연방과 주에 비하여 상대적으로 큰 편인데(16.6%), 이는 지방자치단체의 수가 그만큼 많고, 모든 지방자치단체에 자치단체장 등 정책결정자들이 있기 때문이다.

5. 신분에 따른 분류

<표 4-8>에서 보는 바와 같이 독일 전체 공직자 중 공무원(법관 포함) 신분을 가지고 있는 인력은 전체 공직자의 35.4%이며, 군인을 포함할 경우 39.3%이다. 공공 부문 사무원은 전체 공직자의 48.1%, 공공 부문 노무자는

---

6) 독일 교사 및 교수의 대부분은 공무원 신분이며, 이들은 주 소속이다.

〈표 4-8〉 독일 공직자의 신분에 따른 분류(2003년 기준, 천 명)

소속 \ 신분	공무원 (법관 포함)	직업군인	공공 부문 사무원	공공 부문 노무자	합계
연방	186.0	186.9	97.7	78.4	549.0
주	1,259.2	0	776.8	119.2	2,155.2
지방자치단체	179.7	0	952.3	347.9	1,479.9
간접행정기관	65.0	0	474.5	55.6	595.1
합계(명)	1,689.9	186.9	2,301.3	601.1	4,779.2
합계(%)	35.4%	3.9%	48.1%	12.6%	100%

자료: 독일 연방통계국 인터넷 홈페이지(Statistisches Bundesamt: www.destatis.de) 자료를 필자가 재정리.

12.6%를 차지하고 있다. 공무원과 공공 부문 근로자(공공 부문 사무원 + 공공 부문 노무자)로 구분할 경우 그 비율은 39.3% 대 60.7%로 공공 부문 근로자의 수가 공무원 수보다도 월등히 많다.

소속을 기준으로 하여 공직자의 신분을 분석하여 보면 연방 소속 공직자 54만 9천 명 중 약 67.9%인 37만 2천 9백 명(군인을 제외할 경우 18만 6천 명)이 공무원 신분이다. 연방 소속 공직자의 2/3 이상이 공무원의 신분이라는 점을 알 수 있다. 그러나 공공 부문 사무원은 9만 7천 7백 명으로 17.8%, 공공 부문 노무자는 7만 8천 4백 명으로 14.3%에 불과하다. 한편 주 소속 공직자 215만 5천 2백 명 중 공무원은 125만 9천 2백 명으로 주 소속 공직자의 약 58.4%를 차지하며, 공공 부문 근로자는 89만 6천 명으로 약 41.6%이다. 이를 보면 주 소속 공공 인력의 1/2 이상이 공무원 신분이라는 점을 알 수 있다.

그러나 지방자치단체 소속 공직자 신분 분포는 연방 또는 주와는 다른 양상을 보이는데, 공무원은 17만 9천 7백 명으로 전체 지방자치단체 소속 공직자 147만 9천 9백 명의 12.1%에 불과하고, 나머지 87.9%인 130만 2백 명은 모두 공공 부문 근로자의 신분(공공 부문 사무원 64.3%, 공공 부문 노무자 23.6%)이다.

6. 근무지에 따른 분류

〈표 4-9〉 공직자의 근무지 분류(2003년)

근무지(주)	공직자 수(천 명)	비율(%)
바덴-뷔르템베르크	604.2	12.6
바이에른	721.3	15.1
베를린	281.4	5.9
브란덴부르크	149.5	3.1
브레멘	50.5	1.0
헤센	343.6	7.2
메클렌부르크-포르포메른	117.6	2.5
니더작센	454.3	9.5
노르트라인-베스트팔렌	918.6	19.2
라인란트-팔츠	227.6	4.7
자를란트	56.4	1.2
작센	250.5	5.2
작센-안할트	163.1	3.4
슐레스비히-홀슈타인	176.2	3.7
튀링겐	131.7	2.8
함부르크	121.9	2.6
외국	11.0	0.3
합계	4,779.4	100

자료: 독일 연방통계국 인터넷 홈페이지(Statistisches Bundesamt: www.destatis.de) 자료를 필자가 재정리.

위의 <표 4-9>에서 보는 바와 같이 독일 주에서 공직자의 수가 가장 많은 주는 노르트라인-베스트팔렌 주로서, 전체 공직자의 19.2%가 이 주에서 근무하고 있다. 노르트라인-베스트팔렌 주가 독일에서 인구가 가장 많은 주이기 때문에 공직자의 수 역시 많은 것은 당연하다고 하겠다. 또한 통일 이전의 연방수도였던 본(Bonn) 시에 아직도 다수의 연방기관이 존재한다는 점도 공직자의 수에 영향을 미쳤을 것으로 판단된다.

노르트라인-베스트팔렌 주에 이어 바이에른, 바덴-뷔르템베르크 주 등도 약 60만 명 이상의 많은 공직자가 근무하고 있다. 구동독 지역에서는 작센 주가 비교적 커서 약 25만 명 정도의 공직자가 근무하고 있으며, 작센-안할트 주 약 16만 명, 튀링겐 주에서 약 13만 명 정도의 공직자가 근무하고 있다. 브레멘, 함부르크 시의 경우 공직자의 수가 그리 많지 않으나, 베를린의 경우 비교적 많은 약 28만 명 정도의 공직자가 근무하고 있다. 인구가 많은 독일 제1의 도시라는 점과 또한 연방수도라는 점이 공직자의 수에 크게 작용하였으리라 판단된다.

7. 여성 공직자의 비율

〈표 4-10〉 전체 공직자 중 여성 공직자의 비율

연 도	여성 공직자의 비율(%)
1960	28.1
1969	32.6
1980	39.3
1990	43.1
2002	51.4
2003	51.8

자료: 연방내무부 인터넷 홈페이지(www.bmi.bund.de) 자료.

위의 <표 4-10>에서 보는 바와 같이 1960년 독일 공직자 중에서 여성이 차지하는 비율은 약 28.1%에 불과하였으나, 2003년에는 총 공직자의 51.8%로 증가하였다. 여성의 공직 진출이 폭발적으로 증가하였음을 알 수 있다. 이와같이 여성 공직자가 급격히 증가한 원인으로는 일차적으로 독일 정부의 노력을 꼽을 수 있겠다. 1994년 '여성고용촉진법(Frauenföderungsgesetz)'을 제정하여 정부 부문은 물론 민간 부문에서도 여성에 대한 고용 촉진을 추진하였던 독일 정부는 2001년 '양성평등추진법(Gesetz zur Durchsetzung der Gleichstellung von Frauen und Männern)'을 제정하여 독일 사회의 남녀 평등을 위한 구체적인 실천계획을 제시하였다. 이 법률은 남성이 상대적으로 많이 고용되어 있는 기관의 경우 직원의 신규 채용시 동등한 능력, 자격을 갖추었다고 인정되는 경우 우선적으로 여성을 채용하여, 빠른 시일 내에 고용자의 수가 남녀 균형이 이루어져야 한다고 규정하고 있다.

또한 이 법에는 교육과 승진 등의 경우에도 남녀 차별이 없어야 하며, 특히 여성은 출산과 육아 등을 위하여 일시적으로 휴직할 수 있는데, 이러한 점이 신규 채용과 승진시 불리한 요소로 작용해서는 안 된다고 명시하고 있다. 이 밖에 이 법률에서는 모든 행정기관에서는 남녀 평등 원칙의 실천 여부를 감시하는 '남녀평등 전권자'를 선임하여야 한다고 명시하고 있는데, 자신이 근무하는 기관의 여성 공직자들의 투표를 통하여 선출되는 남녀평등 전권자는 해당 행정기관의 남녀 평등 실태 여부를 감시하고, 또한 법에서 명시하고 있는 사항의 구체적 추진을 책임지게 된다.

제 3 절 공무원 제도

1. 법적 기초

공무원(군인 및 법관 포함) 신분에 관한 법률의 제정권은 일차적으로 연방에 있다. 그러나 연방공무원의 의무과 권한, 그리고 기타 고용 조건 등을 명시하고 있는 '연방공무원법(Bundesbeamtengesetz)'은 단지 연방 소속 공무원에 대하여만 적용되는 것이 아니며, 16개 '주공무원법'의 기초가 되고 있다. 따라서 연방의 공무원법은 실제 전국의 공무원에게 적용되는 셈이다. 마찬가지로 연방공무원의 보수와 후생에 대하여 규정하고 있는 '연방공무원보수법(Bundesbesoldungsgesetz)'과 '공무원후생법(Beamtenversorgungsgesetz)' 또한 주와 지방자치단체 소속 공무원들에게도 동시에 적용된다.

결론적으로 독일 공무원의 권리와 의무, 보수, 후생 그리고 기타 근로 조건을 명시하고 있는 연방 법률은 연방 소속 공무원들은 물론 주와 지방자치단체 소속 공무원들에게도 동일하게 적용되는 셈이다. 따라서 연방공무원법, 연방공무원보수법, 공무원후생법 등 연방에서 제정된 법률은 당연히 주의 동의를 필요로 하는데, 동의 절차는 연방평의회에서 이루어진다. 연방의회를 통과한 법률은 다시 주 대표들로 구성된 연방평의회를 통과하여야 비로소 그 효력을 발생하는 것이다. 또한 이들 법률은 제정 과정에서부터 여러 공무원 이익단체(공무원 노조)들의 의견을 수렴하는데, 이들 공무원 이익단체는 법안 제정 단계에서부터 법안에 대한 심의에 참가하여 그들의 의견을 제시하기도 한다.

주요 공무원 이익단체에는 연방 차원의 '독일공무원연합회(Deutsche Beamtenbund)', '독일법관연합회(Deutsche Richterbund e.V.)', '독일행정법관연합회(Bund Deutscher Verwaltungsrichter und Verwaltungs-richterinnen)' 등이 있다. 주 차원에서도 역시 많은 공무원 이익단체가 있는데, 대표적인 것은 경찰 노조, 교원 노조 등이다.

2. 공무원 신분의 구분

독일 공무원의 신분은 다음과 같은 기준으로 구분할 수 있다.

1) 소속에 따른 구분

- 연방 소속 공무원: 연방부처 및 각급 연방행정관청에서 근무하는 공무원이다.
- 주 소속 공무원: 주 각 부처 및 주행정기관 소속 공무원으로서, 대표적인 주 소속 공무원으로는 경찰공무원, 교사 등이 있다.
- 지방자치단체 소속 공무원: 주민 직선을 통하여 당선된 지방자치단체장과, 지방의회에서 선출된 행정 각 '부서장(Beigeordneter)', 그리고 지방행정기관에 근무하는 공무원이다.

2) 직업공무원과 명예직 공무원의 구분

(1) 직업공무원

공무원직을 본업으로 수행하는 자이며, 직업공무원은 다시 다음과 같이 구분할 수 있다.

① 평생직 공무원(Beamte auf Lebenszeit)

일반적 개념의 직업공무원이다. 평생직 공무원에게는 법률에 의하여 특정한 의무와 권리가 규정되어 있으며, 징계 또는 법원의 판결에 따른 파면 결정에 의하지 않는 한 평생고용의 원칙이 적용된다. 일반적으로 공무원 채용고시에 합격하여 일정 기간 동안의 교육 과정(교육생 공무원 기간)과 시보 기간(시보 공무원 기간)을 마친 후 평생직 공무원으로 임용된다.

② 임시직 공무원(Beamte auf Zeit)

특정 과업의 수행을 위하여 일정 기간(일반적으로 2~5년) 동안 공무원에 임용되어 근무하는 공무원이다. 계약 기간이 경과하면 공무원 신분 또한 상실하게 된다. 한국의 '계약직 공무원'과 그 성격이 비슷하다.

③ 교육생 공무원(Beamte auf Widerruf)

교육생 공무원이란 공무원 신규 채용 후 교육을 받는 기간 동안의 공무원 신분을 의미한다. 이 기간 동안에는 교육 성적 등 기타 사유로 인하여 채용 자체가 복잡한 절차 없이 취소될 수 있다. 독일어 명칭인 'Beamte auf Widerruf'란 '채용이 취소될 수 있는 공무원'이라는 뜻이다. 교육 기간은 아래와 같이 각 직급군에 따라 조금씩 다르다.

- 단순직 공무원: 6개월
- 중급직 공무원: 2년~2년 6월
- 상급직 공무원: 3년
- 고급직 공무원: 2년~2년 6월

④ 시보 공무원(Beamte auf Probe)

시보 공무원이란 교육을 마친 공무원이 근무처에 배치되어 일정 기간의 시보 기간을 거치는데, 이 기간 동안의 신분을 의미한다. 시보 기간 역시 공무원 직급군에 따라 조금씩 다르다.

- 단순직 공무원: 1년
- 중급직 공무원: 2년
- 상급직 공무원: 2년 6월
- 고급직 공무원: 3년

위에 언급한 구분은 주로 교육 기간 또는 시보 기간 등을 기준으로 한 것으로, 이들 공무원들 간에는 신분상 커다란 차이를 발견할 수 없다. 예를 들어 공무원 채용고시에 합격한 후 일정한 기간 동안 교육생 공무원과 시보공무원을 거치게 되면 모두 평생직 공무원에 임용된다. 또한 평생직 공무원과 임시직 공무원의 경우도 그 근무 기간에서만 차이가 있지, 그 밖에 공무원의 권리와 의무 규정 등에서는 특별한 차이가 없다. 특히 이들 모두는 공무원법, 공무원보수법, 공무원후생법의 적용을 받는다는 점에서 공통점이 있다. 그러나 다음에 언급하는 공무원의 경우 이미 언급한 공무원들과는 신분상 상당한 차이가 있다.

⑤ 선출직 공무원(Wahlbeamte)

선출직 공무원이란 선거를 통하여 당선되어 공직에 근무하는 공무원을 의미하는데, 주민 직선을 통하여 당선된 지방자치단체장과, 지방의회에서 선출된 지방자치단체 행정 각 부서장(국장, Beigeordneter)이 이에 해당된다. 그 밖에는 선거에서 당선되어 공직에 근무한다고 하여도 선출직 공무원은 아니다. 예를 들어 연방수상, 주지사 등은 선거를 통하여 선출된 후 공직에 근무하지만 이들의 공식 신분은 공무원이 아닌 직업정치가이다. 선출직 공무원은 임기 기간에 한하여 공무원의 신분을 유지하며, 원칙적으로 공무원법의 적용을 받는다. 그러나 이들은 공무원법 이외에도 지방자치법의 적용을 받기도 한다. 지방자치법은 자치단체장과 지방자치단체 행정 각 부서장의 의무와 권리에 대하여 규정하고 있기 때문이다.

⑥ 정무직 공무원(politischer Beamte)

정무직 공무원이란 연방 또는 주정부가 그들의 정치적 목적을 달성하기 위하여 임용한 공무원으로서, 행정차관(Staatssekretär), 관리관(Ministerialdirektor) 등 주로 연방과 주행성기관의 최고위직 공무원이 이에 속한다.

정무직 공무원들에게는 평생직 공무원들에게 요구되는 정치적 중립 의무가 적용되지 않으며, 대신 평생고용의 원칙도 적용되지 않아 정부는 이들을 언제든지 퇴임시킬 수 있다. 정무직 공무원의 규모는 비교적 작아 연방의 경우 약 400명 정도의 규모이다. 구체적으로 연방 각 부처의 행정차관, 관리관, 기타 독일정보국, 연방범죄수사국, 연방헌정질서수호국 등 정보계통 행정기관의 기관장 등이 바로 정무직 공무원에 해당된다. 연방부처 정무차관의 신분은 정무직 공무원이 아닌 직업정치가이다.

(2) **명예직 공무원**

명예직 공무원에는 지방의원, 명예직 자치단체장 등 주로 지방자치단체의 공직자가 해당되며, 연방 차원에서는 해외 주재 영사관의 명예영사를 예로 들 수 있다.

3. 공무원의 의무와 권리

독일 정부수립 이후 행정개혁 과정에서 공무원 제도가 폐지되어야 한다는 주장이 제기된 바 있었다. 히틀러 집권시 다수의 공무원들이 히틀러와 나치 정부에 기여하였다는 이유 때문이다. 또한 독일 공무원 제도가 관료주의와 권위적인 행정문화의 원천이라는 이유 때문이었다. 그러나 현재까지 독일 공무원 제도의 근간은 그대로 유지되고 있는데, 그 이유 중 하나는 공무원은 국가와 국민의 봉사자로서의 기능을 수행한다는 국민의 공감대가 있기 때문이다. 공무원은 국민과 국가를 위하여 헌신적으로 봉사하여야 한다는 원칙은 공무원 책임성의 원칙, 정치적 중립성 원칙과 함께 독일 공무원 제도의 중요한 원칙 중 하나이다. 다음은 공무원법에 명시되어 있는 독일 공무원의 주요 의무와 권리이다.

1) 의 무

(1) 성실 근무의 의무

공무원의 첫 번째 의무는 성실하게 근무하여야 한다는 것이다. 성실하게 근무하기 위하여 공무원은 무엇보다도 정해진 시간에 출근하여 근무를 시작하여야 하며; 상급자의 허락 없이 근무지를 이탈할 수 없다. 물론 근무 형태 또는 근무지의 형태에 따라 정시 출근 및 근무지 이탈 금지의 원칙이 적용되지 않는 경우도 있다.

(2) 공익과 정치적 중립의 의무

공무원은 공무 수행시 일차적으로 공익을 염두에 두어야 하며 공명정대(公明正大)하여야 한다. 특히 공무원은 공무 수행과 관련해서 정치적 중립을 유지하여야 한다. 그러나 이 규정이 곧 공무원은 정당에 가입할 수 없으며, 정치에 관여할 수 없다는 것을 의미하는 것은 아니다. 독일 공무원은 특정 정당에 가입할 수 있으며, 정치 활동의 자유도 보장받고 있다. 그러나 정치 활동은 근무 이외의 시간에 한하며, 공무 수행에 관련해서는 정치적 중립을 유지하여야 한다.

(3) 청빈의 의무

공무원은 공무 수행과 관련해서 사리(私利)를 추구할 수 없으며, 원칙적으로 타인으로부터 선물 또는 기타 사례를 받을 수 없다.

(4) 상급자에 대한 지원, 자문, 복종 의무

공무원은 공무 수행에 관하여 상급자의 지시를 따라야 하며 동시에 상급자의 직무를 지원하여야 한다. 그러나 이 복종 의무 규정은 무조건적인 복종을 의미하지 않는다. 상급자의 지시가 위법적이라고 판단될 경우 이를 상급자 당사자에게 인지시켜야 하며, 그럼에도 불구하고 당사자가 이를 고집할 경우 기관장에게 고지(告知)하여야 한다. 만약 기관장이 상급자의 지시가 위법이라고 결정할 경우 당연히 상급자의 지시는 무효화되며, 위법적인 지시가 아니라고 최종 결정되더라도 이로 인하여 해당 공무원은 어떠한 불이익도 당하지 않는다.

(5) 비밀 유지의 의무

공무원은 공무상 획득한 정보에 대하여는 비밀을 유지하여야 한다.

2) 권 리

(1) 정치 활동의 자유권

공무원은 기본법에서 허용하고 있는 범위 내에서 정치적 활동의 자유를 보장받고 있다. 그러나 공무원은 정치적 활동을 가급적 자제하여야 하며, 특히 공무 수행과 관련해서는 정치적 중립 원칙을 준수하여야 한다.

(2) 단결권

공무원들도 다른 국민들과 마찬가지로 자신들의 이익을 위하여 단체를 조직할 수도 있으며, 이 단체를 통하여 그들의 요구를 표출할 수도 있다. 그러나 단체행동권은 부여되지 않는다.

(3) 생활권

공무원은 공무를 수행하면서 경제적으로 그 누구에게도 의존하지 않을 권리가 있다. 따라서 국가는 공무원과 그의 가족에게 경제 생활에 필요한 만큼의 보수를 지불하여야 하며, 질병과 상해 그리고 후생에 대하여도 책임을 져야 한다.

4. 신규 채용

독일 국민은 누구나 자신의 의지, 능력, 자격에 따라 공무원의 신분으로 공직에서 근무할 수 있다. 그러나 연령이 32세를 초과한 자는 원칙적으로 공무원 채용고시에 지원할 수 없다. 단, 장애자의 경우 40세까지 지원이 가능하며, 자식의 양육 또는 장애인 가족의 부양으로 인하여 시험 시기를 놓친 자에게는 특별한 배려가 가능하다. 또한 독일 이외 유럽연합(EU) 다른 국가의 국민들도 독일 공무원의 신분으로 근무할 수 있다. 그러나 독일 국민과는 달리 유럽연합 다른 국가의 국민들에게는 모든 직위가 개방되어 있지 않다. 근무 내용과 근무처의 성격상 오직 독일 국적 소유자에 한하여 허용되어야 하는 직위가 있기 때문이다(예를 들어 정보기관 등). 그러나 이들 직위는 확정되어 있는 것은 아니며, 상황에 따라 변할 수 있기 때문에 요구가 있을 때마다 심사를 통하여 정해지게 된다.

독일 공무원의 신규 채용 방법 중 특이한 점은 직급군에 따라 상이한 채용 요건이 제시되며, 이 요건을 충족하여야 채용고시에 지원할 수 있다는 점이다. 다시 말해서 공무원으로 임용되기 위해서는 우선 자신이 원하는 직급군에서 요구하고 있는 채용의 요건을 먼저 충족하여야 한다는 것이다. 그 요건에는 소양, 자질, 학력 등 여러 가지가 있는데 이 중 가장 기본적인 것은 지원자의 학력이다. 각 직급군에서 요구하고 있는 채용고시 지원자 학력은 이미 언급한 바 있다. 그러나 최근 탄력적인 인사 제도를 추구한다는 취지에서 이들 학력 요건이 다소 완화되고 있다. 따라서 채용고시 응시자가 각 직급군에서 요구하고 있는 학력을 충족시키지 못하는 경우에도 해당 직급군의 공무원 채용고시에 응시할 수 있는데, 이 경우에는 해당 응시자가 학력이 부족해도 이 직급군의 공직 업무를 성공적으로 수행할 수 있다는 점을 증명하여야 한다. 즉, 채용고시 응시자는 학력 부족을 보충할 수 있는 자신의 특출한 경력 및 기타 능력을 증명하여야 한다. 이에 대한 최종적 판단은 연방 또는 각 주에 설치된 중립적 인사기관(연방일 경우 연방인사위원회, Bundespersonalausschuss)에서 담당한다.

독일 공무원 신규 채용 방법 중 또 하나의 특이한 점은 특정 부처가 채용의 전 과정을 담당하지 않는다는 점이다. 다시 말해서 독일에는 한국과 같이 특정 부처가 주관하는 통합적인 공무원 선발 고시가 없다는 것이다. 대신 독일에서는 각 연방행정 또는 주의 각 행정기관이 자신의 부처에서 필요로 하는 인력을 자체 책임하에, 자체적으로 정한 전형 방법을 통하여 선발한다. 물론 지방자치단체의 경우에도 행정기관에서 필요로 하는 인력을 자체 책임하에 선발한다. 채용은 공개채용을 원칙으로 한다. 따라서 독일에서는 모든 행정기관의 인력 채용 규모, 채용 요건, 채용 방법 등은 상이하며, 공직 근무를 원하는 지원자도 자신이 근무하기를 원하는 기관에서 어떤 인력을 필요로 하며, 그 채용 요건 및 방법은 무엇인가를 숙지하고, 이에 대하여 준비하여야 한다. 이해를 돕기 위하여 연방외무부 인터넷 홈페이지(www.auswaertiges-amt.de) 인력채용 공고(公告)를 예를 들어 보기로 한다. 2005년 6월 연방외무부 홈페이지에는 다음과 같이 인력채용 공고가 있다.

■ 연방외부부 인터넷 홈페이지 공무원 채용 공고 내용

- 연방외교부 공무원 채용 직급군 설명과 함께 각 직급군에서 요구하고 있는 채용 요건, 특히 학력 요건
- 연방외교부 공무원 채용 시기(지원서류 마감일, 접수처, 합격자 발표(1차), 이후 채용 일정 등)
- 연방외교부 공무원 선발 방법(서류 전형, 필기시험, 외국어 시험, 기타 능력 및 능력 테스트 등)
- 지원자를 위한 시험 준비 사항
- 채용 후 교육 기간 및 교육 과정에 대한 설명
- 기타 연방외무부 업무 소개

따라서 연방외교부에 근무하기를 희망하는 자는 자신의 적성, 능력, 특히 학력에 맞는 공무원 직급군 채용고시를 선정하고, 이에 대하여 준비한 후 지원 원서를 제출하여야 한다. 공무원 채용고시에 최종 합격하면 바로 평생직 공무원으로 임용되어 직무를 수행하는 것이 아니라, 일단 교육생 공무원의 신분으로 교육을 받는다. 이 기간 동안에는 교육 성적 등 기타 사유로 인하여 채용 자체가 취소될 수도 있다. 교육 기간을 성공적으로 마치고 나면 최종적으로 임용시험(직급고시)를 치르게 되며, 이에 합격하여야만 자신이 지원한 직급군의 특정 직급의 공무원으로 임용된다. 그러나 임용고시에 합격하였다 해도 바로 평생직 공무원으로 임용되는 것이 아니고 일단 시보 공무원으로 임용되어 근무하게 된다. 시보 기간을 성공적으로 마쳐야만 비로소 정식 공무원인 평생직 공무원으로 임용된다.

정리하면 평생직 공무원에 정식으로 임용되기 위해서는 채용고시에 합격한 후에도 교육생 공무원의 신분으로 일정한 기간 동안 교육을 받아야 하며, 교육 이후에는 다시 시보 기간을 거쳐야 한다. 예를 들어 고급직 공

무원의 경우 채용고시에 합격하였다고 하더라도 교육 기간 2년 6월, 시보 기간 3년 등 총 5년 6월 후에야 평생직 공무원으로 임용된다는 것이다. 물론 교육생 공무원 또는 시보 공무원 시절 동안에는 낮은 교육 성적 및 근무 성적으로 인하여 공무원 임용이 취소될 수 있다. 특히 교육생 공무원 기간 동안에는 교육 성적 및 기타 자질 부족 등으로 인하여 복잡한 절차 없이 채용이 취소될 수 있다.

5. 승 진

독일 공무원이 상위 직급으로 승진하기 위하여는 원칙적으로 공무 수행과 관련하여 우수한 근무 성적 및 능력을 보여야 한다. 공무원 승진은 인사평가 결과를 바탕으로 하는데, 평가는 원칙적으로 매 5년마다 실시된다. 평가는 근무 성적, 자질, 발전 가능성 등에 대한 종합적인 평가이며, 평가의 결과는 승진은 물론 전보, 교육 등 기타 인사 자료로도 이용된다. 그러나 이러한 승진 제도의 원칙에도 불구하고 지금까지는 근무 성적과 자질에 따른 승진보다 근무 연한에 따른 승진 제도가 보편화되어 있었다. 대과(大過)가 없을 경우 일정한 기간이 되면 직급군 내에서 자동적으로 승진되었던 것이다. 그러나 2005년 공무원 인사개혁 결과 근무 성적과 자질에 따른 승진이 강조됨에 따라 향후 근무 성적 및 자질에 기초한 승진 제도가 정착·시행될 것으로 예상된다.

승진은 원칙적으로 동일 직급군 내 상위 직급으로의 승진만 가능하지만, 승진 대상자가 탁월한 근무 성적과 전문 능력 및 기타 자질을 보일 경우 상위 직급군으로의 승진도 불가능한 것은 아니다. 그러나 상위 직급군으로의 승진은 승진 대상자의 근무 성적과 자질에 대한 자세한 심사가 이루어진 후에 가능하다. 이 심사는 승진 대상자가 근무하는 행정기관이 아닌 독립적 기관(연방의 경우 연방인사위원회)에서 담당한다. 따라서 상위 직급군으로의 승진은 매우 어렵다고 할 수 있다. 그러나 앞으로 성과주의 승진 제도가 더욱 강조되고 있기 때문에 상위 직급군으로의 승진도 점차 활성화될 것으로 예상된다. 이 밖에 상위 직급으로 승진하는 소위 '직급승진'이 아닌 동일 직급에서 보수 호봉만 올라가는 '호봉승진' 제도도 있는데, 이에 대해서는 '공무원 보수 제도' 부분에서 자세히 설명한다.

6. 징 계

임용권자[7]는 공무 수행 과정에서 의무 규정을 위반한 공무원에 대하여 징계할 수 있다. 공무원 임용권자는 공무원의 의무 규정 이행 여부를 항시 파악하고 있어야 하며, 만약 공무원의 의무 규정을 위반하였을 경우, 징계 절차를 밟아 해당 공무원에 대한 징계 여부 및 징계 수위를 결정한다.[8] 독일 공무원에 대한 징계의 종류에는 견책, 벌금, 감봉, 강임(降任), 그리고 파면 등 다섯 가지 종류가 있다. 이 중에서 파면은 중징계로서, 징계 대상자가 심각한 규정 위반을 하였을 경우에만 해당된다. 한편 이미 퇴직한 공무원에 대하여도 임기 중 행하였던 중대한 의무 규정 위반 사실이 밝혀질 경우 징계할 수 있는데, 이 경우 징계의 종류에는 '연금 삭감'과 '연금 박탈'이 있다.

징계의 종류 중 견책, 벌금, 감봉 그리고 연금 삭감 등은 일종의 '행정행위'로서, 임용권자가 직접 징계처분을 할 수 있다. 징계 대상자가 만약 임용권자의 징계처분에 대하여 불복할 경우 당사자는 법원(행정법원)에 항소할 수 있다. 그러나 강임, 파면, 연금 박탈 등에 대하여는 임용권자가 직접 징계처분을 할 수 없다. 이들 징계는 행정법원의 판결로써 결정된다. 따라서 만약 징계 대상자가 이 행정법원의 판결에 불복할 경우 상급 법원에 '항소' 하여야 한다. 한편 징계 대상자가 파면이 예상되는 심각한 규정 위반을 하였을 경우 임용권자는 징계 대상자에 대하여 징계 절차가 진행되는 동안이

7) 여기서 임용권자란 특정 자연인이 아닌 법인으로서 연방의 경우 통상 연방내무부 장관이며, 주의 경우 내무부 장관 또는 재정부 장관이다. 지방자치단체의 경우 보통 자치단체장을 의미한다. 국가 또는 정부의 개념으로서 이해하면 되겠다.

8) 한국의 경우 임용권자가 징계를 요구할 경우 징계위원회가 구성되어, 이 징계위원회에서 징계 여부 및 징계 수위를 결정하는 반면 독일의 경우 공무원에 대해서는 징계위원회 구성 없이 임용권자가 직접 징계 여부 및 징계 수위를 결정한다. 물론 이 경우에도 징계에 관한 조사 및 심의가 이루어진다.

라도 담당 업무를 일시 중지시키는 것은 물론 공무원 신분도 일시적으로 박탈할 수 있다. 공무원 신분을 일시적으로 박탈당한 징계 대상자는 징계 절차가 끝날 때까지 보수를 최고 50%까지 삭감당할 수 있다.

7. 교육훈련

공무원 교육훈련에는 '채용 후 교육'과 '재교육'이 있다. 채용 후 교육이란 이미 언급한 바와 같이 일정한 직급에 채용된 공무원, 즉 교육생 공무원을 대상으로 실시하는 교육을 의미한다. 교육 기간은 언급한 바와 같이 각 직급군에 따라 조금씩 다르다. 단순직 공무원의 교육 기간은 6개월이며, 중급직 공무원은 2년 내지 2년 6개월, 상급직 공무원은 3년 그리고 고급직 공무원은 2년 내지 2년 6개월 동안 교육을 받는다.

연방과 주에서는 교육생 공무원을 대상으로 하는 교육을 위하여 여러 교육기관을 설립·운영하고 있는데, 연방은 연방의 주요 사무인 일반행정, 외무행정, 병무행정, 재무행정, 안보행정, 복지행정 등을 교육시키는 전문 교육기관을 운영하고 있다. 반면 주에는 주의 주요 사무인 경찰행정, 조세행정, 교육행정 등을 전문적으로 담당하는 교육기관이 있다. 교육기관 역시 각 직급군에 따라 다른데 고급직 공무원에 대해서는 '슈파이어 행정대학원(Hochschule für Verwaltungswissenschaften Speyer)'에서 교육을 실시하며, 상급직 공무원는 '행정전문대학(Verwaltungsfachhochshule)' 그리고 중·하급직 공무원에 대해서는 각 주 '행정학교(Verwaltungsschule)'에서 교육시키고 있다.

재교육은 평생직 공무원으로 임용되어 근무하고 있는 자들을 대상으로 실시하는 교육으로, 공무 수행에 필요한 지식, 기술 및 기타 능력을 향상시키기 위한 교육이다. 특히 공무원들에게는 환경 변화에 따라 새로운 업무기법 및 지식이 요구되는데, 이에 대한 기법과 지식은 재교육을 통하여 습득하게 된다. 공무원 재교육은 여러 재교육 기관에서 실시되는데, 대표적인 재교육 기관은 연방내무부 소속 '연방공무원교육원(Bundesakademie für öffentliche Verwaltung)'이다. 한국의 '중앙공무원교육원'과 거의 비슷한 성격을 가진 이 기관은 주로 연방 소속 공무원(특히 고급직 공무원)을 대상으로 재교육을 담당하는데, 교육생들에게 공무에 필요한 각종 법률, 규정은 물론 IT 기술, 외국어 등을 교육시키고 있다. 이 밖에 재교육을 담당하는 연방교육기관으로는 연방재무아카데미, 연방국방·방위기술아카데미 등이 있다. 각 주에서도 주 소속 공무원의 재교육을 위하여 여러 교육기관을 설치하여 운영하고 있다.

종합하면 독일의 공직자 교육은 임용교육과 임용 후 실시되는 재교육으로 구분되며, 교육자의 직급, 교육 내용 등도 상당히 세분화되어 있다.

8. 파견 및 전보

임용권자(정부)는 공무상 필요에 따라 또는 당사자가 원할 경우 공무원을 자신이 근무하고 있는 행정기관 내의 다른 근무처로는 물론 다른 행정기관, 나아가 다른 행정 주체의 행정기관으로도 파견 또는 전보(轉補) 조치할 수 있다. 예를 들어 연방 소속 공무원을 주 소속 행정기관에 파견 또는 전보 조치할 수 있다는 것이다. 공무상 필요에 따라 공무원을 파견 또는 전보 명령을 발령할 경우 임용권자는 당사자의 동의를 구할 필요는 없으나, 기관에 설치되어 있는 '인사문제대표자회의(Personalrat)'의 동의를 구하여야 한다. 단, 3개월 미만의 파견은 인사문제대표자회의의 동의 없이도 가능하다. 인사문제대표자회의는 각 행정기관에 설치되어 있는 공직자 이익 대표기관이다.

그러나 현재 수행하고 있는 업무와 전혀 다른 업무를 수행하게 되는 직위로의 파견, 기존 직위보다 낮은 직위로의 파견, 장기간(5년 이상) 동안 다른 행정 주체로의 파견 등의 경우 당사자의 동의가 있어야 하며, 현재 근무하고 있는 기관의 하급기관으로 전보할 경우 또한 당사자의 동의가 있어야만 가능하다. 이 밖에 임용권자는 필요에 따라 공무원을 독일 내의 다른 행정기관뿐만 아니라 국제기구, 나아가 사회단체 등으로 파견시킬 수 있는데, 이 경우에도 당사자의 동의가 있어야만 가능하다. 한편 공무원은 자신이 원할 경우 일시적으로 국제기구(UN 등), 국제 NGO, 나아가 민간회사 등에서도 근무할 수 있는데, 이 경우 '무보수 특별 휴직'을 신청하여야 한다. 이 특별 휴직 기간 동안 공무원으로서의 법적 신분은 유지되지만, 공무원으로서의 의무와 권리는 주어지지 않는다.

9. 후생복지

독일의 모든 직장인은 고용보험, 연금보험, 건강보험, 상해보험 등 4대 보험에 의무적으로 가입하여야 한다. 그러나 공무원은 예외적으로 이들 보험에 가입할 필요가 없다. 그 이유는 국가가 이 모든 사항에 대하여 담보해 주기 때문이다. 우선 공무원은 정년이 보장되는 신분이기 때문에 실업의 위험이 없다. 따라서 고용보험에 가입할 필요가 없다. 또한 공무원은 정년 퇴직 후 정부로부터 법률에서 정한 연금을 받게 되기 때문에 별도로 연금보험에 가입할 필요가 없다. 설사 연금보험에 가입하였다 하더라도 정년 퇴직 후 정부의 연금과 보험회사의 연금을 동시에 수령할 수 없다. 공무원 자신과 그 가족의 질병 및 상해사고 발생시 이에 대한 모든 조치도 역시 국가의 몫이다. 물론 정년 퇴직 후에도 질병과 상해시 치료비는 모두 국가가 지불한다. 따라서 공무원과 그 가족들은 별도로 건강보험 및 상해보험에 가입할 필요가 없다. 종합하면 공무원은 국가가 후생복지 일체를 담보하고 있기 때문에 개인이 별도로 자신과 가족을 위하여 보험에 가입할 필요가 없고, 때문에 국가도 다른 일반 직장인과는 달리 공무원에게는 이 4대 보험의 의무를 규정하지 않고 있다.

그러나 문제는 건강보험이다. 독일에는 법률에서 규정하고 있는 의료 서비스만을 담보하는 '의무 건강보험(gesetzliche Krankenversicherung) 제도'만 존재하는 것이 아니라, 이보다 질 좋은 의료 서비스를 담보하는 많은 '민간 건강보험(private Krankenversicherung) 제도'도 있는데, 공무원들도 이 민간 건강보험에 가입할 수 있기 때문이다. 만약 공무원이 민간 건강보험에 가입하기 원할 경우 국가는 보험료 일체를 지원하지 않고, 일부만을 지원하고 있는데 공무원 개인의 보험료 50%, 배우자의 경우 70%, 자녀의 보험료 80%를 지원하고 있다. 만약 정년 퇴직자가 민간 건강보험에 가입하였을 경우에는 보험료의 70%를 지원한다.

10. 정 년

독일 공무원의 정년은 원칙적으로 성(性)과 직급에 관계 없이 만 65세이다. 그러나 경찰직, 소방직, 교정직에서 근무하는 공무원의 경우 정년(停年)은 만 60세이다. 높은 노동의 강도 및 위험성 때문이다. 한편 공무원법은 조기 퇴직을 허용하고 있는데, 만 63세 이후 공무원은 누구나 조기 퇴직을 신청할 수 있다.[9] 특히 장애인과 건강상의 이유로 인하여 정상적인 근무를 수행하지 못하는 공무원의 경우 60세에 퇴직을 신청할 수 있다.[10] 조기 퇴직자는 정년 퇴직자들보다 적은 연금을 수령하나, 장애인과 질병으로 인한 조직 퇴직시 연금을 삭감당하지 않는다. 이 밖에 독일 공무원은 '노년 단축 근무제'를 이용할 경우 건강한 사람도 실질적으로 60세에 퇴직할 수도 있다.

제 4 절 공공 부문 근로자 제도

1. 공무원 제도와의 차이점

원래 독일에서는 모든 공공사무를 공무원이 담당하였다. 공공 부문 근로자 제도 자체가 없었기 때문이다. 그러다가 19세기에 들어와서 이 제도를 도입하여 점차 그 범위를 넓혀 나갔다. 공공 부문 근로자 제도를 도입한 일

9) 조기 퇴직할 경우 매년 자신의 연금에서 3.6%를 삭감당한다. 그러나 그 삭감액이 원래 자신의 연금액의 10.8%를 초과하지는 않는다.

10) 1999년을 기준으로 해서 독일 공무원 중에서 65세 정년 퇴직한 사람은 9%(일반 행정직 공무원)와 16%(소방관, 경찰, 교정직 공무원)에 불과하다. 63세에 조기 퇴직한 공무원은 약 25% 정도이다. 반면 공무원의 약 50%가 건강상의 이유로 조기 퇴직하였다(Bundesministerium des Innern, 2003: 84).

차적인 목적은 평생고용 원칙의 배제에 따른 탄력적 고용의 가능성, 그리고 이에 따른 국가 예산의 절감이었다.

오늘날에는 공무원보다 더 많은 수의 공공 부문 근로자가 연방, 주 그리고 지방자치단체에서 근무하고 있다. 또한 그 사무 영역도 상당히 넓어져서, 최근에는 공무원과 공공 부문 근로자 간 사무 영역의 구별이 거의 없어지고 있다고 해도 과언은 아니다. 원래 공무원은 주로 외교, 안보, 경찰, 세무, 관세, 교육행정 분야와 연방과 주의 최고행정기관 등 국가의 중추기관에 주로 근무하였고, 공공 부문 근로자의 경우 주로 사회복지, 주민 지원, 기술 지원, 연구 분야 등의 업무를 담당하였다. 그러나 현재 이 구별이 거의 없어져서 많은 공공 부문 근로자들이 연방과 주의 최고행정기관에 근무하고 있으며, 세무, 관세, 교육행정 분야의 업무를 담당하고 있다. 공무원 역시 사회복지, 주민 지원, 기술 지원, 연구 분야에서 근무하고 있다. 또한 보수와 후생복지 제도면에서도 공무원과의 차이가 점차 좁아지고 있다. 이와같이 공무원과 공공 부문 근로자 간의 구별이 없어지게 된 배경에는 공공 부문 근로자의 전문성 향상, 사회적·정치적 위상의 향상 등을 들 수 있겠다.

2. 노동계약 방법

언급한 바와 같이 공무원은 국가 법률에 의하여 임용되는데 반하여, 공공 부문 근로자는 국가와의 노동계약을 통하여 임용된다. 국가와 공공 부문 근로자 사이에 체결된 노동계약의 형식과 내용은 민간 부문에서 사용자와 근로자 사이에 체결된 노동계약의 형식 및 내용과 동일하다. 국가와 공공 부문 근로자와의 노동계약은 국가와 근로자 개개인 간에 직접 이루어지는 것이 아니라 그 대리인을 통하여 이루어지는데, 보통 연방의 경우 연방정부를 대표하는 연방내무부 장관과 공공 부문 근로자를 대표하는 노동조합 사이에 이루어진다. 공공 부문 근로자의 이익을 대변하는 대표적인 노동조합은 '독일서비스업종사자노동조합연합회(Vereinte Dienstleistungsgewerkschaft: 약자 Ver.Di)'이다. 주의 경우도 연방과 마찬가지로 주정부와 노동조합 사이에 노동계약이 이루어진다. 다만 주의 경우 16개가 있기 때문에 16개 주정부가 개별적으로 노동조합과 노동계약을 체결하는 것이 아니라 16개 주 전체를 대표하는 단체를 조직하여 노동조합과 계약을 체결한다. 이 16개 주정부를 대표하여 노동조합과 계약을 체결하는 단체가 바로 '독일주노동계약연합회(Tarifgemeinschaft deutscher Länder)'이다. 16개 주정부가 개별적으로 노동조합과 노동계약을 체결하지 않고 대표단체를 통하여 계약을 하도록 하는 이유는 16개 주 전체의 노동계약이 동일하여야 하기 때문이다. 독일주노동계약연합회의 대표는 통상 특정 주의 재정부 장관이 담당한다.

지방자치단체 노동계약 체결 과정도 주의 경우와 동일하다. 모든 지방자치단체가 개별적으로 고용계약을 체결하지 않고 대신 독일 전 지방자치단체를 대표하는 단체인 '지방자치단체사용자연합회(Vereinigung der kommunalen Arbeitgeberverbände: VKA)'를 통하여, 근로자 측(노동조합)과 노동계약을 체결한다.

3. 의무와 권리

공공 부문 근로자의 의무와 권리는 민간 부문에서 근무하는 근로자의 의무 및 권리와 거의 동일하다고 할 수 있다. 다만 공공 부문 근로자의 경우 공직에서 근무하기 때문에 그 의무와 권한의 행사시 우선적으로 공익을 염두에 두어야 한다는 점이 강조된다 하겠다. 공공 부문 근로자의 의무 중 가장 중요한 것은 민간 부문에서 근무하는 근로자의 1차적 의무와 동일한 '성실 근무의 의무'이다. 다시 말해서 공공 부문 근로자는 자신을 고용한 사용자의 의도에 따라 성실하게 근무하여야 한다는 것이다. 그러나 공공 부문 근로자에게는 특히 공익성을 염두에 두면서 근무하여야 하며, 적법한 절차에 따라 공정하게 근무하여야 한다는 점이 강조된다.

공무원과는 달리 공공 부문 근로자에게는 단체행동권이 부여된다. 다시 말해서 공공 부문 근로자는 자신들의 목적을 달성하기 위하여 단체행동, 즉 파업을 할 수 있다. 그러나 '노동 조건의 개선(예를 들어, 임금 인상, 노동환경의 개선 등)'을 위한 파업에 한정되어야 하며, 정치적 요구(예를 들어 내각의 결정에 대한 철회 요구)의 관철을 위한 파업은 허용되지 않는다. 공공 부문 근로자의 파업은 의견 개진의 마지막 수단이어야 하며, 따라서 가능하면 제한되어야 한다. 공공 부문 근로자는 민간 부문의 근로자와 마찬가지로 정당에 가입할 수 있으며, 기본법의 테두리 안에서 정치 활동을 할 수 있다. 그러나 공무 수행에 관해서는 정치적 중립을 유지하여야 한다.

공공 부문 근로자가 자신의 의무를 위반하였을 경우 임용권자가 취할 수 있는 제재 방법은 민간 기업의 사용자가 근로자에 대하여 취하는 제재 방법과 동일하다. 먼저 임용권자는 자신의 의무를 충실히 수행하지 않는 자에 대하여 경고할 수 있다. 그러나 이런 경고에도 불구하고 공공 부문 근로자가 계속해서 자신의 의무를 불이행할 경우 최후 수단으로 해고할 수 있다. 그러나 공공 부문 근로자에 대한 해고는 임용권자 혼자 결정할 수 없으며, '인사문제대표자회의'의 동의하에 결정하여야 한다. 해고 결정에 대하여 해당 공공 부문 근로자는 소송을 통해서만 이의를 제기할 수 있다. 이 때 공공 부문 근로자는 공무원과는 달리 행정법원이 아닌 노동법원(Arbeitsgericht)에 소송을 제기한다. 임용권자와 공공 부문 근로자 사이에는 일반 노동계약이 체결되었기 때문이다. 공무원들에게 적용되는 징계 제도는 공공 부문 근로자에게는 적용되지 않는다.

4. 승 진

공공 부문 근로자도 공무원처럼 승진이 가능하다. 그러나 공공 부문 근로자의 승진은 개념상 공무원의 승진과 약간의 차이가 있다. 공공 부문 근로자에게는 직급이 주어지지 않기 때문에 직급승진은 있을 수 없으며, 단지 상위 보수 단계로 승진할 뿐이기 때문이다. 즉, 공공 부문 근로자의 승진이란 '직급'이 높아지는 것이 아니라 단지 '높은 보수'만을 받는다는 것을 의미한다.

공공 부문 사무원의 보수 승진에는 '기본급승진'과 '호봉승진'이 있다. 기본급승진이란 기본급 자체가 높아지는 것이며, 호봉승진은 동일 기본급에서 호봉만 올라가는 것이다. 공공 부문 사무자의 기본급은 18단계, 공공 부문 노무자의 기본급은 17단계로 구분된다. 공공 부문 근로자가 기본급승진을 하기 위해서는 공무원과 마찬가지로 특출한 근무 성적 및 기타 자질을 인정받아야 하는데, 승진에는 두 가지 방법이 있다. 첫째, 동일 직위에 근무하지 않고 상위 직위 또는 상위 직책으로 이동하면서 승진하는 경우이다. 사실상 임용권자와 새로운 고용계약을 체결하는 것과 다름이 없다. 둘째, 상위 직위로 이동하지 않고 기존의 직위에서 승진하는 방법이다. 그러나 상위 직위로 이동하지 않고 기존의 직위에서 승진하기 위해서는 일정 기간 동안 자신의 자질과 능력을 인정받아야 하는데, 이 기간은 공공 부문 근로자의 직위에 따라 차이가 있다. 일반적으로 하위 직위에 있는 공공 부문 근로자가 동일 직위에서 승진하기 위해서는 최소한 5년 이상 동일 직위에서 근무하여야 하며, 상위 직위에 있는 자가 동일 직위에서 승진하기 위해서는 최소한 15년 동안 근무하여야 한다. 공공 부문 근로자의 입장에서 이 제도는 승진에 많은 시간을 필요로 하지만, 반면 대과(大過) 없이 근무할 경우 자동적으로 승진할 수 있다는 장점을 가지고 있는 제도라 하겠다. 호봉승진에 대해서는 '제6절 보수 제도'에서 자세히 다루고 있다.

5. 전보 및 파견

공무원과 마찬가지로 공공 부문 근로자는 다른 근무지 또는 다른 근무기관으로 전보 또는 파견 조치될 수 있다. 임용권자는 필요에 따라 공공 부문 근로자를 동일의 행정기관 내부로는 물론 다른 행정기관, UN 등 국제기구로의 전보 또는 파견을 명할 수 있다. 물론 공공 부문 근로자 자신이 원할 경우에도 임용권자는 해당자에 대하여 전보 또는 파견을 명할 수 있다. 그러나 공공 부문 근로자의 경우 공무원과 달리 특별히 노동계약에 명시하지 않는 한 다른 행정 주체로의 이동이 불가능하다. 예를 들어 연방 소속의 공공 부문 사무원을 주 또는 지방자치단체로 전보 또는 파견 조치할 수 없다는 의미이다.

6. 후생복지 제도

독일의 공공 부문 근로자는 다른 민간 부문 근로자와 마찬가지로 고용보험, 연금보험, 건강보험, 상해보험에 의무적으로 가입하여야 한다. 그러나 보험료를 지불할 때 공공 부문 근로자가 자신과 가족의 보험료를 전액 부담하는 것이 아니라, 임용권자가 일부 부담한다. 그 액수는 공공 부문 근로자의 소득에 따라 차이가 있으나, 기본적으로 보험료의 50% 정도이다. 단, 상해보험의 경우 예외적으로 근로자가 보험료 전액을 부담하여야 한다.

7. 고용계약의 종료

임용권자와 공공 부문 근로자와의 고용계약은 다음과 같은 경우 종료된다.

1) 임용권자와 공공 부문 근로자 쌍방의 합의에 의한 계약 해지

임용권자와 공공 부문 근로자 사이의 고용계약은 임용권자와 공공 부문 근로자 쌍방의 의사가 있을 경우 해지될 수 있다. 보통 공공 부문 근로자가 퇴직 의사를 밝히고, 임용권자가 이에 동의하였을 경우 고용계약은 해지된다.

2) 정 년

공공 부문 근로자가 만 65세가 되었을 경우 고용계약이 종료된다. 공공 부문 근로자도 공무원같이 65세 이전의 조기 정년이 가능한데, 조기 정년의 조건은 공무원의 경우와 동일하다.

3) 계약 만료

공공 부문 근로자에 대한 고용계약 기간이 정해져 있을 경우, 이 계약 기간이 만료되면 고용계약은 종료된다.

4) 교육 기간 및 시보 기간 중 해고

공공 부문 근로자의 경우 일정 기간의 교육 기간과 보통 3~6개월(공공부문 사무원 6개월, 공공 부문 노무자 3개월)의 시보 기간이 있는데, 이 기간 동안 근로자의 교육 성적 또는 근무 성적이 극히 나쁠 경우 해고될 수 있다.

5) 해 고

임용권자는 교육 기간 및 시보 기간이 경과하였다 하더라도 공공 부문 근로자를 해고할 수 있다. 물론 이 경우 해고에 대한 정당한 이유가 제시되어야 하며, 인사문제대표자회의의 참여와 동의가 있어야 한다. 해고에는 크게 정상적 해고(ordenrliche Kündigung)와 비정상적 해고(außerordentliche Kündigung)가 있다. 정상적 해고와 비정상적 해고와의 주요 차이점은 유예 기간의 유무 및 해고의 이유에 있다.

정상적 해고란 일정한 유예 기간을 둔 해고이다. 임용권자는 해고 통보 후 6개월의 유예 기간을 거친 후 해고할 수 있으며, 6개월이 경과한 후에도 근로자의 사정에 따라 다시 최대 6개월의 유예 기간을 줄 수 있다. 공공 부문 근로자에 대한 정상적 해고 조치에는 그에 상응하는 이유가 제시되어야 하는데, 그 이유로는 근로자의 근무 태도에 문제가 있거나 또는 기타 특별한 이유가 있어 해고가 불가피할 경우 등이다. 그러나 공공 부문 근로자로 15년 이상 공직에 근무한 자로서 연령이 40세 이상 되었다면 정상적 해고 대상에서 제외된다.[11)]

비정상적 해고란 유예 기간이 없이, 해고의 결정과 함께 즉시 해고되는 경우이다. 물론 이 경우에는 정상적 해고의 이유보다 더 급박한 이유(예: 소속 행정기관의 폐쇄)가 제시되어야 하며, 이유가 합당할 경우 정상적 해고가 불가능한 인력(15년 이상 근무, 40세 이상)에 대해서도 해고할 수 있다. 그러나 이 경우라도 임신부, 중증장애인 그리고 인사문제대표자회의 대

---

11) 그러나 이 경우에도 해고 대상자가 지방자치단체 소속 공공 부문 노무자일 경우 해고가 가능하다. 다시 말해서 이 규정은 공공 부문 사무원과 연방과 주 소속 공공 부문 노무자에 한하여 적용된다.

의원들은 일차적인 해고에서 제외될 수 있다.

제5절 공직자의 노동 조건

공무원과 공공 부문 근로자는 그 신분의 차이에도 불구하고 근무 시간, 휴가 기간, 모성 보호 규정 등 여러 사항에서 그 노동 조건이 동일하거나 거의 비슷하다.

1. 근무 시간

1) 1주일 법정 근무 시간

공직자(공무원과 공공 부문 근로자)의 1주일 법정 근무 시간(휴식 시간 제외)은 다음과 같다.

- 연방 소속 공직자: 38.5시간[12)]
- 함부르크, 헤센, 노르트라인-베스트팔렌 주를 제외한 주 또는 지방자치단체 소속 공무원: 40시간
- 함부르크, 헤센, 노르트라인-베스트팔렌 주 소속 공무원: 38.5시간
- 베를린 소속 공무원: 39.5시간
- 구동독 지역 주 소속 공공 부문 근로자: 40시간

법정 근무 시간은 평균 시간을 의미하기 때문에 실제 근무 시간은 근무처의 사정에 따라 조금씩 차이가 날 수가 있으며, 개인의 사정에 따라서도 매주 차이가 날 수가 있다. 따라서 실제 근무 시간과 법정 근무 시간과의

12) 2005년 9월 연방정부와 공공 부문 근로자 사이에 새로운 노동계약이 체결되었고, 이에 따라 동년 10월 1일부터 모든 연방 소속 근로자의 주당 근무 시간이 39시간으로 다소 연장되었다.

차이는 차후 상쇄·조정될 수 있다.

2) 초과근무(Übersunde)

공직자는 근무처의 사정에 따라 초과근무, 야간근무, 휴일근무를 할 경우도 있다. 물론 이 경우 초과근무의 시간, 인력의 배치 등에 대하여 인사문제대표자회의의 동의 절차를 거쳐야 한다. 법정 근무 시간을 초과해서 초과근무를 하였을 경우 공직자는 이 초과근무 시간에 대한 보상을 받을 수 있는데, 보상의 종류로는 '휴무 보상(休務補償)'과 '금전 보상(金錢補償)'이 있다. 휴무 보상이란 초과근무 시간에 해당하는 시간을 휴무로 보상받는 방법인데, 공직자의 신분에 따라 보상 방법에 약간의 차이가 있다. 공무원의 경우 초과근무 시간이 1개월에 5시간을 초과했을 경우에만 휴무 보상을 받을 수 있는 반면, 공공 부문 근로자의 경우 이러한 제한 없이 초과근무 시간에 해당되는 시간만큼 휴무 보상을 받을 수 있다. 또한 공공 부문 근로자는 휴무 보상 이외에 시간당 임금의 15~25% 정도에 해당하는 보상금도 추가로 지급받는다.

만약 특정한 이유로 해서 초과근무 시간에 대하여 휴무 보상을 받을 수 없는 경우 금전으로 보상받을 수 있는데, 이 경우 공무원은 초과근무 시간에 대한 시간당 임금만 보상받게 된다. 반면 공공 부문 근로자의 경우 초과근무 시간에 대하여 시간당 임금에서 15~25% 정도 가산해서 보상받는다.

3) 단축근무(Teilzeit)

독일의 모든 공직자는 법정 근무 시간 이하의 단축근무를 할 수 있으며, 정부 또한 공직자의 단축근무를 적극 권장하고 있다. 공직자 단축근무는 고용 창출은 물론 효율성 증가에도 효과가 있다고 판단하고 있기 때문이다. 독일의 모든 공직자는 아무런 조건 없이 단축근무를 신청할 수 있으며, 단축근무로 인하여 평가와 승진 등에서 불이익을 당하지 않을 권리를 보장받고 있다. 아래의 <표 4-11>에서는 단축근무자의 수가 계속적으로 증가하고 있는 것을 보여 주는데, 1950년 전체 공직자의 2.9%에 불과하였던 단축근무자의 수는 2000년에는 24.6%, 2003년 현재 총 공직자의 28%로 증가하였다.

〈표 4-11〉 독일 공공 부문 단축근무자 현황

연 도	공직자의 수(천 명)	단축근무자 비율(%)
1950(구서독)	2,282	2.9
1960(구서독)	3,152	6.2
1970(구서독)	3,786	9.8
1980(구서독)	4,658	13.3
1990(구서독)	4,920	17.7
1991	6,738	15.8
2000	4,910	24.6
2001	4,908	27
2003	4,779	28

자료: 독일 연방통계국 인터넷 홈페이지(Statistisches Bundesamt: www.destatis.de) 자료를 필자가 재정리.

근무 시간의 단축은 원칙적으로 법정 근무 시간의 50%까지 가능하다. 그러나 단축근무를 원하는 자가 육아 및 기타 가족에 대한 부양 등을 이유로 해서 법정 근무 시간의 50% 이상을 단축하고자 할 때에도 정부는 이를 허용하고 있다. 따라서 이 단축근무 제도는 여성, 특히 육아 또는 가사가 불가피한 여성 공직자에게 큰 호응을 얻고 있다. 다음의 <표 4-12>에서 보는 바와 같이 단축근무자 중에는 특히 여성이 많은데, 이는 단축근무제를 이용하여 공직 생활을 하면서도 비교적 여유를 가지고 가사를 병행할 수 있기 때문이다.

〈표 4-12〉 독일 단축근무자 현황 및 여성 단축근무자의 비율(2000년 기준)

	공무원(군인 제외)	공공 부문 사무원	공공 부문 노무자	합계
단축근무자(명)	279,000	727,400	202,800	1,209,200
여성의 비율	84.9%	85.4%	82.1%	84.7%

자료: Bundesministerium des Innern, 2003: 99.

그뿐만 아니라 정부는 노년기(老年期)에 들어선 공무원들에게도 단축근무를 적극적으로 권상하고 있는데, 이를 위하여 '노년 단축근무제(Altersteilzeit)'라는 특별한 제도를 실시하고 있다. 노년 단축근무제란 만 55세 이상의 공직자를 대상으로 하는 단축근무 제도로, 이 제도는 비단 일반적인 단축근무제 – 즉, 법정 근무 시간의 50% 이내에서 단축근무를 할 수 있는 제도 – 의 성격을 가지고 있을 뿐만 아니라, 실질적으로 조기 정년제의 성격을 가지고 있다는 점이 특징이다.

노년 단축근무제를 좀더 자세히 알아보자. 예를 들어 만 55세의 지방자치단체 공무원 A가 더 많은 개인 시간을 갖기 위하여 노년 단축근무를 원할 경우, A가 선택할 수 있는 노년 단축근무 방법에는 두 가지가 있다. 첫째 방법은 일반적인 단축근무 제도와 동일한 방법으로 65세 정년까지 계속 근무하되, 법정 근무 시간의 50%인 주 20시간만 근무하는 방법이다. A가 선택할 수 있는 또 하나의 방법은 소위 '블록 모델(Blockmodell)' 방법으로 65세 정년까지 남은 기간, 즉 10년 동안의 기간 중 처음 5년 동안은 정상적으로 주 40시간 근무하고, 남은 5년 동안은 아예 근무하지 않는 방법이다. 이 경우 공무원 A는 실질적으로 만 60세에 정년 퇴직을 하는 셈이다. 그러나 A가 비록 60세까지만 근무하더라도 A의 공식적인 정년은 60세가 아니라 65세이다. 65세까지 단축근무를 하고 있는 것과 마찬가지이기 때문이다. A의 실질적인 정년은 만 60세, 공식적인 정년은 만 65세인 셈이다.[13)]

노년 단축근무제의 신청자는 그 방법에 관계 없이 근무 기간 중 정상 보수의 83%를 수령한다. 다시 말하면 A의 경우 매주 20시간만 근무하는 경우에도 보수의 83%를 수령하며, 블록 모델을 선택하였을 경우에도 정년까지 정상 보수의 83%를 받는다. 65세 이후 정년에 들어가면 정해진 연금을 수령하게 된다. 요약하면 노년 단축근무제를 신청해서 근무할 경우 정상 근무 시간의 50%만 근무하고 보수는 83%를 수령하는 셈이다. 게다가 노년

---

13) 여기서는 55세를 예로 들은 것이지 꼭 55세에 노년단축근무제를 시작하여야 한다는 것은 아니며, 55세 이후 언제든지 신청하면 된다. 예를 들면 공무원 B의 경우 59세에 단축근무를 시작할 경우 65세까지 6년 동안 법정 근무 시간의 50%만을 근무할 수도 있으며, 아니면 62세까지 정상적으로 근무하고 63세부터 근무를 아예 하지 않는 방법도 있다.

단축근무제의 하나인 블록 모델은 공직자로 하여금 65세 이전에 심한 경제적 불리함 없이 실질적인 정년을 맞이하도록 하는 제도이기 때문에 많은 독일 공직자들이 이 제도를 이용하고 있다.

2. 휴 가

독일 공직자의 휴가 일수는 다음과 같이 공직자의 연령에 따라 조금씩 차이가 있다.

- 30세 미만: 26일
- 30~40세: 29일(호봉 직급 A15 이상의 고급직 공무원의 경우 30일)
- 40세 이상: 직급에 관계 없이 30일[14)]

이 밖에 개인과 가정의 사정에 따라 특별 휴가를 부여하기도 한다. 예를 들어 본인 및 가족의 질병, 개인 또는 직장 사정으로 인한 이사, 국가 행사의 참여 등의 경우 특별 휴가를 부여하기도 한다. 보통 독일 공직자는 1년 동안에 7일 안팎의 특별 휴가를 갖는다. 그러나 장기간의 휴가일 경우 허락을 받아야 한다. 여성 출산휴가의 기간은 보통 14주로서, 출산 전 6주 그리고 출산 후 8주이다. 출산휴가에 이어 해당 공직자의 부부는 3년 미만의 육아휴직을 신청할 수 있다. 이 때 부부 중 1인만 육아휴직을 신청할 수도 있으며 부부가 동시에 육아휴직을 신청할 수도 있다. 육아휴직 기간 동안 보수는 지급되지 않는다.

3. 질병 휴가시 보수

공무원의 경우 질병으로 인하여 1개월 이상 근무를 하지 못할 경우 일단

---

14) 1주일 5일 근무를 원칙으로 하기 때문에 30일 휴가란 곧 6주 휴가를 의미한다. 곧 독일 공직자는 1년에 6주 동안 휴가를 보내고 있으며, 이 밖에 질병, 긴급한 가사 등으로 인하여 평균 7일 정도의 휴가를 내고 있다. 최근 휴가 기간이 너무 길다는 비판 속에 질병과 긴급한 가사 등으로 인하여 휴가를 낼 경우 이 기간을 법정 휴가 일수에서 제외시켜야 한다는 주장도 제기되고 있다.

은 정부로부터 보수를 받는다. 그러나 질병 기간이 장기간 계속된다거나 또는 더 이상 공직 근무를 할 수 없다는 의사의 진단이 있을 경우 해당 공무원은 퇴직 절차를 밟게 되며, 퇴직 이후 연금을 수령하게 된다. 이는 공무원에 대한 국가의 신분 보장 및 경제 생활 보장 원칙에 따른 것이다.

그러나 공공 부문 근로자가 질병으로 인하여 근무를 하지 못할 경우 그에 대한 임금 지급은 일차적으로 노동법(Arbeitsrecht)의 규정에 따른다. 이에 따르면 근로자는 질병 휴가시 초기 6주 동안은 임용권자(국가)로부터 자신의 기존 보수액의 100%를 수령할 수 있다. 물론 이 6주 동안에는 이전에 받던 각종 수당도 함께 수령한다. 그러나 질병 기간이 6주 이상 계속될 경우 7주부터는 정부가 아닌 보험회사로부터 '질병보험금(Krankengeld)'을 수령하게 된다. 이 보험금의 액수는 자신의 기존 보수(세금 공제액)액의 90% 정도이다. 따라서 이 경우 공공 부문 근로자는 결과적으로 자신의 보수보다 적은 액수를 수령하게 되는데, 이의 차액을 정부가 대신 지급하게 된다. 그러나 이 차액, 즉 정부 보조금은 무한정 계속해서 지급되는 것이 아니며, 공공 부문 근로자의 공직 경력에 따라 차이가 있다. 질병을 앓고 있는 자의 공직 경력이 1년 이상 3년 미만일 경우 정부 보조금은 13주 동안만 지급되며, 3년 이상의 경우 26주 동안만 지급된다.

4. 공직 이외의 사회 활동

공직자는 근무에 지장이 없는 한도 내에서 다른 사회 활동을 할 수 있다. 그러나 그 사회 활동은 제한된 범위 내에서, 근무 시간 이외에 그리고 근무처 밖에서만 할 수 있다. 그것도 1주일에 8시간 이상 소요되는 사회 활동은 할 수 없으며, 정치적 중립의 원칙을 훼손할 가능성이 있는 사회 활동은 허락되지 않는다. 공직자가 사회 활동을 원할 경우 먼저 상급자의 허가를 받아야 한다. 상급자는 신청된 사회 활동의 내용과 소요 시간을 자세히 검토하여 근무에 전혀 영향을 미치지 않는다고 판단할 경우에만 이를 허락한다.

그러나 사회 활동 중에서 그 성격상 근무에 전혀 지장을 주는 않는 활동에 대해서는 특별히 사전 허가를 받을 필요는 없다. 예를 들어 개인적인 학술 활동, 체육 활동, 문화·예술 활동 등은 사전에 허가를 받을 필요가 없다. 그러나 이런 종류의 활동이라 할지라도 이를 통하여 경제적 이익을 추구할 경우에는 상급자에게 이 사실을 고지하여야 한다. 이 경우에 상급자는 이 사회 활동의 성격을 판단해서, 근무에 지장을 초래하고 공직자의 의무 수행에 지장을 초래할 수 있다고 판단될 경우 향후 활동을 금지할 수 있다. 공직자가 공직 이외의 다른 사회 활동을 통하여 경제적 이익을 추구하였을 경우 그 금액이 일정 한도까지는 개인이 소유할 수 있지만, 그 한도를 초과하였을 경우 국가에 반환하여야 한다. 그 한도액은 연방과 각 주마다 다르나 대부분 소액이다.

5. 인사문제대표자회의(Personalrat)

인사문제대표자회의란 직장 내 인사 문제에 대하여 논의하고 그 의견을 임용권자에게 전달하기 위하여 구성된 공직자 대표 기구로서, 모든 직장 단위에는 인사문제대표자회의가 조직되어 있다. 인사문제대표자회의는 임용권자의 인사권 남용의 방지를 주목적으로 하고 있으며, 구체적으로 다음과 같은 인사 문제에 직접 참여한다. 즉, 다음과 같은 사항이 결정되기 위해서는 인사문제대표자회의의 동의가 있어야 한다.

- 공직자의 임용
- 공직자의 전보 및 파견
- 공직자 후생복지 제도에 대한 문제
- 공직자(공무원 제외)의 해고
- 근무처 내에서의 상해 방지에 대한 대책
- 고용 촉진에 대한 대책 등

인사문제대표자회의는 각 직장 단위에서 구성되는데, 해당 인사문제대표자회의를 대표하여 각종 현안에 대하여 임용권자와 협상할 대의원은 구성원에 의하여 직접 선출된다. 대의원 수는 다음의 <표 4-13>에서 보는 바와 같이 직장 구성원의 수에 따라 조금씩 다르다.

〈표 4-13〉 독일 공직자 인사문제대표자회의 대의원 수

직장인 수 (명)	대의원 수 (명)
5~20	1
21~50	3
51~150	5
151~300	7
301~600	9
601~1,000	11

자료: Bundesministerium des Innern, 2003: 107.

제 6 절 보수 제도

1. 공무원 보수 제도

1) 법적 기초

공무원 보수 지급의 원칙은 기본법(제33조 5항)에서 명시하고 있는 공무원과 그 가족에 대한 부양 원칙이다. 국가는 공무원이 공무에 전념할 수 있도록, 공무원과 그의 가족에게 경제 생활에 필요한 경비를 지급하여야 한다는 원칙이다. 이 부양 원칙은 공무원 퇴직 이후에도 적용된다. 따라서 공무원 보수는 일반 근로자에게 지급하는 보수와는 달리 자신이 행한 일(근로)에 대한 직접적인 대가가 아니라, 공무원의 신분으로서 공무를 담임한 데 대한 지원과 보상의 의미를 갖는다. 다시 말해서, 공무원 보수란 근로에 대한 직접적 대가가 아니라 평생 동안 국가와 국민에게 봉사한 것에 대한 총체적 대가인 것이다.

보수의 수준에 대하여 연방공무원보수법은 공무원으로 하여금 경제 문제에 대하여 걱정하지 않으면서 오직 공무에만 최선을 다할 수 있도록 정해야 한다고만 규정하고 있다. 실제적으로 독일 공무원 보수 수준은 물가,

공공 부문 근로자의 보수 수준, 공무원 노조가 제시한 보수 수준 등을 고려하여 연방내무부에서 법률안이 만들어지며, 연방의회 및 연방평의회를 거쳐 법률로서 확정된다. 독일 공무원 보수는 연봉이 아닌 월급의 형식으로, 매달 초에 지급된다.

2) 보수의 구성 요소

공무원의 보수는 기본급인 봉급(Grundgehalt)과 각종 수당으로 구성된다. 수당에는 가족수당을 비롯해 직위수당, 직무수당, 특별근무수당, 외국근무수당, 성과수당이 있으며, 1년에 2회에 걸쳐 지급되는 특별수당(상여금)도 있다. 독일은 아직까지 체계화된 성과를 바탕으로 한 연봉제를 시행하지 않고 있다.

(1) 봉급(Grundgehalt)

공무원 봉급은 공무원 보수의 가장 큰 몫을 차지하는 요소로서 보통 물가, 민간 부문의 보수, 공공 부문 근로자의 보수 수준 등을 고려하여 정해진다. 공무원 봉급은 다음과 같이 그 대상자에 따라 A, B, W, R의 네 가지 체계로 분류되어 있다.

〈표 4-14〉 독일 공무원 봉급 체계 분류

봉급 체계의 명칭	봉급 단계	대상자
A	15단계: A2~A16	공무원 (행정직 공무원, 기술직 공무원, 경찰, 교사, 소방직 공무원, 교정직 공무원 등)
B	11단계: B1~B11	공무원과 군인 중 최고위직 간부 (연방부처의 차관, 국장, 연방상급행정기관의 기관장, 군 장성 등)
W	3단계: W1~W3	교수
R	10단계: R1~R10	법관 및 검사

봉급 체계 A는 공무원과 군인들을 대상으로 하고 있는 봉급 체계이다. 여기서 '공무원'이란 공무원 중 대학 교수와 검사 그리고 법관을 제외한 모

든 공무원을 의미한다. 행정직 공무원은 물론 기술직·소방직·교정직 공무원과 경찰과 교사를 망라한다. 한국의 경우 이들 공무원들이 대부분 각각 고유의 보수 체계를 가지고 있는 것에 비하여, 독일의 경우 대학 교수와 법관 및 검사를 제외한 모든 공무원이 동일한 보수 체계의 적용을 받는다. 봉급 체계 A의 봉급 단계는 최하급 A2에서 최상급 A16까지 15단계로 나뉘어 있다.

봉급 체계 B는 A와 마찬가지로 법관과 검사, 그리고 교수를 제외한 모든 공무원과 군인을 대상으로 하고 있으나, 연방부처의 차관, 국장, 연방상급행정기관의 기관장, 군 장성(將星) 등 주로 최고위직 공무원에게만 적용되는 봉급 체계이다. 봉급 체계 B는 B1에서 B11까지 총 11단계로 되어 있는데, 최상급 B11은 행정차관의 봉급 단계이다. 봉급 체계 W는 대학 교수에게 적용되는 봉급 체계인데, W1에서 W3까지 3단계의 봉급 단계가 있다. 마지막으로 봉급 체계 R은 법관과 검사들의 봉급 체계이다. 법관 및 검사의 봉급 체계는 R1에서 R10까지 10단계로 구분되어 있다.

공무원 보수 체계에서 A2, A3, A16 또는 B1, B11 등은 공무원의 봉급 단계이다. 예를 들어 다음의 <표 4-15>에서 B11은 연방 또는 주 행정차관(Staatsseketär)의 봉급 단계이며, B9의 경우 관리관(Ministerialdirektor)의 봉급 단계, A13의 경우 초급사무관(Regierungsrat)의 봉급 단계이다. 한편 군인의 경우 B7은 중장(中將), A14는 중령(中領)의 봉급 단계이다. 따라서 A2, A3, A16 또는 B1, B11 등은 봉급 단계지만 동시에 해당 공무원의 직급이기도 하다. 공무원의 모든 직급에는 이에 상응하는 봉급 단계가 있기 때문이다. 예를 들어 보면 연방정부 국장직을 수행하고 있는 공무원 K의 직급은 관리관(Ministerialdirektor)이나 한편 'B9'라고도 표시한다. 관리관의 봉급 단계가 'B9'이기 때문이다. 또한 연방부처에서 과장직을 수행하고 있는 M의 직급은 서기관(Ministerialrat)이나 보통 'A16'이라고 표시하기도 한다. 서기관의 봉급 단계가 'A16'이기 때문이다. 각 봉급 단계에 해당되는 직급(군인일 경우 계급)과 그 수행 기능에 대하여 간략하게 표시해 보면 다음과 같다.

〈표 4-15〉 독일 공무원의 봉급 단계, 직급, 수행 기능

봉급 단계	직급	수행 기능(직위)
B11	차관(Staatssekretär)	연방정부 차관, 주정부 차관
B10		연방의회 및 연방평의회 사무국장
B9	관리관(Ministerialdirektor)	연방정부 국장, 연방상급행정기관 기관장
B8	관구청장(Regierungspräsident)	주 또는 대도시 관구청(官區廳)의 책임자
B7	이사관(Ministerialdirigent), 중장(中將)	연방정부 부국장, 군 사단장(師團長)
B6	이사관(Ministerialdirigent, 연방), 소장(小將)	연방정부 부국장, 인구 100,000 이하 자치단체장, 군 여단장(旅團長)
B5	이사관(Ministerialdirigent, 주)	주정부 부국장
B4	선임서기관(Leitender Ministerialrat)	주정부 부국장
B3	Ministerialrat(聯邦)	대사(大使, 미국, 영국 등 주요 국가)
B2	Ministerialrat(州)	대사
B1	Ministerialrat(州)	대사
A16	서기관(Ministerialrat)	연방부처 과장
A15	상급사무관(Regierungsdirektor)	인구 10,000명 이하 지방자치단체장
A14	중급사무관(Oberregierungsrat), 중령	군 대대장(大隊長), 고등학교 교사
A13	초급사무관(Regierungsrat)	초등 및 중등 학교 교사
A12	주사(Amtrat), 대위(大尉)	군 중대장(中隊長)
A11	주사보(Amtman)	전문 사무직원
A10	서기(Oberinspektor), 중위(中尉)	중급 경찰관
A9	서기보(Inspektor)	상급 사무직원
A8	수석사무원(Hauprsekretär)	초급 경찰관, 상급 사무직원
A7	주임사무원(Obersekretär)	초급 경찰관, 중급 사무직원
A6	사무원(Sekretär)	초급 사무원, 비서
A5	사무조원(Oberamtsmeister), 부사관	초급 사무원, 비서
A4	선임사무조수(Amtsmeister)	사무조수
A3	일등사무조수(Oberaufseher)	사무조수
A2	이등사무조수(Oberamtsgehilfe)	사무보조, 사환

자료: Bundesministerium des Innern, 2003: 120.

① 봉급 체계 A(공무원 및 군인의 봉급 체계)

봉급 체계 A의 경우 언급한 바와 같이 봉급 단계 A2에서 A16까지 15단계로 나뉘어 있는데, 이 15단계는 다시 다음과 같이 크게 4단계의 직급군으로 분류할 수 있다.

- 단순직 공무원: 봉급 단계 A2에서 A6까지
- 중급직 공무원: 봉급 단계 A6에서 A9까지
- 상급직 공무원: 봉급 단계 A9에서 A13까지
- 고급직 공무원: 봉급 단계 A14에서 A16까지

봉급 체계 A는 동일 봉급 단계에서 호봉만 올라갈 수 있는 소위 호봉승진을 인정하고 있다. 다음의 <표 4-16>에서 보는 바와 같이 각 봉급 단계는 12호봉으로 되어 있어, 일정한 기간이 경과하였을 경우 호봉승진이 가능하다. 1호봉 승진에 소요되는 기간은 호봉의 단계에 따라 다른데, 1호봉에서 5호봉까지는 2년마다 1호봉씩 자동적으로 승진하며, 이후 9호봉까지는 3년마다, 그리고 10호봉에서 12호봉까지는 4년마다 1호봉씩 승진한다.

호봉승진 제도에 대하여 연방행정기관에서 근무하는 단순직 공무원 H를 예를 들어 보자. 최초 봉급 단계 A2에 임용되었을 경우 H의 봉급은 1,474.59 유로인데, 2년에 한 번씩 1호봉씩 승진할 수 있기 때문에 8년 후 H의 봉급은 봉급 단계 A2 5호봉인 1,617.03 유로이다. 5호봉 승진 이후 3년 이후에 6호봉으로 승진하여 월 1,652.66 유로를 받으며, 이후 다시 3년 이후 7호봉으로 승진하여 월 1,688.28 유로씩 받게 된다. 결론적으로 H는 봉급 단계 A2에 임용된 후 14년이 경과하면 최고 호봉인 봉급 단계 A2 7호봉에 이를 수가 있다. 물론 이후에는 호봉승진을 할 수 없다.

고급직 공무원인 봉급 단계 A15 또는 A16인 경우 최초 임용 후 동일 봉급 단계의 최고 호봉에 이르기 위해서는 하급직 공무원의 경우보다 많은 기간이 필요하다. 그 이유는 고급직 공무원의 경우 단순직과는 달리 최초 6호봉부터 임용되며, 1호봉을 승진하기 위해서는 3년(6호봉~9호봉) 또는 4년(10호봉~12호봉)이 소요되기 때문이다. 예를 들면 봉급 단계 A15 6호봉에 임용된 공무원 J의 경우 최고 호봉인 12호봉에 이르기까지 21년이 소요된다. 만약 J가 20대 말에 임용되었을 경우 40대 말에 최고 호봉에 이르게 되는 것이다.

물론 언급한 예에서는 H와 J의 경우 동일 봉급 단계에서 호봉승진만을 가정하였으며, 만약 H와 J가 직무 중 탁월한 근무 성적과 기타 자질을 보일 경우 이들은 단순히 호봉승진이 아닌 상위 직급, 즉 상위 봉급 단계로 승진할 수도 있다. 이 경우 봉급 계산은 달라진다.

〈표 4-16〉 연방공무원 봉급표(봉급 체계 A, 유로)

직급	2년마다 1호봉 승진				3년마다 1호봉 승진				4년마다 1호봉 승진			
	호 봉											
	1	2	3	4	5	6	7	8	9	10	11	12
A2	1,474.59	1,510.19	1,545.81	1,581.42	1,617.03	1,652.66	1,688.28					
A3	1,536.09	1,573.98	1,611.87	1,649.76	1,687.67	1,725.57	1,763.47					
A4	1,570.97	1,615.61	1,660.20	1,704.83	1,749.44	1,794.06	1,838.66					
A5	1,583.67	1,640.80	1,685.19	1,729.56	1,773.96	1,818.34	1,862.73	1,907.12				
A6	1,621.17	1,669.91	1,718.65	1,767.38	1,816.11	1,864.85	1,913.60	1,962.33	2,011.06			
A7	1,692.42	1,736.22	1,797.55	1,858.87	1,920.19	1,981.52	2,042.86	2,086.64	2,130.44	2,174.26		
A8		1,798.45	1,850.84	1,929.43	2,008.02	2,086.60	2,165.21	2,217.60	2,269.98	2,322.39	2,374.77	
A9		1,916.09	1,967.65	2,051.52	2,135.39	2,219.27	2,303.15	2,360.80	2,418.48	2,476.13	2,533.80	
A10		2,064.60	2,136.24	2,243.69	2,351.17	2,458.63	2,566.10	2,637.74	2,709.38	2,781.01	2,852.65	
A11			2,379.94	2,490.05	2,710.28	2,820.40	2,893.81	2,967.21	3,040.64	3,114.05	3,187.45	
A12			2,559.52	2,690.81	2,822.08	2,953.37	3,084.65	3,172.17	3,259.68	3,347.20	3,434.74	3,522.25
A13			2,880.96	3,022.73	3,164.50	3,306.26	3,448.02	3,542.53	3,637.04	3,731.55	3,826.07	3,920.58
A14			2,998.41	3,182.26	3,366.09	3,549.92	3,733.76	3,856.31	3,978.87	4,101.43	4,223.99	4,346.55
A15						3,903.77	4,105.89	4,267.59	4,429.28	4,590.98	4,752.68	4,914.37
A16						4,311.59	4,545.34	4,732.36	4,919.38	5,106.37	5,293.38	5,480.39

② 봉급 체계 B(고급직 공무원 및 군 장성의 봉급 체계)

봉급 체계 B는 고급직 공무원 중에서도 특히 행정차관과 국장, 군 장성, 대사(大使) 등 최고위직 공무원을 대상으로 하고 있으며, 봉급 단계 B1에서 B11까지 11단계의 단계로 나뉘어 있다. 동일 봉급 단계에서 호봉승진을 인정하고 있는 봉급 체계 A와는 달리 봉급 체계 B의 경우 다음의 <표

4-17>에서 보는 바와 같이 호봉승진을 인정하지 않고 있다. 다시 말해서 봉급 체계 B의 경우 공무원이 한번 특정 직급(봉급 단계)에 임용되면 근무 기간에 관계 없이 동일한 봉급을 받게 되는 것이다. 물론 봉급 체계 B에서도 공무원이 근무와 관련해서 특출한 성적 및 기타 역량을 보일 경우 상위 봉급 단계로의 승진은 가능하다.

〈표 4-17〉 연방공무원 봉급표(봉급 체계 B)

직 급	봉급액(유로)	직 급	봉급액(유로)
B1	4,914.37	B7	7,581.57
B2	5,716.99	B8	7,972.48
B3	6,056.77	B9	8,457.84
B4	6,412.65	B10	9,965.09
B5	6,820.95	B11	10,815.15
B6	7,206.51		

독일 공무원 보수 체계 A와 B에서 알 수 있듯이, 현재 독일 공무원 봉급 제도에서는 무엇보다도 공무원에 대한 부양 원칙이 강조되어 있다. 즉, 현재의 봉급 제도는 공무원으로 하여금 그들의 근무 성과 또는 자질에 관계 없이 안심하고 공직에 근무할 수 있도록 한 제도이다. 따라서 국가에 대한 충성, 국민에 대한 봉사 등과 같은 의무 사항이 강조되었으며, 성과 또는 경쟁 등은 크게 요구되지 않고 있다. 동일 직급에 있는 공무원들은 근무 성과에 관계 없이 비슷한 봉급을 받고 있으며 호봉 또한 근무 기간에 따라 자연히 높아지는 체계이다. 그러나 최근 공직사회의 효율성이 강조되며 공무원의 근무 성과와 자질이 봉급과 연계되기 시작하였으며, 이에 따라 동일 직급의 공무원이라도 봉급이 차별되어 지급되기 시작하였다. 특히 2008년부터는 보수규정이 개정되어 근무 기간이 높아짐에 따라 자동적으로 호봉이 높아지는 현재의 제도를 폐지하고 근무 성과와 자질에 따라 호봉이 높아지는 제도를 도입·실시하기로 하였다. 또한 보수 단계의 승진 또한 근무 기간보다는 근무 성과를 기초로 하여 결정되도록 하였다. 이에 대해서

는 제5장 '행정개혁'에서 자세히 다룬다.

③ 봉급 체계 W(교수의 봉급 체계)

근무 성과를 더욱더 강조하고 있는 봉급 체계는 대학 교수들의 봉급 체계이다. 현재 대학 교수에 대한 봉급 체계 W는 봉급 단계 W1에서 W3까지 3단계로 되어 있으며, 봉급 체계 B와 마찬가지로 각 봉급 단계는 단일 호봉 체계로 되어 있어 호봉승진을 할 수 없다.

그러나 2005년 이전까지만 해도 교수들에 대하여 봉급 체계는 일반 공무원들과 마찬가지로 호봉승진을 인정하여 근무 기간이 높아짐에 따라 자연히 호봉도 높아지게 하였다. 그뿐만 아니라 임용에서도 교수들은 그들의 연구 실적과 기타 성과와 관계 없이 무조건 최하위 봉급 단계에 임용된 후 연령에 높아짐에 따라 상위 봉급 단계로 자연스럽게 승진할 수 있도록 하였다. 연공서열에 입각한 봉급 체계였던 것이다.

그러나 2005년 이후 교수들에 대한 성과주의가 대폭 강조되어 호봉승진 제도 자체를 폐지하고 대신 각 봉급 단계에 대하여 단일호봉제를 도입하였다. 그뿐만 아니라 봉급 단계의 승진에서도 연령보다는 연구 실적을 비롯한 기타 성과들이 중요하게 작용하게 하였다. 연공서열 제도가 완전히 폐지된 것이다. 따라서 젊은 교수들도 연구 실적 및 근무 성적이 우수할 경우 교수 최상급 단계인 W3로 단기간에 승진될 수 있으며, 반대로 연령이 많은 교수라 할지라도 별다른 성과를 보이지 못할 경우 계속해서 최하위 단계인 W1에 머물러 있어야 한다.

물론 단일호봉제를 도입하였다고 해서 동일 호봉에 있는 교수들의 봉급이 모두 동일한 것은 아니다. 오히려 성과 제도의 도입으로 인하여 교수들의 실적(강의 실적, 연구 실적, 박사 과정 제자 수, 프로젝트 수주 건수 등)에 따라 봉급의 15% 이내에서 차별적으로 지불하도록 하고 있다. 실적 평가는 각 대

〈표 4-18〉 독일 공무원 봉급표(봉급 체계 W)

직 급	W1	W2	W3
봉급액(유로)	3,405.34	3,890.03	4,723.61

학별로 하며, 이를 위한 실적평가위원회 등도 자체적으로 구성하도록 하고 있다.

④ 봉급 체계 R(법관 및 검사의 봉급 체계)

법관과 검사를 대상으로 하는 봉급 체계 R에는 1단계에서 10단계까지 10단계 봉급 단계가 있다. 이 중 최하위 단계인 1단계와 2단계에는 호봉승진을 인정하고 있다. 그러나 3단계 이후부터는 호봉승진을 인정하지 않고 있다. 교수 또는 일반 공무원들의 보수 체계에 비하여 근무 성과주의가 그리 강조되지 않고 있다는 점을 알 수 있다. 그 이유는 법관과 검사의 업무 성격에서 기인한다고 하겠다.

〈표 4-19〉 독일 공무원 봉급표(봉급 체계 R, 유로)

직급	호 봉											
	1	2	3	4	5	6	7	8	9	10	11	12
	연 령											
	27	29	31	33	35	37	39	41	43	45	47	49
R1	3,093.94	3,235.71	3,310.35	3,502.86	3,695.38	3,887.89	4,080.42	4,272.94	4,465.45	4,657.98	4,850.49	5,043.02
R2			3,771.19	3,963.71	4,156.22	4,348.75	4,541.27	4,733.79	4,926.31	5,118.81	5,311.34	5,503.83
R3	6,056.77											
R4	6,412.65											
R5	6,820.95											
R6	7,206.51											
R7	7,581.57											
R8	7,972.48											
R9	8,457.84											
R10	10,394.78											

(2) 가족수당

공무원의 보수 중 봉급 이외에 가장 중요한 것은 가족수당이다. 가족 관계 및 자녀 수에 따라 차등 지급되는 가족수당의 지급은 가족의 수가 많은 공무원이 더 많은 생활비를 필요로 하기 때문에 이들에게 추가 경비에 해당하는 수당을 지급한다는 직업공무원 보수 제도의 원칙에서 출발한다. 아래의 <표 4-20>에서 보는 바와 같이 독일 공무원의 가족수당은 제1단계(Stuffe 1)와 제2단계(Stuffe 2)로 구분되는데, 제1단계 가족수당은 결혼수당이며, 제2단계 가족수당은 자녀의 수에 따라 지급되는 이른바 자녀수당이다.

독일 공무원 중 기혼자(배우자가 사망한 자와 이혼자도 포함)는 가족수당 제1단계에 따라 매월 일정액의 수당을 받는다. 그 액수는 직급에 따라 약간의 차이를 보이는데, 단순직 및 중급직 공무원(봉급 단계 A2에서 A8까지)은 매월 100.24유로, 봉급 직급 A9 이상의 상급직 또는 고급직 공무원은 매월 105.28유로를 받는다.

제2단계 가족수당은 자녀에 대한 수당으로, 자녀를 둔 공무원은 자녀 수에 따라 수당을 받는다. 자녀수당은 봉급 단계와 관계 없이 자녀 2명까지는 1명당 90.05유로이며, 3명부터는 1명당 230.58유로가 추가된다. 예를 들어 봉급 단계 A5 기혼 공무원으로서 자녀가 3명 있는 Y는 기혼수당 100.24유로에, 자녀 3명에 해당하는 수당 410.68유로(90.05 + 90.05 + 230.58), 합계 510.92유로를 매월 가족수당으로 받게 된다.

한편 가족수당과 관계 없이 독일 국민에게는 독일 출산장려 정책의 하나로 자녀양육보조금(Kindergeld) 또한 다음과 같이 지급된다.

첫 번째, 두 번째, 세 번째 자녀: 자녀 1인당 154유로

〈표 4-20〉 독일의 공무원 가족수당

(월 지급액: 유로)

	제1단계 수당(기혼수당)	제2단계 수당(자녀수당)		
봉급 단계 A2~A8	100.24	1명	2명	3명
		90.05	180.10	410.68
봉급 단계 A9 이상	105.28	1명	2명	3명
		90.05	180.10	410.68

자료: 독일 연방내무부 인터넷 홈페이지(www.bmi.bund.de) 자료를 필자가 재정리.

네 번째 자녀 이후: 자녀 1인당 179유로

결론적으로 위에서 예로 든 3명의 자녀를 둔 봉급 단계 A5 공무원은 공무원 가족수당 510.92유로에 자녀양육보조금 462(154×3) 유로를 합하여 매달 972.92유로를 받게 되는 것이다. 그러나 2008년 이후에는 공무원 보수제도에서 성과주의가 강조됨에 따라 가족수당 제도는 전면 폐지되며, 대신 근무 성과에 대한 성과수당 제도가 확대될 예정이다. 그러나 자녀양육보조금은 계속 지불된다.

(3) 특별수당(상여금)

특별수당이란 일종의 상여금으로서, 독일의 모든 공무원은 1년에 2회에 걸쳐 상여금을 받는다. 첫 번째 상여금은 휴가 경비 지원의 명목으로 보통 여름철에 지급되는 소위 '휴가상여금(Urlaubsgeld)'이며, 두 번째 상여금은 연말에 지급되는 상여금인데, 보통 '성탄절상여금(Weihnachtsgeld)'이라고도 한다. 휴가상여금은 단순직 및 중급직 공무원에게는 332.34유로가 지급되며, 상급직 및 고급직 공무원에게는 255.65유로가 지급된다. 하위직 공무원에게 더 많은 금액이 지급된 것이 흥미롭다. 한편 성탄절상여금의 금액은 원래 자신의 1개월 봉급과 같았다. 그러나 1993년 이후 성탄절상여금이 자신의 봉급 인상과 함께 인상되지 않고 1993년 수준으로 동결되었다. 통일 이후 독일의 재정 적자가 심각해졌기 때문이다.[15] 2005년 현재 구서독 지역에서 근무하는 공무원은 자신 봉급액의 82.14%에 해당하는 금액을 성탄절상여금으로 받고 있다. 반면 구동독 지역에 근무하는 공무원의 경우 자신 봉급액의 61.6%에 해당되는 금액을 받고 있다.

(4) 기타 수당

독일 공무원의 수당에는 이미 언급한 가족수당 이외에도 직무 성격, 근무 성적, 근무처에 따라 차등 지급되는 여러 종류의 수당이 있다. 이에 대

15) 2005년 9월 정부(연방, 지방자치단체)와 공공 부문 근로자 노조가 체결한 새로운 노동계약 결과에 따라 2007년부터는 휴가상여금과 성탄절상여금이 통합되어 상여금이 1년에 1번만 지급하도록 되어 있다. 단, 연방 소속 공직자의 경우 2006년부터 통합된 상여금을 받게 된다.

하여 알아보면 다음과 같다.

① 직위수당

고급직 공무원 중 기관장 등 특별한 직위에 있는 자의 직무 수행에 따른 경비 지원으로서, 봉급의 30%에 한하여 지급될 수 있다.

② 직무수당

수행 직무의 강도, 위험성 등에 따라 차등 지급되는 수당이다. 특별한 위험이 없는 분야에서 근무하는 공무원의 경우 직급에 따라 매월 15.68유로에서 58.17유로의 직무수당을 받는다. 그러나 신체적·정신적 위험을 동반하거나, 다른 직무에 비하여 직무의 피로도가 심한 경우에는 더 많은 액수가 지급된다. 이들 직무수당의 예를 들어 보면 다음과 같다.

〈표 4-21〉 독일 공무원 직무수당의 예

(월 지급액: 유로)

직무수당의 종류	금액
경찰직 및 소방직 공무원 수당	직급에 관계 없이 127.38
비행사(飛行士) 수당	직급(계급)에 따라 295.50에서 460.16까지
교정직 공무원 수당	직급에 관계 없이 95.53
연방부처(Ministerien) 및 연방대법원, 연방대검찰청 근무 수당	직급에 따라(예: A13 단계인 경우 181.54)
기타 위험수당	직급에 따라 115.04에서 191.73까지

자료: Bundesministerium des Innern, 2003: 123.

위의 <표 4-21>의 내용 중 흥미로운 점은 연방부처 및 연방대법원, 연방대검찰청에 근무하는 공무원이 상당한 금액의 직무수당을 지급받고 있다는 사실이다. 특히 이들이 지급받는 특별수당의 액수가 경찰직 또는 소방직 공무원의 직무수당 액수보다 더 많다는 점이 흥미롭다. 이는 아마도 연방부처의 근무가 다른 분야의 직무에 대하여 더 많은 집중도를 요구하고 있고, 근무 결과에 대한 책임도 크기 때문이라고 판단된다.

③ 특별근무수당

특별근무수당이란 공무원이 특별한 근무 시간대에 근무하였을 경우 지급되는 수당이다. 특별근무수당으로는 다음과 같은 것들이 있다.

〈표 4-22〉 독일 공무원 특별근무수당

수당의 종류	금액(유로)
휴일근무 수당	직급에 관계 없이 시간당 2.61
야간근무 수당	직급에 관계 없이 시간당 1.28
교대근무 수당(주야간 교대근무자)	교대 형태에 따라 월 35.79에서 106.26까지
간병근무 수당(국립병원 간병인)	직무 강도에 따라 월 15.34에서 61.36까지

자료: Bundesministerium des Innern, 2003: 124.

④ 성과수당

성과수당이란 1997년 연방 및 주 공무원 복무규정의 개정과 함께 도입된 성과 제도의 하나로서, 직무와 관련해서 특출한 근무 성적을 낸 공무원에게 지급되는 수당이다. 공직 내부의 경쟁을 유도하고 이를 통하여 행정의 효율성을 높이기 위하여 고안한 이 성과수당의 지급 방법에는 '일시불 지급 방법'과 '분할 지급 방법' 두 가지가 있다.

일시불 지급 방법이란 근무 성적이 우수한 자 또는 근무와 관련해서 기관 발전에 기여한 자를 선발하여 자신의 봉급 초봉에 해당하는 액수를 일시불로 지불하는 방법이다. 성과에 대한 일종의 특별상이다. 한편 분할 지급 방법이란 근무 성적이 우수한 자를 선발해서 일정 기간(보통 12개월) 동안 수당을 지급하는 방법으로, 이에 선발된 공무원은 보통 자신의 봉급 초봉의 7%에 해당하는 금액을 12개월 동안 지급받게 된다. 각 방법에 대한 예를 들어 보자.

㉠ 일시불 지급 방법의 예

봉급 단계 A12 해당하는 공무원 W는 자신의 근무와 관련하여 특별한 성과를 보여 성과수당 일시 지급 대상자로 선정되었을 경우 자신의 봉급 단계 A12의 초봉 즉, 2,559.52유로를 일시불로 지급받게 된다.

㉡ 분할 지급 방법의 예

봉급 단계 A12에 해당되는 공무원 W가 자신의 근무와 관련하여 특별한 성과를 보여 성과수당 분할 지급 대상자로 선정되었을 경우 자신의 봉급 단계 A12의 초봉 2,559.52유로의 7%인 179.16유로를 12개월 동안 지급받게 된다. 공무원 W는 결과적으로 총 2,113.92(179.16 × 12 = 2,113.92)유로를 성과수당으로 받는 셈이다.

성과수당의 대상자는 봉급 단계 A1～A16에 한정하며, 그 수도 대상 공무원의 10% 이내로 제한하고 있다. 너무 많은 사람들이 성과수당 대상자로 선발될 경우 예산의 문제는 물론, 이 제도를 통하여 공직 내부의 경쟁을 유도하고 행정의 효율성을 추구한다는 원래의 취지가 퇴색되기 때문이다. 이 밖에 성과수당이 소위 '나누어 먹기'식으로 전락되는 것을 방지하기 위하여 성과수당의 대상자 선발시 성과가 명확히 제시되어야 한다.

⑤ 외국근무수당

외국에 근무하는 공무원에 대하여는 외국의 물가 수준이 국내와 다를 경우 이를 고려하여 수당을 지급하며, 이 밖에 자녀 교육과 거주비 보조를 위한 별도의 수당이 지급되고 있다.

3) 독일 공무원 보수 예시

지금까지 독일 공무원의 보수 제도에 대하여 알아보았다. 그러면 모든 수당을 포함해서 독일 공무원의 평균 보수 수준은 어느 정도 될까? 이에 대한 정확한 답변은 그리 쉽지 않다. 왜냐하면 언급한 바와 같이 독일 공무원의 봉급 단계는 26단계로 나뉘어 있어 봉급의 편차가 대단히 심할 뿐만 아니라, 각 봉급 단계에는 또한 여러 호봉 단계가 있기 때문이다. 이 밖에 독일 공무원 보수 제도에는 각종 수당이 있어, 공무원의 혼인 여부, 자녀 수, 그리고 직무의 성격에 따라 그 액수도 차이가 많이 나기 때문이다. 그럼에도 불구하고 각 직급에서 몇 명의 공무원을 상정해서 독일 공무원의 보수를 대략 계산하여 보면 <표 4-23>과 같다.

<표 4-23>에서 살펴본 34세의 경찰공무원의 보수는 봉급과 수당을 합

〈표 4-23〉 독일 공무원의 보수 예시(월, 유로, 세전)

공무원의 신분 (연령, 직무, 봉급 단계, 혼인 여부, 자녀 수, 공직 기간 등)	봉급	주요 수당	보수
34세의 경찰관, 봉급 단계 A8(중급직 공무원), 기혼, 자녀 2명, 공직 생활 15년차	2,217.60	가족수당 230.34 직무(경찰) 수당 127.38	2,575.32
24세의 일반 행정공무원(지방자치단체 근무), 봉급 단계 A10(상급직 공무원), 미혼, 공직 생활 2년차	2,064.60	가족수당 0 직무수당 15.68	2,080.28
43세의 초등학교 교사 봉급 단계 A12(상급직 공무원), 기혼, 자녀 3명, 공직 생활 18년차	3,259.68	가족수당 515.96 직무수당 15.68	3,791.32
43세의 일반 행정공무원(주행정기관 근무), 봉급 단계 A16(고급직 공무원), 서기관급 과장, 기혼, 자녀 1명, 공직 생활 15년차	5,106.37	가족수당 195.33 직무수당 15.68	5,227.38
50세의 정무직 공무원, 연방내무부 관리관급 국장, 봉급 단계 B11, 기혼, 자녀 2명, 공직 생활 3년차	8,457.84	가족수당 285.38 직무수당 0	8,743.22※

자료: 공무원 보수표를 기준으로 해서 필자가 작성.
※ 연방부처의 관리관급 국장에게는 이 밖에도 봉급의 30%에 해당하는 직위수당이 지급되기 때문에 실제 보수는 월 10,000 유로를 상회하게 됨.

하여 월 2,575.32 유로(세전)이며,[16] 43세의 행정서기관의 보수는 5,227.38 유로(세전)이다. 위에서 예를 든 공무원 보수의 계산에서는 직급승진은 상정하지 않았으며, 대신 호봉승진을 포함시켰다. 수당의 경우 가장 비중이 큰 가족수당 및 직무수당만을 포함시켰다. 독일 공무원의 보수 계산시 특별히 염두에 두어야 할 사항은 1년에 2회 걸쳐 특별수당(상여금)을 받는다는 점이다. 예를 든 43세의 행정서기관의 경우 월 보수액은 5,227.38유로이지만 연봉을 계산해 보면 약 67,116.11유로(5,227.38 × 12 + 4,437.55(특별수당))가 된다.

16) 이 금액에는 자녀양육보조금(Kindergeld)은 포함시키지 않았다.

2. 공공 부문 근로자 보수(Bezahlung) 제도

1) 법적 기초

공무 수행에 대한 전반적 대가(Besoldung)의 성격을 가지고 있는 공무원 보수와는 달리, 공공 부문 근로자(공공 부문 사무원 + 공공 부문 노무자)의 보수는 근로에 대한 직접적인 대가(Bezahlung)의 성격을 가지고 있다. 공공 부문 근로자의 보수 수준은 민간 부문과 마찬가지로 사용자(국가)와 공공 부문 근로자의 임금 협상 결과에 따라 결정된다. 사용자와 공공 부문 근로자의 임금 협상은 일정한 기간의 간격(보통 1년)을 두면서 이루어지는데, 일단 정해진 보수는 다음에 새로운 보수가 결정될 때까지만 유효하게 된다.

사용자와 공공 부문 근로자와의 임금 협상은 보통 연방의 경우 연방정부를 대표하는 연방내무부 장관과 공공 부문 근로자를 대표하는 노동조합 사이에 이루어진다. 주의 경우는 16개 주정부를 대표하는 노동계약연합회와 노동조합 사이에 협상이 이루어진다. 지방자치단체 보수 협상 과정도 동일해서 모든 지방자치단체를 대표하는 단체인 '지방자치단체사용자연합회(VKA)'가 노동조합과 협상하며 노동계약을 체결한다. 그러나 대부분은 연방, 주, 지방자치단체가 연합하여 노동조합과 임금 협상을 하며 노동계약도 체결한다. 소속과 관계 없이 독일 모든 지역 공공 부문 근로자의 보수 제도가 동일하여야 하기 때문이다.

그러나 2005년 11월 현재 독일 공공 부문 근로자의 보수 제도는 그 행정주체에 따라 약간의 차이를 보이고 있다. 연방과 지방자치단체 소속 공공부문 근로자가 2005년 9월 정부(연방과 주)와 노동조합이 합의한 새로운 노동계약(Tarifvertrag für den öffentlichen Dienst: TVöD)에 명시된 보수 제도에 따라 보수를 받고 있는 것과는 달리, 주 소속 공공 부문 근로자의 경우 여전히 2004년 사용자와 노동조합이 합의하였던 보수 제도에 따라 보수를 받고 있다.

구체적으로 주 소속 공공 부문 사무원은 2004년 5월에 체결된 '연방-공공부문사무원노동계약(Bundes-Angestelltentarifvertrag: BAT)'에 따라서 보수를 받고 있으며, 공공 부문 노무자의 경우 '공공부문노무자노동계약(Manteltarifvertrag für Arbeiterinnen und Arbeiter: MTArb)'에 따른 보수 제도를 적용받고 있다. 2005년 11월 현재 주 소속 공공 부문 근로자와 연방 및 지방자치단체 소속 공공 부문 근로자가 각각 다른 노동계약의 적용을 받고 있는 것이다. 이는 2005년 보수 협상에서 연방과 지방자치단체만 새로운 노동계약에 대하여 노동조합과 합의한 반면 주는 이 노동계약에 참여하지 않았기 때문이다. 그러나 이는 일시적인 현상이고 곧 주와 노동조합이 새로운 노동계약을 체결할 것으로 보이며, 따라서 독일 전체 공공 부문 근로자가 통일된 보수 제도의 적용을 받을 것으로 예상된다.

이하의 설명은 현재 주 소속 공공 부문 근로자가 적용받고 있는 노동계약, 즉 2004년 5월에 체결된 노동계약(BAT와 MTArb)에 있는 보수 제도의 내용이며, 연방과 지방자치단체 소속 근로자에 적용되는 노동계약, 즉 2005년 새로 체결된 노동계약(TVöD)에 명시되어 있는 보수 제도에 대해서는 제5장 '행정개혁'에서 상세히 다루기로 한다.

2) 보수의 종류

공공 부문 근로자의 보수에는 기본급과 가족수당, 및 기타 수당이 있다.

(1) 기본급

① 공공 부문 사무원의 기본급

공공 부문 사무원 및 공공 부문 노무자 역시 공무원과 같이 매달 보수를 받지만, 그 명칭에서는 차이를 보인다. 공무원의 봉급에 해당되는 것을 기본급이라고 하는데, 봉급의 개념과는 달리 노동에 대한 직접적인 대가의 의미가 강하다. 공무원의 봉급에 해당되는 공공 부문 사무원의 기본급은 <표 4-24>에서 보는 바와 같이 최고 I단계에서 최저 X단계까지 18단계로 구분되며, 이 18단계는 다시 크게 4단계로 구분할 수 있다. 공공 부문 사무원에게는 원칙적으로 직급이 없지만 이 기본급이 곧 직급인 셈이다.

기본급이 높을수록 권한이 크고 업무 난이도가 높은 상위 직위에서 근무하게 되며, 반대로 기본급이 낮을수록 단순 직위에서 근무하게 된다.

기본급 각 단계에 해당하는 공공 부문 근로자의 채용에 관한 요건 또한 공무원의 경우와 비슷하게 설정하였다. 예를 들어 하위 단계인 X단계에서 Ⅷ단계에 해당되는 공공 부문 근로자의 경우 초등학교 졸업 정도의 학력이면 채용될 수 있다. 반면 고위 단계인 Ⅰ단계에서 Ⅱa 단계에 임용되기 위해서는 대학교를 졸업하여야 한다.

그러나 채용에 관한 학력의 요건 충족 규정은 공무원의 경우에 비하여 그리 엄격한 편은 아니다. 다시 말해서, 학력이 미달되더라도 기타 자질과 능력으로 인하여 해당 직위를 충분히 수행할 수 있다고 판단될 경우 임용될 수 있다는 것이다. 공공 부문 사무원의 채용 요건을 공무원의 경우와 비교하면 다음과 같다.

X단계에서 Ⅷ단계까지

공무원과 비교하면 단순직 공무원에 해당된다. 초등학교 또는 직업학교 졸업이 채용의 조건이며, 기타 전문적 자질을 요구하지 않는다.

Ⅷ단계에서 Ⅴb단계까지

공무원과 비교하면 중급직 공무원에 해당된다. 중등학교 졸업 또는 초등학교 졸업 이후 최소한 3년 이상의 직업교육을 이수하여야 채용될 수 있다.

Ⅴb단계에서 Ⅱa단계까지

공무원과 비교하면 상급직 공무원에 해당된다. 전문대학 졸업 이상의 학력자로서 특정 분야에 대한 전문지식이 있어야 채용될 수 있다.

Ⅱa단계에서 Ⅰ단계까지

공무원과 비교하면 고급직 공무원에 해당된다. 대학교 이상 졸업자로서, 해당 분야에 대한 특별한 전문지식이 있어야 채용될 수 있다.

공공 부문 사무원의 보수 제도도 공무원 봉급 체계(A체계)와 같이 호봉승진제를 도입하고 있어, 각 기본급에는 나시 여러 단계의 호봉이 있다. 다만 공무원의 호봉승진과 다른 점은 공무원의 경우 근무평가 결과에 따른 조기(早期) 호봉승진을 기대할 수 있으나, 공공 부문 근로자의 경우 성과에 관계 없이 무조건 2년에 1호봉씩 승진한다는 점이다.

〈표 4-24〉 독일 공공 부문 사무원의 보수표(기본급, 월급)

기본급	21.	23.	25.	27.	29.	31.	33.	35.	37.	39.	41.	43.	45.	47.	49.
	연령														
	유로(Euro)														
I		3,011.68	3,174.94	3,338.23	3,501.52	3,664.81	3,828.11	3,991.36	4,154.67	4,317.94	4,481.23	4,644.53	4,807.79	4,971.06	
I a		2,775.96	2,902.87	3,029.71	3,156.58	3,283.48	3,410.38	3,537.29	3,664.14	3,791.01	3,917.91	4,044.82	4,171.66	4,298.34	
I b		2,467.85	2,589.84	2,711.82	2,833.80	2,955.78	3,077.75	3,199.75	3,321.71	3,443.71	3,565.66	3,687.65	3,809.63	3,931.31	
IIa		2,187.49	2,299.53	2,411.61	2,523.62	2,635.66	2,747.72	2,859.72	2,971.79	3,083.81	3,195.90	3,307.93	3,419.91		
IIb		2,039.63	2,141.76	2,243.88	2,346.02	2,448.17	2,550.29	2,652.43	2,754.57	2,856.69	2,958.86	3,060.98	3,105.59		
III	1,944.12	2,039.63	2,135.13	2,230.64	2,326.16	2,421.67	2,517.18	2,612.68	2,708.18	2,803.71	2,899.24	2,994.76	3,085.60		
IVa	1,762.31	1,849.71	1,937.11	2,024.48	2,111.89	2,199.28	2,286.68	2,374.07	2,461.47	2,548.87	2,636.26	2,723.68	2,809.85		
IVb	1,611.35	1,680.71	1,750.02	1,819.35	1,888.63	1,957.98	2,027.29	2,096.63	2,165.96	2,235.27	2,304.62	2,373.93	2,383.15		
Va	1,424.82	1,479.74	1,534.63	1,593.98	1,654.90	1,715.86	1,776.82	1,837.77	1,898.72	1,959.67	2,020.65	2,081.60	2,138.22		
Vb	1,424.82	1,479.74	1,534.63	1,593.98	1,654.90	1,715.86	1,776.82	1,837.77	1,898.72	1,959.67	2,020.65	2,081.60	2,085.81		
Vc	1,346.84	1,396.35	1,445.90	1,497.87	1,549.87	1,604.03	1,661.70	1,719.42	1,777.08	1,834.78	1,891.70				
VIa	1,275.43	1,313.7	1,351.93	1,390.19	1,428.41	1,467.80	1,507.97	1,548.14	1,589.01	1,633.58	1,678.16	1,722.75	1,767.31	1,811.90	1,850.13
VIb	1,275.43	1,313.7	1,351.93	1,390.19	1,428.41	1,467.80	1,507.97	1,548.14	1,589.01	1,633.58	1,678.16	1,713.03			
VII	1,181.60	1,212.66	1,243.73	1,274.79	1,305.86	1,336.93	1,367.97	1,399.07	1,430.12	1,462.03	1,494.67	1,518.20			
VIII	1,093.09	1,121.48	1,149.92	1,178.32	1,206.74	1,235.14	1,263.58	1,291.98	1,320.39	1,341.50					
IXa	1,057.31	1,085.58	1,113.83	1,142.09	1,170.32	1,198.57	1,226.81	1,255.06	1,283.22						
IXb	1,017.70	1,043.48	1,069.25	1,095.01	1,120.80	1,146.58	1,172.37	1,198.14	1,219.93						
X	944.99	970.76	996.57	1,022.32	1,048.11	1,073.88	1,099.67	1,125.45	1,151.21						

② 공공 부문 노무자의 기본급

공공 부문 노무자의 기본급은 아래의 <표 4-25>에서 보는 바와 같이 최고 9단계에서 최저 1단계까지 17단계로 구분되며, 호봉승진을 병행한다는 점에서 공공 부문 사무원의 보수 체계와 비슷하다. 공공 부문 사무원의 기본급 체계와 마찬가지로 하위 단계의 경우 특별한 직업교육을 받지 않은 자도 채용될 수 있지만, 상급 단계의 경우 일정한 직업교육을 이수한 자들만이 채용될 수 있다. 특히 최상급에 채용되기 위해서는 노무자라 할지라도 특별한 기능 및 기술을 소지한 자이어야 한다.

〈표 4-25〉 독일 공공 부문 노무자의 보수표(기본급, 월급)

	호 봉							
	1	2	3	4	5	6	7	8
	기본급(유로)							
9	2,269.18	2,305.48	2,342.35	2,379.83	2,417.92	2,456.58	2,495.89	2,535.84
8a	2,220.31	2,255.84	2,291.93	2,328.60	2,365.85	2,403.71	2,442.17	2,481.25
8	2,171.46	2,206.19	2,241.49	2,277.34	2,313.79	2,350.83	2,388.43	2,426.65
7a	2,124.72	2,158.70	2,193.25	2,228.32	2,263.98	2,300.19	2,337.00	2,374.40
7	2,077.94	2,111.20	2,144.96	2,179.28	2,214.15	2,249.58	2,285.57	2,322.14
6a	2,033.20	2,065.73	2,098.78	2,132.35	2,166.49	2,201.14	2,236.35	2,272.14
6	1,988.47	2,020.27	2,052.59	2,085.44	2,118.80	2,152.70	2,187.14	2,222.16
5a	1,945.64	1,976.78	2,008.41	2,040.54	2,073.19	2,106.38	2,140.06	2,174.31
5	1,902.83	1,933.27	1,964.22	1,995.64	2,027.56	2,060.02	2,092.98	2,126.46
4a	1,861.87	1,891.65	1,921.92	1,952.66	1,983.91	2,015.65	2,047.90	2,080.69
4	1,820.90	1,850.04	1,879.63	1,909.71	1,940.26	1,971.30	2,002.83	2,034.89
3a	1,781.70	1,810.19	1,839.17	1,868.58	1,898.49	1,928.86	1,959.73	1,991.07
3	1,742.48	1,770.36	1,798.69	1,827.46	1,856.72	1,886.41	1,916.61	1,947.25
2a	1,704.97	1,732.24	1,759.97	1,788.11	1,816.72	1,845.80	1,875.33	1,905.34
2	1,667.45	1,694.11	1,721.23	1,748.77	1,776.75	1,805.19	1,834.08	1,863.41
1a	1,631.54	1,657.65	1,684.19	1,711.11	1,738.50	1,766.32	1,794.57	1,823.28
1	1,595.65	1,621.17	1,647.11	1,673.46	1,700.23	1,727.44	1,755.09	1,783.17

(2) 가족수당

공공 부문 사무원의 가족수당은 다음과 같이 기본급과 가족 관계에 따라 구분된다. 다음 아래 <표 4-26>에서 보는 바와 같이 미혼인 공공 부문 사무원은 제1단계 가족수당을 받을 수 있으며, 기혼인 사람은 제2단계 그리고 결혼해서 1명의 자녀를 둔 사람은 제3단계의 가족수당을 받을 수 있다. 2명 이상의 자녀를 둔 공공 부문 사무원의 경우 자녀 1명당 90.57유로를 추가해서 받는다.

〈표 4-26〉 공공 부문 사무원 가족수당표

※ 2004년 5월 기준: 유로

기본급 등급	1단계	2단계	3단계 (자녀 1명)
Ⅰ~Ⅱ 등급	565.28	672.18	762.75
Ⅲ~Ⅴa/b 등급	502.36	609.26	699.83
Ⅴc~Ⅹ등급	473.21	575.03	665.60

공공 부문 노무자에게는 공공 부문 사무원이 지급받는 수준의 가족수당이 지급되지 않는다. 다만 자녀 1인당 공공 부문 사무원 자녀 1인 이상 초과 액수에 해당하는 90.57유로를 지급받을 뿐이다.

(3) 기타 수당

공무원의 경우 직위수당, 직무수당, 특별근무수당, 성과수당 등 여러 종류의 수당을 받는 데 반하여 공공 부문 근로자에게는 이런 수당이 지급되지 않거나, 지급된다 하더라도 특수한 경우에만 지급된다. 왜냐하면 공공 부문 근로자의 경우 대부분 구체적 근무 조건이 고용계약에 명시되고, 이 계약에 따라 보수의 총액이 결정되기 때문이다. 그러나 만약 사용자와 노동조합이 수당을 별도로 지급할 것을 합의할 경우 새로운 수당의 지급도 가능하다. 대표적인 예가 성과수당인데, 지금까지 공공 부문 근로자에게는 특별한 성과수당 지급 제도가 없었으나, 향후 공공 부문의 성과 체계를 확립하는 차원에서 공공 부문 근로자들에게도 성과수당을 차등해서 지급하기로 결정하였다.

(4) 특별수당

공공 부문 근로자도 공무원과 마찬가지로 1년에 2회에 걸쳐 특별수당(상여금)을 받는다. 그 시기와 금액도 공무원과 일치해서 휴가상여금의 경우 X단계에서 Vb단계까지 332.65 유로를 받으며, 그 이상의 단계인 경우 255.65유로를 받는다. 공무원의 경우와 마찬가지로 하위직 근로자가 휴가상여금을 많이 받는다. 성탄절상여금 역시 공무원과 마찬가지로 원래 자신의 기본급 100%에 해당하는 금액을 받았으나, 1993년 이후 동결되어 현재에는 자신의 기본급의 82.14%(구동독 지역의 경우 기본급의 61.6%)를 받고 있다.

3) 독일 공공 부문 근로자의 보수 예시

독일 공무원의 보수를 몇 명의 공무원을 가상해서 알아보았듯이 동일한 조건의 공공 부문 근로자(사무원)를 가상해서 독일 공공 부문 근로자의 보수 수준에 대하여 알아보고, 이를 공무원의 보수와 비교해 보기로 한다. 공무원과 마찬가지로 공공 부문 근로자의 보수에는 기본급과 수당 이외에도 1년에 2회 지급되는 특별수당이 있다는 점을 염두에 두어야 할 것이다.

〈표 4-27〉 독일 공공 부문 사무원의 보수 예시(월, 유로, 세전)

공공 부문 사무원 (연령, 직무, 기본급, 혼인 여부, 자녀 수, 공직 기간 등)	기본급	주요 수당 (가족수당)	보 수
34세, 연방행정기관 근무, Vc급(중급직), 기혼, 자녀 2명. 공직 생활 13년차	1,661.70	756.17	2,417.87
24세, 지방자치단체 근무(복지사), Vb급(상급직), 미혼, 공직 생활 2년차	1,593.98	502.36	2,096.34
43세, 국영기관 근무, IIa급(상급직), 기혼, 자녀 3명, 공직 생활 18년차	3,307.94	907.89	4,215.83
43세, 주행정기관 근무, I(고급직), 기혼, 자녀 1명, 공직 생활 15년차	4,971.06	726.75	5,643.81

자료: 공공 부문 근로자의 보수표를 기준으로 하여 필자가 작성.

위의 <표 4-27>의 공공 부문 사무원의 보수와 <표 4-23>의 공무원의 보수를 비교할 때, 동일 조건일 경우 그 보수 수준도 비슷하다는 것을 알 수 있다. 예를 들어 34세로서 A8 봉급 단계, 기혼, 자녀 2명을 둔 공무원의 경우 매월 2,573.82유로의 보수를 받는데, 동일한 조건의 공공 부문 사무원은 월 2,417.87유로를 받는다. 미혼인 24세의 공무원은 매월 2,080.28유로의 보수를 받으며, 동일 조건의 공공 부문 사무원은 매월 2,096.34유로를 받는다. 한편 공무원과 공공 부문 근로자의 보수를 비교할 때 눈에 띄는 점은 공무원의 봉급이 공공 부문 사무원의 기본급보다 전반적으로 높게 책정되어 있는 데 반하여, 가족수당의 경우 공공 부문 사무원의 가족수당이 공무원의 가족수당보다 높게 책정되어 있다는 점이다.

3. 구동독 지역 공직자의 보수

지금까지 설명한 것은 모두 구서독 지역에서 근무하고 있는 공직자에 적용되는 보수 제도의 내용이다. 그러나 신연방주, 즉 구동독 지역에 근무하는 공무원과 공공 부문 근로자의 보수 수준은 구서독 공직자의 보수 수준과 동일하지 않다. 2005년 12월 현재 구동독 지역에 근무하는 공직자의 보수는 구서독 지역에 근무하는 동일 직급 공직자 보수(봉급 및 가족수당)의 92.5%이다. 구동·서독 지역 간 물가와 경제적 차이로 인하여 공직자의 보수에서도 차이가 있는 것이다.

구동독 지역의 공직자에게 구서독 지역 보수 체계가 적용되기 시작한 것은 1991년 이후였다. 그러나 구동독 공직자의 보수는 동일 직급 구서독 공직자의 보수와 동일하지는 않았다. 1991년 당시 구동독 지역 공직자의 보수는 같은 직급에 있는 구서독 지역 공직자 보수의 약 60%에 불과하였었다. 이후 이 비율은 계속적으로 증가하여 2005년 현재 구서독 지역 공직자 보수의 92.5%에 이르렀다. 향후 이 비율은 점차 증가하여 3~4년 이후에는 지역 차별 없이 독일의 모든 공직자가 동일한 봉급 체계에 따라 봉급을 지급받을 것으로 예상된다. 구서독 지역 공직자의 보수를 100으로 하였을 때 구동독 지역 공직자의 보수 수준은 연도에 따라 다음과 같이 변화하였다.

〈표 4-28〉 구동독 지역 공직자의 보수 수준※

연 도	구동독 공직자 보수 수준
1992년 5월부터	70
1992년 12월부터	74
1993년 7월부터	80
1994년 10월부터	82
1995년 10월부터	84
1997년 9월부터	85
1998년 9월부터	86.5
2000년 8월부터	87
2001년 1월부터	88.5
2002년 1월부터	90
2004년 5월부터(현재)	92.5

자료: 연방내무부 인터넷 홈페이지(www.bmi.bund.de) 자료.
※: 구서독 지역 동일 직급 공직자의 보수를 100으로 하였을 경우.

4. 보수의 인상

독일 공직자의 보수 인상은 보통 1년을 주기로 이루어지는데[17] 공무원과 공공 부문 근로자의 신분적 차이로 인하여 보수 인상의 과정도 상이하다.

1) 공공 부문 근로자의 보수 인상 과정

공공 부문 근로자의 보수 인상 과정은 다른 민간 부문의 보수 인상 과정과 마찬가지로 사용자에 대한 근로자의 보수 인상 요구와 함께 시작된다. 우선 공공 부문 근로자의 이익을 대변하는 노동조합이 보수 인상을 요구한다. 노동조합의 보수 인상 요구에 대하여 사용자, 즉 연방, 주, 지방자치단체는 공동으로 노동조합의 요구에 대하여 대처하게 된다. 공공 부문 근로

17) 독일 공무원과 공공 부문 근로자의 보수 인상률은 경제 상황, 물가상승률 등에 따라 매년 조금씩 다르지만 보통 매년 1.8%에서 3% 정도의 인상률을 보이고 있다(Bundesministerium des Innern, 2003: 143).

자는 임금 협상 과정에서 그들의 요구를 관철하기 위하여 파업을 단행할 수 있다. 그러나 공무원은 파업할 수 없다. 정부 또한 공무원으로 하여금 공공 부문 근로자의 파업을 방해하도록 지시할 수 없다.

사용자와 노동조합의 협상이 아무런 문제 없이 진행된다면 빠른 시일 내에 새로운 계약이 체결될 수 있지만, 그렇지 못할 경우 중재위원회가 개입할 수 있다. 중재위원회란 사용자와 노동조합의 협상을 중재하는 중립적 기구이며, 일단 중재위원회의 개입이 시작되면 사용자와 노동조합은 계속해서 협상에 임할 의무가 있다. 그러나 사용자와 노동조합은 이 중재위원회의 권고 사항을 무조건 수용하여야 하는 것은 아니다.

2) 공무원의 보수 인상 과정

공무원 보수는 연방의회와 연방평의회에서 법률로써 결정된다. 따라서 원칙적으로 보수 인상에 따른 협상이란 존재하지 않는다. 그러나 실제적으로는 보수 인상을 위하여 공무원들도 노동조합을 통하여 자신들의 요구를 제시하기도 하고, 기타 여러 경로를 통하여 압력을 행사하기도 한다. 공무원의 새로운 보수 수준을 결정하는 요인으로는 물가인상률, 다른 국가의 공무원 보수 수준 등 여러 가지가 있지만 가장 중요한 것은 정부와 공공 부문 근로자와의 협상 결과이다. 즉, 공공 부문 근로자의 보수 수준이다. 대체로 공공 부문 근로자에 대한 보수 인상이 이루어진 이후 정부(연방내무부)에서는 공무원 보수 인상을 위하여 새로운 법률을 입안하는데, 이 때 공공 부문 근로자에 대한 보수 인상률은 중요한 기준이 된다. 물론 연방내무부에서는 다른 인상 요인도 검토하지만 공공 부문 근로자의 보수 인상률을 가장 중요한 기준으로 정한다. 공무원과 공공 부문 근로자의 보수 인상률이 거의 비슷하여야 하기 때문이다.

흥미로운 점은 매번 공공 부문 근로자들의 보수 인상이 결정된 후, 공무원의 보수 인상이 결정되기 때문에 결과적으로 공무원들은 조금씩 손해를 보고 있다는 점이다. 보수 수준이 비슷한 상태에서 먼저 공공 부문 근로자의 보수가 인상된 후 일정한 시간이 경과된 후 공무원의 보수가 인상되기 때문에 그 기간만큼 공무원은 손해를 보고 있다는 것이다. 이러한 과정이 일회성에 그치는 것이 아니라 보수 인상시 매번 반복되기 때문에 결과적으로 공무원이 상대적으로 손해를 보고 있다는 것이다.

5. 연방수상, 연방장관, 연방정무차관의 보수

연방수상, 연방장관, 연방정무차관의 신분은 직업정치가이다. 즉, 이들은 공무원도 아니며 또는 공공 부문 근로자도 아니다. 따라서 이들의 보수에 대하여는 연방공무원법 또는 연방공무원보수법 등에서 언급하지 않고 있다. 그러나 이들 또한 공직에 있기 때문에 그 보수에 대하여 법률(연방장관법: Bundesministergesetz)로써 규정해 놓고 있다. 이들의 보수도 봉급, 가족수당, 직무수당 등으로 구성되어 있으며, 기본적으로 연방행정차관(봉급단계 B11)을 기준하고 있다. 주지사, 주의 장관과 정무차관들도 마찬가지로 직업정치가이며, 이들의 보수도 주의 법률로써 규정하고 있다. 선출직 공무원인 자치단체장 등의 보수는 지방자치법에서 규정하고 있다. 연방 직업정치가의 봉급 수준에 대하여만 알아보면 다음과 같다.

1) 봉 급

- 연방행정차관의 봉급: 10,815.15유로
- 연방수상의 봉급: 연방행정차관 봉급(봉급 단계 B11)의 1과 2/3(약 166%)
  2005년 현재 B11(10,815.15유로)의 약 166%인 18,018유로
- 연방장관의 봉급: 연방행정차관 봉급의 1과 1/3(약 133%)
  2005년 현재 B11(10,815.15)의 약 133%인 14,348유로
- 연방정무차관의 봉급: 연방행정차관(B11)과 동일, 10,815.15유로

2) 가족수당

연방수상, 연방장관, 연방정무차관 모두 연방행정차관의 가족수당의 1과 1/3

3) 직무수당

- 연방수상의 직무수당: 매월 1,022.58유로
- 연방장관의 직무수당: 매월 306.78유로
- 연방정무차관의 직무수당: 매월 230.08유로

4) 직위수당

직위(연방수상, 연방장관)를 수행하는 데 필요한 경비로서 봉급의 약 30%에 해당하는 금액이다.

제 5 장

행정개혁(Verwaltungsreform)

제1절 독일 행정개혁의 역사적 전개

나치, 분단, 통일 등 순탄하지 못했던 역사적 경험과 배경을 가지고 있는 독일은 그 역사만큼이나 독특한 행정개혁의 역사를 가지고 있다. 여기서는 제2차 세계대전 이후부터 최근까지 독일에서 행정개혁이 어떠한 방향으로 추진되어 왔는지를 시기별로 구분하여 정리해 보기로 한다.[1)]

1. 1945～1949년: 과거 극복을 위한 행정개혁

독일은 제2차 세계대전의 패배로 인하여 1945년부터 1949년까지 국토가 미국, 영국, 프랑스 및 소련 등 승전 연합국에 의하여 분할 점령되었으며, 이들 연합국들은 그들 점령지역에서 각각 군정을 실시하였다. 군정 실시

1) 독일 행정개혁의 시기별 구분은 각 정권을 중심으로 하였으며, 기타 행정개혁의 특징 등을 고려하여 필자가 임의로 구분한 것이다.

이후 연합국들은 그들 점령지역에 대한 새로운 정치 질서의 수립과 정부 수립 준비에 따른 제반 사항에 특별한 관심이 있었으며, 행정개혁에 대해서는 큰 관심이 없었다. 따라서 이 시기는 행정개혁에 대한 특별한 이슈가 없었던 시기라 할 수 있다. 다만 서독 정부 수립 과정에서 행정에 대한 몇 가지 이슈가 제기되었는데, 그 중에서 중요한 것은 공무원 제도의 폐지와 연방행정기관의 분산 유치 문제였다.

서독 정부 수립을 앞두고 제기된 공무원 제도의 폐지 주장은 주로 서방 연합국, 특히 미군정 인사들에 의하여 제기되었다. 이들은 민주 정부였던 바이마르 공화국 정부가 붕괴되고 대신 히틀러가 집권한 데에는 권위주의적이며 비민주주의적인 집단인 독일 공무원 집단의 책임이 크다고 주장하면서 새로 탄생할 정부에서는 독일의 전통적인 공무원 제도가 폐지되어야 한다고 주장하였다. 특히 이들은 독일 공무원 제도가 공무원에게 국가에 대한 강한 충성심을 강조하고, 이를 대가로 평생고용과 높은 소득을 보장하고 있어 결과적으로 민주주의 원칙인 '경쟁과 성과의 원칙'에 위반되기 때문에 앞으로 탄생할 새로운 국가의 정치 이념과도 맞지 않는다고 주장하였다(Jann, 1998: 521). 나아가 이들은 대부분의 독일 공무원들이 히틀러 집권 시절 나치 정부에 적극 협력하였기 때문에 새로이 탄생할 정부에서는 공무원 제도를 대신할 인사 제도의 도입과 함께 새로운 인재들이 충원되어야 한다고 주장하였다.

이러한 주장이 제기되면서 미국 군정 실시 지역에서는 독일 공무원 제도를 폐지하고 대신 새로운 인사 제도를 도입하려는 시도가 실제 있었다.[2] 그러나 연합국 측의 이러한 시도는 독일 내부, 특히 공무원 노조의 강한 반대에 부딪치게 되었다. 또한 많은 독일 정치가들도 독일의 전통적인 공무원 제도를 다른 인사 제도로 대체하려는 연합국의 의도에 대하여 부정적인 입장을 취하였다. 이러한 상황에서 서독의 정치·행정 제도를 기초한 제헌의회(parlamentarischer Rat) 의원들마저 연합국 인사들의 주장에 반대하

2) 새로운 인사 제도의 주요 특징으로는 독립적인 인사담당 기구의 도입, 공공 부문 사무원제의 폐지를 통한 인사 제도의 통합, 법학 전공자 위주의 공직자 충원 제도 변경 등이었다.

여 기본법에 공무원 제도의 부활을 명시하였기 때문에 독일의 전통적 공무원 제도를 폐지하려는 연합국의 시도는 결국 무산되었다.3)

공무원 제도의 폐지 이외에 서독 행정 체제의 구축과 연관되어 제기된 또 하나의 주요 이슈는 연방행정기관의 분산 유치 주장이다. 공무원 제도의 폐지가 연합국에서 제기된 것과는 달리 연방정부와 연방행정기관의 분산 유치는 일부 독일 정치가들에 의하여 주장되었는데, 연방정부와 연방행정기관을 한 도시에 집중하지 말고 여러 도시에 분산 유치하자는 것이 그 핵심 내용이었다.4) 그러나 이 주장 역시 독일 내부의 반대 여론에 부딪쳐 추진되지 못하였다.

2. 1949～1960년대 중반: 국가 재건과 경제 발전을 위한 행정개혁

이 시기는 서독 정부가 수립되어 아데나워 수상을 중심으로 하는 기민당/기사당(CDU/CDU)과 자민당(FDF)의 연립정부가 전쟁 피해의 조속한 복구를 통한 국가 재건, 그리고 빠른 경제 발전을 국정의 최우선 목표로 정하고 모든 정치적 역량을 발휘하였던 때이다. 따라서 행정개혁에 대한 요구 및 필요성은 정치·행정의 주요 의제에서 벗어나 있었다고 볼 수 있다. 다만 이 시기 국가 규모가 급속히 확대됨에 따라 자연히 행정조직이 확대되었고 공공 인력의 수도 증가되었기 때문에, 이에 따르는 문제점에 대한 대처가 행정개혁의 주요 과제로 제기되기도 하였다.

이 시기 행정개혁의 주요 이슈는 급격히 확대·증가된 행정조직과 인력, 그리고 이에 따른 복잡해진 행정의 문제에 대처하고, 이에 대한 처방을 제시하는 소위 '행정간소화 문제'라고 할 수 있다. 이를 위한 정부의 노력을 예로 들면 1956년 연방정부는 연방내무부 직속으로 '행정간소화를 위한 전

---

3) 당시 제헌의회의 구성원 다수가 공직자, 대학 교수, 법관 등이었는데, 이들의 신분은 대부분 공무원이었다. 따라서 제헌의회에서 공무원 제도의 부활을 결정한 것은 극히 당연한 결과라 하겠다.

4) 대표적인 정치가는 아데나워인데, 아데나워는 연방정부를 본(Bonn)에 두고, 연방행정기관은 프랑크푸르트에 두자고 주장하였다(Jann, 1998: 524).

문위원회'를 설치하였고, 이 위원회에 연방행정의 진단과 문제에 대한 처방을 의뢰한 것이었다.[5] 그뿐만 아니라 다수의 주성부도 '행징간소화'를 위하여 정부 내에 여러 전문 프로그램을 설치 운영하기도 하였다. 주정부 차원에서 운영하였던 대표적인 기구 및 프로그램으로는 1952년 노르트라인-베스트팔렌 주가 운영한 주최고행정기관의 행정사무 간소화를 위한 '행정개혁 프로그램', 바이에른 주의 행정간소화를 위한 '진단 프로그램', 바덴-뷔르템베르크 주의 '행정간소화 계획' 등을 들 수 있다. 그러나 이러한 개혁시도는 극히 산발적이며 일시적인 것이었다. 당연히 그 성과도 그리 크지 않았다. 국가재건과 경제 발전이라는 국가적 과제로 인하여 정부행정의 초점은 당연히 이에 맞추어져 있었으며, 반면 행정개혁에 대한 문제는 정치·행정적 주요 관심사에서 벗어나 있었기 때문이었다.

3. 1960년대 중반 ~ 1970년 중반: 현대적 국가로의 도약을 위한 행정개혁

이 시기는 독일 전역이 소위 '개혁'의 물결에 휩싸였던 시기였다. 이 시기는 비단 행정 분야에서뿐만 아니라 정치, 사회, 경제 등 국가의 모든 분야에서 개혁이라는 단어가 유행어처럼 번진 시기였으며, 실제 사회 전역에서 개혁이 광범위하게 추진된 시기였다. 특히 1969년 집권한 사민당(SPD) 소속의 브란트(Willy Brandt) 수상은 정치·행정 영역에서뿐만 아니라 사회 전반적인 분야에서 개혁을 주도하였다. 따라서 행정개혁은 국가·사회개혁의 한 부분으로서 추진되었는데, '현대적 국가로의 도약'을 위한 국가 행정체제의 구축이 행정개혁의 주요 이념이자 출발점이었다. 이 시기는 독일에서 최초로 본격적인 행정개혁이 추진된 시기라고 볼 수 있다.

개혁의 내용은 재정개혁, 행정구역의 개편, 정부조직의 개혁, 공무원 인사개혁 등 광범위하였으며, 그 성과도 분야별로 차이를 보였다. 주 또는 지방자치단체 간의 재정격차를 좁히는 것을 주요 목적으로 하였던 재정개혁

---

5) 이 위원회는 최종 보고서를 통하여 연방부처 수의 축소와 부처 업무의 재구성 등 파격적인 개혁을 주장하였으며, 이들 주장은 1969년 새로운 연방정부의 구성 당시 상당 부분 수용되었다(König & Füchtner, 1999b: 65).

의 경우 1969년 5월 '재정개혁법(Finanzreformgesetz)'이 제정됨으로써 그 성과를 보았다. 이 법을 통하여 재정 상태가 좋은 주와 그렇지 못한 주의 재정을 최대한 균등하게 하는 '주재정 조정제도(Länderfinanzausgleich)'가 도입되었으며, 이 밖에 연방과 주, 주와 지방자치단체 간의 사무 및 재정 배분이 더욱 명확해졌다.

지방행정구역 개편은 주로 지방자치단체의 통폐합에 초점이 맞추어져 있었는데, 왜냐하면 당시 주민수가 극히 적은 지방자치단체가 난립하여 있었기 때문이다. 이들 작은 지방자치단체는 형식적으로만 지방자치단체의 모습을 갖추고 있었지, 실제 지방자치단체의 역할을 제대로 수행하지 못하였다. 따라서 지방자치단체의 기능을 수행하기 위한 예산이 없었을 뿐만 아니라 행정을 담당할 인력마저도 갖추지 못하였다. 한 예로 1968년 당시 서독에는 약 24,000개의 게마인데가 있었는데, 이들 중 약 85%는 주민 수가 채 2,000명에도 미치지 못하였다(König, 1999a: 146). 지방행정구역의 재조정, 즉 지방자치단체의 통폐합은 1968년부터 각 주 단위로 추진되었는데, 일부 지방자치단체의 반대에도 불구하고 상당한 성과를 나타내었다. 1970년대 중반까지 계속된 지방자치단체의 통폐합 추진 결과 광역자치단체인 크라이스는 425개(1968년)에서 237개로 약 50% 정도 감소되었으며, 독립시의 경우 같은 기간 동안 135에서 91개로, 그리고 지방의 게마인데는 1968년 24,282개에서 1980년 8,409로 감소되었다(König, 1999a: 147).

정부조직 및 구조의 개혁은 무엇보다도 정부의 기획 조정 기능의 강화에 초점을 두고 추진되었다. 이를 위하여 연방정부는 우선 1968년 연방내무부에 '정부·행정개혁 프로젝트팀(Projektgruppe Regierung- und Verwaltungsreform)'을 조직하였고, 이 팀에 연방부처 및 산하 행정기관의 업무 효율성 제고 방안 제시에 대한 임무를 부여하였다. 이 팀은 최종 보고를 통하여 연방부처와 그 산하 행정기관의 기획 조정 기능 강화를 강조하였으며, 이 밖에 업무 상호간의 협조 체제 강화와 이를 위한 IT정보 체계의 구축, 인사 체제의 유연성 확보 등을 제안하였다. 또한 행정개혁 프로젝트 팀은 연방조직에서 상시조직을 축소하고 대신 임시조직을 설치할 것과 중간조직의 기능 강화 및 상위 행정기관의 업무 축소를 강조하였다(König, 1999a:

149-150). 그러나 이 같은 권고 사항은 1969년 새로 들어선 브란트 정부에 의하여 일부 수용되기도 하였으나, 기존 조직의 저항, 1970년 초반 행정개혁 분위기 쇠퇴 등으로 인하여 대부분 실행되지는 못하였다(김성수, 1998: 85).

서독 정부 수립 이전부터 제기되었던 공무원 인사 제도의 개혁에 대한 이 시기 논의의 쟁점은 공무원, 공공 부문 사무원, 공공 부문 노무자의 신분 구별을 폐지하고, 대신 모든 공공 인력의 신분을 통합하는 새로운 인사 제도를 구축하는 것이었다. 연방의회의 요청에 따라 1970년에 구성된 '공직자법 개혁을 위한 연구위원회(Studienkommission für dir Reform des öffentlichen Dienstrechts)'가 1973년 한 연구보고서를 통하여 공무원, 공공 부문 사무원, 공공 부문 노무자의 신분 구별 폐지를 주장하면서 시작된 이 인사개혁의 논의는 사민당의 연정 파트너인 자민당(FDP)과 공무원 노조의 반대 때문에 특별한 결론 없이 끝났다.

종합하면 1960년 중반에서부터 1970년 중반까지는 정부 수립 이후 독일에서 행정개혁이 가장 광범위하게 추진된 시기였다. 행정개혁의 내용도 재정개혁, 인사개혁, 조직개혁 그리고 행정구역에 개편 등으로 광범위하였으며, 그 내용도 다른 선진 국가들이 추진하였던 행정개혁의 내용과 큰 차이가 없었다. 이들 개혁 중 행정구역의 통폐합 등은 상당한 성과를 거둔 것으로 평가되며, 재정개혁 및 조직개혁은 그 성과가 기대에 미치지는 못하였지만 어느 정도 성과가 있었던 것으로 평가된다. 그러나 인사개혁은 실패한 것으로 평가되고 있다(Jann, 2004: 529).

4. 1970년대 중반～1980년 후반: 탈관료주의를 위한 행정개혁

1970년 후반 이후 독일 행정개혁의 핵심 화두는 '탈관료주의' 또는 '탈정부주의'였다. 즉, 만연된 관료주의를 타파하고 정부의 개입을 최소화하는 이른바 '행정의 간소화'를 추구하는 것이었다. 1970년대 중반을 지나면서 독일 행정의 관료주의, 형식주의, 민간 부문에 대한 정부의 과도한 간섭과 개입 등의 문제가 심각하게 제기되었기 때문이다. 심각해지고 있는 과도한 관료주의, 서열주의, 형식주의, 과도한 규제 등이 행정의 효율성을 떨어뜨리는 것은 물론 공직 부패의 원인으로서도 작용하고 있다는 것이었다. 나아가 심각한 관료주의는 시민의 행정 참여를 제한하고 결국 정치와 행정에 대한 시민의 무관심을 낳는다는 비판이 제기되었다(Jann, 2004: 183). 또한 과도한 법률과 규정 그리고 이로 인한 정부규제 등은 민간경제를 위축하고 사회의 창조적 활동을 저해한다는 비판도 제기되었다.

이러한 비판에 대하여 가장 먼저 반응한 것은 정당이었다. 당시 야당이었던 기민당은 1978년 '행정에 발목 잡힌 시민과 사회'라는 제목의 대토론회를 개최하면서 관료주의 및 정부규제의 문제점을 제기하였으며, 집권당이었던 사민당도 1979년 '시민과 행정'이라는 포럼을 개최하여 관료주의의 팽배와 민간에 대한 정부의 과도한 규제를 비판하였다. 때를 같이하여 독일 거의 모든 주정부들도 심각해지고 있는 관료주의 및 규제를 타파하기 위한 전문위원회를 구성하였으며, 지방자치단체 역시 지방자치단체 차원에서 행정의 간소화, 규제개혁, 민영화 등 탈관료주의와 탈형식주의를 위한 일련의 개혁을 단행하였다.

반면 연방정부는 주정부 또는 지방자치단체들보다는 늦은 1983년에야 비로소 '규제 완화 및 행정간소화를 위한 독립위원회'라는 기구를 구성하는 등 대책을 강구하였다. 이 기구는 법령의 수와 그 영향, 정부규제의 문제 등에 대하여 조사하고, 이에 대한 대처 방안을 강구하는 임무를 부여받았다. 그러나 이렇듯 연방정부를 비롯해서 주와 지방자치단체, 그리고 각 정당들도 관심을 가지고 역설하였던 탈관료주의, 특히 규제개혁을 위한 법령의 정비는 일정한 성과도 있었지만 기대했던 효과를 나타내지는 못하였다. 연방과 주 그리고 지방자치단체에서 제정한 수많은 법령과 조례 등이 단기간 내에 정비되기에는 그 수가 너무 많았기 때문이다.

5. 1990~1998년: 동서독 행정통합과 신공공관리론에 따른 행정개혁

1990년 이후 독일 행정개혁의 화두는 크게 두 가지였다. 그 중 하나는 동서독 통일에 따르는 동서독 행정 체제의 통합, 즉 행정통합(Verwaltungs-trasformation)이었으며, 또 하나는 '작은 정부', '기업 같은 정부'의 구현을 핵심으로 하는 신공공관리론(NPM: New Public Management)에 따른 행정개혁이었다.

이 시기는 1982년 집권하였던 콜(Helmut Kohl) 수상을 중심으로 하는 기민당/기사당-자민당의 연정이 계속되는 시기여서 연방정부의 정책은 기본적으로 1980년대와 큰 차이가 없었다. 그러나 이 시기는 1980년대와는 달리 통일 이후 구동·서독 체제 통합 작업을 성공적으로 완수하여야 하는 시기이기도 하였다. 즉, 구동·서독 간의 경제적·사회적·문화적 통합은 물론 구동·서독 주민 간에 존재하는 갈등과 이질감을 해소하여야 하는 국민 통합 작업을 완수하여야 하는 시기였던 것이다. 특히 이 시기 행정개혁의 일차적 목표는 통일의 후유증을 해소하고 구동·서독 행정을 통합하는 이른바 행정통합을 추진하는 것이었다.[6] 또한 연방수도를 본에서 베를린으로 이전하는 쉽지 않은 작업도 추진하여야 했다.

한편 1990년대 독일 행정개혁의 또 다른 핵심 화두는 신공공관리론으로서, 통일에 따른 국가 재정적자의 심화, 정부 행정의 실패 등의 문제에 대처할 수 있는 주요한 처방으로 신공공관리론이 등장하였다. 신공공관리론은 공공행정에서 '시장적 가치'를 강조하며 더욱 경쟁적이고 '기업형 정부 혁신'을 지향하는 패러다임이다. 신공공관리론에 따른 개혁에서는 공공 부문의 관리에 효율성, 경쟁성, 고객에 대한 서비스 등을 강조하고 있으며, 이를 위하여 정부조직의 축소, 민영화, 권한 위임 등을 강조하고 있다(김번웅/김판석, 2001: 68-77).

6. 1999~2005년: '활력을 불어넣는 정부'로의 행정개혁

1998년 10월 사민당(SPD) 소속 슈뢰더(G. Schröder) 수상을 중심으로 하는 사민당-녹색당 연립정부가 출범하였다. 1982년 이후 16년 동안 집권하였던 콜 수상 중심의 기민당/기사당-자민당 연립정부가 퇴진하고 새로운 정부가 출범하였던 것이다. 콜 정부가 퇴진함에 따라 연방에서는 콜 정부

6) 통일에 따른 동서독 행정통합에 대해서는 제6장 '행정통합'에서 자세히 설명하고 있다.

에서 강조되었던 '신공공관리론'은 서서히 퇴진하면서, 대신 행정개혁을 위한 새로운 용어가 등장하게 되었는데, 이것이 바로 '활력을 불어넣는 정부(aktivierender Staat)'로의 행정개혁이었다.

'활력을 불어넣는 정부'란 슈뢰더 정부가 내세운 일종의 정치적 수사(修辭, political rhetoric)로서, 단순히 행정개혁만을 위한 용어가 아닌 전반적인 국정 운영 방향을 제시하는 용어였다. 다시 말하면, 이 용어에는 슈뢰더 정부의 향후 국정 운영 방향이 함축적으로 제시되어 있었는데, 그 핵심은 바로 정부가 사회에 활력을 불어넣는 동력으로서의 기능을 수행한다는 것이었다. 그러나 정부가 사회에 활력을 불어넣는 동력으로 기능한다는 것은 곧 정부가 이전과 같이 국가의 모든 기능을 주도적으로 담당하지 않고 대신 꼭 필요한 핵심 기능만을 수행한다는 선언이기도 하였다. 대신 정부는 시민 개인, 시민단체, 기타 사회단체의 국정 참여를 적극 권장하고, 나아가 이들에게 국정의 일부 기능을 분담하게 한다는 것이었다. 결과적으로 슈뢰더 정부는 시민이 국정에 적극 참여하는 일종의 '참여정부'를 지향한다고 선언하였던 것이다.

슈뢰더 정부가 추구한 '활력을 불어넣는 정부'에서는 정부가 모든 사항을 결정하지 않으며, 또 집행하지도 않는다. 또한 정부와 공무원은 더 이상 국정 운영의 중심이 아니다. 즉, 슈뢰더 정부는 정부의 역할을 최소화하여 핵심 행정 기능만을 수행하며, 기타 기능은 모두 사회에서 담당하는 방향으로 행정개혁을 추진할 것을 천명하였던 것이다. 정부는 단지 사회에 활력을 불어넣는 동력(動力)으로서만 그 기능을 수행하고, 대신 구체적이고 세부적인 기능은 시민, 시민단체 등이 자발적으로 담당하며, 그 결과 사회는 정부와 시민, 그리고 여러 사회 구성체들에 의하여 유기체적으로 움직이게 된다는 것이다. '활력을 불어넣는 정부'에서는 국정 운영에 대한 시민의 책임(Verantwortung)이 강조되는 것은 당연하다 하겠다. 정부와 사회가 책임과 권한을 분담하는 공동의 행정 체제, 나아가 시민 중심의 시민행정 체제(Bürgerkommen)를[7] 구축하는 것이 슈뢰더 정부 행정개혁의 최종 목표

7) 시민행정 체제는 시민이 정책 결정에 직접 참여할 뿐만 아니라 그 집행 및 행정기관의

였던 것이다.

슈뢰더 정부가 국징 운영에서 정부의 역할과 기능을 축소하고 대신 시민과 시민단체의 참여와 책임을 강조하였던 일차적 배경에는 콜 정부가 추진한 신공공관리론에 의한 행정개혁의 반성에서 기인하였다. 콜 정부가 추진한 신공공관리론에 의한 행정개혁은 그 성과에도 불구하고 정부 기능과 인력의 축소에 주로 개혁의 초점이 맞추어져 있던 까닭에 많은 부작용을 낳았는데, 그 중 하나가 행정 공백 현상이었다. 즉, 정부 기능과 행정 인력의 축소는 자연히 행정의 공백 현상을 초래하였는데, 이는 누구보다도 사회적 약자에게 커다란 타격을 주었다. 따라서 슈뢰더 정부는 이를 수정하기 위하여 다시 정부의 행정 기능을 확대하고 적극적인 정책을 추진하지 않으면 안 되었다. 그러나 이 또한 쉽지 않은 문제였다. 이는 개혁의 후퇴를 의미할 뿐만 아니라 실제 가능하지도 않았다. 1990년 이후 악화되고 있는 정부재정 상태는 호전되지 않았을 뿐만 아니라 점점 악화되고 있는 상황이었기 때문이다. 따라서 슈뢰더 정부는 행정 공백 현상을 방지하면서도 정부재정의 압박에서 해방될 수 있는 새로운 행정 체제를 구상할 수밖에 없었는데, 이것이 바로 시민이 적극적으로 행정에 참여하는 '시민행정 체제'인 것이다.

제 2 절 행정개혁의 주요 내용 및 성과

1990년대 이후 세계 각국이 추구하고 있는 행정개혁의 특징 중에 하나는 각국이 처해 있는 정치·경제·사회적 상황이 서로 상이함에도 불구하고 행정개혁의 방향과 내용이 여러 가지 면에서 공통점을 보였다는 점이다. 이는 세계 여러 나라가 거의 공통적으로 처했던 국내외적 환경 변화와 무

운영까지도 책임지고 수행하게 되는 체제이다. 물론 행정에 필요한 예산까지도 시민이 상당 부문 담당하게 된다. 시민행정 체제의 구축이 가능한 분야는 대부분 지방행정 분야로 예를 들면 스포츠, 학교, 문화 또는 청소년 관련 행정이었다.

관하지 않다. 특히 많은 국가들이 엄청난 규모의 재정적자로 국가 경영 능력에 심각한 도전을 받게 되었고, 치열한 국제 경쟁 속에서 공공 부문의 효율성이 국가 경쟁력을 좌우하는 중요한 요소로 부각되어 있었기 때문이다. 또한 민주주의가 발전함에 따라 국정을 운영하는 데 국민의 참여가 점차 활발해졌기 때문이다.

그러나 한편 이들 국가의 행정개혁의 방향과 그 구체적인 내용은 그 시기 국가의 정치·경제·사회적 상황, 그리고 정권의 정치적 이념 및 정책 목표 등 제반 여건에 따라 조금씩 차이를 보이기도 하였다.

이하에서는 1990년 이후 최근까지 독일에서 추진되었던 행정개혁의 주요 내용과 그 성과를 살펴보기로 한다.

1. 기민당/기사당-자민당 연정 시기(1990~1998년)의 행정개혁

1) 연방행정의 개혁

(1) 행정개혁의 이념 및 목표

1990년대 독일 연방정부(기민당/기사당-자민당 연립정부) 행정개혁의 핵심 이념은 신공공관리론(NPM)이었다. 1990년대 독일 연방정부는 신공공관리론에 의거하여 행정개혁을 추진하였으며, 특히 행정 기능과 조직 그리고 인력의 축소에 그 초점을 맞추었다. 행정개혁의 여러 방안을 모색하여 이를 정부에 건의하였던 행정개혁 추진기관의 명칭도 '정부감축자문위원회(Sachverstängigenrat "Schlank Staat")'[8]로 정할 정도로 연방정부는 행정 기능과 조직, 그리고 인력의 축소에 대하여 관심을 가졌다. 또한 1990년대의 독일 연방행정의 개혁은 1980년대부터 강조되었던 민영화, 규제개혁, 법률 및 행정간소화 등을 중심으로 추진되었으며, 이 밖에 행정 서비스 향상 등도 강조되었다.

---

8) 이 위원회의 명칭은 독일어로 'Schlanker Staat'로서 한국어로 직역하면 '날씬한 정부'이다. 위원회의 명칭을 이렇게 정한 배경에는 작은 정부, 효율성을 강조하는 정부개혁을 추진한다는 의미가 담겨 있다.

(2) **개혁의 내용과 성과**

① 민영화

1990년대 연방정부 행정개혁의 기본 방향은 신공공관리론에 입각한 '작은 정부'의 구현이었다. 즉, 정부는 반드시 수행하여야 하는 핵심 기능만을 수행하고 그 밖에 민간에서 수행할 수 있는 기능은 과감하게 민간에서 이양함으로써 정부의 조직과 인력을 축소한다는 것이었다. 독일 연방정부는 1980년대를 지나오면서 연방행정은 물론 주와 지방행정의 기능과 조직이 너무 비대해졌다는 판단 아래 우선 연방부처를 비롯한 연방의 모든 행정기관의 기능을 정밀 분석하여 민간에서 수행할 수 있는 기능은 적극적으로 민영화하기로 결정하였다. 또한 정부행정에서 비용의 개념을 도입하여 민간에서 수행할 경우 비용이 절약되는 기능 또한 과감히 민간에 위탁하기로 결정하였다.

연방정부의 민영화 작업은 어느 정도 효과가 있었다. 콜 정부의 민영화 작업은 우선 기업(Volkswagen, VEVA, VIAG, Salzgitter 등)에 있는 정부(연방) 지분의 회수를 비롯해서, 이후 통신 및 교통 분야에 대한 민영화 등 광범위하게 추진되었다. 이 밖에 1989년에는 우정 부문에 대하여 1차 민영화 작업을 추진하여 독일우정국(Deutsche Post)을 민영화하였으며(1995년), 항공(Lufthansa)에 투자하였던 정부 지분도 대폭 축소하기 시작하였고, 통신 부문(Telekom)에 대해서도 민영화를 성공적으로 완료하였다. 1990년대 연방정부가 추진하였던 중요한 민영화 작업의 또 하나는 구동독 재산, 특히 부동산에 대한 민영화 작업이었다. 통일 이후 연방의 자산으로 등록된 부동산에 대한 민영화, 즉 구동독 부동산에 대한 매각 처분은 통일이라는 특수한 환경 속에 추진된 작업으로서, 이전의 민영화 작업과는 약간의 차이점이 있는 것이 특징이었다. 연방재산에 대한 민영화 이외에 연방 각 부처는 기존에 행정기관이 직접 수행해 오던 기능에 대해서도 민간 위탁을 통하여 예산 절감을 추진하였다.[9] 특히 베를린으로의 수도 이전과

9) 한 예로 1993년 연방내무부는 1951년 이래 매년 부처에서 직접 수행해 온 '독일영화제' 수상 행사를 민간 기업에 위탁해서 수행하게 함으로써 약 50%의 예산을 절감할 수 있었다(König & Füchtner, 1998: 106-107).

관련해서 연방정부는 각 연방부처에서 수행하고 있던 일부 출판 기능, 보건 기능 등을 민간에 위탁하였다.

② 행정조직의 개혁

정부 기능의 재조정과 함께 연방정부는 연방 행정조직의 축소 및 개편을 추진하였다. 특히 연방정부는 1996년 2월 7일 내각회의의 결정을 통하여 연방정부의 이전, 즉 베를린으로의 수도 이전이 연방정부의 기능과 조직을 대폭 축소할 수 있는 좋은 기회라고 판단하면서, 이 기회를 이용하여 일부 연방부서의 폐지 및 축소를 추진한다는 계획도 세웠다. 그리고 연방정부는 행정조직을 통폐합하여, 조직의 규모가 핵심 업무 단위로 재조직하는 방안도 추진하였다. 특히 조직의 책임과 권한도 명확히 하여 업무 성과를 평가할 수 있도록 하여 산출물 위주의 조직으로 재편하려 하였다(김성수, 1998: 91). 이 밖에 국-부국-과-계로 이어지는 전통적인 조직 형태를 탈피하여 탄력적인 조직을 구축하고, 반드시 정부에서 수행하여야 하는 기능이라 할지라도 연방부서 등 연방최고행정기관보다는 하부 기관에 적극 위임하여 수행하도록 결정하였다.

그러나 연방정부의 이러한 여러 결정에도 불구하고 실제 행정조직의 축소를 위한 개혁 성과는 그리 크지 못하였던 것으로 평가되고 있다. 연방부서의 내부 조직이 일부 축소되기는 하였지만 국(局) 단위의 조직 수는 변하지 않았을 뿐만 아니라,[10] 연방부서 하부 기관인 연방행정기관의 수에도

---

10) 기민당 콜 수상이 퇴진하고 사민당 슈뢰더 수상이 집권하게 되는 1998년의 연방부서 행정조직의 수를 1991년과 비교해 보면 다음과 같다.

1991년과 비교한 1998년 연방부서 조직의 수 비교 (개)

	국(局)	부국(副局)	과(課)	직위
1991년	118	288	1,958	27,240
1998년	118	243	1,662	23,846

자료: König & Füchtner, 1999c:30.

부연해서 설명하면, 1998년 연방부처 국(局)의 수는 118개로서 1991년과 동일하다. 그러나 부국(副局)의 수는 243개로서 1991년 288개보다 45개 줄었으며, 과(課)의 수는 1,662개로서, 1991년의 1,958개보다 286개 감소하였다. 직위(職位)의 수는 1998년 23,864개로

큰 변화가 없는 것으로 나타났다. 특히 행정기관 조직은 여전히 국-부국-과로 이어지는 전통적인 형태를 유지하였다. 하부 기관으로의 기능 이관 역시 일부 부서에서 추진한 사례를 들 수 있지만[11] 연방부서의 소극적인 태도 등으로 인하여 그다지 효과를 나타내지 못하였다.

또한 베를린으로의 정부 이전을 조직의 통폐합 및 축소의 기회로 삼겠다는 연방정부의 계획은 실패한 것으로 평가된다. 베를린으로 이전된 각 부서의 기능 및 조직들이 이전의 기능 및 조직과 거의 차이가 없는 것으로 나타났기 때문이다(Jann, 2004: 106). 연방 부서의 주권을 강조하는 부처 원칙, 조직 이기주의 등이 조직의 통폐합, 하부 기관으로의 권한 이관 등을 어렵게 한 주요 요인으로 꼽히고 있다(Jann, 2004: 106-107).

③ 인사개혁

1990년대 연방 차원에서 추진된 공직자 인사개혁의 초점은 승진・보수 제도의 개혁과 인력 감축이었다. 이 중 공직자(공무원과 공공 부문 근로자) 보수 제도의 개혁은 1980대 이후 꾸준히 제기된 내용으로, 그 핵심 내용은 성과 중심의 보수 체계 구축이었다. 다시 말해서, 개인의 근무 성과에 관계없이 직급과 근무 기간에 따라 보수를 지급하는 기존의 제도를 대신해서 동일 직급이라 하더라도 근무성과 및 자질에 따라 보수를 차등 지급하는 제도를 도입하는 것이었다. 또한 근무 기간에 따라 자동적으로 승진하는 제도를 폐지하고 근무 성과와 자질에 따라 차별적으로 승진하는 제도를 도입하는 것이었다. 공직 내부의 경쟁을 유도하여 결과적으로 행정의 효율성과 효과성을 높이자는 의도였던 것이었다. 이를 위해서는 일차적으로 공무원법, 공무원보수법 등을 개정하여야 했으며, 공무원이 아닌 공공 부문 근로자에 대해서는 성과보수의 내용이 포함되어 있는 새로운 노동계약을 체결하여야 했다.

서 1991년 27,240개에 비하여 3,376개 축소되었다.

11) 예를 들어 연방내무부는 1997년 부서 기능 중 공무원 인사관리에 관한 일부 기능, 출판물 제작 기능 등을 하부 기관인 연방행정국(Bundesverwaltungsamt)에 이관하는 등 일부 연방부처에서 기능의 하부 기관위임이 추진되었다(König & Füchtner, 1999c: 27-28).

그러나 결과적으로 공직자 승진 제도와 보수 제도의 개혁은 공직자들의 반대 등으로 말미암아 커다란 성과를 보지 못하였다. 단지 1997년 연방 및 주 공무원 복무규정의 개정을 통하여 호봉승진에 한해서 일부 성과주의를 인정하였으며, 직무와 관련해서 특출한 근무성적을 낸 공무원에게 성과수당을 지급하는 정도였다. 직급과 연령을 골자로 하는 공직자 보수 제도 그 자체에는 커다란 변화가 없었다. 이 밖에 근무 기간에 따라 자동적으로 승진하는 제도 또한 그대로 유지되었다.

연방 소속 행정 인력의 감축 노력 또한 큰 효과가 없던 것으로 평가된다. 1992년 연방에는 약 38만 1천 명(연방군 제외)의 공직자가 근무했었는데, 1998년 약 31만 명으로 약 7만 명 정도가 감축되었다. 연방 인력의 수를 감안하여 볼 때 얼핏 적지 않은 인력이 감축되었음을 알 수 있다. 그러나 감축 내용을 자세히 보면 실제 개혁의 효과는 그리 크지 않다는 점을 알 수 있다. 왜냐하면 감축된 인력 7만 명 중 약 85%인 6만 명 정도가 모두 연방국방부 소속 인력이었기 때문이다. 통일 이후 변화된 안보 상황에 따라 연방국방부는 과감한 인력 감축을 추진하여야 했는데, 이 과정에서 비단 병력뿐만 아니라 일반 군속까지도 감축되었던 것은 당연하였다. 결과적으로 연방국방부를 제외한 다른 연방부서 및 산하 행정기관의 인력 감축은 적극적으로 추진되지 못하였음을 알 수 있다(Jann & Wewer, 1998: 239).

이 밖에도 연방정부는 탄력적인 근무 체제를 구축하기 위하여 공직자들의 재택근무 확대, 단축근무제 확대를 적극 추진한다는 계획을 세웠으나, 이들 제도 역시 크게 활성화되지는 못한 것으로 평가된다. 예를 들어 1994년 단축근무를 하는 연방공직자의 수는 전체 연방공직자의 약 4%에 불과해서 주(19.9%)와 지방자치단체(22%) 소속 단축근무자 수보다 훨씬 적었다(Jann & Wewer, 1998: 259).

④ 법률과 규정의 정비

연방정부는 과도한 법률과 규정이 행정의 비효율성을 초래하고 나아가 시장(市場)을 간섭해서 독일 산업의 경쟁력 약화를 가져온다고 판단하고, 모든 법률에 대하여 입안 단계에서부터 통제를 강화하는 등 법령의 과도한 증가를 억제하려 하였다. 구체적으로 입안하려는 모든 법률에 대하여 법률 제정의 필요성, 효과, 비용 등을 명시하여야 하는 이른바 '청색심사목록(blaue Prüffragen)'의 작성을 의무화하였으며(김성수, 1998: 92), 기존의 모든 법률에 대하여도 법률의 제정 이유를 다시 심사하는 '규정검사위원회(Normprüfstelle)'를 연방수상실에 설치하기도 하였다. 그러나 과도한 법률 입안을 제안하고 현존하는 법률을 정비하려는 연방정부의 노력 또한 큰 결실을 거두지 못한 것으로 평가된다. 특정 부서의 법률 및 규정에 대하여 정비하면 다른 부서의 법령 또는 규정이 증가하는 현상이 나타나곤 하였다. 법률의 입안 및 제정이 주된 기능의 하나인 연방행정의 특성상 법률의 간소화 및 정비는 그만큼 어려운 작업이었던 것이다.

(3) 행정개혁의 추진 체계

1990년대 콜 수상 집권시 연방의 행정개혁을 주도하였던 기구는 1995년 내각회의 결과에 따라 설치된 '정부감축자문위원회(Sachverständigenrat "Schlank Staat")'이다. '작은 정부'를 구현한다는 연방정부 행정개혁의 목표에 따라 명칭조차도 '정부감축자문위원회'라고 정해진 이 위원회는 연방행정의 개혁 방향과 과제를 연방정부에 건의하며, 개혁의 결과와 실적을 분석하고 그 문제점을 제시하는 등의 임무를 부여받아 활동한 자문기구였다. 정부감축자문위원회는 집권당인 기민당(CDU)-기사당(CSU) 연방의회 원내 부대표인 숄츠(Rupert Scholz) 의원을 위원장으로 하였으며 정당, 연방정부, 주정부, 학계, 경제계, 노동조합 등 각계에서 선정된 인사들로써 구성되었다. 이 위원회는 1997년 10월 최종보고서를 연방수상에게 제출한 후 해체되었다. 최종 보고서에는 정부 기능의 재조정, 법률의 간소화, 탈관료주의, 인사개혁, 정부조직의 개혁 등 15개 분야에 대한 개혁 방안이 제시되어 있다.

정부감축자문위원회는 전문가로 구성된 자문위원회로서, 행정개혁 어젠다(Agenda)를 발굴하고 그 추진 방향을 제시하는 등의 제한된 기능만을 담당하였다. 다시 말해서, 이 위원회에게는 구체적인 사업을 직접 계획해서 추진하거나 또는 여러 연방행정기관의 행정개혁 과정을 감독하고 지시하는 권한은 없었던 것이다. 당연히 실제 행정 인력도 보유하지도 못하였으며, 다만 연방내무부의 1개 과(課) 차원에서 이 위원회의 업무를 보조하였을 뿐이다.

정부감축자문위원회 이외에 1990년대 독일 연방행정의 개혁 추진 체계와 관련해서 언급할 필요가 있는 또 하나의 기구로는 '행정조직조정위원회(Lenkungsausschuss Verwaltungsorganisation)'를 들 수 있겠다. 이 위원회는 행정개혁을 효과적으로 추진하기 위하여 연방행정기관 간의 협력 체계를 구축할 필요가 있다는 '정부감축자문위원회'의 권고에 따라 연방 내각회의를 거쳐 1997년 6월 설치되었으며, 연방내무부 차관을 위원장으로 하며 재정부, 국방부, 경제부, 농업부, 건설부 그리고 법무부 차관을 위원으로 하여 구성되었다. 이 위원회의 주요 임무는 그 명칭과는 달리 조직개혁에만 국한되는 것이 아니라 행정 전반에 대한 '정부감축자문위원회'의 권고 및 결정 사항이 각 행정기관에서 실제적으로 실행되고 집행될 수 있도록 하는 것이었다. 이 위원회는 정부감축자문위원회의 결정 및 권고 사항에 따라 연방의 각 행정기관이 실제 행정개혁을 추진할 수 있도록 구체적인 계획, 프로젝트 등을 설정하는 임무를 부여받았다. 물론 이 위원회에서는 정부감축자문위원회에서 언급되지 않은 사항이라 할지라고 연방행정의 개혁에 대한 여러 사항을 논의하여 결정하기도 하였다.

그러나 이 위원회의 기능 또한 한계가 있었는데, 그 대표적인 이유로는 이 위원회에서 결정된 사항이라 할지라도 실제 특정 연방 부서에서 실천되지 않을 경우 이에 대한 강제권과 제제 수단이 없다는 점이다. 독일 기본법에 의하면 연방의 모든 부서에게는 연방장관의 책임하에 독자적으로 사무를 처리할 수 있는 권한이 부여되어 있기 때문에, 이 위원회에서 결정된 사항이라 할지라도 부서에서 이를 이행하지 아니할 경우 강요할 권한이 없기 때문이다. 실제 연방행정의 개혁을 위한 다수의 '행정조직조정위원회' 결정 또는 중재 노력이 일부 연방부서의 반대에 부딪쳐 추진되지 못하기도 하였다. 이상에서 살펴본 1990년대 연방행정의 개혁 추진 체계를 도식화하면 다음과 같다.

[그림 5-1] 1990년대 독일 연방행정의 개혁 추진 체계

연방정부

⬇ 지원 ⬆ 행정개혁 방안의 건의, 제안, 문제점 제시

정부감축자문위원회(Sachverständigenrat “Schlank Staat”)

⬇ 행정개혁의 추진 방향, 내용 제시 ⬆ 행정개혁 결과 보고, 문제점 제시

행정조직조정위원회(Lenkungsausschuss Verwaltungsorganisation)

⬇ 행정개혁 실행·이행 ⬆ 행정개혁 결과 보고, 문제점 제시

각 연방 부서 및 연방행정기관

(4) 개혁에 대한 평가

1990년대 독일 연방 차원에서 추진된 개혁의 성과에 대하여 객관적으로 분석한 자료는 거의 없는 실정이다. 특히 개혁의 외형적 성과가 아닌 내적 성과, 즉 행정개혁이 얼마나 국민의 삶과 생활에 긍정적인 영향을 미쳤는가, 행정개혁이 경제의 활성화와 경제 성장에 얼마나 영향을 미쳤는가에 대한 분석은 찾아보기 힘들다. 다만 1990년대 연방 차원의 행정개혁, 즉 연방정부 또는 연방행정기관에서 추진하였던 행정개혁의 외적 성과를 종합해 보면 연방 차원의 행정개혁은 주 또는 지방자치단체에 비하여 그리 활발하지 못하였으며, 그 성과도 미흡한 편이었다. 또한 신공공관리 이념에 따라 행정개혁을 추진하였던 다른 나라, 특히 영국과 미국, 뉴질랜드 등의 행정개혁 성과에 비해서도 그 성과는 미흡하였다고 볼 수 있다.

1990년대 독일 연방정부 행정개혁이 그리 활발하지도 못하였으며 큰 성과를 보이지 못하였던 데는 몇 가지 이유를 들 수 있는데, 첫째 이 시기 독일 연방정부는 행정개혁보다는 시급히 해결하여야 했던 다른 중요한 과제가 있었기 때문에 상대적으로 행정개혁에 소홀할 수밖에 없었다. 1990년대 독일 연방정부의 가장 큰 과제는 동·서독 통일작업을 완수하는 것이었다. 특히 통일 이후 여러 형태의 체제 통합은 연방정부가 담당하여야 했던 시

급한 과제였다. 아울러 베를린으로의 수도 이전 준비 및 시행 역시 연방이 책임지고 추진하여야 했던 무거운 과제였다. 다시 말해서, 이 시기 연방정부 및 연방행정기관의 일차적 과제와 관심은 통일에 따른 여러 제반 문제의 해결 및 구동독 지역 재구축이었다. 행정에 대하여는 현존하는 체제에 대한 개혁보다는 구동독 지역에 행정 체제를 구축하는 것이 연방정부의 일차적 과제였으며 관심사였던 것이다.

1990년대 연방정부의 행정개혁이 그리 활발하게 추진되지 못하였던 두 번째 이유는 연방정부가 행정개혁의 필요성을 절실하게 느끼지 못하였기 때문이다. 언급했던 바와 같이 연방의 조직과 인력의 규모는 주 또는 지방자치단체의 규모에 비하여 훨씬 작다. 1990년 약 490만 명의 독일 공직자 중에서 연방소속 공직자는 약 11%를 차지하였으나, 철도와 우정, 통신 부문의 민영화 이후 연방 인력은 더욱 줄어들어, 연방군을 제외할 경우 그 수는 채 30만 명이 되지 못하였다. 이러한 상황에서 연방정부는 과감한 행정개혁을 추진할 필요성을 느끼지 못하였으며, 그 효과 또한 크게 기대하지도 않았다. 더욱이 연방행정기관은 주행정기관 또는 지방행정기관과는 달리 주로 법률의 제정, 하부 기관에 대한 통제 등 주로 정치 권력적 기능을 수행하는 기관으로서 고객, 즉 국민과의 직접적인 접촉이 거의 없는 행정기관이다. 따라서 국민의 불만 또한 상대적으로 크게 제기되지 않았으며 동시에 행정개혁의 필요성 또한 크게 제기되지 않았다. 연방정부가 행정개혁의 필요성을 절실하게 실감하지 못한 상태에서 추진된 행정개혁이 좋은 결과를 내지 못하였던 것은 당연한 것이었다.

이 밖에 모든 연방 부서는 연방장관의 책임하에 누구의 간섭을 받지 않고 운영된다는 이른바 '부처 원칙'으로 인하여 내각회의에서 특정 연방 부서에 대한 개혁이 결정되었더라도 해당 연방 부서가 이를 무시하거나 거부할 경우 이를 강제할 수 없다는 점, 즉 모든 개혁이 자발적인 참여를 전제로 추진된다는 점 등이 연방 행정개혁의 제한 요소라 할 수 있다. 정부감축자문위원회 역시 활발한 활동에도 불구하고 개혁에 크게 도움이 되지 못하였다는 평을 받고 있다. 그 주된 이유로는 위원회의 성격이 행정개혁을 책임지고 추진하는 기관이 아닌 단순한 자문기관이라는 점도 있었지만, 그 활동에도 문제점이 있었던 것으로 평가된다. 특히 너무 많은 개혁 방안을 나열식으로 제시함으로써 개혁의 초점이 흐려졌고, 그 추진력도 떨어졌다는 평가를 받고 있다(Jann, 2004: 102-103).

2) 주행정의 개혁

(1) 행정개혁의 이념, 목표 및 추진 방향

1990년대 독일 16개 주 행정개혁의 목표와 방향은 주에 따라 약간의 차이점을 보이기는 하였지만, 대부분의 주에서 많은 공통점이 발견되었다. 이는 연방 차원에서 강조되었던 신공공관리론이 대부분의 주에서도 그대로 적용되었기 때문이다. 다시 말해서, 이 시기 독일 16개 주 행정개혁의 주된 이념은 연방의 행정개혁과 같은 신공공관리론이었으며, 이에 따른 개혁의 목표는 정부 기능의 축소를 통한 작은 정부의 구현, 정부행정의 효율성 강조, 주민에 대한 행정 서비스의 강화 등이었다. 16개 주 행정개혁의 주요 추진 방향을 나열하면 다음과 같다.

– 정부 기능의 재조정
• 정부 기능 진단 및 기능 축소
• 민영화
• 하부 기관 및 지방자치단체로의 기능 이관
– 조직개혁
• 조직의 축소
• 조직의 단순화(조직 단계의 축소)
• 행정 서비스 기관 설치
– 인력개혁
• 인력 감축
• 승진·보수 제도의 개혁(성과 중심의 승진·보수 체계 구축)
– 탈관료주의
• 법률 및 규정의 축소 및 간소화
• 규제개혁(인허가 과정의 단순화)

기타

- 민영화
- 재정개혁
- 전자정부의 구현(e-Government)

(2) **행정개혁의 내용과 성과**

① 정부 기능의 재조정 및 민영화

연방정부와 마찬가지로 대부분의 주정부들도 역시 행정개혁의 출발로서 정부 기능의 축소에 초점을 맞추었다. 즉, 반드시 정부에서 수행하여야 할 기능만 남겨 놓고 그렇지 않은 기능에 대해서는 민영화 또는 민간위탁을 통하여 적극적으로 민간에 넘긴다는 전략을 구사하였다. 이를 위하여 각 주정부는 우선 정부 기능에 대한 진단을 추진하였는데 그 방법은 약간씩 차이를 보였다. 일부 예를 들어 보면 다음과 같다.

- 슐레스비히-홀슈타인 주: 민간 경영전문가의 도움으로 주행정기관에 대한 대대적인 조직 및 기능 진단을 실시하여, 그 결과를 토대로 민영화 및 이관 대상 기능을 설정하였다.
- 노르트라인-베스트팔렌 주: 민간 경영기관이 직접 주행정기관에 대한 조직 및 기능 진단을 실시하였으며, 주정부는 그 결과를 토대로 정부 기능의 지방자치단체 이관, 민영화 등을 단행하였다.
- 니더작센 주: 정부 기능에 대한 정부의 자체 분석 이외에 주민들을 대상으로 설문조사를 실시하였으며, 이를 토대로 행정개혁을 추진하였다.

독일 16개 주가 추진하였던 민영화와 민간위탁은 일정한 성과가 있던 것으로 평가된다. 특히 연방정부 집권당과 동일한 정당, 즉 기민당 또는 기사당이 집권한 바이에른 또는 바덴-뷔르템베르크 주 등은 사민당이 집권한 주에 비해 민영화를 적극적으로 추진하여 일정한 성과를 거두었으며, 민간위탁도 다른 주에 비하여 적극적으로 추진한 편이었다.[12] 그러나 전반적으

---

12) 바이에른 주의 경우 위생, 도시 건설에 관한 기능을 적극적으로 민영화 또는 민간위탁 추진하였으며, 바덴-뷔르템베르크 주의 경우 주 재산을 적극적으로 민영화하였다 (Kozendorf, 1998: 92).

로 볼 때 주 차원에서 추진하였던 민영화의 성과는 연방정부의 민영화 성과에 비하여 미흡하였다.

② 행정조직의 개혁

주정부 차원에서 추진하였던 행정조직의 개혁 내용 역시 연방의 조직개혁 내용과 비슷하였다. 조직의 폐지와 통폐합 그리고 계층의 축소를 통한 조직의 축소 및 단순화 등이 그 주요 내용이었다. 이 밖에 기획조정 기능 강화를 위한 기구의 설치, 특히 각 부서 간의 업무 협조 체제를 담당하는 기구의 설치 등도 조직개혁의 주요 내용이었다. 행정조직의 축소는 주로 각 행정기관의 국 또는 과의 통폐합, 부국의 폐지 등을 중심으로 추진되었으며, 노르트라인-베스트팔렌, 라인란트-팔츠 주 등에서 상대적으로 적극적으로 추진되었다. 조직의 단순화는 주로 행정계층의 축소 등을 중심으로 추진되었는데, 바이에른, 바덴-뷔르템베르크 주를 비롯해서 대부분의 주에서 많은 행정기관이 폐지되었다. 그러나 주 차원에서 행하여졌던 행정조직에 대한 개혁 역시 연방과 마찬가지로 기대한 만큼의 성과를 보이지 못한 것으로 평가된다.

③ 인사개혁

1990년대 주 차원에서 추진하였던 인사개혁의 방향은 인력의 감축, 성과 중심의 승진·보수 체계 구축, 공직자의 업무 능력 향상, 주민에 대한 서비스 능력 향상 등 다양하였는데, 이 중에서도 여러 주에서 관심을 가지고 적극적으로 추진하였던 과제는 주 소속 인력의 감축이었다. 성과 중심의 승진·보수 체계 구축 또한 개혁의 주요 내용임에는 틀림이 없었으나, 주 단독으로 추진할 수 있는 사항은 아니었다. 공직자 승진과 보수 제도는 독일 전역에서 동일하게 적용되어야 하기 때문에 개혁 또한 연방과 지방자치단체가 연계되어 추진되어야 하였기 때문이다.

모든 주에서 인력 감축에 관심을 가진 주된 이유는 당시 주 소속 공직자가 독일 전체 공직자 수의 약 50% 이상을 차지하며, 주 총 예산의 약 37% 정도가 인건비로 지출되고 있기 때문이다. 심각해지고 있는 재정적자 문제를 해결하기 위해서는 인력 감축이 필수적인 과제였던 것이다(Jann, 2004:

93). 특히 과도한 인력으로 재정 문제가 심각한 구동독 신연방주의 경우 공직자 인력 감축이 최대의 과제였다. 이들 신연방주의 경우 통일과 함께 구동독 공직자들이 다수 공직자로 재임용되었기 때문에 공직자의 수가 구연방주보다 상대적으로 많았기 때문이다.

공직자 감축은 그 수에서는 어느 정도 성과가 있던 것으로 평가된다. 1991년에 주 소속 전체 공직자는 약 257만 명이었는데, 2001년 약 218만 명으로 약 39만 명이 감소되었기 때문이다. 그럼에도 불구하고 인건비 지출규모는 같은 기간 오히려 약 37% 증가하여 개혁의 의미를 퇴색하게 하였다 (Jann, 2004: 94). 인력 감축에 관심을 집중한 나머지 인력과 예산의 연계에 소홀히 한 결과였다.

④ 법률, 규정의 정비

탈관료주의를 위한 법률, 규정의 정비는 각 주에서 1980년대 이후 계속적으로 추진하여 왔던 과제였으나 그 결과는 그리 긍정적이지 못하였다. 1990년대 들어와서도 대부분의 주는 기존 법률 및 규정에 대한 일대 심사를 단행하여 규정과 법률의 축소 및 간소화를 추진하였고, 신설되는 법률에 대해서는 법률에 대한 유효 기간을 설정하였다. 또한 '법률효율 측정제도(Gesetzesfolgenabschätzung)'를 신설하여 모든 법률과 규정의 사회·경제적 효과 및 그 파장을 제시하도록 하였다. 새로운 법률의 제정을 최대한 억제하기 위해서였다. 법률과 규정의 정비에 대해서는 자를란트 주의 경우 규정의 70%, 헤센 주의 경우 규정의 30%를 폐지하는 등 일정한 성과를 보이기도 하였다. 그러나 폐지한 법률과 규정이 일정한 기간이 경과한 후 다시 제정되는 등 뿌리 깊은 법률중심주의, 관료주의에 대한 개혁 결과는 기대에 미치지 못하였다.

(3) 행정개혁의 추진 체계

16개 주는 행정개혁을 추진하는 과정에서 각기 조금씩 다른 체계를 구축하였으나, 그 기본적 골격은 연방의 행정개혁 추진 체계와 큰 차이는 없었다. 연방의 '정부감축자문위원회'와 그 성격이 비슷한 자문위원회가 모든 주에 설치되었는데, 그 명칭은 '행정개혁위원회(Verwaltungsreformkommission)', '행정현대화위원회(Verwaltungsmodernisierungskommission)' 또는 '조정위원회(Lenkungsgremium)' 등 다양하였다.[13] 이 위원회들(이하 편의상 행정개혁위원회라고 총칭하기로 함)의 위원장은 보통 내무부 장관 또는 주지사가 맡았으며, 위원들은 정치·행정계, 학계, 경제 분야, 노동조합 등에서 선정된 인사들이었다. 특히 주정부에서 설치한 행정개혁위원회에는 지방자치단체를 대표하는 인사들도 위원으로 참가하였는데, 이들을 참가시킨 이유는 주 행정개혁의 내용이 지방자치단체에 영향을 미치기 때문에 지방자치단체의 의견을 수렴하기 위해서였다. 주에 설치된 행정개혁위원회는 연방의 정부감축자문위원회와 마찬가지로 행정개혁의 방향, 내용 및 그 추진 방법을 결정하여 정부에 제안하는 일종의 자문기구의 성격을 띠고 있었는데, 행정적으로는 보통 주 내무부 또는 주지사실의 지원을 받았다. 한편 일부 주에서는 행정개혁을 총괄하는 추진 체계 이외에 일부 분야에 대해서만 자문하는 전문위원회를 설치하기도 하였는데, 베를린 시에서 인사와 재정개혁을 위하여 설치한 '인사재정위원회(Senatkommission für Personalwesen und Finanzen)'와 인사개혁을 위하여 노르트라인-베스트팔렌 주가 설치한 '불 위원회(Bull-Kommission)'가 대표적인 예이다.

행정개혁위원회를 포함한 여러 자문위원회에서 제안된 행정개혁의 추진 방향과 과제들은 보통 집행위원회(Steuerungsgremium)를 통하여 구체적으로 실천·이행되었는데, 이 집행위원회는 각 부서 차관들로 구성되었다. 이 밖에 일부 주(바덴-뷔르템베르크)에서는 행정개혁의 실천과 이행을 책임지는 '이행전권자(Realisierungsbeauftragte)'를 임명하여 운영하기도 하였다.

1990년대 독일 16개 주 행정개혁의 추진 체계와 관련해서 언급할 필요가 있는 또 하나의 중요한 기구는 '슈파이어(Speyer) 행정대학원 부설 행정연구소'에 설치된 '주 행정개혁 학술기록정보원(Wissenschaftliche Dokumentations- und Transferstelle für die Verwaltungsmodernisierung in den

13) '행정개혁위원회'는 바덴-뷔르템베르크의 주에, '행정현대화위원회'는 라인란트-팔츠 주에 설치된 행정개혁 추진위원회의 명칭이며, '조정위원회'는 베를린 시에 설치된 행정개혁 추진위원회의 명칭이다.

Ländern: WiDuT)'이다. 이 기구는 공무원 교육기관이자 행정 분야 연구기관인 '슈파이어 행정대학원 부설 행정연구소'에서 설치한 주 행정개혁 지원 기구로서, 16개 주 행정개혁의 실태를 분석하여 기록하는 것은 물론 각 주의 행정개혁을 학술적으로 지원하며 또한 각 주 개혁의 경험을 공유·교환하는 기능을 수행하였다.

언급한 바와 같이 독일 16개 주 행정개혁의 목표와 방향, 그리고 구체적 실천 과제는 각 주의 정치적·경제적·사회적 차이만큼 다를 수밖에 없었다. 그럼에도 불구하고 이들 주들은 상호 행정개혁의 경험을 공유하고 또한 특정 주에서 성공적으로 추진한 사례를 벤치마킹할 필요가 있었다. 특히 공무원 보수 체계 등과 같이 단일 체계 구축이 필요한 부분에 대해서는 모든 주가 협력하고 개혁 과정을 공유할 필요가 있었다. 이러한 필요에 따라 1996년 '슈파이어 행정대학원 부설 행정연구소'는 라인란트-팔츠 주의 지원을 받아 '주 행정개혁 학술기록정보원'을 설치하였다. 주 행정개혁 학술기록정보원은 다음과 같은 기능을 담당하였다.

– 주 행정개혁에 대한 이론, 방법론 제시
– 주 행정개혁에 대한 정보 제공
– 주 행정개혁 실태 기록 및 분석
– 주 행정개혁 지원(특정 주 행정개혁 프로젝트 지원)
– 주 행정개혁 사례 교환 및 벤치마킹
– 주 행정개혁에 대한 학술회의 개최 및 보고서 출판

(4) 개혁에 대한 평가

1990년대 주(州)에는 전체 공직자의 50% 이상이 근무하고 있었기 때문에 개혁의 필요성, 특히 인사개혁의 필요성이 절실했었다. 또한 주는 연방과 지방행정의 중간에 위치한 특징을 가지고 있기 때문에 개혁의 범위도 그만큼 광범위하였다. 다시 말해서 주는 연방과 같이 법률 제정, 정책 결정 등의 업무를 수행하기도 하며, 한편 지방자치단체와 마찬가지로 대민 서비스를 수행하며 정책 집행 사무를 담당하기도 한다. 따라서 행정개혁의 범위와 폭도 연방 또는 지방자치단체에 비하여 훨씬 크다고 할 수 있다. 특히

1990년대 심각한 재정 위기 속에서 인력 감축 등 행정개혁의 필요성은 연방 또는 지방자치단체에 못지않게 절실하였었다고 볼 수 있으며, 행정 서비스의 개선 또한 중요한 과제였다. 그럼에도 불구하고 결과적으로 볼 때 주 행정개혁은 지방자치단체에 비하여 그리 강도 높게 추진되지 못하였으며, 성과도 그리 높지 않은 것으로 평가된다. 연방과 마찬가지로 주 차원에서도 역시 정치 권력적인 요소가 강하게 적용되기 때문에 행정개혁이 상대적으로 소홀히 취급되기 때문이라고 판단된다.

1990년대 독일 16개 주가 추진하였던 행정개혁 내용 그리고 그 성과는 각 주가 처해 있는 정치적·사회적·경제적 상황이 다른 만큼이나 차이를 보였다. 한 예로 국가로서 주권을 가지고 있는 주이면서도 동시에 지방자치단체의 성격도 가지고 있는 베를린, 함부르크, 브레멘 시 등은 다른 일반 주보다 비교적 강도 높은 개혁을 추진하였으며, 그 성과도 있었다. 물론 베를린, 함부르크, 브레멘을 제외한 13개 주 행정개혁의 내용과 성과도 또한 동일하였던 것은 아니다. 남부의 바덴-뷔르템베르크 주, 헤센 주, 그리고 중부의 노르트라인-베스트팔렌 주는 다른 주에 비하여 비교적 강도 높은 행정개혁을 추진하여 많은 성과를 보인 것으로 평가되고 있다. 구연방주와 신연방주의 행정개혁을 비교해도 다소 차이를 보이고 있다. 신연방주의 경우 구연방주와 동일한 행정 체제를 구축하는 것, 즉 행정통합이 일차적인 목표였으며 행정개혁은 그 후의 과제였기 때문에 아무래도 구연방주에 비해서 낮은 개혁의 성과를 보였다.

3) 지방행정의 개혁

(1) 행정개혁의 이념, 목표 및 추진 방향

1990년대 독일 지방자치단체들은 연방 또는 주 차원에서 추진된 행정개혁보다 강도가 더욱 높고 폭넓은 행정개혁을 추진하였다. 물론 개혁의 이념과 목표는 연방과 주의 그것과 크게 다르지 않았다. 즉, 신공공관리론의 핵심 내용인 '작은 정부'를 구현하고 '효율성과 결과를 중심으로 하는 기업가적인 행정 체제'의 구축이었다. 그러나 개혁의 강도는 연방과 주에 비하여 훨씬 높았다. 이 시기 연방 또는 주에 비하여 지방 차원에서 신공공관리론에서 제시하고 있는 이념에 따라 강도 높은 행정개혁이 추진될 수 있었던 일차적 이유는 지방자치단체들의 재정적자가 심각하였고 이로 인하여 개혁의 필요성이 그만큼 강하게 제기되었기 때문이다. 1990년 이후 독일 지방자치단체의 대부분은 심각한 재정적자에 직면하였는데, 이로 인하여 지방자치단체들은 새로운 사업은 물론 원래의 주요 업무들도 원만히 수행하지 못할 정도였다. 특히 구동독에서 편입된 신연방주 지방자치단체들은 더욱 심각한 재정 위기에 직면해 있었다.

1990년대 연방과 주보다는 지방 차원에서 신공공관리론에 따른 행정개혁이 강력히 추진되었던 두 번째 이유는 지방자치단체 기능 특징상 신공공관리론이 설득력 있게 받아들여졌기 때문이다. 언급한 바와 같이 연방은 법률의 제정, 하급 행정기관의 관리 등 주로 정치 권력적 기능을 수행하고 있으며, 주 역시 상당 기능이 연방과 일치하기 때문에 신공공관리론에 따른 행정개혁을 강력히 추진하기에는 그 한계가 있었다. 그러나 지방자치단체의 경우 대민 서비스와 사업 중심의 집행 업무를 주요 기능으로 하고 있기 때문에 신공공관리론에 따른 행정개혁을 적극적으로 수용·실천할 수 있었다. 성과 중심의 행정, 시장과 경쟁의 개념을 도입한 행정, 효율성을 강조하는 행정, 고객(시민)에 대한 서비스를 강조하는 행정으로의 전환을 강조하는 신공공관리 개혁 이론은 정치권력적인 측면이 약하고 대신 사업과 정책집행 업무를 주로 담당하는 지방자치단체에서 적극적으로 수용되었던 것이다.

이러한 배경에 따라 그 수와 다양한 내외적 환경에도 불구하고 1990년대 독일 지방자치단체 행정개혁의 추진 방향과 내용에는 많은 공통점이 발견되는데, 이를 열거해 보면 다음과 같다.

■ 조직개혁의 방향

– 계층·수직적 조직 형태에서 팀 형태의 조직으로 전환
– 행정 서비스 강화를 위한 시민행정국(Bürgerämter) 설치
– 조직의 책임경영기관화

■ 인사개혁
– 공직자 간 경쟁 유도
– 성과에 따른 보수의 차별 지급
– 탄력적인 인사관리(임용, 보직 등에서) 도입

■ 행정 절차
– 행정 결과 공개의 의무
– 고객에 대한 행정 서비스 강화
– 성과에 대한 평가 제도 도입

■ 예산 및 재정
– 통합예산 제도 도입
– 결과 중심의 예산 제도 도입
– '비용'의 개념 도입

특히 1990년대 독일의 지방행정개혁은 1995년 '행정간소화를 위한 자치단체연합회(Kommunale Gemeindschaftsstelle für Verwaltungseinfachung: KGSt)'[14]에서 제시한 행정개혁의 모형인 '신관리모형(NSM: Neue Steuerungsmodell)'에 따라 추진되었는데, 이 모형은 신공공관리론을 독일의 실정에 맞게 재구성한 행정개혁의 추진 모형이다. 즉, NSM은 신공공관리론의 '독일식 버전'이라고 할 수 있다. 따라서 이 모형에는 신공공관리론에서 제시되고 있는 여러 개혁 방향과 내용이 독일의 실정에 맞게 변형되어 제시되고 있는데, 그 중에서도 '책임과 결과를 중시하는 기업과 같은 조직구조의 구축', '결과 중심의 예산 제도의 구축', '행정 서비스의 강조 및 경

14) '행정간소화를 위한 자치단체연합회(KGSt)'는 지방행정의 간소화와 효율화를 위하여 1949년 조직된 조직으로서 쾰른에 본부를 두고 있다. 이 조직은 독일 지방자치단체 연합체의 하부기관으로서 지방자치단체의 행정 개혁 및 행정 발전을 위하여 연구·진단·자문하는 기능을 수행하며, 지방행정가와 지방행정 전문가 등이 구성원으로 참여하고 있다.

쟁 체제의 구축' 등이 그 핵심 내용이라 할 수 있다.

(2) 개혁의 내용과 성과

신관리모형에 따라 추진되었던 1990년대 독일 지방행정의 개혁은 연방과 주의 행정개혁에 비하여 비교적 많은 성과를 거두었던 것으로 평가된다. 우선 민영화 또는 민간위탁에서 연방 또는 주정부의 민영화 작업이 주로 국가재산 및 국영기업 민영화에 초점이 맞추어졌다면, 지방자치단체의 민영화 작업은 주로 지방자치단체 사무의 민영화 또는 민간위탁에 초점을 맞추었다고 볼 수 있다. 19세기 이후 독일 지방자치단체의 고유 사무로 인식되어 왔던 사무들, 예를 들어 상하수도 시설 운영, 쓰레기 및 오물 수거, 공공교통 등 다수의 사무들이 민영화 또는 민간위탁되었다. 특히 이 시기 전기 공급에 관한 사무들이 대부분 민영화되었다.

행정조직에 대한 개혁의 성과는 책임경영을 바탕으로 하는 조직의 설치, 즉 사업부서화와 시민행정국(Bürgerämter)의 설치 등에서 나타났다. 시민행정국이란 주민등록 사무, 사회복지 사무 등 간단한 대민 사무를 통합해서 볼 수 있도록 한 일종의 원스톱(one-stop) 창구로서, 시민행정국의 설치는 전통적 관료 중심의 행정조직에서 시민 중심의 행정조직으로의 변화를 의미하였다. 2002년 노르트라인-베스트팔렌 주 지방자치단체 중 약 85%, 바덴-뷔르템베르크 주 지방자치단체의 약 78%가 시민행정국을 설치한 것으로 나타났다.

지방재정의 개혁은 '통합예산 제도'의 도입, '결과 중심의 예산 제도'의 구축 등 상당한 성과가 있었다. 지방자치단체 연합체인 '독일도시연합회(Deutsche Städtebund)'가 1995년 실시한 설문조사를 보면, 전국의 지방자치단체 중 약 70%가 통합예산 제도를 도입·채택하고 있다고 밝혔으며, 1998년의 설문조사에서는 약 88%가 통합예산 제도를 채택하고 있다고 밝혔다(Bogumi & Jann, 2005: 155). 아울러 결과 중심의 예산 제도 채택 여부를 묻는 질문에서도 1997년 약 50%의 지방자치단체들이 긍정적으로 응답하였다. 그러나 신관리모형에서 강력하게 권고하였던 정치와 행정의 엄격한 구분, 즉 행정개혁에서 정치적 판단의 제거 등은 비교적 낮은 성과를 보인 것으로 평가된다.

(3) 개혁에 대한 평가

연방과 주의 행정개혁 성과와는 달리 1990년대 지방자치단체 차원에서 추진된 개혁의 결과는 상당한 것으로 평가된다. 당시 지방자치단체의 행정개혁이 그 성과를 낼 수 있었던 일차적 배경에는 지방자치단체의 기능적 특성상 당시 국제적으로 유행하였던 신공공관리론이 설득력 있게 수용되었으며, 지방자치단체들이 그만큼 적극적으로 개혁을 추진하였기 때문이다. 특히 신공공관리론을 독일 실정에 맞게 재설계한 신관리모형은 1990년대 독일 지방행정개혁에 크게 기여한 것으로 평가된다.

그러나 영미식 체제에 적합한 신공공관리론식 개혁 패러다임이 대륙식 체제를 특징으로 하는 독일 행정에는 적합하지 않다는 비판 또한 적지 않았다. 즉, '기업형 정부'를 지향하는 신공공관리론에 따른 행정개혁 방안은 계층·수직적인 조직구조, 안정적인 관료제, 법과 규정을 강조하는 행정 절차 등을 특징으로 하는 독일식 행정 체제에는 적합하지 않다는 비판이 제기되기도 하였다.

2. 사민당 - 녹색당 연정 시기(1998 ~ 2005년)의 행정개혁

1) 연방행정의 개혁

'활력을 불어넣는 정부'를 행정개혁의 이념으로 정한 슈뢰더 정부는 1999년 12월 1일부터 '현대적 정부-현대적 행정(Moderner Staat-Moderne Verwaltung)'이라는 연방 행정개혁 프로그램을 설정하고, 이를 중심으로 행정개혁을 추진하였다. '현대적 정부-현대적 행정'은 슈뢰더 정부의 행정개혁 종합 프로그램이자 동시에 개혁의 수사로서, 모든 행정개혁이 이 프로그램의 틀 안에서 추진되었던 것이다. 슈뢰더 정부의 '현대적 정부-현대적 행정' 프로그램은 제1차(1999년 12월~2004년 6월)와 제2차(2004년 7월~2005년 11월)로 구분되어 추진되었다.

(1) 제1차 행정개혁(1999년 12월~2004년 6월)[15)]

① 행정개혁의 이념

슈뢰더 정부가 추진하였던 연방 행정개혁의 이념은 '활력을 불어넣는 정부'의 구축으로서, 그 핵심 내용은 시민들이 자발적으로 참여하는 국정 운영 체제를 구축하고, 이를 운영하는 것이었다. 다시 말해서, 슈뢰더 정부 연방 행정개혁의 초점은 시민과 시민단체의 국정 참여를 촉진시키고 대신 정부는 국정 운영에서 한 발 물러나 결과적으로 정부와 시민사회가 공동으로 행정을 담당하도록 하는 것이었다. 슈뢰더 정부가 지향한 '활력을 불어넣는 정부'에서는 정부 혼자만이 정책 결정의 주체가 아니며, 공무원도 더 이상 행정의 주체가 아니었다. 슈뢰더 정부에서는 정부와 시민이 동시에 국정 운영의 주체이며, 공무원과 시민이 동시에 행정개혁의 주체가 되는 것이었다. 정책을 결정할 때 정부가 단독으로 결정하지 않으며 집행할 때 역시 정부가 모든 기능을 담당하지 않는다는 것이다. 정책 결정시 시민과 사회가 적극 참여하며 정책을 집행할 때 역시 시민과 사회가 그 기능과 책임을 분담하는 것이다.

물론 슈뢰더 정부는 행정개혁을 추진하는 과정에서 '신공공관리' 이론에서 강조되었던 개혁의 방향, 즉 조직의 축소, 효율적이며 성과 위주의 행정체제 구축 등을 전혀 무시한 것은 아니었다. 오히려 이러한 개혁 방향은 슈뢰더 정부의 행정개혁에서도 꾸준히 강조되었다. '활력을 불어넣는 정부'에서 행정 과정은 더욱 투명해지고, 행정조직은 이전에 비하여 더욱 탄력적으로 운영되며, 정부 인력 또한 최대의 효율성을 창출하게 된다는 것이었다. 다만 개혁의 수사 및 핵심 이념이 이전의 신공공관리론에서 '활력을 불어넣는 정부'로 전환되었을 뿐이었다.

② 행정개혁의 목표

슈뢰더 정부의 행정개혁 프로그램인 '현대적 정부-현대적 행정'에서 설

15) 슈뢰더 정부 행정개혁의 제1차 추진계획 및 그 내용은 1999년 연방내무부 인터넷 홈페이지 Moderner Staat – Moderne Verwaltung(www.staat-modern.de) 홍보물을 참고하였다.

정한 제1차 행정개혁의 목표는 다음과 같다.

〈표 5-1〉 슈뢰더 정부 제1차 행정개혁의 목표

책임을 분담하는 행정 체제의 구축(Neue Verantwortungsverteilung)
시민 지향적인 행정 체제 구축(Mehr Bürgerorientierung)
주, 지방자치단체와 함께하는 행정개혁(Staatliche Vielfalt)
효율적인 행정 체제 구축(Effiziente Verwaltung)

㉠ 책임을 분담하는 행정 체제의 구축

언급한 바와 같이 슈뢰더 정부 행정개혁의 초점은 국정 운영에 시민과 사회의 적극적인 참여를 유도하고, 정부와 사회가 행정의 책임을 분담하는 것이었다. 정부는 이전과 같이 행정의 모든 기능을 담당하지 않으며, 정부가 반드시 수행하여야 하는 기능, 예를 들면 국가 안보, 사회 공공 안전의 유지, 재정행정 등의 분야에 집중하며, 대신 기타 사회에서 공동으로 수행할 수 있는 기능, 예를 들면 문화·가족·체육 분야의 행정은 시민과 시민단체의 참여하에 수행되도록 하는 것이었다. 이 경우 정부는 정책결정권자 또는 정책 생산자라기보다는 중재자의 역할을 수행하며, 행정의 자생 능력 향상을 위한 최소한의 기능만을 수행하는 것이었다. 구체적으로 연방의 임무는 행정 기능을 담당할 시민 개인과 시민사회를 지원하며 법적 기반 및 상호 협조 체제를 구축하도록 하는 것이었다. 물론 정부가 직접 담당하지 않는 기능이라 할지라도 정부가 이에 대하여 책임을 회피하는 것이 아니라 행정 기능의 정상적 추진 여부에 대하여 최종적인 책임을 진다고 강조하였다.

㉡ 시민 지향적인 행정 체제 구축

언급한 바와 같이 슈뢰더 정부가 설정한 '활력을 불어넣는 정부'에서 시민은 단순한 행정의 '객체' 또는 '수혜자'가 아니며 행정의 '주체'이자, 정부의 '국정 운영 파트너'였다. 따라서 시민은 국정 운영에 대한 충분한 정보와 이에 대한 이해력을 가지고 있어야 하였다. 슈뢰더 정부는 시민에게 국정 운영에 대한 정확한 정보를 제공하고, 시민의 참여를 적극적으로 권장하기 위해서는 투명한 행정 체제의 구축과, 이를 위한 전자정부의 구현이 필수적이라고 강조하였다.

㉢ 주, 지방자치단체와 함께하는 행정개혁

슈뢰더 정부는 행정개혁을 추진하면서, 연방 단독으로 개혁을 추진할 경우 개혁의 과정도 어렵고 그 성과도 크지 않을 것이라고 판단하여, 16개 주는 물론 지방자치단체와 함께하는 행정개혁을 그 목표로 설정하였다. 행정개혁을 위하여 연방과 주 그리고 지방자치단체는 상호 협조하며, 그 경험을 공유하여야 한다고 역설하였던 것이다. 특히 모든 독일 공무원에 적용되는 공무원 인사 제도, 보수 제도 개혁, 전자정부 구축 분야에서 주 또는 지방자치단체와의 협력 체제 구축을 강조하였다.

㉣ 효율적인 행정 체제 구축

슈뢰더 정부는 비록 이전 정부의 행정개혁에서 강조되었던 신공공관리론에 의한 행정개혁을 크게 강조하지는 않았지만 정부의 효율성, 효과성 등을 결코 등한시하지 않았다. 오히려 정부의 기능을 축소하고 사회의 참여를 강조하는 '활력을 불어넣는 정부'에서도 행정의 효율성과 효과성은 여전히 강조되었다. 조직과 인력의 축소, 결과에 대한 평가 체제 구축, 성과중심의 공무원 승진 · 보수 체계 구축 등은 슈뢰더 정부에서도 계속해서 강조되었다.

③ 행정개혁의 추진 방향 및 과제

슈뢰더 정부는 앞서 언급한 4개 개혁 목표를 설정한 후, 이 목표를 달성하기 위한 개혁의 추진 방향을 정하였으며, 각 추진 방향에 대하여 다시 2~5개의 구체적인 과제(프로젝트)를 설정하였다. 특히 각 과제에는 해당 과제를 수행할 부처 및 과제 만료 기간을 설정하여 과제가 정해진 기간에 명확히 추진될 수 있도록 하였다. 행정개혁의 추진 방향 및 그 구체적 과제에 대하여 간단하게 설명하면 다음과 같다.

㉠ 추진 방향 1: 법률의 효과성 및 수용성(受容性) 강조

연방정부는 개혁 목표인 '책임을 분담하는 행정'을 실천하기 위해서는 우선 법률의 효과성과 수용성을 높여야 한다고 강조하면서, 이를 위한 연방

과제로『법률효율 측정제도(Gesetzesfolgenabschätzung) 해설서(解說書)』와『행정 서비스 법적 장애 극복을 위한 설명서』등 두 권의 서적을 발간하였다.『법률효율 측정제도 해설서』는 연방내무부에서 발간한 간행물으로서 연방부처에서 법안을 작성하고 법안을 상정할 때 주의하여야 할 사항이 자세히 명시되어 있다. 공직자를 대상으로 하는 서적이라 할 수 있다.『행정 서비스 법적 장애 극복을 위한 설명서』역시 공직자를 대상으로 하여 연방내무부에서 발간한 서적으로서 행정간소화를 위한 지침 서적이다.

ⓛ 추진 방향 2: 행정 파트너십 구축

연방정부 행정개혁의 두 번째 추진 방향은 연방과 주 또는 연방과 지방자치단체, 나아가 연방과 민간과의 파트너십을 구축하는 것으로서, 그 구체적인 실천 과제는 다음과 같다.

- 연방의 기능 축소 및 재조정
- 주와 지방자치단체의 참여를 촉진하기 위한 법적 토대 구축
- 민-관 협력 체제 구축을 위한 법적 토대 구축
- 정보사회 구축을 위한 혁신
- 개인 정보 보호를 위한 감사 강화

위의 5개 과제 중에서 처음 2개의 과제는 연방과 주, 연방과 지방 간의 협력 체제 구축 강화를 위한 과제이며, 나머지 3개의 과제는 정부와 민간의 협력 체제 구축 강화를 위한 과제였다. 특히 세 번째 과제인 민-관 협력 체제 강화를 위한 법적 토대 구축이란 단순히 정부와 시민단체 간의 협력 체제 강화를 위한 법률 체제 구축의 과제가 아니라, 정부와 기업, 정부와 사회단체 등 복합적인 사회 네트워크를 구축하기 위한 법률 체제 정비 과제라 할 수 있다.

ⓒ 추진 방향 3: 행정의 효율성, 효과성, 투명성 제고

연방정부는 행정조직과 인력 운영의 효율성과 효과성을 제고하기 위하여 특히 전자정부의 구축에 관심으로 보였으며, 그 구체적 실천 과제는 다음과 같다.

- 연방행정에 대한 현대적 행정관리 체제 구축
- 비용-성과 중심의 예산 체제 도입

– 부처 간 행정개혁 우수 사례 벤치마킹 추진
– 정보자유법(Informationsfreiheitsgesetz) 제정
– 전자정부 구축

㉣ 추진 방향 4: 공직자에 대한 동기부여

슈뢰더 정부는 1970년대 이후 계속적으로 제기되어 왔으나 큰 성과를 내지 못했던 인사개혁을 특히 강조하였다. 공직자 간의 경쟁을 통한 행정의 효율성 제고, 성과 중심의 승진·보수 체계 도입, 탄력적인 근무 체제의 정착 등이 개혁의 초점이었다. 이를 위한 일차적 실천 과제는 ① 승진·보수 체계의 개선, 특히 성과 중심의 승진·보수 체계 구축과 ② 교육 제도 개혁, 고용에서의 남녀 평등 등 인력관리 체제 개선이었다.

지금까지 언급한 슈뢰더 정부 행정개혁의 이념, 목표, 추진 방향 및 과제를 도식화해 보면 다음과 같다.

[그림 5-2] 슈뢰더 정부 제1차 행정개혁의 이념, 목표, 추진 방향 및 과제

행정개혁의 이념			
'활력을 불어넣는 정부'			
⬇			
행정개혁의 목표			
책임을 분담하는 행정 체제 구축	시민 지향적인 행정 체제 구축	함께하는 행정개혁	효율적인 행정 체제 구축
⬇			
행정개혁의 추진 방향			
법률의 효과성 및 수용성 강조	행정 파트너십 구축	행정의 효율성, 효과성, 투명성 제고	공직자에 대한 동기부여
⬇			
추진 과제			
15개 추진 과제			

④ 행정개혁의 추진 체계

1990년대 콜 정부는 행정개혁을 추진하는 과정에서 자문기관인 '정부감축자문위원회'를 설치하였고, 이 자문위원회의 권고 사항을 직접 실천에 옮기기 위한 기구로서 '행정조직조정위원회'를 조직·운영하였다. 즉, 콜 정부 행정개혁의 핵심 추진기구는 정부감축자문위원회 및 행정조직조정위원회였다. 그러나 슈뢰더 정부는 행정개혁을 추진하면서 이전 콜 정부와는 달리 외부 전문가로 구성된 개혁 추진기구를 조직하지 않았다. 슈뢰더 정부의 행정개혁 주요 프로그램(현대적 정부-현대적 행정)은 일차적으로 주로 연방내무부에서 제시 또는 제안되었으며 내각회의에서 최종 결정되었다. 내각회의를 통과한 행정개혁 과제는 연방 각부처 (행정)차관들로 구성된 '정부-행정 현대화를 위한 차관위원회(Staatssekretärsausschuss zur Staat- und Verwaltungsmodernisierung)'를 통하여 직접 추진되었다. 또한 이 차관위원회에서 행정개혁의 추진 전략, 방법 등이 논의·제시되었으며, 추진 과정에서 나타나는 각 부처 간의 갈등 등도 조정되었다.

요약하면 콜 정부에서는 외부 전문가로 구성된 자문위원회가 설치되어, 이 자문위원회에서 행정개혁의 추진 방향 및 실천 과제가 논의되어 정부에 건의되었고, 이 개혁안은 다시 행정조직조정위원회를 통하여 추진되었던 것에 반하여, 슈뢰더 정부에서는 행정개혁의 추진 방향과 그 실천 과제가 직접 정부 내에서 제안되고, 정부에 의하여 추진되었다는 점이다. 특히 슈뢰더 정부는 '현대적 정부-현대적 행정(Moderner Staat-Moderne Verwaltung)'이라는 연방 행정개혁 프로그램을 설정하고, 이를 중심으로 행정개혁을 추진하였다. 행정개혁을 위하여 특별히 구성된 정부조직은 없었으며, 차관위원회를 연방내무부 1개 과에서 지원하였을 뿐이다.

(2) 제2차 행정개혁(2004년 7월~2005년 11월)

① 행정개혁의 목표 및 추진 방향

1999년부터 시작된 제1차 행정개혁의 결과가 비교적 긍정적이라고 판단한 연방정부는 2004년 이후를 제2차 행정개혁의 시기로 설정하여 계속적인 행정개혁을 추진하였다. 슈뢰더 정부 제2차 행정개혁의 이념 및 추진 체계는 제1차 행정개혁과 동일하였으나, 다만 행정개혁의 목표 및 추진 방향에서는 약간의 차이를 보였다. 슈뢰더 정부는 제2차 행정개혁을 추진하면서 무엇보다도 행정의 효율성, 효과성을 강조하였으며, 국민에 대한 행정 서비스의 강화를 역설하였다. 슈뢰더 정부가 설정한 제2차 행정개혁 3대 목표는 다음과 같다.

〈표 5-2〉 슈뢰더 정부 제2차 행정개혁의 목표

현대화된 행정관리 체제 구축
탈관료주의 추구
전자정부의 구현

㉠ 현대화된 행정관리 체제 구축

슈뢰더 정부는 현대적인 행정관리 체제를 구축하기 위해서는 무엇보다도 행정의 효율성, 효과성을 제고하여야 하며 효과적인 인력관리 그리고 고객 지향적인 행정을 추구하여야 한다고 강조하였다. 이를 위하여 각 분야에 대하여 다음과 같은 구체적인 과제를 설정하였다.

㉮ 행정의 효율성 제고 방안

- 정보 및 지식관리 체제 도입 및 확대
- 각 부처간 행정개혁의 경험 교환 및 공유
- 품질관리(quality management) 강화
- 최신 기술을 이용한 전자정부 구현 및 행정 서비스 강화

㉯ 행정의 효과성 제고 방안

- 엄정한 평가 체제의 구축
- 국내·국외의 행정개혁 우수 사례 벤치마킹
- 민간단체 및 민간기업과의 전략적 제휴(파트너십 구축)
- 법률의 효과성 제고

㉰ 효과적인 인력관리 방안

- 효과적인 공직자 교육훈련

– 공직자 책임 의식 향상
– 행정기관 상호간 또는 정부와 민간 부문과의 인력 교환
– 공직자 보수 제도 개혁(성과 중심 보수 체계, 탄력적인 근무 체제 도입 등)

㉣ 고객 지향적인 행정 체제 구축 방안

– 행정 절차의 간소화, 객관화
– 전자정부 추진
– 민원사무의 간소화 및 자동화(민원 콜센터 설치 등)
– 주민의 정치·행정참여 확대를 위한 모형 구축(전자 민주주의 구현 등)

㉡ 탈관료주의 추구

관료주의의 탈피 및 완화는 60년대 이후 역대 연방정부가 시도하였던 개혁의 단골 주제이자 과제였다. 그만큼 과다한 법률과 규정에 의한 관료주의, 행정편의주의는 독일 행정의 심각한 문제점으로 지적되고 있었으며, 또한 좀처럼 성과를 내기 어려운 개혁 분야이기도 하였다. 슈뢰더 정부 역시 탈관료주의 및 규제개혁을 행정개혁의 중요 목표로 설정하고, 2003년 2월에 내각회의를 통하여 탈관료주의를 위한 정부의 청사진을 제시하였다. '중산층 확대-고용 창출-시민사회의 강화'라는 정치적 표어와 함께 제시한 개혁 청사진의 일차적 목표는 탈관료주의를 통해 정부와 사회의 혁신 역량을 강화하는 것이었다. 특히 사회와 시민 구성원의 자생력을 강화하고, 이를 통하여 경제 발전과 고용 창출을 추구하는 것이었다. 슈뢰더 정부가 강조하였던 탈관료주의를 위한 행정개혁의 추진 방향은 다음과 같다.

– 현존하는 법률 및 규정의 간소화
– 불필요한 법률 제정의 억제
– 행정구조의 단순화
– IT 및 조직의 재구축을 통한 행정 과정의 단순화
– 행정의 책임성 강조

연방정부가 탈관료주의를 위한 행정개혁을 추진하면서 일차적으로 강조

한 것은 행정기관의 자체 분석이었다. 전 연방부처 및 연방행정기관이 자체 분석을 통하여 불필요한 규정의 폐지·이관을 추진하였다. 이 밖에 연방 각 부처에 대해서는 부처의 실정에 맞게 약 76개의 특별 임무를 부여하기도 하였는데, 그 초점은 경제 발전과 자유로운 경제 활동을 위한 규제 철폐 및 완화였다. 한 예로 연방경제노동부에게는 수공업 분야의 자율성 확대를 위한 규제 정비의 임무가 부여되었는데, 이를 통하여 그 동안 오직 기능장 자격증(Meister) 소지자에 한해서 자영업 허가를 내주었던 규정을 폐지하고, 수공업 기능장 자격증이 없는 사람들에게도 도제(徒弟) 경험이 있는 자들이면 누구든 자영업 허가를 내주도록 하였다. 이 밖에 연방내무부에는 연방정부 및 연방행정기관의 전자정부 체제 구축, 연방보건부에는 의약품 전자상거래에 대한 규제 완화 등의 임무가 부여되었다.

슈뢰더 정부는 탈관료주의를 위한 개혁을 효과적으로 추진하고자 연방내무부 차관을 위원장으로 하며, 연방재정부·법무부·경제노동부의 차관, 그리고 연방수상실 장관을 위원으로 하는 '차관위원회(Staatsekretärs-ausschuss)'를 구성하였는데, 이 위원회의 주요 임무는 탈관료주의를 위한 개혁의 전략과 목표를 수립하며, 각 부처의 개혁 이행 과정을 감독하는 것이었다. 또한 개혁의 일정을 조정하고, 개혁의 추진 과정에서 나타나는 연방 각 부처 및 행정기관 간의 갈등을 조정하는 것도 주요 임무 중 하나였다.

㉢ 전자정부(e-Government)의 구현

슈뢰더 정부가 전자정부를 구현하기 위하여 설정한 대표적인 전략 프로젝트로서 '연방온라인 2005년(BundOnline 2005)'과 '도이칠란트-온라인(Deutschland-Online)'을 들 수 있다. 연방온라인 2005년 프로젝트는 슈뢰더 수상의 2000년 9월 하노버(Hannover)에서의 연설이 시발점이 되어 추진한 전자정부 네트워크 구축 프로젝트로서, 2005년까지 연방의 모든 행정기관의 사무를 인터넷으로 연결한다는 전략이었다.

한편 도이칠란트-온라인 프로젝트는 단순히 연방 차원의 네트워크 구축 프로젝트가 아닌 독일 전 지역에 대한 전자정부 구축 프로젝트이다. 즉, 연방-주-지방자치단체를 연결하는 통합 전자행정 체제를 구축하는 것이었다.

연방온라인 프로젝트가 성공적으로 추진되고 있다고 판단한 슈뢰더 정부는 2003년 6월 16개 주정부 수반과 함께 연방과 주, 그리고 지방자치단체를 연결하는 통합 전자정부 구축을 선언하였다. 연방은 도이칠란트-온라인 프로젝트가 주와 지방자치단체의 적극적인 협조 없이는 그 추진이 불가능하다는 것을 역설하면서 주와 지방자치단체의 적극적 참여를 유도하였던 것이다.

② 개혁의 성과 및 평가

슈뢰더 정부는 2005년에 발간된 연방정부 행정개혁 홍보물을 통하여 다음과 같은 성과를 거두었다고 밝히고 있다(Fortschrittsbericht 2005, www.staat-modern.de).

- 정부 기능 및 조직 축소: 연방정부는 1998년 이후부터 꾸준히 연방행정기관의 통폐합을 추진하여 654개의 행정기관을 445개로 축소하였다. 전체 조직의 약 32%를 축소한 셈이다.
- 인력 감축: 1998년 연방 공직자의 수는 약 31만 4천 명(군인 제외)이었는데, 2005년 약 27만 6천 명으로 약 3만 8천 명의 인력을 감축하였다.
- 인사개혁: 인사개혁의 주요 내용은 공직자 근무 시간의 재조정, 민간기업과의 인력 교환 강조, 탄력적인 근무 제도 강조 등 다양하지만, 핵심 사항은 성과를 기초로 한 승진·제도의 도입이었다. 즉, 근무 기간이 길어짐에 따라 자동적으로 승진하여 많은 보수를 받는 기존의 제도를 대신하여 근무 성과와 자질에 따라 승진하는 제도를 도입하였다. 또한 성과에 따라 보수와 수당을 차등 지급하는 성과 중심의 보수 제도를 도입하였다.
- 행정 서비스의 향상: 슈뢰더 정부는 8개 연방부처에 콜센터를 설치하는 등 대국민 행정 서비스 향상을 위하여 노력하였으며, 특히 전자정부의 구축을 통하여 투명하고 빠른 행정 서비스 체제를 구축하였다.
- 행정의 효율성 향상: 전 연방부처 및 연방행정기관에 기획조정 기구를 설치하여, 각 기관 내부는 물론 행정기관과의 협조 체제를 구축하였다.
- 전자정부의 구축: 전자정부 구축을 위한 전략 프로그램 '연방온라인

2005'와 '도이칠란트-온라인'이 성공적으로 추진됨에 따라 독일 모든 행정기관의 사무 과정이 전자화되었으며, 국민들은 인터넷 사이트(예: www.bund.de 또는 www.staat-modern.de 등)를 통하여 연방은 물론 주와 각 지방자치단체의 각종 행정 서비스를 받을 수 있게 되었다.

이 밖에 각종 법률 축소, 규제개혁을 통하여 국민의 사회 생활과 경제 생활이 간편해졌으며, 경제에도 긍정적으로 작용하였다.

그러나 이러한 외형적인 성과에도 불구하고 연방정부가 발표한 개혁의 성과가 행정 전반, 나아가 국민의 생활에 긍정적인 영향을 미쳤는지, 특히 슈뢰더 정부가 처음 의도한 것처럼 시민과 함께하는 소위 '활력을 불어넣는 정부' 체제가 성공적으로 구축되었는지의 여부는 아직 정확하게 알 수 없다. 다시 말해서 슈뢰더 정부는 행정 개혁을 추진하면서 정부의 역할을 최소화하며 대신 시민과 함께 하는 행정 체제의 구축을 그 이념과 목표로 하였는데, 이러한 행정 체제의 구축 여부에 대한 평가는 아직 어렵다는 것이다. 특히 슈뢰더 정부의 행정개혁 프로그램이 원래 2006년까지 추진되도록 되어 있는데, 정권이 2005년 조기 퇴진함에 따라 여러 개혁 프로그램도 불가피하게 중단되었기 때문에 개혁에 대한 평가 역시 더욱 어려울 수밖에 없다.

그러나 슈뢰더 정부 행정개혁의 성과에 대한 평가가 유보적인 가운데에서도 인사개혁만큼은 비교적 성공적이라는 평가를 받고 있다. 그 동안 역대 정부에서 추진하였으나 큰 성과를 내지 못했던 성과 중심의 승진·보수 체계를 도입하는 데 성공하였기 때문이다. 이에 대하여 간단히 소개한다.

(3) 슈뢰더 정부 인사개혁의 내용

공직자 인사개혁, 특히 승진과 보수 제도의 개혁은 1960년대 이후 그 필요성이 꾸준히 제기되어 왔으며, 실제로 여러 정권에서 의욕적으로 추진되어온 분야이기도 하다. 그럼에도 불구하고 인사개혁은 공무원 노조 등의 반대 등으로 인하여 그 동안 큰 성과를 보지 못하였다. 그러나 정부 출범부터 인사 제도의 개혁을 강조하였던 슈뢰더 정부는 2005년 공무원 및 공공 부문 근로자 인사 제도 개혁안을 발표하였다. 2005년 5월 공무원 노조와 합의하여 발표한 새로운 공무원법안과, 공공 부문 근로자와 합의하여 동년 9월에 제시한 새로운 공공 부문 근로자 노동계약이 바로 그것이다. 모두 공직자의 경쟁을 유도하고 그 성과에 따라 승진하고 보수를 지불하는 것을 골자로 한 개혁 방안이다. 먼저 공공 부문 근로자 인사 제도의 변화에 대하여 알아보고, 이후 공무원 인사 제도 개혁안에 대하여 알아보기로 한다.

① 공공 부문 근로자 인사개혁 내용

2005년 9월 23일 연방정부(대표: 연방내무부 장관)와 독일 전 지방자치단체를 대표하는 '지방자치단체사용자연합회(Vereinigung der kommunalen Arbeitgeberverbände: VKA)'는 '공공 부문 근로자 노조(ver.di)'와 2005년 10월 1일부터 연방과 지방자치단체 소속 공공 부문 근로자(공공 부문 사무원, 공공 부문 노무자)에게 적용될 새로운 노동계약에 합의하였다. 따라서 2005년 10월 1일을 기점으로 하여 그 동안 공공 부문 근로자들에게 적용되었던 노동계약(VAT 또는 MTArb)이 자동 파기되었으며, 대신 새로운 계약(Tarifvertrag für den öffentlichen Dienst: TVöD)이 그 효력을 발생하게 되었다. 그러나 16개 주정부를 대표하여 노동조합과 계약을 체결하는 기구인 '독일주노동계약연합회(Tarifgemeinschaft deutscher Länder)'는 이번 계약에 참여하지 않았기 때문에 주 소속 공공부문 근로자들은 당분간 계속해서 이전 노동계약(VAT 또는 MTArb)의 적용을 받는다.

새로운 노동계약의 내용 중 중요한 사항은 근무 시간의 재조정,[16] 민간 기업과의 인력 교환 강조, 탄력적인 근무 제도 강조 등도 있지만, 특히 중요한 사항은 성과 중심의 승진·보수 제도의 도입이다. 즉, 근무 기간이 경과됨에 따라 자동적으로 승진하고 이에 따라 높은 보수를 지급받는 기존 제도를 폐지하고 대신 근무 성과에 따라 승진하는 제도를 도입한 것이다.

16) 이전 노동계약에 따르면 구서독 지역에 근무하는 연방 공공 부문 근로자의 1주일 근무 시간은 38.5시간이었으며, 구동독 지역 근로자의 근무 시간은 40시간이었다. 그러나 새로운 노동계약에는 동서독 지역 구별 없이 모든 연방 소속 공직자의 주당 근무 시간을 39시간으로 확정하였다.

이와 함께 성과상여금 제도를 활성화하여 성과가 높은 공직자에 대하여 보수의 200%까지 성과상여금을 지급할 수 있도록 하였다. 또한 새로운 노동계약의 내용 중 특이한 것은 공공 부문 근로자 보수 제도의 통합이다. 즉, 그 동안 공공 부문 사무원(Angestellte)과 공공 부문 노무자(Arbeiter)에게 각각 달리 적용되었던 보수 규정을 통합하여 공공 부문 사무원과 공공 부문 노무자 모두 동일한 보수 규정에 따라 보수를 지급받게 되었다. 새로운 보수표를 참고로 하면서 변화된 내용을 살펴보기로 한다.

〈표 5-3〉 공공 부문 근로자(연방과 지방자치단체 소속) 보수표

※ 2005년 10월 1일부터 적용, 화폐 단위: 유로(Euro)

기본급	기본 호봉		승진 단계			
	제1호봉	제2호봉	제3호봉	제4호봉	제5호봉	제6호봉
15단계	3,384	3,760	3,900	4,400	4,780	5,030
14단계	3,060	3,400	3,600	3,900	4,360	4,610
13단계	2,817	3,130	3,300	3,630	4,090	4,280
12단계	2,520	2,800	3,200	3,550	4,000	4,200
11단계	2,430	2,700	2,900	3,200	3,635	3,835
10단계	2,340	2,600	2,800	3,000	3,380	3,470
9단계	2,061	2,290	2,410	2,730	2,980	3,180
8단계	1,926	2,140	2,240	2,330	2,430	2,493
7단계	1,800	2,000	2,130	2,230	2,305	2,375
6단계	1,764	1,960	2,060	2,155	2,220	2,285
5단계	1,688	1,875	1,970	2,065	2,135	2,185
4단계	1,602	1,780	1,900	1,970	2,040	2,081
3단계	1,575	1,750	1,800	1,880	1,940	1,995
2단계	1,449	1,610	1,660	1,710	1,820	1,935
1단계		1,286	1,310	1,340	1,368	1,440

자료: 연방내무부, www.bmi.bund.de

위 보수표는 지방자치단체 소속 공직자의 보수표이다. 연방 소속 공직자의 보수표도 동일하나, 다만 기본급 9단계에서 15단계까지 제6호봉이 존재

하지 않는다. 또한 위 보수표는 구서독 지역에 근무하는 공직자에 적용되는 보수표이며, 구동독 지역에 근무하는 공직자들에세 적용되는 보수 수준은 구서독 지역 공직자 동일 단계의 92.5%이다.

㉠ 보수표의 통합

이전 노동계약에 따르면 공공 부문 사무원과 공공 부문 노무자의 보수 규정이 서로 달라 보수표 역시 각각 분리되어 있었다. 그러나 새로운 노동계약에는 공공 부문 사무원과 공공 부문 노무자의 보수 규정이 통합됨에 따라 그 보수표도 하나로 통일되었다. 위 보수표는 공공 부문 사무원과 공공 부문 노무자에게 모두 적용되는 보수표이다.

㉡ 보수 단계의 축소

한편 이전 공공 부문 사무원의 기본급은 최고 I 단계에서 최저 X단계까지 18단계, 공공 부문 노무자의 경우 최고 9단계에서 최저 1단계까지 17단계로 나뉘어 있었으며, 각 단계에는 여러 단계의 호봉이 있었다. 특히 공공 부문 사무원의 경우 각 기본급에는 21세부터 49세까지 15호봉으로 구분되어 있는 등 상당히 복잡하였다. 그러나 <표 5-3>에서 보는 바와 같이 새로운 통합 보수표에 의하면 기본급 단계가 15단계로 조금 축소되었으며, 호봉의 단계도 6단계로 축소되었다. 보수 제도가 그만큼 간단해진 것이다. 각 기본급의 제1호봉, 제2호봉은 기본 호봉이며, 제3호봉부터 승진 호봉이다. 보통 공공 부문 근로자가 제1호봉 또는 제2호봉에 임용되어, 이후 호봉이 높아지기 때문이다.

㉢ 성과에 따른 승진 및 보수 지급

새로운 보수 제도의 특징 중 하나는 성과에 따른 승진 및 보수 차등 지급 원칙의 도입이다. 이전의 제도에서는 근무 기간에 따른 자연적인 승진을 인정하고 있었다. 즉, 동일 직위에서 오랜 기간 근무할 경우 특별한 성과가 없이도 승진될 수 있었던 것이다. 그러나 새로운 보수 제도에서는 기본급은 물론 호봉의 승진에서 공직자의 성과와 자질에 따른 승진을 원칙으로 하였다. 물론 새로운 보수 제도에서도 근무 기간에 따른 자동적 호봉승진을 완전히 폐지한 것은 아니다. 원칙적으로 각 보수 단계 1호봉에 임용된 후 2호봉으로 승진하기 위해서는 1년, 3호봉 3년, 4호봉 6년, 5호봉 10년,

그리고 6호봉으로 승진하기 위해서는 15년이 경과되어야 한다. 그러나 이러한 원칙에도 불구하고 새로운 보수 제도하에서는 공직자의 성과와 자질에 따라 정해진 기간보다 빠른 기간 내에 승진할 수도 있으며, 반대로 정해진 기간이 초과해도 승진을 하지 못할 수도 있다. 물론 승진 여부는 모두 평가를 기초로 해서 결정된다.

이 밖에 이전의 제도에서는 공직자의 결혼 여부, 자녀의 수에 따라서 수당이 차등 지급되었는데, 새로운 보수 제도에서는 결혼 유무, 자녀의 수는 아무런 의미를 갖지 않게 되었다. 결혼수당과 자녀수당 자체가 폐지되었기 때문이다. 또한 새로운 보수 제도에서는 임용권자는 총 인건비의 8% 이내에서 근무 성과가 특출하고 자질이 우수한 공공 부문 근로자에게 1회성 성과수당을 지급할 수 있도록 규정하고 있다. 다만 그 파급성을 고려하여 이 제도는 2007년부터 시행하되 2007년에는 일단 총 인건비의 1% 이내에서 수당을 지급하도록 하며, 점차 그 비율을 8%까지 높이도록 하였다. 따라서 향후 근무 성적과 자질이 우수한 공직자는 자기 보수의 200% 이내에서 성과수당을 받을 수 있게 되었다.

② 공무원 보수 제도의 개혁

슈뢰더 정부는 정부 출범 이후 공무원 노조와 꾸준히 대화하여 일차적으로 2004년 10월 공무원 노조와 합의한 개혁안을 발표하였으며, 2005년 6월 15일 공무원 인사개혁을 위한 법안을 내각회의를 통하여 최종 결정하였다.

연방의회와 연방참의회를 거쳐 법률로써 최종 확정되면 2008년부터 효력을 발생할 법안의 주요 내용으로는 공무원 임용 제도의 개혁, 공무원 연금 제도의 개혁, 공무원 승진 및 보수 제도의 개혁 등을 들 수 있겠다. 우선 공무원 임용 제도 개혁의 주요 내용으로는 임용된 공무원의 시보 기간 연장, 성과와 자질에 기초한 승진 등이다. 구체적으로 현재 공무원법에 의하면 임용된 공무원의 시보 기간은 단순직 공무원 1년, 중급직 공무원 2년, 상급직 공무원 2년 6월, 고급직 공무원 3년 등으로 각 직급군에 따라 다른데, 이를 모두 3년으로 통일하였다. 실질적으로 시보 기간이 연장되는 셈이다.

또한 현재 공무원의 승진 제도에서는 성과주의 원칙에도 불구하고 근무 기간에 따른 자동적인 승진이 보편화되어 있는데, 개혁안에서는 이를 금지하고 근무 성과와 자질에 기초한 승진을 원칙으로 하였다. 한편 현재 제도에 따르면 특정 직급군에 임용되면 상위 직급군으로의 승진은 상당히 어려운 편인데, 향후에는 근무 성과가 높고 자질이 우수한 공무원은 상위 직급군으로의 승진을 보장하였다. 이 밖에 현재 공무원의 직급 단계가 너무 많다는 판단 아래 공무원 직급 단계도 축소하기로 하였다. 연금 제도의 주요 개혁 내용으로는 향후 성과주의 보수 제도가 도입됨에 따라 퇴직한 공무원의 연금 역시 재직 당시의 성과와 연계하도록 하였다. 예를 들어 2명의 공무원이 동일 직급에서 동일한 기간 동안 근무하였다고 하더라도 재직시 근무 성적 및 성과에 따라 상이한 보수를 지급받았을 경우 퇴직 이후 이들의 연금액도 차등 지불하는 것이다.

슈뢰더 정부 공무원 인사개혁의 핵심 내용은 공공 부문 근로자 인사개혁과 마찬가지로 승진·보수 제도의 개혁으로서, 근무 성과와 자질에 입각한 승진·보수 제도를 구축한 것이다. 물론 현재의 규정에도 능력 있는 자를 우대하기 위한 규정이 있다. 이 규정에 따르면 근무 성적이 좋은 공무원의 경우 정해진 호봉승진 기간에 관계 없이 빠른 호봉승진이 가능하며, 반면 근무 성적이 나쁜 공무원인 경우 정해진 기간이 경과하더라도 호봉승진이 불가능하다. 또한 근무 성적이 특출한 자는 일종의 상금인 성과수당을 받기도 한다. 그러나 이런 규정에도 불구하고 실제 시행 실적은 극히 낮아, 대부분의 공무원은 근무 성적 또는 성과에 관계 없이 일정 기간이 경과하면 자동적으로 호봉승진을 하고 있는 실정이다. 또한 현재의 보수 체계에 따르면 동일 직급, 동일 호봉에 있는 자는 근무 성과 및 능력에 관계 없이 무조건 동일한 봉급을 받게 되어 있다. 또한 무능한 공직자라도 자신의 직급에 해당되는 봉급액은 무조건 확보하고 있다.

그러나 향후 무능한 공무원은 승진이 불가능한 것은 물론 현재의 보수보다 낮은 보수를 받을 수도 있다. 연방정부 보수 제도 개혁안은 근무 연한에 따른 자동적 호봉승진제를 폐지하고 있을 뿐만 아니라, 봉급을 '기본봉급'과 '성과봉급'을 구분하여 성과봉급에 대해서는 근무 성과 및 자질에 따라 차등 지급하기 때문이다.

〈표 5-4〉 공무원 기본봉급표(봉급 체계 A, 2008년 1월 1일 이후 적용)

※ 월급/유로(Euro)

단 계	임용시 기본봉급	호 봉		
		임용 후 5년	임용 후 10년	임용 후 20년
F 2	1,475	1,523	1,572	1,621
F 3	1,536	1,588	1,641	1,693
F 4	1,571	1,636	1,700	1,765
F 5	1,584	1,666	1,748	1,831
F 6	1,621	1,724	1,827	1,931
F 7	1,692	1,824	1,956	2,087
F 8	1,798	1,959	2,119	2,280
F 9	1,916	2,088	2,260	2,432
F10	2,065	2,289	2,514	2,739
F11	2,380	2,607	2,833	3,060
F12	2,560	2,833	3,107	3,381
F13	3,023	3,270	3,517	3,764
F14	3,182	3,512	3,843	4,173
F15	3,904	4,175	4,446	4,718
F16	4,312	4,628	4,945	5,261

자료: 연방내무부, www.bmi.bund.de

<표 5-4>와 <표 5-5>에서 보는 바와 같이 개혁안에 따르면 향후 봉급은 기본봉급과 성과봉급으로 나뉘는데, 기본봉급은 봉급 체계 A의 경우 최저 F2단계에서 최고 F16단계로 15단계로 구분되어 있다.[17] 기본봉급은 호봉 제도를 인정하고 있어 최초 직급 임용 후 5년, 10년, 15년 이후 호봉승진이 가능하다. 그러나 이 경우 근무 기간이 경과하였다고 해서 무조건 승진하는 것이 아니라, 그 동안의 근무 성적이 승진에 더 커다란 영향을 미친다.

17) 봉급 체계 B의 경우 F17단계에서 F26단계까지 총 10단계로 구분된다.

〈표 5-5〉 공무원 성과봉급표(봉급 체계 A, 2008년 1월 1일 이후 유효)

※ 월급/유로(Euro)

단 계	성과 단계			
	제1단계	제2단계	제3단계	제4단계
F 2	34	68	102	136
F 3	36	72	108	144
F 4	37	74	111	148
F 5	39	78	117	156
F 6	41	82	123	164
F 7	44	88	132	176
F 8	48	96	144	192
F 9	51	102	153	204
F10	58	116	174	232
F11	64	128	192	256
F12	71	142	213	284
F13	79	158	237	316
F14	87	174	261	348
F15	99	198	297	396
F16	110	220	330	440

자료: 연방내무부, www.bmi.bund.de

성과봉급은 연령 및 근무 기간과는 전혀 관계 없이 성과에 따라 차등 지급된다. 성과봉급은 공무원의 성과에 따라 4단계로 구분되는데, 제2단계가 기준 단계이며 근무 성적이 높은 자는 제3단계 또는 제4단계로 설정된다. 반면 근무 성적이 낮은 자는 제1단계에 설정되는 것이다.

제4장 '인사행정 제도'에서 예로 들었던 공직 경력 15년의 34세 경찰공무원(A8단계)을 다시 예로 들어 새로운 봉급 체계에 의한 봉급을 알아보자. 현재의 보수 제도에 의하면 이 경찰공무원의 봉급(각종 수당 제외)은 성과에 관계 없이 2,217.6유로이다. 그런데 개정된 보수 규정에 따르면 이 공무원이 성과평가에서 기준 단계(2단계)에 설정될 경우 봉급으로 2,215유로(기

본봉급 2,119유로 + 성과봉급 96유로)를 받게 되며, 성과평가 결과 3단계 또는 4단계에 설정될 경우 2,263유로(기본봉급 2,119유로 + 성과봉급 144유로) 또는 2,311유로(기본봉급 2,119유로 + 성과봉급 192유로)를 받게 된다. 그러나 만약 성과가 낮아 평가 결과 1단계에 설정될 경우 봉급은 2,167유로(기본봉급 2,119유로 + 성과봉급 48유로)로 현재 보수 제도하에서 받는 봉급보다 낮은 보수를 받게 된다.

2) 주와 지방자치단체의 개혁

슈뢰더 정부가 연방 차원에서 이전 콜 정부와는 다른 새로운 행정개혁의 이념과 목표를 선정하고, 이를 중심으로 추진하였던 것과는 달리 주와 지방자치단체들은 1998년 이후에도 이전과 크게 차이가 없는 행정개혁을 추진하였다. 즉, 주와 지방자치단체는 주로 신공공관리론에 의거하여 행정개혁을 추진하였으며, 특히 정부조직과 인력의 축소, 행정의 효율성 제고, 행정 서비스의 확대 등에 초점을 맞추었다. 다만 전자정부의 구현 등의 필요성이 새로 제기됨에 따라 이 시기에는 전자정부 구현을 위한 연방과의 협조 체제 구축이 강조되기도 하였다. 또한 지방자치단체에서는 직접민주주의 체제의 구축과 연관해서 시민이 직접 행정에 참여하고 그 운영에 대하여 책임지는 시민행정 체제의 구축이 강조되기도 하였다. 행정개혁의 성과도 1990년대와 별 차이가 없었다. 연방과 주보다는 지방자치단체에서 행정개혁이 비교적 강도 높게 추진되었으며, 일정한 성과도 있었다. 이 밖에 2000년대에 들어와서도 1990년대 주 또는 지방자치단체들이 행정개혁을 위하여 설치하였던 대부분의 위원회가 계속 활동하고 있으며, 특히 '주행정개혁 학술기록정보원(WiDuT)'도 계속 활동하고 있다.

제 3 절 행정개혁의 특징

지금까지 분석한 행정개혁의 내용을 토대로 독일 행정개혁의 특징을 알아보기로 한다.

1. 고유의 특징을 훼손하지 않는 행정개혁

1990년대 이후 세계의 많은 국가들은 강도 높은 행정개혁을 추진하였다. 특히 미국, 영국, 뉴질랜드 등 영미계 국가들은 물론 한국, 일본 등 다른 나라들도 신공공관리론에 따라 강도 높은 행정개혁을 추진하였다. 그 결과 현재 이들 국가의 행정 체제는 과거 1970~80년대의 모습과는 많은 차이를 보이고 있다. 한국의 예를 들어 보더라도 현재의 행정조직, 인사 제도, 그리고 행정 과정 등은 과거의 모습과는 상당히 다르다는 것을 알 수 있다. 그러나 독일은 이들 국가들과는 달리 오랜 기간의 행정개혁에도 불구하고 아직까지도 전통적인 행정 체제의 골격을 유지하고 있다는 특징을 보인다. 즉, 1949년 서독 정부 수립 당시 구축하였던 행정 체제의 근간을 유지하고 있다는 것이다.

서술한 바와 같이 독일은 1949년 정부 수립 이후 역대 정부 모두 그 규모는 다르지만 꾸준한 행정개혁을 추진하였다. 특히 1990년도에는 신공공관리론에 따라 비교적 강력한 행정개혁을 단행하기도 하였다. 그러나 이렇듯 오랜 기간에 걸친 행정개혁도 불구하고 독일 행정개혁의 결과를 다른 국가와 비교해 보면 그 성과는 크지 않았으며 그 변화의 폭도 그리 크지 않았다는 것을 알 수 있다. 그 대표적인 예가 조직의 경우 아직도 독일 대부분의 행정기관이 연방부처를 정점으로 상급-중급-하급행정기관으로 이어지는 전통적인 조직 형태를 띠고 있다는 점이다. 행정조직의 내부 또한 국-부국—과-계로 이어지는 계층·수직적 형태를 유지하고 있다. 국-부국-과-계로 이어지는 행정조직의 형태는 독일 행정조직의 전통적 특징으로서 서독 정부 수립 이전의 행정조직에서도 나타나고 있었다. 역대 정부에서 추진된 조직개혁에도 불구하고 독일 대부분의 행정조직은 그 전통적인 형태를 유지하고 있는 것이다. 인사 제도의 경우도 마찬가지이다. 그 동안 여러 형태로 추진되었던 인사 제도의 개혁에도 불구하고 독일 전통적인 인사 제도의 기본 골격, 특히 공무원과 공공 부문 근로자 간 신분의 분리, 학력과 연계된 독일 특유의 직급 제도, 직급과 근무 기간을 중심으로 하는 공직자 보수 제도 등은 대부분 유지되고 있다.

요약하면 독일은 장기간의 행정개혁에도 불구하고 아직까지도 보수적인 유럽-전통적인 행정 체제의 특징을 대부분 유지하고 있다. 강력한 행정개혁을 추진한 결과 이전의 모습과는 커다란 차이를 보이고 있는 영미계 국가들 또는 한국 등의 경우와는 다른 양상이다. 영미계 국가들과 한국의 공직사회에서 흔히 나타나는 '직급 파괴', '공무원 연봉제', '개방형 임용제' 등은 독일에서는 아직까지 생소한 용어이다. 또한 행정조직의 운영에서도 영미계 국가들의 행정 체제에서 흔히 나타나는 '책임경영기관'이란 단어도 독일에서는 그리 흔한 용어가 아니다.

오랜 기간의 행정개혁에도 불구하고 아직까지 전통적인 행정 체제를 유지하고 있다는 것은 곧 독일의 행정개혁이 그만큼 강력하게 추진되지 못하였다는 것을 의미한다. 독일에서 행정개혁이 강도 높게 추진되지 못하였던 일차적 이유는 독일 행정의 전통성에서 찾을 수 있다. 독일 행정의 일차적인 목적과 기능은 국가 체제의 안정성과 정체성을 유지하는 데 있다. 이러한 점은 공공행정에서 무엇보다도 법적 절차와 기준을 강조하는 데에서도 잘 나타나고 있다. 즉, 독일 행정 중 주요 특징의 하나는 자의적인 행정 집행을 배제하며 법률에 의한 행정 집행을 강조하고 있다는 점이다. 따라서 행정개혁을 추진할 때도 행정의 효율성, 효과성, 투명성 등을 강조하고 있지만, 이를 위하여 체제의 안정성과 정체성마저 훼손할 정도로 강도 높은 개혁을 추진하지는 않는다. 특히 '국가에 대한 봉사자'라는 개념에서 출발한 독일 관료제는 국가 정치 체제의 정체성을 유지하는 도구로서의 기능을 수행하기 때문에 운영 과정에서 약간의 문제점이 발견되었다고 해서 이를 전면 폐지하거나, 인사 제도에 새로운 다른 요소를 도입할 정도의 사회적 합의는 아직 형성되어 있지 않다.

현재의 독일 행정 체제가 20~30년 전, 나아가 60년 전의 모습과 크게 차이는 없을 정도로 행정개혁이 강력히 추진되지 못하였던 두 번째 이유는 독일 정치 체제의 특징, 특히 독일 연방수상(Bundeskanzler)의 정치적 권한의 한계에서 찾을 수 있다. 보통 대부분의 국가에서는 정부수반이 중심이 되어 행정개혁을 추진한다. 미국 또는 한국과 같은 대통령제 국가에서는 대통령이 개혁을 책임지고 수행하기 마련이며, 영국 또는 독일과 같은 내각책임제 국가에서는 수상이 개혁의 중심에 서 있기 마련이다. 행정개혁에는 반드시 개혁에 저항하는 세력이 있기 마련이기 때문에, 이러한 저항에 부딪치면서 행정개혁을 추진하려면 반드시 강한 정치 리더십을 필요로 하기 때문이다.

미국과 같은 대통령중심제 국가에서 대통령은 국가원수이자 행정의 최고 책임자로서 강력한 권한을 바탕으로 행정개혁을 추진할 수 있다. 개혁의 목표와 그 추진 방향도 주로 대통령의 의중에 따라 결정되기 마련이다. 대통령은 연방 각 부처의 활동에도 강한 영향력을 행사할 수 있기 때문에 각 부처에 대하여 개혁의 구체적인 방향을 직접 지시하거나 그 추진 상황을 점검할 수 있다. 또한 이들 국가에서는 대통령 또는 그의 대리인인 부통령 직속으로 행정개혁 전문기관 등이 설치되어 있어, 이 기관을 중심으로 개혁이 추진되기도 한다. 영국의 수상 역시 미국 대통령 못지않은 정치적 권한이 부여되기 때문에 강력한 개혁을 추진할 수 있다.

그러나 독일 연방수상은 미국의 대통령 또는 영국의 수상과 같은 강한 정치적 권한을 가지고 있지는 못하다. 독일 연방수상에게는 국정에 대한 전반적인 권한과 책임이 주어지기는 하지만 그 권한이 미국의 대통령과 영국의 수상에 비교해 볼 때 제한적이다. 물론 독일의 연방수상은 연방수상원칙에 따라 국정 운영의 기본 노선을 정하고 이에 대한 기본적이고 전반적인 책임을 진다. 그러나 주요 정책의 결정에 대해서는 내각의 심의 과정을 거쳐야 하며, 특히 연방 각 부처의 정책에 대해서는 연방수상이 아니라 각부 장관들이 실질적인 권한을 가지고 있으며, 책임도 지고 있다.

행정개혁을 추진할 때도 마찬가지이다. 행정개혁의 목표 및 기본 방향 등을 정할 때는 수상의 의견이 많이 참조되지만 최종적으로 내각의 심의 과정을 거쳐야 하며, 실제 각 행정기관의 개혁은 각 부 장관의 책임하에 추진된다. 일부 연방부처에서 행정개혁이 계획대로 추진되지 않거나, 극한 경우 거부당하더라도 연방수상이 이를 강요하거나 책임을 추궁할 수도 없다. 특히 독일은 전통적으로 한 정당이 정부를 구성하지 못하며, 연정을 통하여 정부가 구성되기 때문에 연방수상과 다른 정당의 인물이 장관으로 있는 부처의 경우 그 부처와 그 부처의 정책에 대한 연방수상의 영향력은 거의 없다고 해도 과언은 아니다. 이렇듯 연방수상의 정치적 권한에 한계가 있는 상황에서 행정개혁은 자연히 그 구심점을 잃기 쉬우며, 따라서 그 추진력도 약해질 수밖에 없다.

한편 행정개혁의 추진기구가 강한 추진력을 갖지 못하였다는 것도 미약한 개혁의 한 원인으로 꼽을 수 있겠다. 이미 언급한 바와 같이 1990년 콜 수상 집권시 연방이 행정개혁을 추진하기 위하여 설치한 '정부감축자문위원회', '행정조직조정위원회' 등은 행정개혁의 추진기구로서, 행정개혁 어젠다(Agenda)를 발굴하고 그 추진 방향을 제시하는 등의 기능을 담당하였다. 그러나 이들 기구들에게는 행정개혁을 위한 구체적인 사업을 직접 추진하거나 또는 여러 행정기관의 행정개혁 과정을 감독하고 지시하는 권한이 없었던 것이다. 특히 이들 개혁기구에서 제안한 행정개혁의 실천 방안이 일선 행정기관에서 제대로 이행되지 않거나, 심지어 거부되어도 이의 수정을 강요할 권한 역시 부여되지 않았다. 이들은 단지 자문기관에 불과하여 개혁의 방향과 그 과제를 정부에 건의하는 제한된 기능만을 수행하였던 것이다.

이 밖에 독일은 연방국가로서 개혁 또한 연방과 각 주와 지방자치단체에 의하여 분산되어 추진된다는 점 또한 미약한 행정개혁의 한 원인이라고 볼 수 있다. 독일 16개 주와 수많은 지방자치단체들은 모두 처해진 상황이 다르며, 상황이 다른 만큼 행정개혁의 목표와 추진 방향이 다르다. 예를 들어 연방은 성과 중심의 공무원 보수·승진 제도에 관심이 있으나, 주의 경우 공무원 수의 감축, 그리고 지방자치단체의 경우 시민에 대한 행정 서비스에 더 많은 관심이 있을 수 있다. 문제는 모든 행정 주체가 고유의 행정 주권을 가지고 있기 때문에 다른 주체의 행정개혁에 관여할 수 없다는 점이다. 연방이 특정 주에 대하여 행정개혁을 요구할 수 없으며, 주라고 해서 관할 지방자치단체에 대하여 행정개혁을 무조건 요구할 수 없다. 다만 협조와 동의만을 구할 수 있을 뿐이다.

그러나 지금까지 설명한 것처럼 여러 이유로 해서 독일 행정개혁의 성과가 다른 국가와 비교해서 비교적 미약하고 그 결과 전통적 행정 체제의 골격을 유지하고 있다고 해서 현재 독일 행정 체제가 다른 국가와 비교해서 현저히 낙후되었으며, 또한 많은 문제가 있다는 것은 아니다. 독일인 스스로도 개혁의 성과가 미흡하였다고 해서 이를 개혁의 실패라고 규정하지는 않는다. 물론 법률과 규정을 강조하는 행정 과정으로 인하여 관료주의, 형식주의, 그리고 문서주의 등은 독일 행정의 치명적 약점으로 지적된다. 또한 행정의 효율성 향상, 행정 서비스 제고 등도 앞으로 추진하여야 할 과제로 꼽히고 있다. 그러나 한편 책임을 기초로 한 행정, 행정의 전문성, 공직자의 청렴성 등은 독일 행정의 장점으로 꼽히고 있다. 행정에 대한 국민의 신뢰 또한 다른 국가에 비하여 상대적으로 높은 것으로 평가되고 있다.

2. 협조와 참여를 통한 행정개혁

그 동안 한국 역대 정부에서 추진되었던 개혁 과정을 보면 보통 정권이 들어서면 이전의 정권과는 다른 개혁안이 제시되고, 이에 따라 빠른 기간 내에 강도 높은 개혁이 추진되었다. 보통 대통령이 개혁에 중심에 있으며, 대통령 직속의 개혁 전담기구가 설치되어 이를 중심으로 강력한 하향식 행정개혁이 추진되었다. 그러나 언급한 바와 같이 독일의 행정개혁의 특징 중 하나는 하향식 개혁이 아니며 특별한 구심점 없이 추진된다는 점이다. 이는 곧 행정개혁이 협조와 참여를 통하여 추진된다는 것을 의미하기도 한다. 즉, 강력한 추진 체계는 존재하지 않지만 대신 협조와 참여를 바탕으로 한 자율적 네트워크는 잘 발달되어 있다는 점이다. 연방과 주 그리고 지방자치단체가 공동으로 추진하는 개혁, 행정기관이 자발적으로 참여하는 개혁, 공직자와 공직자 노조가 참여하는 개혁, 정부와 기업이 협조하는 개혁, 그리고 시민이 참여하는 개혁이 독일 행정개혁의 특징이라고 말할 수 있다.

독일 행정개혁의 특징 중 하나로 우선 연방-주-지방자치단체의 협조 체제 구축을 들 수 있겠다. 앞서 설명한 바와 같이 독일 연방과 주 그리고 지방자치단체는 각기 고유의 행정권을 가지고 있는 행정 주체로서 독자적으로 행정개혁을 추진할 수 있다. 그러나 이렇듯 각 행정 주체가 고유의 행정권을 가지고 있음에도 불구하고 경우에 따라서는 연방, 주 그리고 지방자치단체가 단일 개혁안을 만들어야 할 과제도 있다. 공직자 승진·보수 체계에 관한 개혁이 그 한 예이다. 독일 전 공직자에게는 그 소속에도 불구하고 동일의 승진·보수 체계가 적용되어야 하기 때문에 특정 개혁안에 대하여 연방, 주, 지방자치단체 중에서 한 곳만 반대하여도 그 개혁이 추진될 수 없는 것이다. 자연히 그 과정에서 연방과 주 그리고 지방자치단체 간에 수많은 협상과 협력을 필요로 한다. 따라서 연방과 주, 지방자치단체를 연결하는 협조 체제가 구축되어 있는 것은 당연하다고 하겠다.

연방과 주 그리고 지방자치단체 간의 협조뿐만 아니라 부처 및 행정기관과의 협조 체제도 강조된다. 이미 언급한 바와 같이 연방정부 또는 개혁 추진기구에서 특정 분야에 대한 개혁안이 결정되었더라도 해당 부처가 이를 무시하거나 거부할 경우 이를 강제할 수 없다. 독일 연방과 주의 각 부처는 장관 책임하에 누구의 간섭을 받지 않고 운영된다는 이른바 '부처 원칙'으로 인하여 행정개혁 역시 자율적으로 추진할 수 있다. 그러나 만약 모든 부처가 독단적으로 개혁을 추진할 때 개혁은 당연히 실패하고, 그 책임은 결국 부처 또는 장관에게 돌아올 수밖에 없다. 따라서 독일의 행정개혁은 당연히 각 부처의 자율적 참여와 협조하에 추진될 수밖에 없으며, 이를 위한 시스템이 잘 구축되어 있는 편이다. 물론 일부 부처의 경우 부처의 특수한 환경에 따라 개혁에 동참할 수 없는 경우도 발생하며, 개혁 과정에서 다른 부처 또는 다른 행정기관과의 갈등도 발생할 수 있다. 이 경우 각 부처의 행정 차관으로 구성되는 차관위원회 등이 부처의 협조와 참여를 촉진하고, 개혁 과정에서 발생하는 각종 갈등을 해결하는 데 중요한 역할을 담당한다. 이 밖에 수상 또는 주지사가 주재하는 내각회의도 갈등 해결 기구로서 중요한 기능을 수행한다.

독일 행정개혁의 특징 중 또 하나는 공직자의 참여를 권장하고, 또 공직자의 참여와 동의하에 개혁이 추진된다는 점이다. 한국 역대 정부의 행정개혁을 보면 공직자는 주로 개혁의 주체 또는 개혁의 참여자라기보다는 개혁의 대상이었다. 이에 대하여 공직자는 개혁에 '복지부동'으로 대응하거나 저항하였다. 그러나 독일에서는 공무원이 개혁안을 제시하기도 하고, 개혁에 직접 참여하기도 한다. 물론 독일의 경우도 공직자 감축, 성과 중심의 승진·보수 제도의 도입 등 개혁 과정에서 공직자의 반대도 있었으며, 개혁의 피로감도 나타났다. 그러나 정부는 이러한 과정에도 공직자에게 개혁의 필요성을 설명하면서 그 동의를 이끌어 냈으며, 공직자 역시 개혁을 위해서는 기존의 이익을 포기하기도 하였다. 2005년에 있었던 공공 부문 근로자의 승진·보수 제도의 개혁안, 공무원법의 개정안은 모두 정부와 공직자 노조가 협상하여 합의한 대표적인 개혁안이다.

3. 지방자치단체 중심의 행정개혁

독일 행정개혁의 특징 중 하나는 지방자치단체 중심의 개혁이라는 점이다. 물론 연방과 주에서도 개혁이 추진된다. 그러나 언급한 바와 같이 연방의 경우 여러 이유로 해서 폭넓은 행정개혁이 추진되지 못하였다. 그 대표적인 이유는 개혁의 필요성이 크게 제기되지 않는다는 점이다. 연방은 그 조직과 인력면에서 규모가 극히 작다는 점, 주 또는 지방자치단체와는 달리 주로 법률의 제정, 하부 기관에 대한 통제 등의 기능을 수행하기 때문에 국민과의 접촉이 별로 없다는 점 등으로 인하여 일반적으로 주와 지방자치단체에 비하여 행정개혁의 필요성이 크게 제기되지 않는다. 또한 연방의 경우 주와는 달리 국가 현안 과제에 역량을 집중하여야 하기 때문에 행정개혁에 대하여 집중할 수 없는 한계도 가지고 있다. 1990년대 통일에 따른 구동·서독 체제 통합 과제, 2000년대 실업 문제의 해결 등이 바로 그 예이다.

연방과 지방자치단체의 기능을 동시에 수행하는 주의 경우 행정개혁의 필요성은 연방보다 강하다고 하겠다. 주는 연방과 같이 법률 제정, 하부기관에 대한 행정 감독 및 지시 등의 업무를 수행하기도 하며, 한편 지방자치단체의 주요 행정 과제인 정책 집행 및 대민 서비스 사무를 담당하기도 한다. 따라서 이론상으로는 행정개혁도 연방과 지방자치단체보다는 더 활발히 추진되어야 할 것이다. 그러나 지금까지의 행정개혁 결과를 분석해 보면 연방보다는 활발한 개혁을 추진하고 그 성과를 내었지만, 지방자치단체에 비하여 그리 강도 높은 행정개혁이 추진되지 못하였으며, 성과도 그리 높지 않은 것으로 평가된다. 연방정부와 마찬가지로 주정부 역시 정치 권력적 요소가 강하게 적용되기 때문에 주 정치가들에게는 행정개혁보다는 권력적 요소가 포함된 사건에 더 관심이 있었기 때문이라고 판단된다.

반면 지방자치단체에서는 연방과 주보다는 더욱 활발한 행정개혁이 추진되었으며, 현재에도 추진되고 있다. 특히 1990년 이후 독일 지방에서는 강도 높은 개혁이 추진되었다. 재정 적자에 따른 개혁이 필요성도 강하게 제기되었을 뿐만 아니라 지방자치단체의 기능상 신공공관리론에 따른 행정개혁이 일정한 효과를 나타냈기 때문이다. 연방과 주의 행정이 비교적 전통적인 체제를 유지하고 있는 반면, 지방행정은 이전의 그것과는 많은 차이를 보이고 있는 것도 이 때문이라고 할 수 있다.

제 6 장

행정통합(Verwaltungstransformation)

제 1 절 분단국 통합이론과 행정통합

1. 분단국 통합이론

분단국에서 통합이란 둘 이상의 분단 체제가 하나의 체제로 결합되는 것이라고 말할 수 있다. 그러나 통합의 개념도 접근 방법에 따라 다양한데, 일반적으로 '과정론적 접근 방법'과 '기능행태론적 접근 방법'으로 구분할 수 있다. 과정론적 접근 방법을 중심으로 할 경우 통합은 다시 '민족통합', '국가통합', '체제통합' 등으로 구분할 수 있다.

첫째, 민족통합이란 비록 지리적이고 형식적인 통일을 이루어지지는 않았지만 최소한 민족의 공동생활권이 형성되어 가는 과정 및 그 상태를 의미한다. 다시 말해서, 체제는 법적으로 여전히 분단되어 있지만 두 체제 사이에 있었던 국경이 개방되고 상호 정치 · 경제 · 사회 · 문화적으로 교류하고 있는 상태를 말한다. 물론 이 경우 분단 체제가 계속 유지되고 있기 때문에 민족의 동질성이 완전히 회복되었다고는 보기 어렵다. 그러나 상호 교류・협력을 통하여 갈등 및 전쟁의 요소를 제거하고 상호 신뢰를 구축하고 있는 상태라고 말할 수 있다.

민족통합의 예는 독일에서 찾아볼 수 있다. 1972년 동서독 양국은 '동서독 기본조약'을 체결하였고, 이후 양국은 수많은 인적・물적・문화적 교류를 통하여 독일에서 전쟁의 위험을 배제하고 최소한의 민족 공동생활권을 형성시키면서 민족통합의 기반을 다져 나갔다. 한반도의 경우 남북한 교류・협력이 더욱 활발해지고 남북간 상호 신뢰 기반이 형성되며 또 이를 통하여 남북 생활공동체가 형성되었을 경우 민족통합의 바탕이 마련되었다고 할 수 있을 것이다.

둘째, 국가통합이란 분단된 두 체제가 지리적・법적으로 통일되어 하나의 정부를 구성하고, 하나의 법 체제를 구축한 상태를 말한다. 국가통합이란 분단된 두 개 이상의 체제가 정치적 협상을 통하든가, 아니면 한 체제의 붕괴에 따른 병합을 통하여 하나의 정부를 구성하고 하나의 법 체제를 갖춘 단계이다. 즉, 분단국의 '통일(unification 또는 Wiedervereinigung)'이라는 말은 곧 국가통합을 의미한다. 예를 들어 독일의 경우 1990년 10월 3일 동독 체제가 붕괴되면서 구동독 지역이 5개 신연방주의 형식으로 서독의 기본법 적용 지역으로 편입되었는데, 이것이 바로 국가통합을 달성한 상태라고 말할 수 있다. 또한 1990년 5월 22일 북예멘과 남예멘 정치 지도자들의 합의에 의하여 도달한 예멘의 통일도 역시 국가통합이라 말할 수 있다. 이 밖에 1975년 있었던 베트남 통일처럼 한 체제가 무력으로 다른 체제를 흡수하는 경우도 이에 해당된다고 할 수 있다. 대부분 국가통합의 경우는 비록 지리적・정치적으로는 통일을 이루기는 하였으나, 합쳐진 두 체제 간에는 여전히 경제・문화・사회적인 격차가 존재하고, 이로 인하여 두 체제 간의 갈등이 여전히 존재하는 상태라고 말할 수 있다.[1)]

---

1) 국내 학자들 사이에는 국가통합에 대해서 다양한 의견이 제시되고 있다. 특히 한반도 통일 문제와 관련해서 국가통합, 체제통합의 개념에 대하여 다양한 의견이 제기되고 있다. 예를 들어 박영호는 국가통합을 체제통합과 동일시하면서 남북한 간에 이념과 제도의 동질화 또는 합의가 이루어져서 하나의 국가, 하나의 정부를 구성하는 것은 물론 하나의 체제를 갖는 형태라고 주장한다. 즉, 남한이 주장하고 있는 3단계 통일 방안의 최종단계인 1민족 1국가의 통일국가가 바로 국가통합을 달성한 상태라고 언급하고 있다(박

끝으로 체제통합이란 국가통합을 마친 후 민족의 최종적인 '내적 통합(內的 統合)'을 이끌기 위한 단계로서 경제·사회·종교 등 사회 모든 체제의 통합일 뿐만 아니라, 민족통합 과정에서 회복하지 못한 민족동질성 회복을 위한 통합이다. 분단국의 통합은 일차적으로 분단의 지리적 경계선이 제거됨으로써 시작되지만 이것이 곧바로 민족의 완전한 통합을 의미하는 것은 아니다. 독일 통일 이후 상황에서 볼 수 있듯이 장기간에 걸친 국토의 분단은 필연적으로 정치적, 경제적, 사회·문화적 후유증을 가져다 주기 때문이다. 따라서 국가통합 이후에는 사회 각 분야에 대한 통합, 즉 체제통합이 뒤따라야 한다. 결국 체제통합이란 지리적으로 통일된 국가가 단일의 정치 체제를 구성하여 국제 사회에서 인정받는 단일정부를 구성하는 것은 물론 단일의 사회·문화 체제를 갖추어 가는 과정 및 상태를 의미한다.

그러나 체제통합은 사회 각 제도의 통합뿐만 아니라 문화, 가치관 등 정신적인 통합이기 때문에 이에는 많은 노력과 시일이 요구되고 부작용도 따르기 마련이다. 특히 통일된 국가의 체제통합의 성과와 소요 기간은 무엇보다도 국가통합 이전의 과정, 즉 민족통합 과정의 유무 또는 심도에 따라 결정된다. 그 예로서 예멘의 경우 비록 국가통합이 이룩되었지만, 남북 예멘 간의 상호 교류와 협력 과정 없이 정치 지도자 간의 합의에 따라 통일되었기 때문에 통일 후 남·북 간의 갈등이 표출되었으며 갈등은 마침내 내전으로 확산되었고, 내전 후 정치·경제·사회·문화적 갈등은 더욱 심화되었다. 예멘의 경우 체제통합이 성공적으로 추진되지 못하였다는 것이다. 반면 독일의 경우 통일 전 사회 각 부문에 걸친 동서독 교류로 인하여 민족의 이질화는 최소화할 수 있었다. 따라서 독일 정부는 통일 후 나타나는 원천적 이질성 및 여러 후유증에도 불구하고 체제통합을 비교적 원만하게 추

영호·박종철, 1993: 13). 한편 언론인 구종서는 국가통합과 체제통일을 구분하여 국가통합이란 예를 들어 남북한이 연방제를 실시하여 남북한 정부는 일정한 자치권을 각각 갖는 지역정부로 존속하고 그 후 단일 연방정부가 구성되어 두 지역정부를 관할할 경우 남북한의 국가통합이 이루어진 것이라고 보고 있다. 또한 체제통합이란 국가통일에 이어 민족의 완전한 통일을 위한 마지막 단계로 경제·문화·사회적 통합이라고 주장하고 있다(구종서, 1990: 43). 필자는 체제통합의 개념에는 구종서의 주장에 동의하고 있으나 국가통합에 대한 개념 정의는 두 학자의 견해와 달리하고 있음을 밝혀 둔다.

진할 수 있었다.

통합에 대한 개념 정의는 그 과정을 중심으로 하는 방법 이외에 기능 행태별 구분도 가능한데, 이에는 정치통합, 경제통합, 사회문화통합 등 다양하다. 일반적으로 국가 간의 정치통합이란 "몇몇 국가의 정치 주체들이 다른 국가들에 대한 관할권을 갖거나 그들의 충성심, 기대 및 정치적 활동을 한층 새롭고 더욱 큰 무대로 이전시키는 과정"이라고 말할 수 있다(Haas, 1964: 29). 그 예를 독일의 통일 과정에서 찾아보면 다음과 같다.[2)]

독일의 경우 동서독 간 정치통합의 결정적인 계기를 마련해 준 것은 동독에서 처음이자 마지막으로 실시된 총선이었다. 총선이 있기 전 동독 사회주의통일당은 해체되었으며, 동시에 많은 정당들이 창당되었다. 이들 정당 중 대부분의 정당은 서독 주요 정당의 자매 정당으로서 그 명칭도 동일하였으며, 서독 정당들의 대대적인 지원을 받았다. 서독 기민당(CDU)은 동독 기민당을 지원하였으며, 서독 사민당(SPD)은 동독 사민당을 지원하였다. 선거 결과는 기민당의 승리였다. 서독 기민당의 지원을 받은 동독 기민당은 독일사회동맹(DSU), 민주약진당(DA)과 함께 '독일동맹(Allianz für Deutschland)'이란 이름으로 연합하여 선거에서 승리하였다. 이후 선거에 승리한 기민당, 독일사회동맹, 민주약진당은 야당인 사민당과 연립정부를 구성하였으며, 기민당 당수이자 신임 수상인 드 메지에르(Lotha de Maizière)의 주도 아래 통일을 추진하게 된다. 즉, 선거를 통하여 국민의 지지를 획득한 후 정치통합과 동시에 동서독 통일을 추진하였던 것이다.

그러나 독일의 정치통합은 단순히 통일정부의 구성으로 종결된 것은 아니었다. 독일의 경우 40여 년 동안 지속되어 온 동독 공산주의 체제가 붕괴되면서 두 체제는 통합되었고 동독이 서독의 법·행정 체제와 정당 제도를 받아들였다지만, 완전한 정치적 통합이 달성된 것은 아니었다. 일부 정당은 구서독 지역에 뿌리를 내리지 못하는 사례도 발생하였기 때문이다. 한 예

---

2) 나이(J. S. Nye)는 그의 저서 『*Peace in Parts*』에서 지역통합의 유형을 경제적·사회적·정치적 통합으로 분류하고 있다(Nye, 1971: 26). 그러나 나이의 분류는 지리적 통합, 즉 국가통합의 단계로서만 한정한 것이기 때문에 국가통합을 한 이후 내적 통합까지 포함하는 필자의 정의와는 약간의 차이가 있음을 밝혀 둔다.

로 구동독 사회주의통일당(SED)의 후신으로서 구동독 지역에서는 제2당 또는 제3당의 위치를 지키는 민주사회당(PDS)이 구서독 지역에서는 거의 지지를 받지 못하였다. 따라서 이런 문제를 해결하기 위한 또 한번의 정치통합이 필수적이었다. 그것은 구체적으로 기본법의 개정은 물론 신연방주 신설을 비롯한 구동독 지역의 행정 체제 구축, 정치교육을 통한 구동·서독 간 정치적 동질성의 회복 등이라고 할 수 있다. 종합하면 정치통합이란 두 개의 이질적인 정치 단위가 새로운 정치 단위로 합쳐지는 과정인 동시에 국가통합 후 파생되는 정치 체제의 이질성을 극복하는 단계이도 하다.

분단국 경제통합이란 국가통합 이후 체제통합의 한 부분으로 이질적인 경제 체제가 하나의 경제 체제, 즉 동일한 경제 질서를 갖추는 것을 의미한다. 동서독 경제통합의 본격적인 시작은 1990년 5월 동서독이 체결한 '화폐, 경제 및 사회통합에 관한 조약(Vertrag über die Währungs, Wirtschafts- und Sozialunion)'이 효력을 발생한 이후라고 볼 수 있다. 이 조약의 주요 내용은 서독 화폐(DM)의 동독 도입 및 동독에서의 서독 경제 질서인 '사회적 시장경제(Soziale Marktwirtschaft)'의 실시였다. 다시 말하면 1990년 7월 1일부로 동독에서 서독의 화폐가 단일 화폐로 사용되기 시작하였고, 동독에서 시장경제 체제의 원칙, 예를 들어 계약의 자유, 영업의 자유, 사유재산 제도 인정, 소비와 공급에 의한 가격 형성 등의 원칙이 적용되면서 독일의 경제통합은 비로소 시작된 것이다.[3]

1990년 10월 3일 독일은 국가통합을 이룩하였으나 구동독 지역에서는 기업의 도산, 실업자 증가, 물가 상승 등 동독의 경제적 상황은 비관적이었다. 따라서 구동독 지역의 사람들에게는 단기적으로 직업 창출과 더불어 주민의 소득을 올릴 수 있는 정책이 절실히 요구되었고, 중·장기적으로는 구동독 경제 발전을 위한 신뢰할 만하고 미래 지향적인 대책이 필요하였다. 한편 구서독 지역 경제도 통일 직후 1년간 구동독 지역 특수로 인하여 한

3) 서독 마르크화의 동독 도입 등 서독이 통일 전 실시하였던 경제통합 정책이 오히려 독일의 경제·사회적 통합을 후퇴시킨 것이라고 보는 시각도 만만치 않다. 특히 슈미트(Helmut Schmidt) 전 서독 수상은 동서독 화폐의 1 : 1 교환 결정 등 급격한 사유화 정책은 명백한 잘못이라고 지적하면서 한반도 통일 과정에는 이를 되풀이하지 않기를 희망하였다 (대외경제정책연구원, 1995: 23).

때 호황을 맞이하였으나 통일의 후유증으로 물가가 크게 상승하였을 뿐만 아니라 그 동안 국민들이 누려 왔던 각종 보조금 등 특혜가 폐지되고 세금도 증가하게 되었다. 따라서 정부로서는 통일의 당위성과 이에 따르는 어려움을 국민에게 설명하고 호소할 필요가 있었다. 이렇듯 독일의 경우 경제통합이란 단순히 동일한 경제 질서 및 경제구조를 구축하는 것일 뿐만 아니라 통일 후 경제 성장을 위한 정책 개발 및 기타 부(富)의 재분배를 통한 복지국가 건설과도 깊은 관계가 있었다.

마지막으로 사회문화통합이란 민족분단으로 인한 사회 구성원 간의 갈등을 해소하고 동질성을 회복하는 것을 의미한다. 사회문화통합이란 민족통합과 유사한 개념으로 국가통합 이전 분단국 양국이 사회적·문화적으로 상호 교류·협력하여 최소한의 민족동질성을 유지하는 것을 의미한다. 그러나 사회문화통합이란 무엇보다도 통일 이후 내적 통합을 위한 단계라고 말할 수 있다. 통일된 국가는 비록 법·제도적 통합이 이루어지더라도 대체로 집단의 구성원 사이에는 분단으로 인한 가치관 또는 생활 방식 등에 커다란 차이를 보이는데 내적 통일을 이루기 위해서는 이의 극복이 필수적이다. 따라서 사회문화통합, 다시 말해 사회구성원들 사이에 공통의 가치가 통용되고 이를 순응하여, 그 결과 사회 질서가 원만하게 유지되는 것은 정치적·법적·경제적 통합 못지않게 중요하다고 볼 수 있다.

사회·문화적 통합은 분단체제로 인하여 존재하였던 가치관·신념 등의 통합이다. 그러나 이는 통일된 체제 내에서 문화적 다양성을 인정해 주고 보장한다는 것이지 어느 한쪽이 자신의 정체성은 완전히 상실하고 다른 한쪽으로 흡수·동화되는 것을 의미하는 것은 아니다. 독일의 경우 1990년 이후 구동독 노동자에 대한 임금 협상의 자율성 보장, 고용 보호, 사회보장제도 도입, 실업보험, 연금보험, 의료보험, 상해보험 등의 실시는 결국 사회·문화적 통합을 위한 일련의 조치였다고 볼 수 있다.

2. 독일 통일의 성격

독일 통일의 성격을 규명하기에 앞서 통합에 대한 몇 가지 이론을 살펴보겠다. 통합에 대한 개념 정의가 다양한 만큼 통합에 관한 이론도 다양한데, 여기에서는 방법론적 입장에서 통합이론을 설명하는 연방주의 이론, 기능주의 이론, 신기능주의 이론에 관하여 살펴본다.

1) 연방주의 이론

연방주의 이론은 체제 간의 통일을 정치 지도자들의 이니셔티브(initiative), 권력 배분 관계, 정치 엘리트의 행위 등 주로 정치적 현상의 입장에서 파악한다. 연방주의 이론은 다음에서 설명될 기능주의 이론에서 말하는 사회·경제적 교류·협력을 통한 점진적·순차적 통일 방식과는 달리 정치 지도자 간의 협상 타결 및 독단적 결의를 중요시한다. 이 이론은 헌법 개정, 초국가기관 등의 창설을 통하여 좀더 급진적인 정치통합을 강조하는데, 통일 형태에는 흡수통일, 합병 등이 있다.

2) 기능주의 이론

이 이론에 따르면, 체제 간의 갈등 및 알력은 경제적 차이와 분배적 불평등이 확대됨에 따라 발생하는 결과물이다. 따라서 이 이론에서는 이러한 갈등과 알력을 최소화시키고 국가 간 공동체 형성을 위해서는 무엇보다도 사회·경제적 교류·협력 관계를 구축하는 것이 필요하다고 강조되고 있다. 기능주의 이론은 정치적 결단 등을 통한 급진적 통합을 옹호하는 연방주의 이론과는 달리, 사회·경제적 협력을 통하여 정치적 통합을 이루는 자연스러운 과정을 강조한다. 따라서 이 이론에 따르면, 사회·경제적 통합을 정치적 통합의 전 단계로 설정하고 있으며, 사회·경제적 통합 없이는 정치적 통합도 불가능하다. 또한 전쟁과 같은 갈등 현상은 사회적·경제적 요소들에 기인하기 때문에 전쟁의 문제를 해결하기 위하여 지나치게 군사적·정치적 문제에만 매달리는 것은 문제가 있다.

3) 신기능주의 이론

기능주의 이론과 연방주의 이론을 절충한 입장이다. 이 이론에서는 통합과 관련하여 기능주의 이론이 지나치게 경제 지향적이고, 정치적 측면을

[그림 6-1] 나이의 통합모델

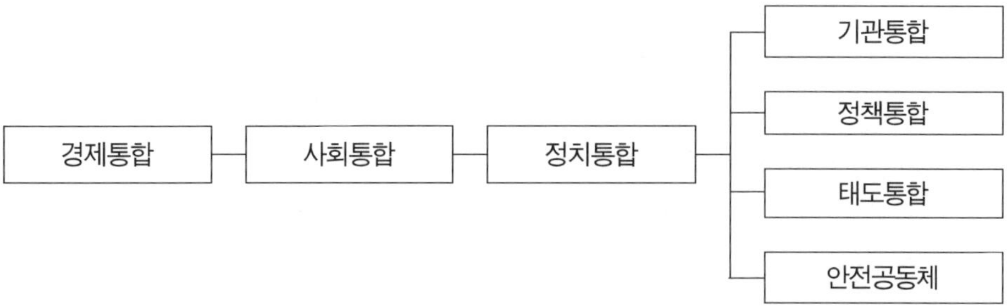

소홀히 취급한다는 점을 지적하고, 사회·경제적 협력의 중요성뿐만 아니라 정치적 결단 및 이니셔티브도 고려하여야 한다고 강조한다. 이 이론에 따르면 경제와 사회 분야에서 체제 간 교류 및 협력 과정에서도 때로는 정치적 결단이 필요하다는 것이다. 이렇게 함으로써 정치적 통합이 한층 가속화될 수 있다는 입장이다. 특히 신기능주의자들은 통합을 촉진시키는 과정에서 이익집단, 정당, 정부 및 국제기구와 같은 정치적 요소들이 중요하게 영향을 미친다고 주장한다. 하지만 신기능주의이론 역시 기능주의 이론과 마찬가지로 사회·경제적 교류 및 협력의 필요성을 인정하며, 통합 요인에서도 정치적인 측면 이외에 사회·경제적 측면도 중요시한다는 점을 주의할 필요가 있다.

신기능주의자를 대표하는 학자로는 나이(J. S. Nye)를 들 수 있는데, 나이는 통합 과정이 경제통합, 사회통합, 정치통합으로 진행되는 것이 가장 용이하고 바람직하다고 본다(Nye, 1971: 28-30). 그는 [그림 6-1]에서 보는 바와 같이 정치통합을 가장 최종적인 통합으로 보고, 정치통합을 기관통합, 정책통합, 태도통합, 안전공동체로 구분·설명하고 있다.

나이가 말하는 경제통합이란 경제적 협력, 교역 관계 확대 등으로 이질적인 둘 이상의 체제가 경제적으로 통합 및 융합된 상태이다. 사회통합은 체제 간의 경계를 넘어 상호간에 커뮤니케이션 및 사회문화적 교류가 확대·증진됨으로써, 체제 구성원 간의 이해 폭이 넓어지고 범사회적 공동체가 형성되는 것이다. 그리고 정치통합은 가장 어렵고 결과적인 통합으로서,

이를 위한 구성 요인을 고찰하여 보면 다음과 같다.

기관통합은 체제 간의 영역을 초월하여 하나의 초정치기구를 수립하여 정치 체제를 단일화하는 것이며, 정책통합에서는 대내외적으로 관철될 수 있는 단일의 정책이 결정·실행된다. 또한 태도통합은 정부 및 정치 체제가 주요한 사태 및 변화에 대하여 공통된 태도로 접근하는 것이며, 안전공동체는 체제 간의 구성원들이 하나의 공동체에 속한다는 소속감 및 유대감을 형성하는 것을 말한다.

독일의 통일 과정을 염두에 두고 살펴볼 때 독일의 통일은 일정 부분에서는 기능주의론적 또는 신기능주의적인 요소를 가미하고 있지만, 결정적인 원인은 동독의 체제 붕괴와 이에 따른 정치 지도자들의 결단에 의한 통일이 이루어졌음을 부인할 수 없다. 독일의 경우 1970년대 이후 동서독이 체결한 조약을 바탕으로 상호 인적·물적·문화적 교류를 통하여 어느 정도 민족동질성을 확보하였지만, 나이가 제시한 대로 사회·경제적 통합이 완전히 이루어진 후의 통일이라고 볼 수 없다. 다시 말해서, 독일 통일은 완전한 사회·경제적 통합이 없이 지리적 통합이 먼저 이루어진 측면이 강하다. 그러므로 체제통합, 즉 경제통합, 사회통합, 행정통합, 문화적 이질성 극복 및 동질성 형성, 국민의 일체성 확립 등 완전한 통일을 위한 과제를 안고 있었다. 독일 통일의 성격을 도식화하면 [그림 6-2]와 같다.

[그림 6-2] 독일의 통일 성격

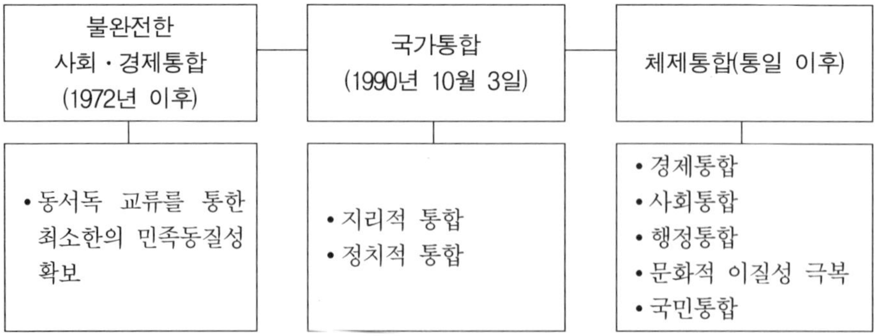

3. 독일의 행정통합

독일에서 행정통합이라는 용어가 독자적인 학문 용어의 하나로 나타나게 된 것은 통일 문제가 본격적으로 제기된 1990년 초반부터였다. 즉, 1990년 3월 동독의 자유총선 이후 독일의 지리적 통일이 확실시되고 통일 이후 체제통합의 문제가 제기된 이후였다. 물론 그 이전에도 '행정 발전(Verwaltungsentwicklung)', 또는 제2차 세계대전 후 제3세계 국가형성 과정에 나타났던 '행정 원조(Verwaltungshilfe)'라는 개념과 함께 공공행정의 변화 또는 근대화에 관한 연구가 시도되기는 하였지만 행정 체제의 전체적인 변동, 특히 분단국 통일과 연관해서 체제 변화의 한 분야로 다루어지기는 독일 통일이 직접적인 계기였다(심익섭, 1994: 15).

독일에서 행정통합이라 함은 동독(독일민주공화국: Deutsche Demokratische Republik)의 행정 체제와 서독(독일연방공화국: Bundesrepublik Deutschland)의 행정 체제가 합쳐져 하나의 행정 체제가 구축되는 과정 및 그 상태로 정의할 수 있다. 독일 행정통합은 통합의 '과정론적 접근 방법'에 따르면 체제 통합의 하나이며, '기능행태론적 접근 방법'에 의한 분류로는 정치통합의 한 부분에 해당한다. 독일의 행정통합은 통일 직전부터 시작되었던 통합으로, 내용적으로는 상이한 두 체제의 정치적 통합으로 인한 중앙 및 지방정부조직의 변화, 행정구역 계층구조에 대한 개편이나 조정, 단일의 공무원 제도 구축, 국가통합에 따른 문제점 해결을 위한 임시적 조직 설치 등이 해당된다.

여기서 말하는 하나의 행정 체제의 구축이란 구동독 또는 구서독 행정 체제와는 전혀 다른 새로운 행정 체제의 형성, 즉 사회주의 행정 체제도 아니고 자유민주주의 행정 체제도 아닌 제3의 행정 체제의 구축을 의미하는 것이 아니라 구서독 행정 체제의 구동독 지역 확대를 의미한다. 다시 말해, 동서독 행정통합이란 통일 후 구동독 지역이 기존의 행정 체제를 버리고 서독의 행정조직 및 기능을 받아들이는 것을 의미한다. 왜냐하면 독일의 통일이 동독 정부가 1990년 10월 2일 자정을 계기로 붕괴되고 구동독 지역이 5개 주의 형식으로 서독에 편입되는 이른바 흡수통일이었기 때문이었다.

그러나 이 과정에서 연방정부 조직의 변화뿐만 아니라 행정 수요의 변화에 따른 새로운 행정기관의 신설, 그리고 이에 따른 수많은 시행착오, 문제점 등이 있었다는 점을 고려할 때 독일의 경우 행정통합이란 단순히 서독 행정 체제의 구동독 지역 확대 적용이 아닌 행정 체제의 변화, 즉 행정개혁과 관련된다. 독일의 행정통합은 새로운 행정 체제의 구축 내지는 행정 개혁이 시도되었다는 점에서 더욱 포괄적 의미를 담고 있는 것이다. 또한 행정통합은 기타 통합에 대한 조정자 및 지원자로서의 역할도 수행하는 성격을 띠고 있다. 즉, 사회적·경제적·문화적 통합을 진행해 나가는 과정에서 나타나는 각종 문제점 및 혼란 등을 해결·조정하고, 동시에 이들 통합이 더욱 원활하고 효율적으로 이루어질 수 있도록 지원하는 것을 의미하기도 한다.

이 밖에 독일 행정통합의 '과정'과 '상태'를 두고 독일에서는 학자들 사이에 의견이 분분하였다는 점도 언급하지 않을 수 없다. 그 대표적인 사례로 슈파이어행정대학원의 피차스(Rainer Pitschas)는 행정통합(Verwaltungs-integration)이라는 표현을 사용하였다. 그는 독일 통일이 동독의 붕괴에 따른 서독의 '흡수통일'의 성격을 띠고 있고, 통일 후 구동독 지역에 구축된 행정 체제는 구서독의 행정 체제를 그대로 받아들였기 때문에 구서독의 행정 체제와 비교하여 커다란 차이가 없다는 점을 들어 상태 또는 종결의 의미를 지닌 '통합(Integration)'이라는 표현이 적당하다고 주장하였다(Pitschas, 1992: 49). 반면 같은 학교의 쾨니히(Klaus König)는 구동독 지역의 행정 체제 구축 과정에 초점을 두는 한편, 통일 이후 독일의 행정 체제는 구서독의 행정 체제와는 다른 점이 있고, 행정 체제 구축의 종결보다는 계속성을 중시하여 '변화(Transformation)'라는 용어를 선호하였다(König, 1992: 229-245).[4]

4) 필자는 독일의 행정통합에 대하여 순간적이고 종결의 의미를 가진 'Integration'이라고 보는 피차스의 견해보다는, 국가통일 이후 오랜 기간을 두고 해결하여야 할 일련의 과정 또는 전환의 의미라고 보고 있는 쾨니히의 의견에 동감하면서 이 연구를 전개하고자 한다.

그러나 두 학자의 견해 차이에도 불구하고 독일 대부분의 행정학자는 독일의 행정통합이란 “구동독의 사회주의 행정 체제가 서유럽 민주주의 행정 체제로 바뀌는 것”이라는 것과, 이를 통하여 좀더 발전된 행정 체제가 구축되어야 한다는 의견에는 모두 동의하였다. 또한 구동·서독 양국의 행정통합 또는 체제 변화가 1989년 이후의 헝가리, 체코, 폴란드 등 동유럽의 체제 변화와는 근본적으로 그 과정이 다르다는 점에도 동의하였다. 헝가리, 체코, 폴란드 등 동구 국가들은 사회주의 국가에서 자본주의 국가로의 새로운 전환을 추구하는 과정에서 특정 국가를 모델로 하지 않았는데 반하여, 독일의 행정통합이란 서독의 행정 체제를 절대적인 모델로 하였기 때문이다.

여기에서는 독일 행정통합의 여러 과정 중 행정조직과 인사 제도의 통합, 그리고 이에 따른 행정 인력의 지원에 대해서만 자세히 분석하기로 한다. 이 세 분야의 통합이 행정통합의 가장 중요한 부분이었으며, 그 과정에서 많은 문제점도 발생하였기 때문이다. 특히 이에 대한 연구는 한반도 통일 문제에도 많은 시사점을 제공할 것이다.

제 2 절 행정구조와 조직의 통합 : 구동독 행정 체제의 구축

1. 통일 이전 동서독 행정 체제 비교

분단 이후 동서독의 행정 체제는 각각 다른 모습으로 발전하여 왔다. 두 독일은 우선 헌법에 행정 체제의 근간을 달리 규정하고 있는데, 서독의 기본법(Grundgesetz)이 권력 분립, 연방국가, 지방자치제 등을 행정 체제의 핵심 사항으로 명시하였던 반면 동독의 헌법은 공산당의 ‘영도적 지위 원칙’, ‘민주주의 중앙집권주의 원칙’ 등을 강조하였다. 통일 전 서독에서는 연방뿐만 아니라 주(州)도 영토, 정부, 헌법(Landesverfassung)을 소유하는 헌법적 독립성을 유지하였으며, 지방자치단체도 ‘풀뿌리 민주주의’ 원칙에 입각하여 행정의 주체로서 그 기능을 수행하였다. 반면 동독의 행정 제도는 프롤레타리아 독재 이념에 따라 사회주의통일당을 중심으로 한 강력한 중앙집권적 성격을 띠었으며, 행정 집행기관의 업무는 당의 결정과 지침에 따라 결정되었다. 동서독의 행정 체제의 특성을 더욱 구체적으로 비교·분석하면 다음과 같다.

1) 서독 행정 체제의 일반적 특징

서독의 기본법상 행정구조는 다음 세 가지 원칙을 기초로 조직되었는데, 이들은 통일 후에도 독일 행정 체제의 가장 중요한 원칙이 되고 있다.

(1) 연방국가 원칙

서독은 연방국가로서 11개의 주(Land)로 구성되어 있었다. 주는 단순한 행정구역이 아닌 고유 권력을 가지고 있는 국가였다. 따라서 각 주는 연방의 간섭을 받지 않고 고유의 국가 체제를 구축할 수 있는 권한을 가지고 있었다. 연방 11개 주는 각자 고유 헌법을 가지고 있었으며 주의회 선거를 통하여 독자적인 의회를 구성하였고, 주지사 및 각부 장관을 선출하였다. 각 주의 주지사는 의회에서 선출되며, 주 정치·행정의 중심 기관으로서 주의 정책노선을 결정하고, 각료를 임명하며, 주의 행정에 대하여 일차적인 책임을 진다.

(2) 지방자치 원칙

연방주의와 더불어 지방자치의 원칙은 서독의 행정 체제의 핵심 내용이었다. 지방자치 제도란 주민들이 직접 자신들이 속한 지역의 주요 사무를 결정하고 집행하는 제도이다. 다시 말해서 그 지방 고유의 정치적 의사 형성과 정책 결정 그리고 국가의 법률 테두리 안에서 예산과 조직의 편성을 포함하는 모든 지방사무관리를 의미한다. 그렇다고 해서 지방자치단체가 국가로부터 완전히 '독립'한 것을 의미하는 것은 아니었다. 즉, 독일 지방자치단체의 행정행위는 법에 의하여 어느 정도 제한되고 있었다. 한 예로 연방과 주는 지방자치단체의 행정행위에 대하여 감독할 수 있는 권한을 가지고 있었으며, 특정 사무에 대해서는 그 구체적 이행 방법에 대하여 지시할 수도 있었다. 따라서 서독의 지방자치단체는 국가와 같은 위상은 갖지 못하였으며, 그 업무 범위에서도 자체적으로 결정·실행할 수 있는 업무(고유사무)만 있는 것이 아니라 국가로부터 위임을 받고 법적·실질적으로 감독을 받는 업무(위임사무)도 있었다.

(3) **권력분립 원칙**

서독의 기본법은 다른 자유민주주의 국가의 헌법과 마찬가지로 국가 권력의 남용을 방지하고 인권을 보호하기 위하여 입법, 사법, 행정의 권력 분립(Gewaltenverteilung)을 명시하고 있었다. 서독에는 연방, 주, 지방자치단체를 막론하고 각 행정계층 내에서는 삼권분립이 보장되어 있었다. 특히 연방헌법재판소(Bundesverfassungsgericht)는 법률이 헌법 취지와 일치하는 가를 검토하고, 국가기관 상호간 또는 연방과 주정부 간의 분쟁을 조정하며, 국민의 기본권을 보호하는 기능을 수행하였다. 이 밖에 연방헌법재판소는 자유민주주의 헌법 질서를 위반하는 정당에 대한 심사 및 정당 해산의 명령을 내릴 수 있는 권한을 가졌으며 선거소송에 관한 심판을 담당하였다. 연방헌법재판소는 일반 법원과는 달리 사법부에 속하지 않은 독자적 예산권과 인사권을 가진 헌법기관이었다.

결론적으로 서독 행정의 주요한 골격은 연방행정, 주행정 그리고 지방자치행정이었는데, 이들 각 단계는 권력 분립의 원칙에 입각하여 서로 독립된 자율성을 유지하고 있었다. 물론 각 단계는 업무를 수행하면서 상호 갈등의 여지는 없지 않았으나 법치주의 원칙에 따른 행정으로 상호 갈등을 최소화하였다.

2) 동독 행정 체제의 특징

일반적으로 사회주의 국가의 행정기관은 (공산)당에서 결정한 정책을 집행하는 기관으로, 항상 당에 의한 지도와 통제하에 있다. 또한 당은 관료의 임용, 교육, 충원 등에 일차적인 책임과 권한이 있다. 따라서 행정기관의 임무는 오로지 당의 명령과 지시에 대한 실천에 한정되며, 따라서 행정 그 자체가 관료주의적 색채를 모면할 수 없으며 경직되어 있는 것이 특징이다.

동독의 행정기관 또한 다른 사회주의 국가의 행정기관과 마찬가지로 당(사회주의통일당)의 통제하에 당의 결정과 지시를 수행하는 기관에 불과하였다. 마르크스와 레닌주의에 따르면 행정이란 자본주의 사회에서 지배층의 지배 도구로 존재하는 것으로서, 지배계급은 그들의 이익을 위하여 행정기관을 교묘하게 이용한다고 한다. 또한 마르크스와 레닌은 공산주의가 완성되어 계급이 없는 사회가 도래하면 이러한 특정 계급의 지배 수단인 행정기관은 자연적으로 소멸된다고 보았다. 그러나 다른 사회주의 국가에서와 마찬가지로 동독에서도 마르크스-레닌의 국가소멸론에 의한 '행정의 무용론'은 허구임이 증명되었으며, 오히려 행정기관이야말로 당과 가장 밀접한 관계를 맺고 있는 기관으로 존재하였다. 즉, 동독에서 정책은 당에 의하여 결정되었으며, 이러한 정책은 국민대표기관인 인민회의에 의하여 법적으로 뒷받침되었고, 행정기관은 이러한 정책을 집행하는 도구였던 것이다. 다음은 동독 사회주의 국가 행정 체제의 특징이다.

(1) 당의 '영도적 지위' 강조

통일 전 동독 헌법은 모든 권력이 궁극적으로 인민에게 있다고 명시하고 있었다. 인민에 의하여 선출·조직된 인민회의 및 정부의 공직자까지 인민의 통제를 받게 되어 있었다. 그러나 이는 다분히 명문상의 규정일 뿐 실제적 권력은 사회주의통일당에 집중되어 있었으며, 국가기관은 당으로부터 위임받은 권력을 행사하는 기관에 불과하였다. 사회주의통일당을 권력의 정점으로 하는 국가구조는 마르크스-레닌주의, 특히 프롤레타리아 독재론에 그 이론적 근거를 두고 있다. 사회주의자들은 공산당이 이미 정권을 장악한 사회주의 국가에서도 부르주아 계급을 중심으로 하는 반혁명분자들이 끊임없이 반혁명을 시도하기 때문에 이를 대비하기 위해서는 결국 프롤레타리아 독재가 불가피하다고 역설하였다. 이러한 '프롤레타리아 독재론'은 결국 '공산당 독재이론'으로 변하게 되었는데, 레닌은 무산계급은 무지몽매하며 무계획적이기 때문에 이들을 지도하고 반혁명 세력을 제거하기 위해서는 직업혁명가로 구성되는 공산당의 강력한 조직과 당의 영도적 역할이 강조되어야 한다고 역설하였다.

사회주의통일당이 모든 국가기관 또는 사회단체에 대하여 지도적인 핵심체가 되어야 한다는 원칙 때문에 동독에서는 국가기관이 어떠한 역할을 하는지는 별로 중요하지 않았다. 즉, 모든 국가기관과 사회단체는 사회주의통일당의 지도하에 당의 노선과 정책을 집행하는 도구에 불과하였던 것이다. 이는 동독의 정부인 '각료회의(Ministerrat)'와 '국가평의회(Staatsrat)'[5]도 마찬가지여서, 이들 기관은 사회주의통일당의 통제하에 당의 결정 사항만을 행정적으로 집행할 따름이었다. 물론 동독의 입법기관인 인민회의도 예외는 아니었다. 동독 국가 체계에서 인민회의의 헌법상 지위는 대단히 강하였다. 헌법 제48조는 다음과 같이 규정하고 있었다.

① 인민회의는 독일민주공화국의 최고 국가권력기관이다.

② 인민회의는 독일민주공화국의 유일한 헌법 및 입법기관이다. 누구도 그의 권한을 제한할 수 없다.

그렇지만 헌법에 보장된 인민회의의 이 같은 권한은 사회주의통일당의 절대적 권력으로 인하여 실제적으로 보장되지 못하였으며, 그 기능을 볼 때 사회주의통일당의 노선을 입법화하기 위한 도구에 불과하였다.

결론적으로 동독의 국가기관은 형식상으로는 '인민회의'(입법), '각료회의'와 '국가평의회'(행정), 그리고 '최고재판소'(사법)로 분리되어 삼권분립 구조를 취하고 있지만, 실제적으로 이들 국가기관들의 기능과 상호 관계는 민주주의 국가의 그것과는 본질적으로 차이가 있었다. 동독 국가기관의 조직 체계는 최고 권력을 행사하는 사회주의통일당을 정점으로 하는 중앙집권적 체제를 형성하고 있었다. 또한 국가기관은 사회주의통일당의 노선과 이념을 실행하는 단순한 집행기관에 불과하였다. 동독의 당과 국가기관과의 관계를 살펴보면 [그림 6-3]과 같다.

(2) '민주주의 중앙집권주의' 원칙

'민주주의 중앙집권주의' 원칙은 일찍이 레닌이 "국가와 행정에서의 최고

---

5) 각료회의는 서독의 내각과 같은 기구였으며, 국가평의회는 동독 특유의 국가 정책결정기구로서 국가의 최고 정책결정기구의 성격을 지녔다. 국가평의회는 국가원수인 국가평의회 의장을 비롯하여 인민회의의장, 안보담당 중앙위원회 서기 등 20~30명의 서기로 구성되어 있었다.

[그림 6-3] 동독의 국가 체제

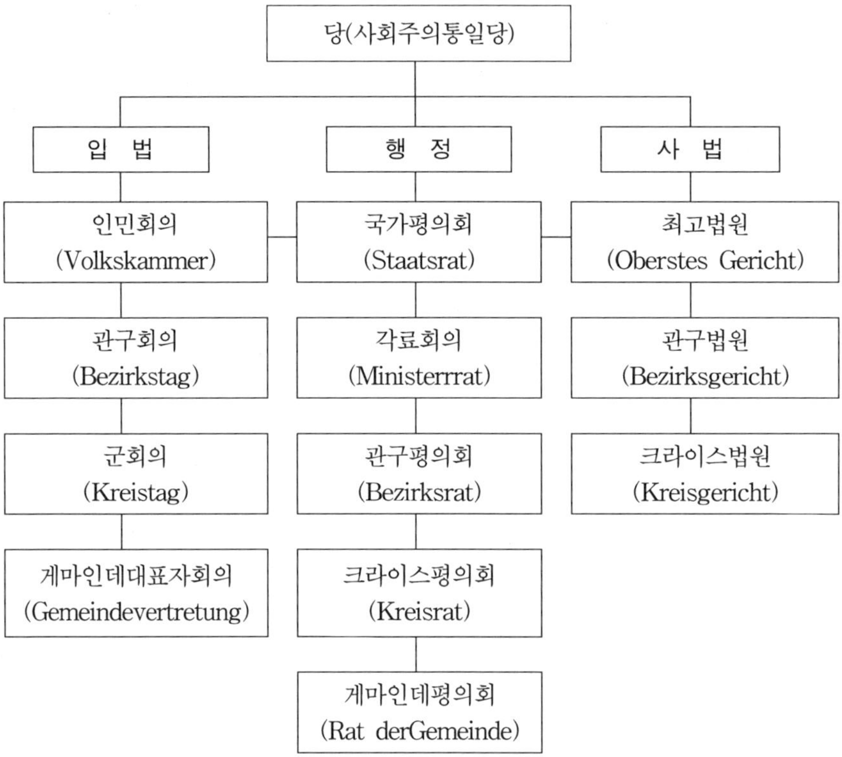

원칙"이라고 강조한 이래 거의 모든 사회주의 국가들이 국가조직 구축과 운영의 원칙으로 채택하고 있었고, 지금도 채택하고 있다. 이에 대한 구체적인 예를 들면 구소련은 민주주의 중앙집권주의 원칙을 1977년 헌법에 처음으로 규정한 이후 붕괴 전까지 계속해서 명시하였으며, 중국은 1954년 헌법(제2조), 1975년, 1978년 헌법(제2조 2항), 그리고 1982년 헌법(제3조)에서 모두 이 원칙을 명시하고 있다. 또한 북한의 1998년 헌법(제5조)에서도 이 원칙을 규정하고 있다.

민주주의 중앙집권주의는 '민주주의'와 '중앙집권주의'라는 두 개념의 결합어로서, '민주주의'는 국가기관의 조직과 운영을 인민의 의사에 의한다는 것이고, '중앙집권주의'란 모든 상급기관이 하급기관을 통제하고 상급기관에 의하여 결정된 사항이 하급기관에 대하여 구속력을 갖는다는 것을 의미한다. 결국 민주주의 중앙집권주의 원칙이란 첫째, 국가 최고권력기관은 인민의 선거에 의하여 구성되고, 둘째, 기타 국가의 모든 행정기관은 국가 최고권력기관의 결정에 의하여 구성되며, 셋째, 국가 권력은 궁극적으로 국가 최고권력기관에 집중되며, 모든 국가기관은 상급 국가기관에 복종하고 지방은 중앙에 복종하는 원칙으로 이해할 수 있다.

동독의 경우 헌법 제47조 2항에서 "민주주의 중앙집권주의에 입각한 노동자 계급의 주권은 국가 조직구조의 기본 원칙이다"라고 규정하여 권력의 집중화를 꾀하였다. 특히 동독에서는 연방제와 지방자치 제도의 폐지를 통하여 '민주주의 중앙집권주의 원칙'이 구체화되었다.

독일에서는 전통적으로 주(州)가 국가의 기본 단위로 그 기능을 수행하여 왔다. 1945년 종전(終戰) 이후 독일 동부지역을 점령한 소련군도 그들의 점령지역에 다섯 개의 주(브란덴부르크, 작센, 작센-안할트, 튀링겐, 메클렌부르크-포르포메른[6])를 만들어, 각 주에 자치권을 부여하였다. 1946년 10월 20일 소련 점령지역에서 최초로 주의회 선거가 실시되었고, 선거 결과에 따라 의회가 구성되었으며, 각 주의 대표자들은 1946년 11월 말부터 주헌법 제정 작업에 들어갔다. 이 밖에 소련 점령지역에는 헌법재판소에 비유될 수 있는 헌법위원회가 설치되었으며, 지방자치단체에게는 자치권을 인정하고 있었다.

그러나 이렇듯 소련 점령 시기에도 실시되었던 독일의 전통적인 연방제는 1949년 동독 정부의 수립과 함께 사실상 종말을 고하게 되었다. 비록 동독 정부는 형식적으로 헌법 제1조에 "독일은 분리될 수 없는 민주공화국이며 주(州)들에 기초하고 있다"라고 규정하여 연방제를 계속적으로 실시하는 것같이 위장하였지만, 실제적으로는 점차 주의 권한을 약화시키면서 중앙의 권력을 강화하였다. 한 예로 동독 정부는 1950년 12월에 제정한 '국유

6) Mecklenburg-Vorpommern주(州)는 1947년부터 1952년까지 Mecklenburg라고 불리었음.

산업 구조의 재조정에 관한 규정'에서 주의 재산이었던 산업시설들을 모두 중앙정부의 통제를 받게 하였다. 또한 1950년 초에 실시된 동독의 예산계획에 따라 주의 고유 권한인 예산권을 박탈하였다.

동독에서 연방제의 폐지는 사회주의통일당이 1952년부터 박차를 가하기 시작한 소위 '국가조직의 민주화' 시책에 따라 더욱 본격화되었다. 1952년 2월 당의 노선에 따라 인민회의는 주와 주의회(州議會)의 폐지를 골자로 하는 법안을 통과시켰는데, 이 법안에 의하여 동독 5개 주는 중앙의 직접적인 통제를 받는 14개 관구(Bezirk)로 대체되었으며 베를린도 하나의 관구로 설정되었다. 이와 함께 지방자치 제도도 완전히 폐지하여 지방의 행정 단위는 중앙의 지시에 의하여만 사무를 볼 수 있게 되었다. 결국 사회주의통일당은 연방제와 지방자치제의 폐지를 통하여 잠재적인 적대 세력이 될 수 있는 지방의 힘을 축소시켰으며 대신 공산당의 지배적 통제를 확대·강화시켜 나갔다. 그러나 연방제 및 지방자치 제도의 폐지는 단순히 국가와 행정에 대한 당의 통제권 강화만을 위한 것이라고는 볼 수 없다. 동독 정부가 독일행정의 전통적 특징인 연방제와 지방자치 제도를 폐지하였던 근본적인 이유는 행정 체제의 변화를 통한 서독과의 차별화 정책을 추구하는 동시에, 궁극적으로는 이를 통하여 서독에서 끊임없이 제기되고 있는 통일 논의를 거부하기 위해서였다.

1949년 정부 수립 직후 동서독 정부는 각각 '단독대표권'을 강조하면서 독일이 그들의 주도하에 통일되어야 한다고 주장하였다. 동독은 헌법 제1조 1항에 "독일은 분리될 수 없는 민주공화국"임을 명시하였고, 또한 제1조 4항에서도 "독일 국적은 오직 하나이다"라고 규정하여 통일에 대한 강력한 의지를 표현하였다.[7] 특히 초대 수상 그로테볼(Otto Grotewohl)은 1949년 10월 취임사에서 "우리 모두는 힘을 합쳐 분단을 극복하여 기필코 통일을 이룩하여야 한다"라고 역설함으로써 통일에 대한 동독 정부의 의지를 확고히 하였다.

---

7) 서독도 기본법 전문에서 "신과 인류 앞에서 … 국민적, 국가적 통일을 유지하기 위한 의지에 고무되어 …"라고 명시함으로써 분단 초기의 통일에 대한 정부의 열망을 강력하게 표시하였다.

그러나 1950년 초부터 소련이 "독일에는 서로 체제가 다른 독일연방공화국과 독일민주공화국 2개국이 존재하고 있다. 따라서 독일의 통일은 비현실적이다"라는 이른바 '2국가론(Zwei-Staaten-Theorie)'을 주장하게 되자, 동독은 이에 추종하여 "동서독 두 국가의 통일은 비현실적이고 대신 두 국가는 모두 주권 국가임을 천명하고 관계를 정상화하여야 한다"라고 주장하면서 서독에서 제기되던 통일 논의에 대항하였던 것이다. 동독 정부가 국가 체계를 바꾼 이유는 동서독 통일이 불가능하다는 점을 강조하기 위해서였다. 또한 동시에 서독의 할슈타인 원칙으로 인하여 받는 외교적 고립을 피하고 국제법적 승인을 받기 위한 전략이었다고 말할 수 있겠다.

이상에서 알 수 있듯이 통일 전 서독은 행정의 분권화를 강조하였던 반면, 동독은 당을 중심으로 한 중앙집권성을 강조하였다. 또한 서독은 각종 법규에 의한 행정행위를 강조하였던 반면, 동독에서는 당의 명령과 지시에 따른 행정 체제가 유지되었다. 그러나 동독 체제가 붕괴됨에 따라 구동독에서는 당의 영도적 지위 및 민주주의 중앙집권주의 원칙이 포기되면서 '행정의 분권화', '법과 규정에 의한 행정' 등이 부활되었다. 행정통합 과정을 연방제의 부활, 주행정 제도의 구축, 그리고 지방행정 제도의 부활 등을 중심으로 분석하고 그 과정에서 발생하였던 문제점도 파악하기로 한다.

2. 연방제의 부활(주의 부활)

동독에서 연방제의 부활, 다시 말해서 주(州)의 부활에 대한 문제는 1989년 말 사회주의통일당의 붕괴가 확실시되면서 본격적으로 논의되었다. 특히 1989년 12월에 있었던 동독 인민회의 본회의에서 1952년 폐지된 주의 부활에 대한 논의가 정식으로 제기되었으며, 모든 정당과 시민운동단체들의 대표가 참가한 '원탁회의(Runder Tisch)'[8]에서도 빠른 시일 내에 연방

8) 원탁회의는 1989년 동독 정권의 붕괴 현상이 나타날 때 각 사회 및 정치단체의 대표들로 구성되어 동독의 현안 및 진로에 대하여 토의하였던 자발적인 단체로 처음에는 어떠한 권한도 부여받지 못하였다. 그러나 이후 인민회의를 비롯한 기타 국가기관의 정당성이 박탈됨에 따라 이 기관들의 기능을 대신해 점차 일부 입법권과 행정권을 부여받게 되었다.

제를 부활할 것을 결의하였다. 동독 국민이 연방제의 부활을 요구하였던 첫 번째 이유는 그들이 요구하였던 민주화를 제도적으로 정착시키기 위해서였다. 즉, 국민들은 연방제와 지방자치제의 부활을 통하여 권력의 집중화를 막을 수 있을 것으로 믿었기 때문이다. 그러나 동독 국민이 주 제도의 부활을 요구하였던 근본적인 이유는 연방제의 부활이 통일과 깊은 연관이 있었기 때문이다. 동독 국민들은 조속한 통일을 위해서는 가능하면 동서독 국가구조가 비슷해야 한다고 생각하였고, 이를 위해서는 우선 동독도 서독과 같이 연방제를 실시하여야 한다고 생각하였기 때문이었다. 동독 국민은 1952년 사회주의통일당이 소위 '2국가론'을 주장하면서 연방제를 폐지하였던 것을 상기하면서, 연방제의 부활을 통한 서독과의 동일한 국가구조의 확립이 조속한 통일을 이루는 지름길이라고 생각하였던 것이다.

연방제 부활이 최종 결정된 것은 1990년 초 동독에서 최초이자 마지막으로 드 메지에르 수상을 중심으로 한 민주정부가 출범한 이후였다. 드 메지에르 수상은 "주를 부활시키는 것은 민주주의 정착의 기본 조건일 뿐만 아니라 독일 통일의 기본 조건이며, 동독 경제의 성공적 구조 개편의 조건"임을 강조하면서 주를 부활시킬 것을 시사하였다.[9] 드 메지에르 수상의 요구에 따라 의회에서는 새로운 주들의 수와 구획 설정에 대한 여러 의견이 제시·논의되었는데, 결국 5개 주의 부활이 결정되었다.

새로 형성될 주의 숫자와 관련하여, 처음에는 3개의 주을 만들자는 안이 현실성 있는 안으로 간주되었다. 왜냐하면 동독 각 지역의 역사적·문화적 배경이 유사하였으며 대부분의 지역이 경제적으로 대체로 취약하였기 때문에 만약 너무 작은 주로 나뉜다면 많은 문제가 발생될 수가 있었기 때문이었다. 그러나 동독인들은 인위적으로 형성된 주를 원치 않았다. 그들은 지역의 역사적·문화적 정체성을 강조하면서 1952년 이전에 존재하였던 5개 주의 부활을 원하였다. 따라서 동독의 인민회의는 국민들의 의견을 받아들

9) 1990년 12월 19일 드 메지에르 수상이 그의 취임사에서 밝힌 내용, *Dokumente der Wiedervereinigung Deutschlands. Quellentexte zum Prozeß der Wiedervereinigung.* Hrsg. von Ingo Münch unter Mitarberter und mit einer Einführung von Günter Hoog, Stuttgart, 1992, p. 24.

여 1990년 7월 22일 재적 의원 3분의 2의 찬성으로 5개 주의 부활에 관한 법률을 제정하였다. 바로 이 법률이 1990년 10월 14일을 기하여 브란덴부르크, 메클렌부르크-포르포메른, 작센, 작센-안할트, 튀링겐 등 5개 주를 형성하도록 규정한 '주설치법(Ländereinführungsgesetz)'이었다. 주설치법의 발효, 다시 말해서 5개 주의 부활은 독일이 1990년 10월 3일 통일됨에 따라 조기에 실현되었다.

3. 주 행정조직의 구축

주 행정조직의 구축은 통일 전인 1990년 중반부터 추진된 관구의 폐지와 함께 시작하였다. 1990년 5월 17일 동독 인민회의는 1952년 형성된 일선 행정기관인 14개(베를린 포함 15개) 관구를 폐지하고 관구의 행정기관인 관구평의회(Bezirksrat)를 서독식 명칭인 '관구청(Bezirksverwaltung)'으로 변경할 것을 의결하였다. 관구평의회는 동독 중앙정부의 하부 행정기관이었기 때문에 이를 폐지하지 않고서는 독립적인 주행정조직의 구축이 불가능하였기 때문이었다. 이와 함께 동독 정부는 1990년 8월 14명의 관구청 공직자 중 각 주별로 1명씩 주전권자(Landesbevollmächtigte) 또는 주대변인(Landessprecher)이라고 하는 대표자를 선정하게 하여 이들에게 주지사가 선출되기 전까지 주행정을 책임지게 하였다. 다시 말하면 동독 정부는 관구를 폐지하는 동시에 관구의 행정관료 중 대표자를 선정하여 통일 후 주지사가 선출되기 전까지의 행정을 담당하게 하였던 것이다.

주전권자의 중요한 임무 중 하나는 주 행정조직 구축 준비 작업으로서, 구축될 행정조직의 형태 선정과 이에 필요한 인력의 산정, 주정부와 연방정부 간의 협력 등 다양하였다. 그러나 주전권자들은 다만 주지사 선출 전까지 과도기 행정을 담당하는 자들로 선거에 의하여 선출되지 않았기 때문에 그 정치적 정통성도 미약하였으며, 동독의 전형적인 관료들로서 통일 후 행정조직의 구축 작업을 수행할 수 있는 능력도 갖추질 못하였다. 따라서 이러한 과도기 행정을 수행하기 위하여 구서독으로부터의 인력 지원은 필연적이었는데, 구서독 연방 및 주정부에서 파견·전출된 공직자들이 신연방주 행정조직의 구축에 협력하였다. 특히 연방정부와 연방주 및 지방자치단체의 대표자로 구성된 '연방-주 조직정비처(Bund-Länder Clearingsstelle)'는 주 행정조직 구축 과정에서 결정적인 역할을 수행하였다.

그러나 과도기 행정을 책임졌던 주전권자 또는 주대변인들은 연방-주 조직정비처를 비롯한 여러 지원 기구들이 마련한 행정조직 구축 방안에 대하여 대체로 소극적인 태도를 보였으며 주지사가 선출될 때까지 그 결정을 유보하였다. 특히 정치적으로 민감한 사항에 대하여 아무런 결정을 내리지 못하고 선출될 주지사에게 이관하였다. 예를 들어 행정기관의 계층 설정 문제는 행정기구의 규모와 공직자의 숫자와 연관되었기 때문에 당시 핵심적인 논쟁의 대상이었는데, 구서독처럼 4단계로 할 것인가 아니면 신연방주의 인구 등을 감안하여 중간 단계를 폐지하여 3단계로 할 것인가 대해서는 아무런 결정을 내리지 못하였다. 당시 구서독 주직접행정기관은 최고행정기관, 상급행정기관, 중급행정기관, 하급행정기관 등 4단계로 구분되어 있었다.

본격적인 행정조직의 구축은 주지사의 선출과 함께 시작되었다. 신연방주 행정조직의 구축과 관련해서 각 주 주지사를 비롯한 새로운 정치 지도자들은 다음과 같은 과제를 우선적으로 해결하여야만 했다.

- 주 행정기관의 계층 설정
- 중앙행정 각 부처 및 하급기관의 구성과 임무, 권한 부여
- 새로 구성된 각 행정기관의 활성화 방안 모색
- 인수된 구동독 행정기관의 폐지 및 존속 여부 결정
- 행정 인력의 확보 및 배치
- 재정 확보

그러나 신연방주에서 이러한 과제를 해결하기란 무(無)에서 유(有)를 창조하는 것만큼 어려운 작업이었다. 행정조직의 구축이란 구동독 대부분의 행정기관을 폐쇄하고 대신 새로운 행정기관을 조직하여야 한다는 점에서 신연방주 자체적으로는 해결할 수 없는 방대하고 어려운 작업이었다. 따라서 신연방주는 이 과정에서 자매 결연을 체결한 구서독 주의 영향을 받지 않을 수 없었다. 즉, 구서독 자매 주의 행정조직은 신연방주 행정조직을 구

축하는 데 절대적인 모델이 되었던 것이다.

행정기관의 계층 설정에서 5개 신연방주 중 작센, 작센-안할트, 튀링겐 등 3개 주는 구서독에서 일반적으로 행해지고 있던 4단계 제도를 채택하였다. 즉, 최고행정기관(oberste Landesbehörden), 상급행정기관(Landesoberbehörden), 중급행정기관(Landesmittelbehörden) 그리고 하급행정기관(örtliche Landesbehörden) 등 4단계의 행정기관을 두었던 것이다. 그러나 브란덴부르크, 메클렌부르크-포르포메른 주는 상대적으로 적은 인구를 이유로 3단계 계층제를 채택하였다.[10] 즉, 중급행정기관 없이 최고행정기관, 상급행정기관, 그리고 하급행정기관만을 두었던 것이다.

한편 신연방주 최고행정기관인 중앙부처의 구축과 관련해서 구서독의 자매 주들은 최소한 내무부, 법무부, 경제와 노동부 그리고 환경과 지역개발 부처의 신설은 필수적이라고 강조하였으며 각 신연방주는 이를 참조하였다. 그러나 부처의 숫자와 명칭 등은 각 주의 실정 및 전통에 따라 약간

10) 통일 직후 독일 각 주의 인구는 다음과 같다.

연방주	인구(단위: 천 명)
Nordrhein-Westfalen	17,104
Bayern	11,221
Baden-Württemberg	9,619
Niedersachsen	7,238
Hessen	5,661
Sachsen	4,901
Rheinland-Pfalz	3,702
Berlin	3,410
Sachsen-Anhalt	2,965
Thüringen	2,684
Brandenburg	2,641
Schleswig-Holstein	2,595
Mecklenburg-Vorpommern	1,964
Hamburg	1,626
Saarland	1,065
Bremen	674

씩 달랐다. 예를 들어 인구가 적은 메클렌부르크-포르포메른 주는 8개의 부처(내무부, 유럽·연방·법무부, 재정부, 경제부, 농업부, 문화부, 환경부, 사회부)를 구성하였으며, 인구가 비교적 많은 작센-안할트 주는 11개 부처(내무부, 법무부, 재정부, 노동·사회부, 경제·기술·교통부, 식량·농림부, 과학·연구부, 환경·자연보호부, 연방·유럽부, 문화부, 국토이용·도시건설·주택부)를 구성하였다.[11] 모든 신연방주는 구서독 자매 주의 행정조직 형태를 참조·모방하였음은 물론이다.

4. 지방자치 제도의 부활

통일 전 1989년 동독의 국가 행정구역은 다음과 같이 설정되어 있었다.

- 14개의 관구(Bezirk), 동독의 수도로서 동베를린 관구
- 27개의 시구(市區, Stadtkreis), 191개의 크라이스(Kreis), 11개의 동베를린 시구
- 7,563개의 시와 게마인데

통일 이전 동독의 행정 체제는 '민주주의 중앙집권주의' 원칙하에 구축되어 있었기 때문에 지방행정기관의 자율성이 보장되지 못하였다. 지방행정기관은 상급기관에 의하여 통제되었으며, 따라서 지역의 주요 현안에 대하여 어떠한 결정도 내리질 못하였다. 특히 서독의 게마인데와는 달리 동독의 게마인데는 '국가 권력의 일선 기구(örtliche Organe der Staatsmacht)'로서 사회주의통일당의 명령을 국민에게 전달하는 의사전달 기관의 역할만

11) 나머지 3개 주의 중앙부처 조직 형태는 다음과 같다.

- 튀링겐 주: 경제·교통부, 과학·예술·문화부, 내무부, 환경·계획부, 농림부, 사회·보건부, 재정부, 법무부, 연방·유럽 담당부
- 작센 주: 법무부, 재정부, 문화부, 과학·예술부, 내무부, 경제·노동부, 환경·발전부, 사회·보건·가정부, 농림·식량부
- 브란덴부르크 주: 내무부, 법무부, 재정부, 노동·사회·보건·여성부, 경제·기술부, 교육·청소년·체육부, 식량·농림부, 도시발전·주택·교통부, 환경·자연보호·도시계획부, 과학·연구·문화부

을 담당하였을 뿐이다.

그러나 1989년부터 시작된 연방제 부활에 대한 논의와 함께 지방자치제의 부활에 대한 논의도 함께 시작되었다. 특히 1989년 5월에 실시된 지방선거가 사회주의통일당에 의한 부정선거였음이 밝혀진 이후 지방자치제 부활에 대한 논의는 더욱더 확산되었다. 이러한 상황에서 1990년 초 동서독 법학자들은 사회적 변환기에 따른 행정 문제의 해결과 통일 이후를 대비하기 위하여 동독의 지방자치법 제정에 관하여 여러 차례의 모임을 가진 후 이에 대한 초안을 발표하였다. 이후 1990년 5월 17일 동독의 인민회의가 이들 전문가의 초안을 기초로 한 '동독의 지방자치제 실시에 관한 법률(Gesetz über die Selbstverwaltung der Gemeinden und Kreise in der DDR)'을 제정·공포하였고, 11일 후 동독 지역에서 지방선거가 실시됨으로써 본격적인 지방자치제가 실시될 수 있었다. 동독의 새로운 지방자치법은 독일의 전통적인 지방자치제의 부활 그 자체에도 의미가 있었지만, 통일을 앞두고 서독 체제에 대한 구조적 적응을 위한 법률로서 더 큰 의미를 가졌다고 볼 수 있다.

동독 지역 최초의 지방선거로 인하여 동독의 지방자치단체에서는 새로운 정치·엘리트가 충원되었다. 선거 결과 대부분의 지방자치단체에서는 이전에 사회주의통일당 소속의 인물들이 대거 퇴진하고 새로운 인물들로 교체되었다. 그러나 간혹 이전 사회주의통일당 소속의 인물들이 다른 정당 소속으로 변신하여 당선되는 경우도 있었다. 동독 지방자치단체 정치·행정 엘리트의 상당수는 1989년 동독 변환기에 활동한 인물들이었으며, 공직 경험이 없었고, 의학·화학 등을 전공한 기술자의 전력을 가지고 있었다. 또한 지방선거와 함께 동독에서는 최초로 지방자치법이 제정되었다. 새로운 지방자치법에서 지방자치단체는 '주민공동체'로 정의되었다(제1조 2항). 즉, 지방자치단체란 당의 결정을 실천하는 단순한 행정 단위가 아니라, 고유의 사무 영역을 가지고 자치행정을 수행하는 지역단체의 의미를 부여받았다. 지방자치법에 명시되어 있는 또 하나의 특징은 '아래로부터의 정치' 정신과 이의 구체적 실현이었다. 새로운 지방자치법에는 전환기 민권운동가들이 추구하였던 풀뿌리 민주주의 정신과 주민 참여의 강력한 요구가 반영되었는데, 예를 들어 제18조에 명시되어 있는 주민청원 제도(Bürgerantrag), 주민발안(Bürgerbegehren) 및 주민결정(Bürgerentscheid) 제도가 바로 그것이다. 또한 서독의 지방자치법과는 달리 자치단체장의 주민직선제를 원칙으로 하고 있었다. 결론적으로 동독의 새로운 지방자치법은 전환기 자유와 통일에 대한 동독 국민의 염원을 전적으로 반영한 것으로 볼 수 있다. 그 내용의 핵심은 중앙집권적 행정에서 지방자치행정으로의 전환을 보장하는 것이며, 이를 통한 권력 분산과 행정의 자율성 보장이다.

5. 구동독 행정 체제 구축에 따른 문제점

이상에서 살펴본 바와 같이 동서독 행정 체제의 통합이란 결국 구동독 사회주의 행정 체제가 청산되고 구서독 자유민주주의 행정 체제로 대체되는 일련의 과정이라고 할 수 있다. 그러나 이 과정에서 연방주 경계 설정에 따른 지역 간의 갈등, 주정부 및 지방자치단체의 재정적 취약성 등의 문제뿐만 아니라 지방자치구역 개편에 따른 주민 간의 갈등, 구동독 공직자의 능력 부족에 따른 행정의 비효율성 등 많은 문제점 또한 발생하였다. 이에 대하여 좀더 자세히 알아보기로 한다.

1) 신연방주 부활에 따른 문제점

(1) 연방주 경계 설정에 따른 지역 간의 갈등

1990년 7월 동독 인민회의는 5개 연방주의 부활에 관한 법률을 제정·공포하였으며, 이에 따라 1990년 10월 3일 신연방주가 형성되었다. 신연방주 수에 대하여 많은 의견이 있었지만, 인민회의는 결국 1952년 이전의 5개 주의 부활을 결정하였다. 즉, 주는 다음과 같이 형성되도록 의견의 일치를 보았던 것이다.

- 브란덴부르크 주: Potsdam, Cottbus, Frankfurt/Oder 관구를 통합
- 메클렌부르크-포르포메른 주: Neubrandenburg, Rostock, Schwerin 관구를 통합
- 작센-안할트 주: Halle, Magdeburg 관구를 통합

– 작센 주: Dresden, Leipzig, Chemnitz(Karl-Marx-Stadt) 관구를 통합
– 튀링겐 주: Erfurt, Gera, Suhl 관구를 통합

주 경계를 설정하면서 인민회의는 지역의 문화·역사적 정체성을 염두에 두었으며 가능하면 국민의 의사를 반영하려고 하였다. 따라서 인민회의의 결정은 전문가 사이에서는 논란이 있었음에도 불구하고 대부분의 주민들은 긍정적인 반응을 보였다. 특히 작센 주 주민은 그들이 오랫동안 기다렸던 지역의 정체성이 회복된 데 대하여 환영하였다. 그럼에도 불구하고 신연방주의 경계 설정과 관련해서 구동독 지역 간에는 크고 작은 견해 차이가 있었으며, 이로 인하여 갈등도 발생하였다. 예를 들어 작센-안할트 주의 경우 주를 설정하는 데 주민의 반발이 심했었다. 왜냐하면 작센-안할트 주를 형성시킨 할레(Halle)와 막데부르크(Magdeburg) 관구는 1952년 동독 정부에 의하여 인위적으로 형성된 관구로서 원래 두 지역 간의 동질성은 없었다. 또한 이 두 지역 모두 화학공업이 발달한 지역으로 환경오염이 사회의 심각한 문제로 제기되기도 하였다. 따라서 이 지역 주민들은 두 지역이 다시 통합되어 하나의 주로 형성되기보다는 각기 다른 주로 분리되기를 원하였으나 결국 관철되지 못하였던 것이다. 이 밖에 메클렌부르크-포르포메른 주에서는 포르포메른 지역 일부 주민들이 메클렌부르크 지역과 함께 하나의 주를 형성하는 것을 반대하면서 자치를 요구하기도 하였다.

신연방주의 형성에 따라 발생하였던 또 하나의 문제는 주 경계 지역에 있는 지방자치단체의 주 소속 문제였다. 비록 신연방주가 1952년 이전에 존재하였던 5개의 주로 부활되었지만, 1990년 동독의 인민회의가 결정한 주의 경계는 1952년 이전의 주 경계와는 동일하지 않았기 때문에 일부 지방자치단체는 이전에 소속되어 있던 주가 아닌 다른 주에 소속되는 결과를 가져왔다. 따라서 주설치법은 이런 문제를 해결하기 위하여 주 간의 조약(Staatsvertrag)을 통하여 주 사이의 경계를 변경할 수 있도록 하는 가능성을 열어놓았다. 이에 브란덴부르크 주와 메클렌부르크-포르포메른 주는 1992년과 1994년 사이에 국경선 변경에 관한 조약을 체결하여 총 25개의

게마인데를 서로 교환하였으며, 튀링겐 주와 작센 주도 국가조약을 체결하여 튀링겐 주에 있던 10개의 게마인데가 작센 주로 복귀하였다(Bundesministerium des Innern, 1996: 63). 그러나 이 과정에서 일부 게마인데의 주민들은 귀속될 주의 재정 악화 등의 이유를 내세워 복귀를 반대하는 등 후유증이 심하였다.

(2) 신연방주의 재정적 취약성 및 정치적 발언권 약화

독일 통일의 결정적 원인 중의 하나가 동독 경제의 파탄이었던 만큼 통일 이후 신연방주 및 지방자치단체의 재정적 취약성은 어느 정도 예견된 문제였다. 그러나 통일 이후 구동독 기업의 도산, 세무행정 체제의 미확립으로 인한 세원 포착 미흡 등으로 주정부 및 지방자치단체의 수입이 급감하였고, 이로 인하여 재정의 상태는 심각한 상태에 이르렀다. 실제로 <표 6-1>에서 보는 바와 같이, 1991년 신연방주의 국민 1인당 조세수입을 구서독과 비교하면 주의 경우 1/3 수준, 지방자치단체는 1/10 수준이었다.

〈표 6-1〉 국민 1인당 조세수입 현황

(단위: DM)

구 분	1991년	1992년	1995년
구서독 지역 주	3,300	3,500	4,300
구동독 지역 주	1,150	1,300	2,100
구서독 자치단체	1,300	1,400	1,650
구동독 자치단체	150	300	800

자료: 심익섭, 1994: 93.

따라서 구동독 지역의 새로운 행정 수요를 신속히 충족시키고, 나아가 경제구조의 전환을 추진하기 위하여 여러 형태의 재정 지원이 필요했었는데, 여기에는 독일 통일기금(Fond 'Deutsche Einheit'), EU기금 등이 있었다. 이 중 독일 통일기금은 신연방주 공공재정을 지원하기 위하여 설립된 대표적인 기금으로, 1990년 5월 18일 동서독 정부 간에 체결된 '화폐, 경제 및 사회통합에 관한 조약'에 근거하여 연방정부의 재산을 기초로 하여 설립되었다. 독일 통일기금의 지원액은 1990년부터 1994년까지 약 1,600억 마르크(DM)였으며, 신연방주와 동베를린은 주민 수에 따라 지원받았다. 또한 신연방주는 지원된 재원의 40%를 자신의 주에 소속된 지방자치단체에 재분배하였다.

〈표 6-2〉 독일 통일기금의 연도별 지원 내용(1990~1994년)

※(1990~1994년, 단위: 백만 마르크)

	1990년	1991년	1992년	1993년	1994년	총 계
기 금 총 액	22,000	35,000	33,900	35,205	34,600	160,705
동독주 지출(60%)	*	21,000	20,340	21,123	20,760	83,223
지방자치단체(40%)	*	14,000	13,560	14,082	13,840	55,482

자료: Bundesministerium des Innern, 1996: 25.

※ 1990년에는 총 220억 마르크의 독일 통일기금이 지출되었으나, 각 주별 재정지출 현황은 확인되지 않았음.

그러나 연방주에 배분된 금액은 당시 신연방주의 재정 상태를 고려할 때 너무 적은 액수로서 신연방주 체제 구축 및 행정 수요를 충족시키기에는 절대적으로 부족하였다. 예를 들어 1991년 신연방주 부채 총액이 500억 마르크였는데, 독일 통일기금 350억 마르크를 포함한 약 400억 마르크의 지원만이 있었을 뿐이었다(Milbradt, 1993: 280). 특히 연방과 구연방주는 재정 상태가 좋은 주가 재정 상태가 좋지 않은 주를 지원하는 '주재정 조정제도'의 적용 범위에서 신연방주를 제외시키고, 단지 독일 통일기금을 통하여 지원함으로써 신연방주 재정 문제를 근본적으로 해결하기보다는 단기적으로 처방하려는 의도를 드러냈다.

신연방주가 주재정 조정제도에서 제외되었던 일차적인 이유는 신연방주의 정치적 발언권 약화에 있었다. 특히 주의 이익을 대변하는 '연방평의회'에서의 발언권 약화는 신연방주 재정 확보 어려움의 결정적 요인이었다. 독일 연방평의회는 연방제의 산물로서 연방의 법률 제정과 행정의 집행시에 주의 의견과 입장이 전달되는 독일 헌법기관이다. 그런데 연방평의회에서 바이에른 등 구서독 대부분의 주는 6석의 의석 수를 배당받아 연방평의회 의석 총 68석[12] 중 절대 다수를 차지하였던 반면 신연방 5개 주의 의석 수는 모두 합쳐 총 19석에 그쳐 신연방주 단독으로는 그들의 이익을 위한 어떠한 법률안도 통과시키지 못하였던 것이다. 따라서 신연방주는 연방평의회의 의석 배분 방법이 통일 정신에 위반되고 나아가 국민 통합을 저해한다고 이의를 제기하였으나 구연방주들에 의하여 거부되었다.

2) 지방자치행정 구축에 따른 문제

지방자치법이 제정된 후 지방자치단체 수준에서 행정통합을 위하여 해결되어야 할 여러 문제 중 중요한 것은 다음과 같은 다섯 가지 문제였다(Schneider, 1993: 13).

- 지방행정기관을 어떻게 구축할 것인가?
- 지방행정기관의 기능과 책임성을 어떻게 규정하여야 할 것인가?
- 지방 재원은 어떻게 마련할 것인가?
- 행정책임자 및 관료는 어떻게 충원할 것인가?
- 지방행정구역은 어떻게 개편하여야 할 것인가?

이 중에서도 가장 어려운 것은 행정책임자 및 행정관료의 충원 문제였다. 1990년 5월 6일 동독에서 첫 번째 민주적인 절차에 따라 실시되었던 지방선거에서 기존의 행정 엘리트들은 대거 낙선한 반면 새로운 인사들이 당선되어 일단 지방행정에서의 인적 교체가 실현되었다. 그러나 선거를 통하여 선출된 새로운 인사들은 대부분 행정전문가들이 아니었다. 그들은 동독이 붕괴되기 직전인 소위 '전환기(Wende)'에 원탁회의 등 사회개혁운동에 참여하였던 인사들로서, 주민들로부터는 지지를 받고 있었지만, 행정 경험과

---

12) 의석 수는 각 주의 인구 수에 비례하여 배분되는데, 최소 3석이며 바이에른 등 인구가 7백만 이상인 비교적 큰 주에는 6석이 배당된다. 통일 직후 연방평의회의 의원 수는 68명으로 각 주를 대표하는 인원 수는 다음과 같았다. 니더작센(6), 노르트라인-베스트팔렌(6), 바덴-뷔르템베르크(6), 바이에른(6), 베를린(4), 브란덴부르크(4), 헤센(4), 라인란트-팔츠(4), 작센(4), 작센-안할트(4), 슐레스비히-홀슈타인(4), 튀링겐(4), 브레멘(3), 자를란트(3), 메클렌부르크-포르포메른(3), 함부르크(3). 2005년 현재 연방평의회 의원 수는 헤센 주 의원이 5명으로 1명이 늘어 총 69명이다.

전문지식은 부족하였다. 또한 이들은 정치적 정통성을 바탕으로 개혁을 추진하는 과정에서 기존 관료들과의 갈등도 불사하였기 때문에 이들 갈등도 행정통합 과정에서 어려운 문제로 등장하였다.

두 번째의 문제는 지방행정구역 개편에 관한 것이었다. 통일 후 정부는 구동독으로부터 218개의 광역자치단체(크라이스와 시구)와 7,563개의 기초자치단체를 인수받았다. 구동독 지방자치단체의 수는 인구(구동독 인구: 약 1천 6백만 명)에 비하여 그 수가 너무 많은 편이었으며, 구서독의 지방자치단체에 비해서도 그 수가 너무 많은 편이었다.[13] 그만큼 지방자치단체의 규모가 작았다는 것을 의미한다. 기초자치단체의 70% 이상이 인구 500명 이하의 작은 게마인데였다. 예를 들어 브란덴부르크 주에는 1,775개의 기초자치단체가 있었는데 이 중 인구 500명 미만인 기초단체가 67.1%에 이르렀다. 광역자치단체(크라이스)의 경우에도 마찬가지여서 총 218개의 광역자치단체 가운데 절반 이상이 10만 명 이하의 인구를 가지고 있었으며, 인구 5만 명 이하의 광역자치단체도 상당수 있었다. 독립시인 메클렌부르크-포르포메른 주 뢰벨(Röbel) 시의 경우 인구 1만 6천 명 정도로 구서독의 일부 기초자치단체보다도 인구가 적었다. 따라서 통일 이후 행정효율성 극대화를 위한 행정구역 개편에 관한 문제가 대두되었는데, 여기에는 해당 지방자치단체의 공직자 감원 등 지역 관계자의 이익이 첨예하게 대립되어 있었고, 특히 행정구역은 선거구와 일치하는 경우가 대부분이었기 때문에 갈등이 발생할 수밖에 없었다.

따라서 대부분의 주는 지방자치단체 통폐합에 관하여 해당 지역 간의 자발적인 통합을 유도한다는 원칙을 포기하였으며, 결국 주정부가 통합을 강제로 추진하여 결과적으로 심한 후유증이 발생하기도 하였다. 극심한 예는 브란덴부르크 주의 경우인데, 1992년 인구가 적은 38개의 크라이스를 통폐합시켜 14개로 만든다는 계획 아래 해당 지역의 자율적인 통폐합을 추진하였으나 결국 단 1건의 통합조차도 성사시키지 못하자 주정부가 이를 강제

13) 구서독에는 통일 당시 인구 약 6,100만 명에 광역자치단체는 237개, 기초자치단체는 8,509개가 있었다.

로 시행하였다. 그러나 이러한 강제적 조치는 해당 지역의 심한 반발과 함께 이의 취소를 요구하는 헌법소원이 헌법재판소에 접수되기도 하였다.

제 3 절 인사 제도의 통합: 구동독 관료 제도의 구축

독일 통일 후 행정통합 과정 중 가장 어려웠던 과제는 새로운 관료 제도의 구축을 위한 구동독 행정 인력 개편과 재정비였다. 다시 말해, 통일 후 인수된 구동독 공직자를 감축하고, 일정한 임용 과정을 거쳐 재임용된 인력을 자유민주주의 체제에 맞는 공직자로 교육시키는 것이었다. 제도의 재구축과 조직의 개편 작업은 단시일 내에 수행할 수 있지만, 수십 년 동안 지녀온 인간의 가치관 및 행태는 하루아침에 변화시킬 수 있는 성질이 아니었기 때문이다.

1. 통일 전 동서독 관료제 비교

비록 제1·2차 세계대전 후 연합국의 점령으로 인한 행정의 단절기는 있었지만 오랜 기간 동안 통일된 형태로 유지하여 왔던 독일의 전통적 관료제는 1949년 이후 동서독 분단으로 인하여 이질적 형태를 보여 왔다. 서독은 '고전적-유럽식 행정 체제(klassisch-europäische Verwaltungssystem)'의 특징의 하나인 직업공무원 제도를 채택하고 있었다. 따라서 공무원의 임용에서부터 신분, 권리와 의무, 보수 등 모든 사항을 법률로써 규정하고 이를 실행하고 있었다. 반면, 동독에서는 서방에서 의미하는 '공무원'이라는 개념은 존재하지 않았다. 즉, 동독의 관료는 사회주의통일당의 지시나 결정 사항을 실행하는 기구에 불과한 '국가기관의 종사자'였으며, 그들의 위상과 권한과 임무 등에 관한 통일된 법·규정이 존재하지 않았다(Schulze, 1991: 147). 동서독 관료들의 특징을 그들의 신분, 정치적 중립성, 자질 등의 측면에서 살펴본 다음, 통일 후 구동독 지역에서 새로운 관료제의 구축 과정과 이 과정에서 나타났던 문제점을 분석해 보기로 하겠다.

1) 관료의 신분

서독의 공직자는 크게 공무원과 공공 부문 근로자(공공 부문 사무원+공공 부문 노무자)로 구분된다. 공무원은 국가 공무 수행의 중추를 이루는 공직자 신분으로, 공복으로서 국가와 국민에 대한 충성 원칙을 이행하고, 아울러 직무 수행시에 정치적 중립을 유지하여야 했다. 공공 부문 근로자와는 달리 이들에게는 단체행동권이 부여되지 않았다. 또한 공무원은 자신의 직무 수행에 대하여 기본적인 책임을 지었으며 직무상의 위법 행위에 대해서는 형법 및 관련 법에 의하여 처벌을 받게 되어 있었다. 그리고 공무원이 국가의 결정 사항에 대하여 이의를 제기할 경우에는 행정소송절차에 따라야만 하였다.

공공 부문 근로자는 공공 부문에 임용되어 근무하는 공직자이기는 하지만 공무원 신분과는 조금 다른 신분을 가지고 있었다. 그들은 고용주인 국가와 사적(私的) 노동계약을 체결하였으며, 이 계약을 통하여 그들의 신분과 권리, 의무 등이 결정되었다. 따라서 이들에게는 공무원에게 요구되는 국가에 대한 충성보다는 그들의 근무 능력 및 그 성과가 더 높게 평가되었으며, 공무원에게 없는 단체행동권도 주어졌다. 또한 그들은 국가와의 소송에서도 일반 노동자와 같이 노동법의 적용을 받았다. 그러나 이들에게도 공무원에게 적용되고 있는 비밀 유지의 원칙, 정치적 중립의 원칙 등이 적용되고 있으며, 신분·보수·휴가 등에서 공무원과 큰 차이가 없었다.

반면 동독에서는 서독에서 의미하는 '공무원 제도(Beamtentum)'가 존재하지 않았다. 전후 동독 지역을 점령한 소련군은 독일의 전통적인 관료제를 히틀러-나치의 유산이라는 이유로 1945년 9월 17일 군 명령 66호를 통하여 폐지하였다. 따라서 이후 동독에서는 서독에서와는 달리 관료의 신분과 위상에 대한 명확한 법적·행정적 규정이 존재하지 않았다. 그들에게는 다만 다른 노동자와 마찬가지로 국가와의 노동 관계만이 성립되어 있었을 뿐이었다.

2) 관료의 정치성

고전적-유럽식 행정 체제에서 관료의 정치적 중립성 원칙은 공통된 사항이다. 이는 관료가 행정 임무를 수행하는 데 초당적이어야 함은 물론 정치문제에 관여해서도 안 된다는 원칙이다. 물론 서독은 내각책임제를 실시하고 있었고 직업정치가가 각 부처 장관 및 정무차관(Parlamentarischer Staatssekretär)직의 임무를 수행하고 있었기 때문에 관료의 정치적 중립성 원칙이 지켜지는 데 어려운 점이 없지는 않았다. 그러나 이러한 어려움에도 불구하고 관료의 정치적 중립성은 연방공무원법(53조)에서도 명시하고 있었고, 관료사회에서도 관료가 '정치적 이용 대상'이 되어서는 안 된다는 기본적 가치관이 형성되어 있었다.

반면 동독에서는 관료란 당의 정책을 수행하는 일선 기구로서 공직자의 정치적 독립성은 보장되지도 않았을 뿐만 아니라 요구되지도 않았었다. 오히려 공직자는 당에서 결정한 정책을 집행하는 기능을 담당하여야 하였기 때문에 이들에게는 무엇보다도 정치적·이데올로기적 성향과 당에 대한 충성심이 요구되었다. 따라서 관료의 정치화는 필연적이었다. 한 예로 1986년 6월 현재 동독 행정부의 성격을 가지고 있는 각료회의(Ministerrat) 소속 45명의 간부 중 41명이 사회주의통일당의 당원이며, 시·군 행정조직의 관료 가운데 약 85%가 당원이라는 사실은 동독에서 관료의 정치화가 얼마나 철저히 이루어졌나를 말하여 준다(König, 1991a: 9).

특히 행정이 정치 엘리트인 '카더(Kader)'와 특권층인 '노멘클라투라(Nomenklatura)'에 의하여 철저히 장악되었다는 점에서 동독 관료의 정치성은 더욱더 명백하게 드러나고 있다. 카더란 동독 관료 중 핵심 간부층으로 당의 명령을 받아 이를 책임지고 집행·관리하는 계급을 말한다. 동독의 사회주의통일당은 수시로 카더의 '지도자 역할'을 강조하여 왔으며, 각료회의에는 물론 각 시·군의 행정조직에 소위 '카더부(Kaderabteilung)'를 설치하여 이들의 충원과 교육은 물론 행동지침을 결정·지시하였다. 1977년 7월 사회주의통일당 중앙위원회(Zentralkomitee)는 카더의 선발과 임무 등에 관한 다음과 같은 지침서를 결정·하달한 바 있는데, 이는 동독의 관료 체제에서 카더의 비중이 얼마나 큰가를 잘 보여 주고 있다(Schulze, 1991: 160).

- 노동자 계급과 당의 지도자적 역할은 카더의 계획적인 선발, 정확한 임무 배치, 교육 등을 통해 유지한다.
- 카더는 노동자 계급에서 계획성 있게 선발한다.
- 카더에게는 당에 대한 확고한 충성심, 당의 결정에 대한 과감한 추진력이 요구된다.
- 당은 카더의 정치적·전문적 능력 또는 기타 성격과 경험을 수시로 검사하며, 이를 통하여 그들에게 적당한 임무를 부여한다.
- 카더에게는 계획적인 마르크스-레닌주의 교육이 절대 필요하다.

한편 노멘클라투라란 동독의 최고 권력층으로 대부분 당직을 겸하고 있었으며 카더의 임용과 해직, 그리고 그들에 대한 전보권을 행사할 수 있는 계급이었다. 이들은 소위 '민주주의 중앙집권주의 원칙'에 의한 조직 체계의 최고 정점에 있었으며, 초법적인 권한을 행사하고 있었다.

3) 관료의 자질

서독의 관료에게 가장 중시되어온 자질은 법률적 지식과 이의 적용 능력이었다. 서독 관료는 직무를 수행할 때 기본법은 물론 행정법, 민법 등 각종 법규를 숙지하고 이를 적용하여야 했다. 따라서 서독 관료, 특히 고급직 관료들 상당수는 법학을 전공한 사람들로 국가고시(Staatsexamen)를 합격한 후 선발·임용되었다.[14] 서독 관료에 대한 법적 지식의 강조, 법과 규정의 적용 원칙은 관료의 교육 내용에서도 찾아볼 수 있었는데, 1997년 연방내무부(Bundesministerium des Innern) 산하 '연방공무원교육원(Bundesakademie für öffentliche Verwaltung)'에서 실시하였던 연방공무원 교육

14) 통일 전 1990년 서독 연방부처에 근무하는 고급직 관료 중 약 65%가 법학을 전공하였다는 사실이 이를 입증하고 있다. Hans-Ulrich Derlien, "Integration der Staatsfunktionäre der DDR in das Berufsbeamtentum: Professionalisierung und Säuberung", in: Wolfgang Seibel, Arther Benz & Heinrich Mäding.(Hrsg.), *Verwaltungsreform und Verwaltungspolitik im Prozeß der deutschen Einigung*, Baden-Baden, 1993, p. 193.

내용 중 약 60%가 법률에 관계된 내용이라는 사실이 이를 입증한다. 그러나 서독의 관료에게 법률적 지식이 강조되었다고 해서 기타 전문지식이 소홀히 취급되었던 것은 아니었다. 기본법 제132조에 공직자라 할지라도 "전문적 능력이 없을 경우 강임(降任)될 수 있음"을 명시하고 있듯이 서독 관료에게는 경제 관련 지식, 외국어, 국제적 안목 등 다양한 지식과 경험이 요구되었다.

반면 동독 관료에게는 서독에서 강조되어 온 법률적 지식은 물론 기타 업무 수행에 필요한 전문지식도 부족하였던 것이 명백하게 드러났다. 동독 관료의 자질이 서독 관료의 자질에 미치지 못하였던 첫 번째 이유는 동독의 관료 충원 방법에 문제가 있었기 때문이다. 동독에서는 자유민주주의 국가에서 실시되고 있는 관료의 '공개채용'은 존재하지 않았으며, 대신 당의 세밀한 계획 아래서 주로 당 간부의 '추천'을 통하여 이루어졌다. 이 과정에서 요구되는 첫 번째 조건은 법률적 또는 기타 전문적 지식이 아닌 당성의 소유였다. 동독의 사회주의통일당은 마르크스-레닌주의에 입각하여 사회주의·공산주의 혁명을 수행하는 '혁명정당'이며, 국가 전체를 통제하는 가장 강력한 권력집단이었다. 따라서 이러한 당에 대한 무조건인 충성과 당의 결정에 대한 과감한 추진력이야말로 관료들에게 무엇보다도 요구되었던 사항이다.15)

동독의 관료 충원 과정에서 강조되었던 요소 중 또 하나는 계급성, 바로 '출신 성분'이라고 할 수 있다. 계급성은 곧 노동자 계급의 강조를 의미하는데, 노동자 계급이야말로 자본주의 모순을 타파하고 사회주의, 나아가 공산주의 사회를 건설할 수 있는 유일한 계급이라는 것이다. 따라서 국가의 중추적 집단인 관료는 당연히 노동자 계급에서 충원되어야 한다고 강조하였다. 물론 동독의 사회주의통일당도 관료의 전문성을 강조하지 않은 것은

15) 동독의 관료 충원, 특히 카더와 노멘클라투라 충원과 관련하여 당에 대한 확고한 신념, 충성심, 당 결정에 대한 과감한 추진력, 확고한 당 이데올로기 무장 등의 요구는 1977년 6월 7일에 있었던 사회주의통일당 중앙위원회 지침 이외에 1986년 9월 30일에 있었던 사회주의통일당 전당대회 결정 사항, 1986년 1월 20일에 있었던 간부회 결정 사항에 잘 나타나 있다. 이에 대한 독일어 전문은 쾨니히(König, 1991: 395) 참조.

아니었다. 그러나 전문성은 이차적인 요구 사항이었으며, 일차적 조건은 출신 성분이었다. 당에 대한 충성심 우선 원칙과 특정 계급 출신의 우선적 등용으로 관료들의 자질은 서독의 관료와 비교해 훨씬 뒤떨어졌다.

동독 관료의 전문적 능력이 서독의 관료와 비교해 훨씬 뒤떨어진 두 번째 이유는 관료에 대한 교육에 문제가 있었기 때문이었다. 동독에서도 '독일민주공화국 국가학-법학연수원(Akademie für Staats- und Rechtswissenschaft der DDR)', '국가학 전문대학(Fachhochschule für Staatswissenschaft)' 등의 중앙교육기관에서는 물론 각 시·군에 있는 '행정연수원(Betriebsakademien)' 등에서 관료들에 대한 교육을 실시하였었다. 그러나 당이 관료들의 충원시에 강조한 것이 당에 대한 충성심, 마르크스-레닌 이데올로기 등이었기 때문에, 이러한 교육기관에서 실시하였던 교육도 전문지식의 습득보다는 당성의 강화에 치중하였다. 한 예로 1984년 11월 개원한 동독 각료회의 산하의 '독일민주공화국 국가학-법학연수원'의 교육 프로그램을 분석해 보면 동독이 관료의 정치적 역량 강화에 얼마나 치중하였는지를 잘 알 수 있다. 교과 과정을 보면 다음과 같다(Schulze, 1991: 163).

- 마르크스-레닌주의의 이념
- 국제 관계와 동독의 외교정책
- 사회주의 문화정책
- 마르크스-레닌의 국가이론 및 법이론
- 행정에서의 지도력과 조직력
- 국민경제와 지도력
- 사회주의 지방행정
- 범죄 예방 및 대처

이상에서 살펴본 바와 같이 통일 전 동서독 관료 체제는 상이한 형태를 띠고 있었다. 서독의 관료 체제는 비록 행정 과정에서 법과 규정의 지나친 강조로 인한 행정의 경직성, 관료주의 등 일부 문제가 드러나긴 했지만, 직업공무원 제도를 바탕으로 하여 공직자에게는 행정의 전문성, 합법성 등을 강조한 체제였다. 반면 동독의 관료 체제에서는 관료의 정치화는 물론 관료의 자질에 심각한 문제가 나타난 관료의 이른바 '정치화된 무능(politisierte Inkompetenz)' 현상이 크게 두드러졌다(Derlien, 2001: 191).

따라서 통일 후 민주적인 관료 체제의 구축은 단순히 구동독 관료가 서독의 기본법 효력 범위로 편입되는 것으로 종결될 수 없었다. 독일 정부는 우선 구동독으로부터 인수한 공직자를 심사하여 새로운 체제에 적합한 인물만을 선발하여야 했다. 또한 선발된 자를 대상으로 한 여러 교육 과정을 신설하여야만 했다. 그러나 이 과정에서 예기치 못했던 문제가 발생하였으며 많은 시행착오를 겪기도 하였다. 통일 후 구동·서독 인사 제도 통합 과정을 분석하고 이 과정에서 나타난 문제점에 대해서 알아보기로 한다.

2. 구동독 관료의 인수 및 감축

통일과 함께 구동독 관료 약 180만 명이 통일 독일에 인수되었다.[16] 이들 구동독 관료 처리 문제를 근본적으로 규정한 것은 1990년 9월 23일부터 그 효력이 발생된 '통일조약(Einigungsvertrag)'이었다.[17] 통일조약(제5장 20조)에서는 구동독 관료는 통일 이후에도 일단 관료 신분을 유지한다고 밝히고 있었다. 그러나 이는 어디까지나 잠정적인 조치일 뿐 구동독 관료가 자신의 신분을 계속 유지하기 위해서는 일차적인 조건이 충족되어야 한

---

16) 통일 직전인 1990년 8월 동독의 정부인 각료회의(Ministerrat)에서 서독 연방내무부에 통보하였던 동독 행정 인력의 정확한 수는 2,125,054명이었다. 이 중 상당수는 통일 전 퇴직하였으며, 약 180만 명이 통일과 함께 인수되었다. 통일 전 동독의 인구는 약 1,600만 명이었는데, 이 중 212만 명 정도가 공직에서 근무하고 있었다는 사실은 동독 인구의 약 12%가 공직에 근무하고 있는 것으로서, 인구의 7%가 공직자인 서독보다도 공직자 수가 훨씬 많았음을 말하여 준다(Weiß, 1991: 1).

17) 통일조약은 독일 통일을 규정하는 조약으로, 1990년 8월 31일 베를린에서 독일연방공화국 대표(Dr. Wolfgang Schäuble)와 독일민주공화국 대표(Dr. Günther Krause)에 의하여 체결된 것이다. 총 9장 [제1장(동독에 의한 독일연방공화국으로의 편입의 효력), 제2장(기본법의 적용규정), 제3장(연방법의 적용과 동화), 제4장(국제조약 및 협정), 제5장(공공행정과 사법), 제6장(공공재산과 채무), 제7장(노동, 사회보장, 가족, 여성, 보건, 환경 보호), 제8장(문화, 교육, 과학, 스포츠), 제9장(과도규정)] 과 부속 문서로 구성되어 있다.

다고 규정하였다. 그 일차적인 조건은 바로 자신이 근무하고 있던 기관이 통일 후에도 그대로 존속하여야 한다는 것이다. 그렇지 못할 경우, 다시 말해서 자신이 근무하고 있는 기관이 폐지되었을 경우 당사자들은 자동적으로 휴직 상태에 들어가며 기존 봉급의 70%에 달하는 수당만을 받는다고 규정하였다. 직장이 폐쇄됨으로써 휴직 상태에 있는 '대기자(待機者, Warteschleife)'들은 만약 6개월(단, 50세 이상일 경우 9개월) 이내에 자신을 필요로 하는 새로운 기관을 찾지 못하면 자동적으로 실직되었다. 이 일차적 조건이 충족되지 못하여 통일과 동시에 대기 상태에 있었던 구동독 관료는 약 25만 명 정도였다. 다시 말해서 통일과 동시에 약 25만 명이 퇴직을 위하여 대기하였던 것이다.[18]

한편 통일조약은 행정기관에 계속해서 근무하고 있는 구동독 관료에 대해서도 심사를 통하여 과감하게 감축할 수 있도록 규정하였다. 이는 구동독 출신 관료의 자질이 구서독 관료에 비하여 크게 뒤떨어질 뿐만 아니라, 그들 중 다수가 구동독 국민의 인권을 탄압하였던 '국가보위국(Staatssicherheitsdienst der DDR: 약어 Stasi)'에 직·간접적으로 관여한 인물들이어서 이들에 대한 정치적인 숙청 또한 불가피하였기 때문이다. 또한 인수된 구동독의 관료 수가 너무 많았기 때문에 행정개혁의 차원에서도 과감한 인력 감축이 불가피하였다. 이들에 대한 인건비도 문제가 될 뿐만 아니라, 새로운 행정 인력의 충원도 어렵게 했기 때문이다. 따라서 통일 전 서독은 동독 정부에 대하여 동독 관료의 감축을 적극 요구하는 한편 해고에 대한 몇 가지 원칙을 통일조약에 삽입할 것을 주장, 이를 관철하였던 것이다.

구동독 관료 감축을 가능하도록 한 통일조약의 규정을 '특별 규정(Sonderegelungen)'이라고 하는데, 이에는 '정상적 해고 규정(ordentliche Kündigung)'과 '예외적 해고 규정(außerordertliche Kündigung)'이 있다.

18) 그러나 통일 후 이 원칙이 적용되면서 휴직 상태로 있던 당사자들의 불만과 소송으로 인하여 휴직 대상 범위가 축소되었다. 특히 1991년 4월에 있었던 연방헌법재판소의 판결로 인하여 휴직명령에 좀더 신중을 기하게 되었다. 이 판결에 따르면 혼자서 자녀를 양육하는 여성에게는 휴직명령을 내릴 수 없으며 장애자 또는 고령자가 휴직 상태에 있으면 이들을 우선적으로 고용하여야만 했다.

통일조약(부칙 I, 19조, a항, 3호, 1번)에 명시되어 있는 '정상적 해고 규정'은 다음과 같다. 한편 구동독 관료가 이에 해당되는 경우 6개월간의 기간 동안에는 기존 보수의 70%를 받으며, 이 기간이 지난 이후에는 자동 퇴직하여야 했다.[19]

– 전문적 지식이 부족하거나 주어진 업무에 필요한 자질을 갖추지 못하여 업무 수행에 부적합한 자
– 소속기관에서 더 이상 행정 수요가 존재치 않아 필요하지 않는 자
– 속해 있던 조직이 해체되었거나 다른 조직과 통폐합되어 이후 업무를 배당받지 못한 자

한편 '예외적 해고 규정'에 의한 감축 대상자들에게는 유예 기간이 주어지지 않았다. 다시 말하면, 다음과 같은 해당 사항이 밝혀지면 즉각 해고되었으며, 정상적 규정에 해당하여 해고된 자와는 달리 기존 보수의 70%에 달하는 보수조차 받지 못하였다. 예외적 해고 규정의 대상자들은 다음과 같다.

– 구동독 시절 인도주의나 법치국가적 질서에 어긋난 행위를 한 자, 즉 구동독 관료로서 인권 탄압에 가담한 자
– 동독 국가보위부(Stasi) 활동에 가담한 자

이와같이 통일조약은 무기한으로 적용되는 '예외적 해고 규정'을 통하여 전력(前歷)이 있는 구동독 정치관료 및 국가보위부 활동에 가담한 자를 색출하고 해고할 수 있도록 하였다. 그러나 이 규정 중 "인권을 탄압한 자"라는 구절 등은 그 적용시에 자칫 잘못하면 무고한 자가 피해를 입을 수 있는 소지를 내포하고 있었다. 따라서 통일조약은 관료 해고시 신중성을 기하기 위하여 당사자가 인권 유린에 관여하였다는 구체적인 근거를 제시하도록 명시하고 있다. 따라서 국가보위부 관계자, 인권 탄압자에 대한 색출 작업은 그리 쉬운 일이 아니었다. 정부는 한편으로는 무고한 구동독 관료가 국

19) 원래 통일조약에 따르면 정상적 해고 규정의 실행 기간은 통일 후 2년이었다. 그러나 작센 주의 제안에 따른 법률 개정을 통하여 1993년 12월 31일까지 연장·실시되었다. 이는 정상적 해고 규정을 통하여 많은 인력을 효과적으로 감축할 수 있었기 때문이다.

가보위부 또는 인권 탄압자로 오인되어 불이익을 당하는 일이 없도록 색출에 신중을 기하여야 했으며, 한편으로는 과거 극복의 차원에서 이들을 빠짐없이 색출하여야만 하는 부담을 안고 있었다.

그럼에도 불구하고 통일 이후 구동독 관료는 여러 형태의 심사 과정을 거쳐야 하였으며 이 과정에서 많은 사람들이 해고당하였다. 통일 이후 구동독 관료 중 몇 명의 관료가 대기 상황에 있었으며, 특별 규정에 의하여 해고당했는가에 대한 구체적 통계 자료를 찾아보기는 어렵다. 다만 일부 기관에서 자체적으로 공개한 자료, 연방통계국의 공무원 수 등을 종합하여 추측할 수 있을 뿐이다.

예를 들어 연방헌법재판소의 한 보고서는 1991년 한 해 동안 약 25만 명의 구동독 관료가 대기 상태에 있었다고 추정하였으며, 이 중 극소수만이 재임용되었음을 밝혔다. 이 밖에 일부 연방부처에서 인수된 구동독 관료의 감축 현황을 공개하고 있는데, 이를 보면 1991년 연방내무부로 인수된 구동독 관료 중 868명이 정상적 해고, 792명은 예외적 해고 규정에 의하여 해고당하였으며, 연방국방부(Bundesministerium für Verteidigung)로 인수된 관료 중 12,136명이 정상적 해고 규정, 281명이 예외적 해고 규정에 따라 해고당하였다. 연방우편·통신부(Bundesministerium für Post und Telekommunikation)로 인수된 관료 중 1,004명이 정상적 해고, 1,634명이 예외적 해고 규정에 따라 해고당하였다. 또한 연방외무부에 근무하기를 원한 구동독 외무부 소속 235명의 관료 중 9명만이 받아들여지고 나머지는 정상적·예외적 해고 규정에 의하여 해고당하였다(König & Meßmann, 1995: 70).

통일 이후 구동독 관료의 감축 규모를 예상할 수 또 하나의 자료는 연방통계국의 통계 자료이다. 다음의 <표 6-3>에서 보는 바와 같이 1990년 통일 이전 구서독 공직자의 수는 약 492만 명이었다. 그런데 통일 이후인 1991년 공직자 수는 약 673만 8천 명으로 증가하게 되었다. 통일과 함께 관료 약 182만 8천 명이 증가되었다는 것을 알 수 있다. 그러나 그 이후 공직자는 수는 다시 급격히 줄어들어 1995년에는 약 552만 명으로, 1991년에 비해 약 121만 8천 명이 감소되었으며, 2000년에는 통일 이전보다 오히려 1만 명이 감소하였다는 것을 알 수 있다. 이렇듯 1991년 이후 독일 공직자의 수가 급격히 감소하였던 이유는 독일 정부가 꾸준하게 추진하였던 정부 조직의 축소와 민영화 조치에 따른 공직자 인력 감축의 결과라고 볼 수도 있겠지만, 한편으로는 통일 후 정부가 추진하여 온 구동독 관료 감축정책의 결과라고도 추측할 수 있겠다. 다시 말해서, 통일과 함께 인수된 약 180만 명의 관료 중에서 통일 후 4년 동안 약 120만 명이 퇴직하였으며, 나머지 약 60만 명도 계속해서 감축 대상으로 남아 있었던 것이다.

〈표 6-3〉 통일 이후 독일 공직자 수 증감 추세

연 도	공직자의 수(천 명)	증감(명, 1990년을 기준)
1990	4,920	0
1991	6,738	+1,828
1995	5,520	+300
2000	4,910	-10
2001	4,908	-12
2003	4,779	-141

자료: 독일 연방통계국(Statistisches Bundesamt: www.destatis.de) 자료를 토대로 필자가 재정리.

3. 직업공무원제의 도입

이미 언급한 바와 같이 구동독에서는 직업공무원제가 없었으며 관료의 신분은 단순히 '국가기관의 종사자'였을 뿐이다. 그러나 통일조약은 제20조 2항에 공공 업무의 수행을 조속히 공무원에게 이양하도록 명시함으로써, 통일 후 신연방주 지역에 직업공무원제를 도입할 것을 규정하였다. 따라서 구동독 출신 공직자도 원칙적으로 직업공무원으로의 지원이 가능해졌다. 따라서 신연방주 공무원 임용권자도 경찰을 비롯한 일반 행정 분야에 걸쳐 대대적으로 공무원 임용 작업에 착수하였다. 그뿐만 아니라 구서독에서 실시되었던 공공 부문 근로자 제도, 즉 공공 부문 사무원(Angestellte)과 공공 부문 노무자(Arbeiter) 제도도 도입·시행되었다. 그러나 공직자 신분, 특히 공무원 신분의 취득은 신청한 사람 모두에게 자동적으로 주어지는 것은 아니었다. 공무원 신분의 취득은 신청인의 인성, 전문 능력, 그리고 경력 조사를 통한 세심한 선별 작업을 통하여 이루어졌다. 구동독 관료의 공무원 재임용과 관련해서 연방내무부는 연방, 주, 지방자치단체에 통일된 선발 기준을 마련해 지침을 내린 바 있다. 국민들에게 공공행정의 독립성과 신뢰성을 확인시켜 줄 수 있는 사람만이 공무원으로 선발될 수 있도록 지침을 내린 것이다.

공무원 선발 기준에서 가장 중요시된 것은 신청자의 구동독 시절 행위였다. 공무원이 되고자 하는 자가 비록 전문적 지식을 갖추고 있고 적성도 공무원직을 수행하기에 충분하다 할지라도 구동독 시절 국가보위부를 위하여 활동하였거나 또는 인권 탄압에 관여했으면 공무원 신분을 취득하기가 사실상 불가능하였다. 물론 이러한 경우에도 당사자 전력에 대한 구체적인 증거와 함께 구동독 시절 당시 주변과 개인적 상황을 충분히 참작하여 결정하도록 되어 있었다.

통일 독일의 공무원 재임용 작업에서 신청자의 전력, 자질 그리고 주변 상황 등을 신중히 검토하기 위해서는 일정한 시간을 필요하였는데, 이를 위하여 연방내무부는 1991년 1월 9일 '구동독 지역 공직자 공무원 임용을 위한 유예 기간에 관한 규정(Verordnung über die Bewährungsforderungen für die Einstellung von Bewerben aus der öffentlichen Verwaltung im Beitrittgebiet in ein Bundesbeamten – Verhältnis)'을 발표하였다. 이 규정에 따라 신연방주 공무원으로 임용되고자 하는 자에게는 공무원 직급에 따라 상이한 유예 기간을 두어, 이 기간 동안 그 사람의 인성과 전문 능력, 그리고 과거 경력을 조사하여 그 능력이 인정되고 과거 인권 탄압에 관련되지 않았다는 사실이 명백해질 경우 공무원으로 임용되었다. 직급에 따른 유예 기간은 다음과 같았다.

– 고급직 공무원(Höherer Dienst): 4년
– 상급직 공무원(Gehobener Dienst): 3년
– 중급직 공무원(Mittlerer Dienst): 2년

– 단순직 공무원(Einfacher Dienst): 1년

그러나 유예 기간을 통하여 공무원으로 임용되고자 하는 사람의 능력이 일단 인정되고 과거 경력도 문제가 없는 것으로 밝혀졌다고 해서, 그가 즉각적으로 평생직 공무원으로 임용된 것은 아니었다. 유예 기간이 끝난 공무원 재임용 신청자는 일단 교육생 공무원, 이후 시보 공무원으로 임용되었으며, 일정 기간 동안 직무 수행에 필요한 전문교육 및 꾸준한 인성검사를 받았다. 물론 이 기간 동안에도 업무 수행에 필요한 자질 및 능력 부족 사실이 드러나고, 과거 인도주의와 법치국가적 기본 원칙에 위배된 행정집행에 종사한 경력과 국가보위부에 관계하였던 경력이 밝혀질 경우 재임용에서 탈락되었다.

한편 공무원의 임용에서도 다음과 같은 연령 제한을 두어 연소자 및 노령자의 공무원 재임용을 방지하였다. 즉, 고급직 공무원은 27세 이상, 상급직 공무원은 24세 이상, 중급직 공무원은 20세 이상, 그리고 단순직 공무원은 18세 이상인 자에 한해서 임용이 가능하였으며, 50세 이상인 자는 공무원으로의 임용을 불허하였다. 신연방주 공무원(시보 공무원 포함) 임용 현황은 <표 6-4>에서 자세히 밝히고 있다.

〈표 6-4〉 신연방주 공무원 임용 현황 (명)

신연방주	1992년	1993년	1994년	1995년
베를린(동부)	275	4,349	5,249	9,360
브란덴부르크*)	2,457	7,467	7,289	10,885
메클렌부르크-포르포메른	5,308	6,042	8,211	10,571
작센	2,495	16,100	28,480	28,634
작센-안할트*	9,916	13,889	14,943	17,026
튀링겐	4,000	9,952	14,531	18,123
합계	24,451	57,799	78,703	94,599

자료: Bundesministerium des Innern 1996, Anlage 30.
* 지방자치단체 소속 공무원은 제외한 숫자

평생직 공무원으로 임용되면 당사자는 헌법과 공무원법이 규정한 바와 같이 구서독 공무원과 똑같은 권리와 의무를 행사할 수 있었다. 공공 부문 근로자에 대해서도 정부는 공무원 임용 규정과 비슷한 규정을 정하여 인수된 구동독 관료를 심사하여 임용하였다. 결론적으로 정부는 신연방주에서의 공직자 임용 작업을 수행하는 데 인수된 구동독 관료의 인성과 전문성, 적응성 등은 물론 구동독 시절의 경력에 대한 자세한 검증을 거친 후에 공직자로 임용하였다.

한편 통일 후 공직자 통합 과정에서 나타났던 주요한 문제 중의 하나는 신연방주 공직자의 근로 조건 향상 문제였다. 즉, 신연방주와 구연방주 공직자 근로 조건의 평준화였다. 이를 위하여 정부는 통일조약에 따라 구동독 출신 관료들에게 당분간 적용되어 오던 구동독의 규정을 폐지하고, 대신 1991년 초에 있었던 정부와 '공무원노조연합(GBB: Gewerkschafsverband Beamtenbund)' 또는 정부와 '공직자 · 교통종사자노조(ÖTV: Gewerkschaft Öffentliche Dienste, Transfort und Verkehr)'와의 협약으로 대체하였다. 이에 따라 1991년 4월 1일부터 신연방주 공직자들의 주당 노동 시간이 43.75시간에서 40시간으로 단축되었으며, 이 밖에 신연방주 공직자에게도 구서독 공직자와 동일한 휴가 기간이 보장되었고, 300 마르크의 휴가비, 봉급의 75%에 달하는 성탄절상여금이 지급되었다.

그러나 신연방주에 근무하는 공직자의 보수는 구연방주 공직자 보수 수준과 동일하지 못하였다. 신연방주와 구연방주의 경제 규모의 격차, 물가의 차이 등으로 인하여 만약 신연방주와 구연방주 공직자 보수 수준이 같을 경우 결과적으로 신연방주 공직자가 더 많은 보수를 받는 것과 마찬가지였기 때문이다. 따라서 1991년 7월 1일부터 신연방주 공직자는 구연방주 공직자 보수의 60%를 받았으며, 이후 그 비율을 점차 높여 나갔다. 신연방주 공직자는 1992년 5월 1일부터 구연방주 공직자 보수의 70%를 받았으며, 1992년 12월 1일부터 74%, 1993년 7월 1일부터 80%, 1994년 10월 1일부터 82%, 그리고 1995년 10월 1일부터 84%로 단계적으로 인상되었다. 2004년 5월 이후 2006년 현재까지 신연방주 공직자는 동일 직급 구연방주 공직자 보수의 92.5%를 받고 있다.

4. 인사 제도 통합에 따른 문제점

이상 살펴본 바와 같이 독일은 통일 후 구동독 시절 국가보위부 및 인권 탄압에 관련된 공직자의 색출과 해고 그리고 이후 자질 검증을 통한 공직자의 재임용 등을 통하여 자유민주주의 국가에 맞는 관료제를 구축하였다. 그러나 이 과정에서 인력 감축에 따른 문제, 재임용된 공직자의 교육 문제 등 여러 문제점들도 노출되었다. 이들 문제점에 대하여 분석해 보기로 한다.

1) 구동독 관료 감축과 재임용의 어려움

독일의 통일은 동독의 붕괴에 따른 이른바 흡수통일 방식으로 이루어졌다. 다시 말해서 독일의 통일은 동서독 양국의 정부 수립 후 약 40여 년 동안 계속되어 온 체제 경쟁에서 서독의 자유민주주의 체제가 동독의 사회주의 체제에 대하여 승리한 결과로 나타난 것이었다. 따라서 통일 후 정부가 구동독 체제의 핵심 구성원인 소위 카더 및 노멘클라투라와 구동독 시절 국민의 인권을 유린하였던 국가보위부 요원을 색출하여 공직에서 퇴직시키는 것은 과거 청산과 체제 안정을 위해서 필수적인 조치였다고 볼 수 있다. 물론 구동독 출신자들의 반발과 국민통합을 염두에 둘 수밖에 없었던 정부는 1945년 이후 제2차 세계대전 연합국이 패전국인 독일에 대해서 소위 '나치 청산'이라는 명목으로 행하였던 것과 같은 무자비한 숙청 작업을 가능하면 피하려고 하였다. 그러나 카더 및 노멘클라투라라고 불리었던 구동독 정권 핵심 인력과 국가보위부 관련자에 대한 해임 조치는 필수적이라 생각하고 이를 추진하였다.

그러나 통일조약에 따른 공직자 감축 조치에도 불구하고 구동독 국가보위부 관련자는 물론 정치관료들이 통일 후 한동안 통일 독일의 공직자로서 계속 근무하는 현상이 나타났다. 한 예로 연방내무부의 보고서에 따르면 1993년 4월 1일 현재 약 2,600명의 구동독 국가보위부 요원들이 연방행정기관에 공직자, 특히 공무원 신분을 획득하여 근무하고 있는 것으로 나타났다. 그 중 약 1,600명은 연방철도우편통신부에, 약 150명은 연방내무부에,

약 300명은 연방국방수비대 요원으로 근무하고 있었던 것으로 밝혀졌다. 또한 통일 후 구동독 재산의 사유화 작업을 담당하였던 '신탁관리청(Treuhandanstalt: THA)'에도 약 84명의 구동독 고위 정치관료들이 근무하고 있는 것으로 밝혀졌다.[20]

그러면 이렇듯 구동독 정치관료 및 국가보위부 관련자에 대한 색출이 어려웠던 이유는 무엇일까? 그것은 첫째, 구동독 국가보위부 요원 및 정치관료의 퇴직 및 재임용에 대한 명확하고도 일관된 적용이 없었기 때문이다. 서술한 바와 같이 통일조약은 예외적 해고 규정에 따라 구동독 시절 인도주의나 법치국가적 질서에 어긋난 행위를 한 자는 능력의 유무와 관계 없이 해고한다는 원칙을 규정하고 있었다. 그러나 이 규정이 구동독 모든 주에 일관되게 적용되지 않고 각 주의 필요에 따라 임의적으로 해석되었으며 또한 주 내부에서조차 일관되게 적용되지 아니하였다. 결국 관료 및 국민들 사이에 법·규정에 대한 불신과 혼란만 가중되면서 일부 주에서는 구동독 정치관료 및 국가보위부 요원이 버젓이 공직에 근무하는 사례도 발생하였던 것이다(Majer, 1992: 162).

둘째, 동독의 사회주의통일당의 마지막 정권인 모드로프(H. Modrow) 정권은 통일 전 고위공직자 및 국가보위부 요원에 관한 인사 자료를 다수 폐기 처분하였을 뿐만 아니라 이들의 신분을 위장·전환시켜 놓았기 때문이다. 통일 전 동독 고위 공직자들의 생존전략은 법조계에서도 극렬하게 볼 수 있는데, 한 예로 통일 후 해고당할 것을 두려워한 동독의 판·검사는 집단으로 사표를 제출한 후 변호사로 개업하였다. 왜냐하면 통일 후 재심사를 통해서는 판사나 검사로 계속 근무할 수 있는 가능성이 매우 희박하였지만, 통일 전 변호사로 일단 개업을 하면 통일 후에도 계속 변호사로 활동할 수 있었고, 또한 이후에 다시 판사로 임용될 수도 있었기 때문이다.[21]

구동독 국가보위부 요원 및 관련자 색출과 해임 작업이 어려웠던 세 번

---

20) *Frankfurter Allgemeinen Zeitung(FAZ)*, 1993년 7월 14일, p. 4.

21) 1990년 7월 현재 동독 사법부에는 판사 1,580명, 검사 1,316명이 근무하고, 변호사는 약 600명이 활동하고 있었다. 그러나 통일 직후인 1991년 약 1,500명의 판·검사가 변호사 개업을 신청하였다(Bundesministerium des Innern, 1996: Anlage 10).

째 이유는 구동독 국가보위부 조직 속성상 관련자의 성함과 소속이 불명확하였다는 점이다. 다시 말하면, 국가보위부 소속 요원들은 모두 가명 및 약자를 쓰고 있었을 뿐만 아니라, 이중 또는 삼중의 직함을 가지고 있었기 때문이다. 또한 그들은 국가보위부 소속 요원임에도 불구하고 연방 및 주, 지방자치단체의 다른 기관에 적(籍)을 두고 있었기 때문에 통일 후 그들의 국가보위부 전력(前歷)이 밝혀지지 않은 채 계속 근무할 수가 있었다. 특히 이들은 전력을 이용해 통일 후에서 정보 및 치안 업무를 담당하는 기관에 근무하였을 뿐만 아니라 기타 특수부대, 경호부대, 구치소 등에서도 근무하였다. 한 예로 구동독 국가보위부의 최고책임자였던 밀케(Erich Mielke)의 이름을 딴 '밀케부대(Mielke-Truppe)' 소속 국가보위부 핵심 비밀요원들이 통일 후 계속적인 색출 작업에도 불구하고 연방행정기관 특히 연방내무부에 다수 근무하고 있었던 것으로 밝혀지기도 하였다.

2) 인수한 공직자의 재교육에 따른 문제점

서술한 바와 같이 동독 관료 체제에서는 행정사무 수행에 필요한 전문지식보다는 마르크스-레닌주의와 사회주의통일당의 정책 노선 등이 강조되었으며 관료들에 대한 교육훈련도 이를 중심으로 이루어졌다. 하지만 이러한 동독의 관료 교육 체제는 통일 후 민주주의 법치국가 행정의 기본 원칙에 입각하여 구서독 체제에 맞추어 변화되어야 하였으며, 여러 단계의 심사 과정을 거쳐 재임용된 구동독 출신 공직자들에 대해서도 계속적인 전문실무교육이 실시되어야만 하였다.

통일 후 연방정부는 구동독 행정기관으로부터 인수한 인력은 물론 구동독 지역에서 신규로 채용한 공직자들이 행정 업무를 원만히 수행할 수 있도록 '연방공무원교육원', '행정전문대학' 등을 중심으로 재교육을 실시하였다. 이 밖에 연방최고관청의 직속교육시설인 '연방민방위아카데미(Bundesakademie für zivile Verteidigung)', '연방재무아카데미(Bundesfinanzakademie)' 등에서도 업무 수행에 필요한 전문교육을 실시하였다. 그뿐만 아니라 새로 조직된 주와 지방자치단체도 인수된 관료에 대하여 교육을 실시하였다. 물론 각 주와 지방자치단체는 아직 재구축 단계에 있었고 재정적으로 열악하였기 때문에 구서독주의 대대적인 지원, 특히 신연방주와 자매 결연을 맺은 구서독주의 지원하에 교육을 실시하였다. 주요 지원 내용은 재정적 지원 이외에, 교수와 전문가 파견, 연수단의 파견, 기타 행정 인력의 지원 등이었다. 연방정부 또한 보조금을 통해서 주 및 지방자치단체의 재교육사업을 지원하였다. 1991년부터 1994년까지 총 9,500만 마르크가 약 215,000명의 공직자를 교육하는 데 지출되었다(Bundesministerium des Innern, 1996: 122).

교육 내용에는 자유법치 국가의 행정 업무 수행에 필요한 모든 내용이 포함되어 있었다. 여기에는 독일의 기본법, 행정법, 민법 등 법률에 관한 교육은 물론 컴퓨터 교육, 외국어 및 기타 정치·경제교육까지 다양하였다. 특히 강조된 것은 공공행정의 수행에 필요한 법률적 지식과 법의 적용 능력이었다. 이는 구동독 시절 관료에게 법률적 지식보다는 사회주의 이데올로기 및 당성이 강조되었던 이유로 인하여 그들에게는 법적 지식 및 사고능력이 뒤져 있었기 때문이다. 또한 자본주의 경제 체제에 대한 교육도 중요시되었다.

그러나 구동독 출신 공직자에 대한 교육은 1991년 4월 이후에야 시작되었으며, 그 효과 또한 미비하였다. 구동독 지역 공직자에 대한 교육이 이처럼 늦어지고 효과가 미진하였던 주된 이유는 교육 대상자의 수준 및 숫자를 정확하게 파악하지 못하였던 것은 물론 교육 내용, 강사의 선발 등 공직자 교육에 대한 구체적인 계획이 전혀 없었기 때문이었다. 특히 구동독 공직자의 자질·능력 등에 대한 사전지식 및 평가가 절대적으로 부족하였다. 동서독은 1972년 이후 정부 및 민간 차원에서 꾸준한 교류를 가져왔다. 또한 각 주 및 도시 간에 자매 결연을 맺어 상대방에 대한 어느 정도 정보를 축적하고 있었다. 그러나 그러한 정보는 다분히 추상적이어서, 막상 통일이 되고 구서독 공직들이 구동독 공직자들과 접촉해 본 결과 구동독 공직자의 전문 능력과 자질 등은 예상보다 훨씬 심각한 것으로 드러났다.

통일 초기 구동독 관료에 대한 교육이 부진하였던 또 다른 이유는 교육시설 및 강사진이 절대적으로 부족하였기 때문이다. 기존의 교육시설 및 강사진 모두 구서독 공무원의 임용 전 교육 및 재교육만을 위한 시설이었던 까닭에, 통일 후 인수된 구동독 공직자 교육을 위한 시설로는 적절하지 못하였을 뿐만 아니라 교육 프로그램조차 제대로 준비되지 못하였다. 또한 정부는 구동독 공직자 교육을 위한 강사진에 대해서도 아무런 준비도 하지 못하였다. 통일 후 일시적으로 구서독 공무원의 교육을 중단시키고 우선적으로 구동독 출신자를 교육시키면서 기존의 강사 이외에 대학 교수 등을 초빙하여 교육을 실시하였지만 이러한 조치만으로는 워낙 모자란 시설 및 강사를 보충하기에는 역부족이었다.

통일 후 구동독 공직자를 대상으로 한 교육에서 또 하나의 난점은 구동·서독 공직자 교육 제도 간의 차이점이다. 서독의 모든 공직자는 자신의 학력과 자질에 따라 크게 고급직, 상급직, 중급직, 단순직 등으로 구분되어 있었다. 고급직은 대졸자, 상급직은 고졸자, 중급직은 중학교 졸업자, 단순직은 초등학교 또는 직업학교 졸업자만이 해당 직급에 응모할 수 있었다. 해당 계급의 학력 소지자가 공무원으로 채용되기를 원하는 경우 일정한 임용시험을 거친 후 반드시 교육을 받아야 하는데, 이 때 고급직은 2년, 상급직은 3년, 중급직은 2년, 단순직은 6개월 등 직급별로 교육 기간의 차이는 물론 각 교육기관도 달리하고 있었다.

반면 구동독의 공직자 교육시설은 비록 '국가학 전문대학' 등 몇 군데 있긴 하였지만 서독처럼 세분화되지 못하였을 뿐만 아니라 대부분 사회주의 이념 교육에 치중하던 곳이었다. 따라서 통일 후 구서독 교육 체제에 따라 교육을 실시하기 위해서는 인수된 구동독 공직자를 우선 구서독의 공직자 직급에 상응하도록 분류하여야 했으며 각 직급에 맞는 교육 프로그램을 마련해야 하였기 때문에 당연히 많은 시간을 필요로 하였으며 어려운 점도 많았다.

제 4 절 행정 인력의 지원

통일 이후 행정통합의 과제 중 어려운 과제 중의 하나는 구동독 지역 행정 체제 구축 지원을 위하여 일정한 인력을 파견·전출시키는 과제였다. 특히 인력 지원의 일환으로 구서독에서 파견, 전출된 공직자들과 구동독 공직자들이 상호 협력하여 업무를 수행할 수 있도록 하는 것은 구동독 지역에 새로운 제도를 도입하고 새로운 기관을 신설하는 것보다 훨씬 어려운 과정이었다.

1. 일반 행정 분야의 인력 지원

통일 후 신연방주 행정 체제가 하루빨리 정비되어 자유민주주의 국가의 행정 기능을 수행하기에는 구동독 공직자의 능력이 절대적으로 부족하였다. 또한 구동독 관료의 상당수가 휴직중이거나 여러 심사 과정에서 탈락하여 퇴직하였기 때문에, 남은 인력만으로 행정 수요를 충당할 수 없었다. 결국 통일 이후 구동독 지역에서 발생되고 있는 행정 수요를 충족하고 새로운 행정 체제를 구축하기 위해서는 구서독 지역으로부터의 행정 지원, 특히 구서독 행정요원의 파견 및 전보는 필수 불가결한 조치였다. 과거의 경력, 전문성 및 업무 능력, 연령 등 여러 기준에 근거하여 재임용된 구동독 출신 공직자들은 비록 재임용되었지만 새로운 행정환경 속에서 자신들의 업무를 효과적으로 수행하기에는 역부족이었기 때문이다. 따라서 재임용된 구동독 출신 공직자를 자유민주주의 체제에 적응시키고 업무를 효과적으로 수행하게 하기 위해서는 이들에 대한 전반적인 교육훈련이 필요하였다. 이에 연방정부, 구연방주, 지방자치단체들은 다음과 같은 대대적인 교육 지원을 하였다.

- 교육에 관한 자문
- 교수 및 전문가의 파견
- 교육 연수생의 파견
- 신연방주에 교육훈련 및 연수시설 구축

동독 지역에 대한 서독 연방 및 주정부의 인력 지원은 통일 전인 1990년 중반부터 이미 실시되었다. 1990년 6월 동독의 마지막 수상인 드 메지에르

수상이 이끄는 동독 정부는 서독 관료의 동독 입국을 허가하였으며, 이들의 동독 행정 업무 수행을 승인하는 조치를 내렸다. 통일이 되기도 전에 서독의 공직자가 동독에 파견되어 행정 업무를 수행하게 된 것은 동독의 행정이 거의 마비 상태에 빠질 정도로 내부 상황이 악화되었기 때문이다. 1990년 중반 이미 독일의 통일이 '흡수통일' 형식으로 될 것이라는 사실이 명백해짐에 따라 군부를 비롯한 동독 정부의 붕괴 및 무능력 현상이 명확하게 나타났던 것이다. 동독 정권 말기에 개정되었던 수많은 법률 및 규정 대부분이 서독에서 근무하던 서독 공직자에 의하여 그 안이 작성되었다는 사실은 당시 동독 정부 및 행정 체제의 붕괴 현상이 얼마나 심각하였는가를 잘 말해 주고 있다(Scheytt, 1991: 3).

통일 전부터 시작된 행정 인력의 지원은 통일과 함께 본격적으로 실시되었는데, 중요한 지원단의 하나는 '연방-주 조직정비처'이다. 연방-주 조직정비처는 통일조약 제15조에 따라 신연방주에 대한 연방과 구연방주의 재건 업무를 지원・조정하는 기구로서, 1990년 8월 29일 연방과 주정부 수반의 결정을 통하여 설립되었으며, 1990년 10월부터 활동하기 시작하였다. 또한 연방-주 조직정비처는 구동독 공공기관의 폐쇄 또는 이관 조치에 직・간접으로 관여하였으며 특히, 행정기관의 인력 수급에 관하여 자문기관의 역할도 담당하였다.

연방-주 조직정비처 창설 이외에 연방과 주정부는 신연방주에 대한 행정인력의 효율적인 수급을 위하여 '합동인력소개소(Personalbörse)'를 조직하였으며 구동・서독 주 및 도시 간의 자매 결연도 적극 권장하였다(Bundesministerium des Innern, 1996: 111-112). 합동인력소개소는 연방내무부와 '지방자치단체연합회(Bundesvereinigung der kommunalen Spitzenverbädne)'가 주관하였던 '신연방주 지방자치행정 지원(Hilfe zum Aufbau der kommunalen Selbstverwaltung in den neuen Bundesländern)' 프로그램의 하나로 1991년 베를린에 설치되었다. 이 기구는 신연방주 지방자치단체 행정 인력의 수급을 중개하는 업무를 담당하였으며, 1995년 6월 15일까지 총 중개 건수는 3,800건 이상이었다.

한편 구동・서독 주 자매 결연 역시 신연방주에 대한 행정 지원 프로그램의 하나로 추진된 것으로서, <표 6-5>에서 정리한 것과 같이 신·구연방 주 및 도시 간 자매 결연을 맺어 구서독에서 구동독 자매 주 및 도시에 행정 지원을 하였다.[22] 통일 이전에도 동서독 도시 간에는 자매 결연을 체결하였으나, 이 때의 자매 결연은 다분히 형식적이고 상징적이었다면 통일 후 구동·서독 각 주 및 도시 간 자매 결연은 구동독 행정 체제 구축에 결정적인 역할을 하였다.

〈표 6-5〉 통일 후 신·구연방주 상호 지원 관계

구서독주/시 (지원하는 쪽)	구동독 주/시 (지원을 받는 쪽)
Schleswig-Holstein	Mecklenburg-Vorpommern
Hamburg	Dresden
Niedersachsen	Sachsen-Anhalt
Nordrhein-Westfalen / Saarland	Brandenburg
Hessen / Rheinland-Phalz / Bayern	Thüringen
Berlin (West)	Berlin (Ost)
Baden-Würtemberg / Bayern	Sachsen

자료: 심익섭, 1994: 41.

행정 인력의 지원 규모를 살펴보면 1991년 약 1만 명이 구동독 지역의 연방정부기관, 주 그리고 지방자치단체에 파견·전출되어 근무하였다. 이 숫자는 매년 증가하여 <표 6-6>에서 보는 바와 같이 1992년 4월 현재 구

22) 구동·서독 주 간에 맺어진 자매 결연은 대체로 정치적 이해 관계에 따라 추진되었다. 예를 들면 사민당(SPD)이 집권했던 구서독 노르트라인-베스트팔렌 주는 구동독 5개 주 중 같은 사민당이 집권하고 있는 브란덴부르크 주와 자매 결연을 맺었으며, 반대로 기민당(CDU)이 집권하고 있는 구서독 바덴-뷔르템베르크 주는 역시 기민당이 집권하고 있는 구동독의 작센 주와 자매 결연을 체결하였다. 구동·서독 주뿐만 아니라 도시 등 지방자치단체도 각기 자매 결연을 맺었는데 작은 도시 및 지방자치단체의 상당수는 '파트너'를 찾지 못하였다. 또한 구동독 자매 주 및 도시를 지원하는 방법에서 구서독 주들 사이에는 약간의 차이를 보였는데, 예를 들어 노르트라인-베스트팔렌 주는 지방자치단체가 주정부 간섭 없이 자체적으로 구동독 자매 주 자치단체에게 지원을 하는 방식을 택하였던 반면 바이에른 주는 주정부에서 통합·운영하는 방식을 취하였다(Scheytt, 1991: 5).

동독 지역에서 근무하였던 구서독 출신자는 약 2만 6천 명, 1993년에는 약 3만 6천 명, 그리고 1995년 말에는 약 3만 5천 명에 달하였다.

〈표 6-6〉 신연방주 행정 인력 파견 현황

	파견 현황	인원(명)
1992년 6월 현재	연방정부	15,000
	주정부	8,000
	지방자치단체	3,000
	총 계	26,000
1995년 12월 현재	연방정부	16,500
	주정부	8,500
	지방자치단체	10,000
	총 계	35,000

자료: F.A.Z. 1993년 5월 15일자 p. 6.; Bundesministerium des Innern, 1996: 115.

2. 일반 행정 이외 분야의 인력 지원

구동독에 대한 인력 지원은 비단 행정 체제 구축을 위한 인력 지원에 그치지 않고 사법 및 군 체제 구축, 그리고 치안 유지 등을 위한 인력 지원 등 다양하였는데, 이에 대하여 간단히 알아보면 다음과 같다.

1) 사법 체제 구축을 위한 인력 지원

구동독의 사법 체제 구축을 위한 인력 지원은 주로 구동독 사법 인력을 재심사하기 위하여 추진되었다. 구동독의 사법부는 자유주의 국가의 사법부와 같이 인권의 존엄성을 수호하고 권력의 남용을 견제하는 이른바 제3의 독립기관이 아니었다. 구동독의 사법부는 사회주의 체제 질서를 유지하기 위한 도구로서 다른 기관과 마찬가지로 동독 공산당인 사회주의통일당(SED)의 통제하에 있는 기관에 불과하였다. 따라서 판사와 검사의 독립성도 인정되지 않았을 뿐만 아니라 카더 또는 노멘클라투라의 성격을 벗어나지 못하였다. 특히 판사와 검사들의 전문성도 구서독의 판・검사에 비교해서 떨어지는 편이었다. 따라서 독일 통일 후 사법개혁의 일환으로 구동독 판・검사에 대한 엄격한 자격 검증과 이를 토대로 한 재임용 작업이 필수였으며 이를 위해서는 구서독 사법 인력의 구동독 파견 또한 불가피하였다. 구동독 출신 판사와 검사는 통일조약에 따라 통일 후에도 일시적으로 자격증이 인정되어 판사와 검사 활동을 계속할 수 있었다. 그러나 최종적으로 그들은 구서독 법조인으로 구성된 '판사선출위원회(Richterwahlausschuß)'나 '검사선임위원회(Staatsanwaltsberufungsausschuß)'의 심사를 받아야만 하였다. 만약 위원회에서 부적격 판정을 받으면 퇴임해야만 하였고, 적격 판정을 받으면 계속 판・검사직을 수행할 수 있었다.

2) 치안 유지를 위한 인력 지원

통일 이전 동독의 경찰조직은 중앙집권화되어 있었고, 사회주의적 체제를 유지하는 데 핵심적인 역할을 수행하였다. 그러나 통일 이후 구동독 지역이 거의 무정부 상태에 빠지게 되면서 과거 구동독 치안조직 및 인력만으로는 더 이상 치안을 유지하기 어렵게 되었다. 따라서 신연방주의 치안유지와 치안 체제 확립을 위하여 대대적인 기구 개편은 물론 연방정부와 주정부의 인력 지원이 이루어질 수밖에 없었다. 통일 후 구연방주에서 경험있는 인력이 신연방주의 치안 및 경찰 분야 고위직에 우선적으로 충원되었고, 신연방주의 경찰조직의 구축 과정에 연방범죄수사국(Bundeskriminalamt) 소속 공무원 약 100여명이 파견되기도 하였다. 또한 구동독 인민경찰 중에서 적성, 능력, 전문성에 따라 재임용된 공직자들에 대한 교육훈련을 담당할 인력 지원도 이루어졌다.

3) 안보 유지 및 군 통합을 위한 인력 지원

통일과 동시에 안보 체제를 마련하기 위한 군 통합의 추진은 필연적이었다. 동서독의 군 통합은 정치, 경제, 사회, 문화 등 제반 통합 작업보다는 단기간에 신속히 진행되었고, 그 과정에서 큰 문제점도 제기되지 않아 비교적 성공적인 통합 작업으로 평가받기도 하였다. 통일 후 독일 정부는 구동독 지역 안보 유지 및 군 통합을 추진하고자 육군 중장 쇤보홈(Joerg Schönbohm)을 사령관으로 하는 '연방군 동부사령부(Bundeswehrkommando Ost)'를 창설하여 구동독 지역에 파견하였다. 사령관 이하 병력 600명으로 구성된 연방군 동부사령부의 임무는 "동독 인민군을 인수하여 부대 안전을 유지하면서 부대를 해체하며, 병력을 감축·조정하고, 무기, 장비, 물자와 탄약을 인수·관리하며, 새로운 연방군 부대를 창설하고, 소련군과 협력하여 소련군의 철수를 지원하는 것"이었다. 연방군 동부사령부는 구동독 지역에 주둔한 직후 일차적으로 인민군 핵심 조직인 국방부, 정보 및 보안부대와 국경수비대를 해체하였다. 또한 병무청과 고급사령부 등 정책부처와 군사정치학교, 장교학교 등도 해체하였다. 이후 연방군 동부사령부는 인수된 구동독 인민군 소속 병력의 약 80%를 감축하였으며, 무기도 극히 일부분만 남기고 폐기 처분하거나 외국으로 수출하였다. 또한 인수된 병력에 대한 교육과 후생에 대한 지원 업무도 이곳에서 담당하였다.

4) 과거 청산을 위한 인력 지원

독일 정부는 통일 이후 구동독 지역 과거 청산과 체제 안정을 위하여 과거 동독 사회주의통일당(SED) 통치하에서 행해진 갖가지 불법행위 및 인권 탄압에 직·간접적으로 관여하였던 자들을 색출, 처벌 혹은 퇴직시키는 일련의 작업을 추진하였다. 이를 위하여 연방의회는 과거 구동독 시절 갖가지 불법행위에 대한 재판이 유효 기간 만료로 중단되는 사태를 막기 위하여 1993년 1월 21일 'SED 정권 불법 행위에 대한 시효 기간 정지에 관한 법(Das Gesetz über das Ruhen der Verjährung bei SED-Unrechtstaten)'을 통과시켰다. SED 정권에서 행해진 대부분의 불법 행위들에 대한 재판은 베를린 주의 사법기관과 법원이 맡아 처리하였으며, SED 정권의 수뇌부에 대한 수사와 소송은 연방대검찰청에서 담당하였다. 이를 위하여 연방에서 10명, 구연방주에서 60명의 검사 및 기타 수사 인력을 지원하였다. 그리고 이후 SED 인권 탄압에 연루된 공무원 및 기타 범죄자에 대한 수사 및 소추를 위하여 경찰수사본부(ZERV)가 설치되어 연방과 구연방주로부터 총 210명의 수사 인력을 지원받았으며, 수사본부의 총 비용의 25%를 연방에서 지원하였다(통일원, 1996: 141).

3. 지원 인력에 대한 유인 제도

신연방주 체제 구축을 위한 지원 인력은 구서독 공직자의 자유 의사에 따른 결정과 개인적인 근무 의욕을 전제로 하였다. 다시 말해서 구서독 공직자 중 지원자에 한하여 구동독 지역으로 파견·전출한다는 원칙을 적용하였다. 그러나 통일 직후 구동독 지역의 열악한 주택환경, 자녀들의 교육문제 등으로 인하여 지원자가 많지 않을 것을 예상하여 일정한 대비책도 강구하였다. 즉, 연방정부와 각 주정부는 구서독 공직자의 구동독 지역 파견 및 전출 의욕을 촉진시키고 구동독 지역으로 파견 또는 전출시 근무 의욕을 고양시키기 위하여 지원자에 대한 여러 가지 유인 제도(incentive system)를 적용하였다. 구동독 지역으로 파견·전출되는 자에 대한 구체적 혜택은 다음과 같았다(심익섭, 1994: 91-92).

1) 봉급 및 연금상 혜택

만약 구연방주에서 파견되는 공직자가 신연방주에서 현재의 직급보다 높은 행정 업무를 수행하게 되는 경우 그 직급에 상응하는 보조금(Zuschlag)을 지급하였으며, 그 근무 기간이 1년 이상일 경우 연금 산정시 이를 포함하여 지급하기로 하였다.

2) 생활비용의 보상

구서독으로부터 구동독으로의 주거지 이전에 따라 발생하는 생활비의 추가 지출을 보상해 주기 위하여 각 직급에 따라 매월 1,500마르크에서 2,500마르크 정도의 보상금을 지급하였다.

3) 여행경비, 별거수당 지급

파견 또는 전출로 인해 가족과 별거할 경우 별거수당과 함께 기혼자에게는 1개월에 2번, 미혼자는 1개월에 1번의 귀향에 따른 여행경비를 지급하였다.

4) 승진상의 혜택

구동독 지역에서 일정 기간(최소한 3년) 이상 근무하는 자는 근무평가시 같은 경력을 갖는 동료보다 높은 점수를 받도록 하였다.

연방정부는 구동독 지역에 대한 행정 인력 지원 기간을 처음에는 1991년 6월 31일까지로 정하였다. 그러나 그 기간은 효과가 나타나기에는 너무나 짧은 기간이었고, 이후 점차 효과가 나타나자 1차로 1992년 말까지, 이후 1994년 말, 그리고 1997년 말까지 연장하였다.

4. 인력 지원에 따른 문제점

통일 후 구동독 지역 행정 구축을 위한 구서독 출신 공직자의 파견·전출은 짧은 시일 내에 구동독 지역에 새로운 행정 체제를 구축하는 데 중요한 역할을 담당하였다. 구동독 지역으로 파견·전출된 공직자는 구서독 시절의 행정 경험을 토대로 구동독 사회주의 행정 체제를 자유민주주의 행정 체제로 전환하는 데 기여하였으며, 통일 후 최초의 인력 교환원으로서 구동서독 국민의 가교 역할을 하기도 하였다. 그러나 이 과정에서 여러 문제점이 발생하기도 하였다.

선발된 사람들이 아무런 교육과 준비 없이 구동독 지역으로 전출·파견됨으로써 해당 업무에 대한 잦은 시행착오를 겪을 수밖에 없었고, 이로 인하여 그들은 '행정 구축을 위한 지원자'라기보다는 오히려 도움을 받아야 할 입장이 되기도 하였다. 또한 구동독 지역에서 일정 기간 동안 근무하고 다시 자신의 연방주로 복귀한 공직자는 새로운 근무환경에 적응하여야 했을 뿐만 아니라 새로운 보직을 받기 위하여 일정 기간을 대기하여야만 했다. 그러나 행정 인력 지원에 따른 가장 심각한 문제는 구서독에서 온 지원 인력과 구동독 공직자와의 편견과 갈등, 그리고 이에 따르는 상호 비협조적인 태도였다. 이들 공직자 간의 갈등 내용과 그 배경에 대하여 좀더 자세히 알아보면 다음과 같다.

1) 공직자 간의 갈등

통일 직후 구서독 출신 공직자의 동독 파견 및 전출에 대한 구동독 공직자와 주민들의 태도는 대체로 긍정적이었으며 그들에 대한 기대감에 컸었다. 구서독에서 온 인력들이 자유민주주의 체제 구축에 기여할 것이라고 생각하였으며 이들에게 협조적인 태도를 보였다(Grundmann, 1997: 31-42). 그러나 시간이 지나갈수록 점차 구동·서독 공직자 사이에 불신과 알력이 심화되었으며, 이로 인하여 업무 분위기가 악화되기도 하였다. 구동·서독 공직자의 갈등 현상은 여러 학자의 연구에 의하여 밝혀졌는데, 한 예로 1991년 말 라이하르트(C. Reichard)와 슈뢰더(E. Schröder)의 연구 결과에 의하면, 구동·서독 공직자들은 상대방에 대하여 심한 편견과 불신감을 나타냄으로써 신연방주에 대한 구서독 공직자 파견에 문제가 있음이 확인되었다. 베를린 시에서 근무하는 구동서독 공직자를 대상으로 한 설문조사에 의하면, <표 6-7>에 나타난 바와 같이 구서독 공직자들은 대체로 구동독 공직가가 '독창력'이 부족할 뿐만 아니라 '정치적 감각'도 없으며 '권위적'이라고 생각하고 있으며, 반대로 구동독 공직자들은 구서독에서 온 공직자들을 '거만하고', '너무 정치적일 뿐만 아니라,' '형식적'이며, '권위적'이라고 생각하고 있었다. 나아가 구동독 공직자들은 구서독 공직자들이

〈표 6-7〉 구동·서독 공직자들의 상대방에 대한 평가

구서독 공직자들이 생각하는 구동독 공직자의 특징	구동독 공직자들이 생각하는 구서독 공직자의 특징
- 결단력 부족 - 독창력 부족 - 독립성 부족 - 명령에만 의존 - 책임을 지지 않으려 함 - 권위적 - 국정 흐름을 알지 못함 - 정치적 감각이 없음	- 거만함 - 형식적이며 관료적임 - 너무 독선적임 - 전체를 파악하지 못하고 특정 부분에 너무 치우침 - 너무 정치적임 - 이기적이며 계산적임

자료: Reichard & Schröder, 1993: 215.

자신들과 신연방주를 돕는다는 명분으로 높은 보수, 빠른 진급 등 각종 특혜를 받고 있음은 물론 지휘 계통을 무시하고 자신들에게 명령할 뿐만 아니라 구동독 주민 모두를 '2등급 국민'으로 보려 한다고 비난하였다.

2) 공직자 간의 갈등 원인

그러면 구동·서독 공직자 간에 갈등과 알력이 발생한 원인은 무엇일까? 그것은 무엇보다도 오랜 분단으로 인한 행정 체제의 차이에서 기인한다고 볼 수 있다. 특히 40여년의 분단이 가져다 준 행정문화의 차이로 인하여 구동·서독 공직자 간에는 서로 융합하기 어려운 상이한 가치관과 행동 양식을 보였던 것이다. 구동·서독 공직자의 행태, 가치관 등을 비교 분석한 라이하르트와 슈뢰더의 연구 결과에 의하면 구동독 공직자들은 구서독 공직자들에 비하여 권위적인 행태를 보이고 있었다. 그들은 상벌 중심의 근무 체제에 익숙해 있었으며 집단적이었고 가부장적인 의식이 깊게 자리잡고 있었다. 반면 구서독 출신자들은 무엇보다도 인적 관계보다도 법률에 근거한 근무 수행에 익숙해져 있었다. 그들은 법률에 근거한 업무 수행만이 업무를 투명하게 수행하는 것이며, 문제를 해결하는 지름길이라고 생각하는 경향이 강하였다. 또한 그들은 정치적인 문제에 될 수 있으면 간여하지 않으려 하였고 정당과 관련된 이해 관계에 비판적인 태도를 보였다. 그럼에도 불구하고 그들은 행정 업무를 수행하는 데 정치적 감각은 구동독의 공직자에 비하여 뛰어났다(Reichard & Schröder, 1993: 208).

그러나 갈등이 오직 인식과 태도의 차이로 인하여 발생한 것만은 아니었다. 구동·서독 공직자 간에 심한 갈등과 더불어 편견이 표출된 근본적 이유는 다른 데 있었는데, 그것은 구동독 지역으로 전출한 구서독 행정 인력의 선발과 지원이 졸속으로 이루어졌기 때문이었다. 즉, 신중하여야 할 행정 인력의 선발이 아무런 준비 없이 급히 추진되는 과정에서 지원자에 대한 구체적인 자격 검증 없이 행하여진 것은 물론 선발된 자에 대한 아무런 교육이 없었으며, 그리고 그들에게 보수, 진급, 퇴직금 등에서 과대한 혜택을 주었기 때문이다.

서술한 바와 같이 구동독 지역에 대한 행정 인력 지원은 오래 전부터 계획한 바에 따라 시행된 것은 아니었다. 행정 인력의 파견 및 전출은 통일 직전 동독의 행정 체제가 본래의 기능을 발휘하지 못하고 있을 때 급히 결정된 사항이었다. 따라서 정부로서는 파견 및 전출 희망자의 능력·자질, 그리고 동기 등을 정확히 파악하여 선발할 시간적 여유가 없었다. 또한 정부는 구동독 근무를 지원하는 자가 적을 것을 우려하여 특별한 자격 제한을 두지 않았다. 다시 말해서 구서독의 공직자 또는 공직 퇴직자는 파견 또는 전출 의사만 밝히면 특별한 심사 없이 구동독 지역으로의 파견·전출을 허락하였던 것이다.

1993년 1,800여명의 구동독 파견·전출자를 대상으로 전출 동기, 임무 숙지 여부, 구동독 지역에서의 행정 행태 등을 조사한 그루노프(D. Grunow)의 연구 결과에 의하면, 조사 대상자의 대다수가 특별한 선발 과정을 거치지 않고 "단순히 지원 의사를 밝혔으며 이로 인하여 선발되었다"라고 밝혔다. 또한 조사 대상자의 82%는 파견 또는 전출의 임무에 대해서 특별한 정보를 받지 못하였으며, 구동독의 실정에 대하여 자세히 알지 못한 채 근무하게 되었다고 밝혔다(Grunow, 1996: 95).

이렇듯 행정 지원을 위한 인력의 선발이 특별한 심사 과정 없이 단순히 지원 의사만으로 결정되었기 때문에 <표 6-8>에서 보는 바와 같이 많은 사람이 구동독 체제 통합을 완성하고 자유민주주의 체제를 구축하는 데 일익을 담당하겠다는 사명감보다는 단순한 사적 호기심, 경제적 이익, 승진의 혜택을 염두에 두고 구동독 지역 근무를 지원하였던 것이다. 결국 구동독 지역으로의 전출 및 파견 지원자의 지원 동기가 신연방주 근무를 자처한 공직자의 자세로는 충분하지 않았던 것이다. 특히 <표 6-8>에서 보는 바와 같이 경제적 이유나 승진 기회가 파견·전출 지원을 하게 된 결정적 요인은 아니었지만 이를 촉진하는 중요한 원인이었음에는 틀림이 없었다. 이렇듯 지원 인력의 선발과 교육에서의 시행착오와 그들에 대한 지나친 혜택 제공은 통일 이후 경제적·사회적으로 어려운 상황에 있는 구동독 공직자와 주민들에게 결과적으로 실망감과 소외감을 느끼게 하는 계기가 되었다.

구동·서독 공직자 간에 갈등, 특히 구서독 공직자에 대한 구동독 공직자의 불만이 증폭되었던 세 번째 이유는 구서독 공직자들이 구동독 지역에

〈표 6-8〉 구동독 지역 파견 및 전출자의 지원 동기

지원 동기	비 율
개인적 호기심	19%
사명감과 의무감	7%
새로운 경험	18%
창조적 일을 찾기 위하여	16%
자신의 능력을 테스트하기 위하여	7%
빠른 승진 기회를 얻기 위하여	5%
경제적 이점이 있기 때문	9%
구동독에서 영구히 살기 위하여	3%
(통일) 흥분을 감추지 못하여	4%
구동독 재건에 기여하기 위하여	12%

자료: Grunow, 1996: 86.

서 대부분 고위직 또는 요직을 독점하였기 때문이다. 한 예로 1991년 가을 신연방주의 하나인 브란덴부르크 주정부 모든 부처에 1,428명의 공직자가 근무하였는데 이 중 27.4%인 391명이 구서독 출신이었다. 특히 이 391명 대부분은 주정부 고위공직자로 임용되었는데 브란덴부르크 주 517명의 고급직 공직자(höherer Dienst) 중 51%인 264명이 구서독 출신, 463명의 상급직 공직자 중 23%인 106명이 구서독 출신이었다. 반면 중하급자로 근무한 자는 21명에 지나지 않았다(Linde, 1991: 282). 구서독 출신들의 구동독 지역 파견·전출시에 또 하나의 특징은 이들이 주로 재정부, 법무부, 내무부 등 주요 부처의 고급직을 대부분 장악하였다는 사실이다. 반면 환경부, 체육부 등 비교적 정치적 중요도가 약한 부처에서는 구동독 출신자가 주요 직책을 차지하였다. 브란덴부르크 주의 경우 내무부 고위공직자 중 구서독 출신이 60%, 법무부에서는 고위공직자 중 약 70%가 구서독 출신자였다. 반면, 교육·청소년·체육부에서는 고위공직자 중 47%가 구서독 출신이며, 식량·농림부에서는 구서독 출신자가 28%, 그리고 환경부 소속 고위공직자 중에서는 겨우 10%만이 구서독 출신이었다(Linde, 1991: 282).

통일 후 구동독 지역 행정 체제 구축 과정에서 나타난 구서독 출신 관료 및 정치가에 의한 요직의 독점 현상은 주지사를 비롯하여 각 부처 장·차

관 등 정치적 변수가 있는 지위에서 더욱 심하였다. 예를 들어 1993년 신연방주 5명의 주지사 중 2명(튀링겐 주의 포겔[Bernhart Vogel]과 작센 주의 비덴코포[Kurt Biedenkopf])이 구서독 출신이었다. 또한 1992년 구동독 5개 주 48명의 장관 중 17명이 구서독 출신이었다. 이들은 모두 재정·경제부, 법무부 등 주요 부처를 이끌어 갔다. 특히 각 부처 행정 업무를 실질적으로 지휘하는 차관 또는 국장 직위에 대한 구서독 인사들의 독점 현상이 두드러졌는데, 한 예로 브란덴부르크 주 13개 부처 중 12개 부처, 튀링겐 주 11개 부처 중 9개 부처의 차관이 구서독 출신이었다.

신연방주 행정기관의 주요 요직에 대한 구서독 출신 공직자의 독점은 빠른 기간에 신연방주의 행정 체제를 구축하고 효과적인 업무 수행을 가능하게 하였다는 점에서 긍정적인 점도 없지 않았다. 그러나 한편으로는 구서독 출신자의 요직 독점은 구동독 출신자의 승진 기회를 박탈하여 그들의 근무 의욕을 감퇴시켰음은 물론 그들 스스로 '2등급 공직자'로 비하시키는 결과를 가져왔다. 구동·서독 공직자의 불만은 비단 공직자 사회에 머무르지 않고 주민 사이에 널리 퍼져 그들은 스스로를 '2등급 국민'으로 생각하게 되었으며, 이로 인하여 주민들 사이에는 '잘난 Wessi(구서독 출신자)', '못난 Ossi(구동독 출신자)'로 표현되는 불신과 갈등의 골이 깊어지게 되었다.[23]

23) 물론 구서독 공직자의 고위직 독점 현상이 구동독 주민들이 정부에 실망하고 스스로를 '2등급 국민'이라고 생각하게 된 이유의 전부는 아니었다. 그들이 이렇게 생각하게 된 배경에는 통일 후 심각한 실업률 등 경제적 어려움, 시장경제로의 전환에 따른 가치관의 혼란, 그리고 구서독 주민에 대한 실망감 등 여러 가지 감정이 복합적으로 작용하였을 것이다. 그러나 구동독으로 파견, 전출된 구서독 관료들과 구동독 관료 및 주민들과의 접촉이 통일 이후 구동·서독 간의 첫 번째 접촉 계기였다는 점에서 그 영향력이 적지 않았을 것이라고 추측할 수 있다.

참고문헌

[국내 문헌]

구종서. (1990). 한민족공동체 형성에 관한 이론구조, 「한민족공동체 통일방안의 실천과 제도화 연구」, 서울: 통일원, pp. 40-60.

김경량. (1999). 「독일통일과 동서독 지방자치단체 간의 역할 및 협력에 관한 조사연구」, 강원: 강원발전연구원.

김번웅 · 김판석. (2001). 「신한국행정론」, 서울: 법문사.

김성수. (1998). 독일의 행정개혁과 관료제, 「한국행정학보」, 32(4): 81-87.

김영윤. (2004). 「동서독 지역 간 교류협력 사례: 도시 간 자매결연」, 2004년도 통일문제연구협의회 정기총회 및 공동의장 · 운영위원 워크숍 자료집, pp. 10-20.

김학성 · 최진욱.(2001). 「남북한 지방자치단체 간 교류 · 협력: 실태분석과 활성화 방안」, 서울: 통일연구원.

대외경제정책연구원. (1995). 「동북아 정세와 한반도 통일 Helmut Schmidt 전 서독 수상과의 현지 대담」, 서울: 대외경제정책연구원.

랄프 다렌도르프. (1986). 「분단독일의 정치사회학」, 이종수 옮김, 서울: 한길사.

박영호 · 박종철. (1993). 「남북한 정치공동체 형성방안 연구」, 서울: 민족통일연구원.

박응격 외. (2001). 「독일연방정부론」, 서울: 벽산자료원.

심익섭. (1992). 독일 통일과정에서 지방자치의 역할: 동 · 서독 지방자치단체 간의 교류관계를 중심으로, 「한국행정학보」, 25(4): 263-287.

______. (1994). 「독일통일과 행정통합에 관한 연구」, 서울: 서울대학교 지역종합연구소.

양현모. (2001). 「지방자치단체의 바람직한 남북교류협력사업 추진방안」, 서울: 한국행정연구원.

전득주 외. (1995). 「독일연방공화국」, 서울: 대왕사.

정인흥. (1992). 「정치학대사전」, 서울: 박영사.

총무처 직무분석기획단 편저. (1997). 「신정부혁신론」, 서울: 동명사.

최평길. (1998). 「대통령학」, 서울: 박영사.

통일원. (1996). 「독일통일 6년, 동독재건 6년: 분야별 통합성과와 향후과제」, 통일원.

[외국 문헌]

Almond, Gabriel A & Verba, Sidney. (1963). *The Civic Culture*, Primceton, Priceton University Press.

Almond, Gabriel A & Powell Jr., Bingham. (1966). *Comparative Politics. A Developmental Approach*, Boston, Littel Brown and Co.

Battis, Ulrich. (1991). "Entwicklungstendenzen und Probleme der Einführung des Dienstrechts in den neuen Ländern", in: *Neue Justiz*, 45.Jg., pp. 89-93.

Benz, Arthur u.a. (2003). *Governance*. Eine Einführung. Kurs 3203 der Fern Universität Hagen, Hagen.

Bernet, Wolfgang. (1991). *Aspekte der Wiedereinführung der Lãnder*, Berlin.

v. Beyme, Klaus. (1991). *Das politische System der Bundesrepublik Deutschalnd nach der Vereinigung*, München & Zürich.

Bogumil, Jörg. (2004). "Ökonomisierung der Verwaltung. Konzepte, Praxia, Auswirkungen und Probleme einer effizientorientierten Verwaltungs-modernisierung," in: *PVS*. Sonderheft 34, pp. 209-231.

Bogumil, Jörg & Holtkamp, Lars. (2000). "Kommunale Verwaltungsmoderni-srung und bürgerschaftliches Engagement", in: Heinze, Rolf & Olk, Thomas. (Hrsg.). *Bürgerengagement in Deutschland: Bestandsaufn-ahme und Perspektiven*, Opladen, pp. 549-568.

Bogumil, Jörg, Holtkamp, Lars & Schwarz, Gudrun. (2003). *Das Reformmodell Bürgerkommune*: Leistungen-Grenzen-Perspektiven, Berlin.

Bogumil, Jörg & Jann, Werner. (2005). *Verwaltung und Verwaltungswissenschaft in Deutschland. Einführung in die Verwaltungswissenschaft*, Wiesbaden.

Bovenschulte, Andreas & Buß, Annette. (1996). *Plebiszitäre Bürgermeister-verfassungen. Der Umbruch im Kommunalverfassungsrecht*, Baden-Baden.

Bracher, Karl Dietricher. (1999). "Rückblick auf Bonn", *Aus politik und Zeitgeschichite*, B32-33, pp. 3-8.

Bruder, Wolfgang. (1980). *Sozialwissenschaften und Politikberatung: Zur Nutzung sozialwissenschaftlicher Informationen in der Ministerialor-*

ganisation, Opladen.

Budäus, Dietrich & Finger, Stefanie. (1999). "Stand und Perspektiven der Verwaltungsreformen in Deutschland", in: *Die Verwaltung*, Heft 3, 1999, pp. 313-344.

Bundesministerium des Innern. (1996). *Materialien zur Deutschen Einheit und zum Aufbau in den neuen Bundesländern*, Berlin.

_______. (2003). *Der öffentliche Dienst in Deutschland*, Hilburghausen.

Busse, Volker. (2001). *Bundeskanzleramt und Bundesregierung*, 3 neu bearbeitete Auflage, Heidelberg.

Czada, Roland & Wollmann, Hellmut. (Hrsg.). (1999). Von der Bonner zur Berliner Republik, Leviathan Sonderheft 19, Wiesbaden.

Derlien, Hans Ulrich. (1995). "Regierung und Verwaltung in der räumlichen Zweiteilung", in: Werner, Süß. (Hrsg.). *Hauptstadt Berlin(Bd.2)*, Berlin, pp. 150-161.

_______. (Hrsg.). (2001). *Zehn Jahre Verwaltungsaufbau Ost - eine Evaluation*, Baden-Baden.

Döhler, Marian. (2001). "Das Modell der unabhängigen Regulierungsbehörde im Kontext des deutschen Regierungs- und Verwaltungssystems," in: *Die Verwaltung*, Heft 1, pp. 59-91.

Ellwein, Thomas & Holtmann, Everhard. (Hrsg.). (1999). *50 Jahre Bundesrepublik. Rahmenbedingungen - Entwicklungen - Perspektiven*, Opladen.

Frank, Rainer. (1992). "Politik und Verwaltung im Umbruch. Neubau der Kummunalverwaltungen in den neuen Bundesländern - eine Zwischenbilanz (Teil II)", in: *Demokratische Gemeinde*, Heft 2, pp. 47-52.

Gabriel, Oscar W. (Hrsg.). (1989). *Kommunale Demokratie zwischen Politik und Verwaltung*, München.

_______. (1994). *Die EU-Staaten im Vergleich*, Opladen.

Gimbel, John. (Hrsg.). (1965). "Die Bedeutung der Besatzungszeit 1945-1949," in: *Aus Politik und Zeitgeschichte. Beilage zur Wochenzeitung "Das Parlament."* B18/65, pp. 48-60.

Greiffenhagen, Martin. (1981a). *Die Aktualität Preussens. Fragen an die Bundesrepublik*, Frankfurt/M.

_______. (1981b). "Vom Obrigkeitsstaat zur Demokratie. Die politische Kulur in der Bundesrepublik Deutschland," in: Reichel, Peter. (Hrsg.). *Politische Kultur in Westeuropa*, Frankfurt/M, pp. 65-80.

Greiffenhagen, Martin & Greiffenhagen Sylvia. (1993). *Ein schwieriges Vaterland. Zur politischen Kultur im vereinigten Deutschland*, München.

Grundmann, Siegfried. (1997). "Zur Akzeptanz und Integration von Beamten aus den alten in den neuen Bundesländern", in: *Deutschland-Archiv*, pp. 31-42.

Grunow, Dieter. (1996). *Verwaltungstransformation zwischen politischer Opportunität und adminstrativer Rationalität*, Bielefeld.

Haas, Ernst. (1964). *Beyond the Nation-State*, Stanford University Press.

Henneke, Hans-Günter. (Hrsg.). (1996). *Aktuelle Entwicklungen der inneren Kommunalverfassung*, Stuttgart u.a..

Hesse, Joachim Jens & Benz, Arthur. (1990). *Die Modernisierung der Staatsorganisation. Institutionenpolitik im internationalen Vergleich: USA, Großbritannien, Frankreich, Bundesrepublik Deutschland*, Baden-Baden.

Hesse, Joachim Jens & Elluwein, Thomas. (1997). *Das Regierungssystem der Bundesrepublik Deutschland.* Band 1, völlig neubearbeitete und erweiterte 8. Auflage, Opladen.

Hoffmann-Riem, Wolfgang. (Hrsg.). (1979). *Bürgernahe Verwaltung? Analysen über das Verhältnis von Bürger und Verwaltung*, Neuwied und Darmstadt.

Iwand, Wolf M. (1985). *Paradigma Politische Kultur*, Opladen.

Jann, Werner. (1998). "Zur Entwicklung der öffentlichen Verwaltung", in: Ellwein, Thomas & Holtmann, Everhard. (Hrsg.). *50 Jahre Bundesrepublik Deutschland, Rahmenbedingungen - Entwicklungen - Perspektiven*, Opladen, pp. 520-543.

________. (2002). "Der Wandel verwaltungspolitischer Leitbilder: Vom Management zu Governance?", in: König, Klaus. (Hrsg.). *Deutsche Verwaltung an der Wende zum 21. Jahrhundert*, Baden-Baden, pp. 279-304.

________. u.a. (2004). *Status-Report. Verwaltungsreform. Eine Zwischenbilanz nach zehn Jahren*, Berlin.

Jann, Werner & Wewer, Göttrik. (1998). "Helmut Kohl und der 'Schlanker Staat'. Eine verwaltungspolitische Bilanz", in: Wewer, Göttrik. (Hrsg.). *Christlich-liberale politik in Deutschland 1982-1998. Bilanz der Ära Kohl, Opladen*, pp. 229-266.

Klenk, Tanja & Nullmeier, Frank. (2002). *Public Governance als Reform-*

strategie, Edition der Hanns-Böckler-Stiftung. Düsseldorf.

Klessmann, Christoph. (1986). *Die doppelte Staatsgrüdung. Deutsche Geschichte 1945-1955*, Bonn.

Knemeyer, Franz-Ludwig. (1997). *Bürgerbeteiligung und Kommunalpolitik*, 2. erweiterte Auflage, Landsberg am Lech.

König, Klaus. (1991a). "Verwaltung im Übergang - Vom zentralen Verwaltungsstaat in die dezentrale Demokratie", in: *Die öffentliche Verwaltung*, pp. 178-184.

_______. (Hrsg.). (1991b). *Verwaltungsstrukturen der DDR*, Baden-Baden.

_______. (1992). "Zur Transformation einer real-sozialistischen Verwaltung in eine klassisch-europäische Verwaltung", in: *Verwaltungsarchiv*, pp. 229-245.

_______. (1999a). *Verwaltungsstaat im Übergang - Trasformaion, Entwicklung, Modernisierung*, Baden-Baden.

_______. (Hrsg.). (2002). *Deutsche Verwaltung an der Wende zum 21. Jahrhundert*, Baden-Baden.

König, Klaus & Füchtner, Natascha. (Hrsg.). (1998). *"Schlanker Staat" - Verwaltungsmodernisierung im Bund. Zwischenbericht, Praxisbeiträge, Kommentare*. Speyer Forschungsinstitut für öffentliche Verwaltung, Forschungsberichte Nr. 135.

_______. (Hrsg.). (1999). *Verwaltungsmodernisierung im Bund - Schwerpunkte der 13. Legislaturperiode*. Forschungssysposium vom 07. bis 09. Oktober 1998, Speyer Forschungsinstitut für öffentliche Verwaltung, Forschungsberichte Nr. 196.

_______. (2000). *"Schlanker Staat" - eine Agenda der Verwaltungsmodernisierung im Bund*, Baden-Baden.

König, Klaus & Meßmann, Volker. (1995). *Organisation- und Personalprobleme der Verwaltungstransformation in Deutschland*, Baden-Baden.

König, Klaus & Schnapauff, Klaus-Dieter. (Hrsg.). (2000). *Die deutsche Verwaltung unter 50 Jahren Grundgesetz. Europa-Bund-Länder-Kommunen*, Baden-Baden.

Korte, Karl-Rudolf. (2003). *Wahlen in der Bundesrepublik Deutschland*, Bonn, Bundeszentrale für politische Bildung.

Kost, Andrea & Wehling, Hans-Georg. (Hrsg.). (2003). *Kommunalpolitik in den deutschen Ländern*, Bonn, Bundeszentrale für politische Bildung.

Kozendorf, Götz. (1998). *Verwaltungsmodernisierung in den Ländern. Überblick und Einblicke*, Speyer Forschungsinstitut für öffentliche Verwaltung, Forschungsberichte Nr. 187.

v. Krockow, Christoph. (1979). "Die Bundesrepublik im Spiegel des Wilhelminismus," in: *Vorgänge*, Heft 1, pp. 35-50.

Kroppenstedt, Franz & Menz, Kai-Uwe. (1998). "Führungspositionen in der Verwaltung", in: König, Klaus & Siedentopf, Heinrich. (Hrsg.). *Öffentliche Verwaltung in Deutschland*, Baden-Baden.

Kurt, Sontheimer. (1976). *Grundzüge des politischen Systems der Bundesrepublik Deutschland*, München.

Kückelhaus, Markus. (1999). *Ergebnisorientierte Führung in Politik und Verwaltung. Ein integratives Modell*, Wiesbaden.

Lenk, Klaus & Traunmüller, Roland. (Hrsg.). (1999). *Öffentliche Verwaltung und Informationstechnik*, Heidelberg.

Linde, Jürgen. (1991). "Der Neuaufbau eines Landes: das Beispiel Brandenburg", in: *Staatswissenschaften und Staatspraxi*, pp. 273-285.

Lorig, Wolfgang H. (2001). *Modernnisierung des öffentlichen Dienstes. Politik- und Verwaltungsmanagement in der bundesdeutschen Parteiendemokratie*, Opladen.

Majer, Diemut. (1992). "Ein halbierter Rechtsstaat für Ostdeutschland? Unterschiedliche Kriterien bei der Überprüfung von Angehörigen des öffentlichen Dienstes der ehemaligen DDR". *Kritische Justiz*, pp. 162-172.

Met, Lutz. (1987). "Von dem Bürgerinitiativ zu den GRÜNEN," in: Roth, Roland & Dieter, Rucht. (Hrsg.). *Neue soziale Bewegungen in der Bundesrepublik Deutschland*, Bonn, pp. 263-264.

Milbradt, Georg. (1993). "Die Finanzierung der neuen Bundesländer". in: Seibel, Wolfgang, Benz, Arther & Mäding, Heirich. (Hrsg.). *Verwaltungsreform und Verwealtungspolitik im Prozeß der deutschen Einheit*, Baden-Baden, pp. 269-287.

Münch, Ingo. (Hrsg.). (1992) *Dokumente der Wiedervereinigung Deutschlands. Quellentexte zum Prozeß der Wiedervereinigung*, Stuttgart.

Niedermayer, Oskar. (2001). *Bürger und Politik. Politische Orientierung und Verhaltensweisen der Deutschen. Eine Einführung*, Opladen.

Nye, J.S. (1971). *Peace in Parts, Integration and Conflict in Regional Organization*, Boston and Littel Brown, p. 26.

Pitschas, Rainer. (1992). "Verwaltungsintegration in den neuen Bundesländern?", *Neue Justiz*, Heft 2, pp. 42-56.

_______. (2003). "*Probleme des Hauptstadtumzugs in Deutschland von Bonn nach Berlin*", 실천적 지방분권화를 위한 "신행정수도"의 추구, DAAD Seminar in Seoul 2003, pp. 39-52.

Pötzsch, Horst. (2004). *Die deutsche Demokratie*, Bonn, Bundeszentrale für politische Bildung.

Reichard, Christoph & Schröder, Eckhard. (1993), "Berliner Verwaltungseliten. Rollenverhalten und Einstellungen von Führungskräfen in der Ost- und West Berliner Verwaltung", in: Seibel, Wolfgang, Benz, Arther & Mäding, Heinrich, 1993, pp. 205-215.

Reichel. Peter. (Hrsg.). (1981). *Politische Kultur der Bundesrepublik*, Opladen.

Reinermann, Heinrich. (1992). "Marktwirtschaftliches Verhalten in der öffentlichen Verwaltung." Ein Beitrag aus der Sicht der Verwaltungsinformatik, in: *Die öffentliche Verwaltung*, Heft 4, pp. 133-144.

Roth, Roland. & Wollmann, Hellmut. (Hrsg.). (1993). *Kommunalpolitik. Politische Handeln in den Gemeinden*, Bonn, Bundeszentrale für politische Bildung.

Scharpf, Fritz W. (2000). *Interaktionsformen. Akteurzentrierter Institutionalismus in der Politikforschung*, Opladen.

Scheford, Diana & Neumann, Maja. (1996). *Entwicklungstendenzen der Kommunalverfassung in Deutschland. Demokratisierung und Dezentralisierung?*. Basel, Boston & Berlin.

Scheytt, Oliver. (1991). "Verwaltungshilfe für die Kommunen in den neuen Ländern der Bundesrepublik Deutschland", in: *Archiv für Kommunalwissenschaft*, pp. 1-15.

Schneider, Herbert. (1993). "Der Aufbau der Kommunalverwaltung und der kommunalen Selbstverwaltung in den neuen Bundesländern", in: *Aus Politik und Zeitgeschichte*, B52-53, pp. 13-27.

Schulenburg, Klaus. (1999). *Direktwahl und kommunalpolitische Führung. Der Übergang zur neuen Gemeindeordnung in Nordrhein-Westfalen*, Basel & Boston.

Schulze, Gerhard. (1991). "Verwaltungspersonal und Verwaltungsausbildung", in: König, Klaus. (Hrsg.). *Verwaltungsstrukturen der DDR*, Baden-Baden, pp. 147-160.

Schuppert, Gunnar Folke. (1980). *Verwaltungswissenschaft. Verwaltung, Verwaltungsrecht, Verwaltungslehre*, Baden-Baden.

Seibel, Wolfgang. (1996). *Verwaltungsaufbau in den neuen Bundesländern. Zur Kommunikativen Logik staatlicher Insistitutionenbildung*, Band 5, Berlin.

Seibel, Wolfgang, Benz, Arther & Mäding, Heirich. (Hrsg.). (1993). *Verwaltungsreform und Verwealtungspolitik im Prozeß der deutschen Einheit*, Baden-Baden.

Siedentopf, Heinrich. (Hrsg). (2004). *Der Europäische Verwaltungsraum.* Beiträge einer Fachtagung, Baden-Baden.

Sontheimer, Kurt. (1971). *Grundzüge des Politischen Systems der Bundesrepublik Deutschland*, 10. Aufl. München.

_______. (1987). "Die politische Kultur der Weimar Republik", in: Bracher, K. D., Funke, Manfred & Jacobsen, A-D. (Hrsg.). *Die Weimar Republik* (1918-1933), Bonn.

Thieme, Werner. (1995). *Einführung in die Verwaltungslehre*, 1. Aufl. Köln u.a.

Voigt, Rüdiger. (Hrsg.). *Abschied vom Staat - Rückkehr zum Staat?*, Baden-Baden.

Wegrich, Kai. (2003). *Vertikale Steuerungsbeziehungen im Mehrebenensystem der Länder. Interaktionsmuster im Spannungsfeld von Kooperation, Hierarchie und Management*, Dissertation, Potsdam.

Wegrich, Kai u.a. (1997). *Kommunale Verwaltungspolitik in Ostdeutschland*, Berlin.

Wehler, Hans-Uwe. (1973). *Das Deutsche Kaiserreich 1871-1918*, Göttingen.

Wehling, Hans-Georg. (1999). *Kommunale Direktwahl zwischen Persönlichkeitswahl und Parteientscheidung*, Arbeitshilfe der Konrad-Adenauer-Stiftung Nr. 4, Sankt Augustin.

Weidenfeld, Werner & Korte, Karl-Rudolf. (1996). *Handbuch zur deutschen Einheit*, Bonn, Bundeszentrale für politische Bildung.

Weiß, Hans-Dietrich. (1991). "Wiedereinführung des Berufsbeamtentums im beigetretenen Teil Deutschlands. Entwicklung und Darstellung des seit dem 3. Oktober 1990 geltenden Beamtenrechts aus der Grundlage des Einigungsvertrags", *Zeitschrift für Beamtenrecht*, pp. 1-18.

Westle, Bettina. (1994). "Politische Partizipation", in: Gabriel, Oscar, W.

(Hrsg.). *Die EU- Staaten im Vergleich*, Opladen, p. 149.
Wewer, Göttrik. (Hrsg.). (1998). “Bilanz der Ära Kohl.” *Christlich-liberale Politik in Deutschland 1982-1998*, Opladen.

[인터넷 및 신문 자료]

http://www.auswaertiges-amt.de
http://www.bmi.bund.de
http://www.brandenburg.de
http://www.bund.de
http://www.bundesregierung.de
http://www.destatis.de
http://www.kommunen-der-zukunft.de/set_projekt01.htm
http://www.kreis-coesfeld.de/3763-bau.htm
http://www.nrw.de
http://www.oecd.org/puma/stats/window/
http://www.staat-modern.de
http://www.wegweiser-bürgergesellschaft.de
Frankfurter Allgemeinen Zeitung(FAZ), 1993년 7월 14일자.

찾아보기

ㄱ

ㄹ

ㅁ

ㅂ

ㅈ

저자 소개

양현모(梁現謨)

〈약력〉

1958년 서울 출생
동국대학교 정치외교학과 졸업(정치학 학사)
독일 본(Bonn)대학교 및 동 대학원 졸업(정치학 학사 · 석사, M.A.)
독일 본대학교 대학원 졸업(정치학 박사, Ph. D.)
한국행정연구원 정책연구부장, 기획조정실장
행정자치부 자문위원, 독일 포츠담대학교 지방자치연구소(KWI) 객원연구원
현재 한국행정연구원 연구위원, 한독사회과학회 연구이사
통일문제협의회 운영위원

〈주요 저서 및 논문〉

- 「지방외교의 이론과 실제에 관한 연구」(2005, 공저)
- 「지방의 국제화」(2004, 공저)
- 대통령과 총리의 업무 분장에 관한 연구(2004)
- 독일의 수도 이전 사례가 한국의 신행정수도 건설에 주는 함의(2004)
- 국가 중장기 발전 전략(2003) 외 다수.

독일정부론

펴낸날 / 제1판 제1쇄 2006년 7월 10일

지은이 / 양현모

펴낸이 / 임춘환

펴낸곳 / 도서출판 대영문화사

주소 / 서울 용산구 청파동 1가 178-2 ㉾ 140-869

등록 / 1975년 12월 26일 제3-16호

전화 / (02)716-3883, (02)714-3062

팩시밀리 / (02)703-3839

우체국 온라인 / 011353-02-009106

ISBN 89-7644-216-4

〔값 17,000원〕